La réforme de la phase préparatoire du procès pénal

Logiques Juridiques

Collection dirigée par Gérard Marcou

Le droit n'est pas seulement un savoir, il est d'abord un ensemble de rapports et pratiques que l'on rencontre dans presque toutes les formes de sociétés. C'est pourquoi il a toujours donné lieu à la fois à une littérature de juristes professionnels, produisant le savoir juridique, et à une littérature sur le droit, produite par des philosophes, des sociologues ou des économistes notamment.

Parce que le domaine du droit s'étend sans cesse et rend de plus en plus souvent nécessaire le recours au savoir juridique spécialisé, même dans des matières où il n'avait jadis qu'une importance secondaire, les ouvrages juridiques à caractère professionnel ou pédagogique dominent l'édition, et ils tendent à réduire la recherche en droit à sa seule dimension positive. A l'inverse de cette tendance, la collection *Logiques juridiques* des Éditions L'Harmattan est ouverte à toutes les approches du droit. Tout en publiant aussi des ouvrages à vocation professionnelle ou pédagogique, elle se fixe avant tout pour but de contribuer à la publication et à la diffusion des recherches en droit, ainsi qu'au dialogue scientifique sur le droit. Comme son nom l'indique, elle se veut plurielle.

Dernières parutions

Eugène BAKAMA BOPE, *La justice congolaise face aux crimes internationaux commis en RDC*, 2014.
Éric MEYNARD, *Criminalité, police et sécurité publique en République d'Irlande*, 2014.
Manuel GROS, *Droit administratif. L'angle jurisprudentiel*, 5e édition, 2014.
Sous la direction de François Xavier FORT, *Contrat et droit des collectivités territoriales,* 2014.
Sous la direction de Michael THALER et Michel VERPEAUX, *La recherche en droit constitutionnel comparé,* 2014.
Babacar NIANG, *Le « plaider coupable » en France et aux Etats-Unis au regard des principes directeurs du procès pénal*, 2014.
Sophie COMELLAS, *Les titres d'occupation du domaine public à des fins commerciales*, 2014.
Kadidiatou HAMA, *Le statut et les fonctions du juge pénal international*, 2014.
Sonia LEVERD (dir.), *Les nouveaux territoires du Droit*, 2013.
Julia SCHMITZ, *La théorie de l'institution du doyen Maurice Hauriou*, 2013.

Laurie Schenique

La réforme de la phase préparatoire du procès pénal

Préface de Christine Courtin

L'Harmattan

Prix Merle 2014 de l'Académie de législation de Toulouse

5-7, rue de l'Ecole-Polytechnique, 75005 Paris

http://www.harmattan.fr
diffusion.harmattan@wanadoo.fr

ISBN : 978-2-343-04328-9
EAN : 9782343043289

REMERCIEMENTS

Cette thèse doit beaucoup aux nombreuses personnes qui m'ont encouragée, soutenue et confortée au long de toutes ces années. Qu'elles trouvent dans ce travail l'expression de mes plus sincères remerciements.

Je remercie ma directrice de thèse, Madame Christine Courtin pour l'attention avec laquelle elle a dirigé mes recherches, pour la confiance dont elle m'a constamment honorée et pour le soutien et l'écoute chaleureux dont elle a toujours fait preuve. Je ne pouvais trouver meilleure directrice de thèse.

Je tiens également à remercier Monsieur le professeur Roger Bernardini pour m'avoir donné l'envie d'apprendre le droit pénal et pour m'avoir inculqué les notions de doute et d'analyse, inhérentes à chaque travail de recherche. Je le remercie également pour ses précieux conseils et son écoute tout au long de ces années.

J'adresse mes remerciements sincères aux honorables membres de mon jury pour la présence dont ils m'ont honorée et pour le temps qu'ils ont consacré à la lecture de mon travail. Merci d'avoir contribué à enrichir ma pensée et ma réflexion à travers vos écrits et nos échanges lors de ma soutenance.

Merci à mon mari pour son soutien indéfectible tout au long de ces années de recherches et surtout pour son extrême patience. Ce travail n'aurait pas pu aboutir sans ses encouragements et ses mots réconfortants dans les moments de doute et d'incertitudes.

Je tiens à remercier mes parents, sans lesquels mon parcours d'études n'aurait pu être aussi long. Merci pour votre soutien et votre aide. Votre présence et vos encouragements ont toujours été pour moi les piliers fondateurs de ce que je suis et de ce que je fais.

Je dédie ce travail à mes enfants, Hugo et Victoria, qu'il puisse les guider et leur donner le goût du travail et des études, et à mon père.

SOMMAIRE

TABLE DES ABRÉVIATIONS

AJ. Pén	Actualité Juridique Pénal
Al.	Alinéa
Art.	Article
Ass. Plén.	Assemblée plénière
Avr.	Avril
Bull.	Bulletin criminel
Bull. civ.	Bulletin civil
C.	Code
C. ass.	Cour d'assises
C. civ.	Code civil
CHEL	Chambre de l'enquête et des libertés
CEDH	Cour européenne des droits de l'Homme
CJUE	Cour de justice de l'Union européenne
Cons. const.	Conseil constitutionnel
C.P.	Code pénal
CPP	Code de procédure pénale
Chron.	Chronique
Civ.	Chambre civile de la Cour de cassation
Crim.	Chambre criminelle de la Cour cassation
D.	Recueil Dalloz
Déc.	Décembre
Dr	Droit
Dr. pén.	Revue de Droit pénal
Ed.	Edition
Encycl. Dalloz, Dr. pén.	Répertoire de droit pénal de L'encyclopédie Dalloz
ENM	Ecole Nationale de la Magistrature
Fév.	Février
Gaz. Pal.	Gazette du Palais
Infra	Ci-dessous

Janv.	Janvier
J.C.P.	Jurisclasseur (Semaine juridique)
JEL	Juge de l'enquête et des libertés
JLD	Juge des libertés et de la détention
Juill.	Juillet
L.	Loi
n°.	Numéro
Not.	Notamment
Nov.	Novembre
Obs.	Observations
Oct.	Octobre
Op. cit.	Ouvrage déjà cité
OPJ	Officier de police judiciaire
p.	Page
Préc.	Précité
QPC	Question prioritaire de constitutionnalité
Réf.	Références
R.P.D.P	Revue pénitentiaire de droit pénal
R.S.C.	Revue de sciences criminelles
S.	Recueil Sirey
suiv.	suivant(e)s
Supra	Ci-dessus
Sept.	Septembre
Somm.	Sommaire
t.	Tome
T. corr.	Tribunal correctionnel
T. pol.	Tribunal de police
U.E	Union européenne

PRÉFACE

La phase préparatoire du procès pénal a donné lieu à de nombreux rapports désormais célèbres pour les pénalistes. C'est ainsi qu'à la fin des années 1940, la commission Donnedieu de Vabres proposait une réforme globale de l'instruction préparatoire. Un autre rapport, celui de la commission « Justice pénale et Droits de l'homme » présidée par Mireille Delmas-Marty était remis au Garde des sceaux en 1991. Plus récemment, c'est le rapport du comité Léger qui sera remis au président de la République le 1er septembre 2009. Par ailleurs, plusieurs lois réformant tel ou tel pan de la phase préparatoire du procès se sont succédées ces dernières années. Il convient de citer la loi n° 2011-392 du 14 avril 2011 relative à la garde à vue venant réformer en profondeur cette privation de liberté avant jugement. On songe encore aux modifications apportées par la loi n° 2014-535 du 27 mai 2014 portant transposition de la directive européenne du 22 mai 2012 relative au droit à l'information dans le cadre des procédures pénales. On pense également à la question des nouveaux moyens de surveillance des réseaux criminels dont la géolocalisation réglementée par la loi n° 2014-372 du 28 mars 2014. Mais, comme a pu l'affirmer la Commission nationale consultative des droits de l'homme dans son avis sur la refondation de l'enquête pénale du 29 avril 2014, cette profusion législative « révèle une approche disparate, segmentée des problématiques relatives à la phase d'enquête dont les réformes, qui interviennent au gré de l'arrivée à échéance des dates de transposition des directives et des évolutions des jurisprudences européenne et constitutionnelle, paraissent souvent inabouties voire insuffisantes ».

Il s'agit donc d'un beau sujet mais d'un sujet difficile puisqu'il fallait le replacer dans une perspective historique, actuelle et à venir. Madame SCHENIQUE a su incontestablement relever ce défi puisque son travail a abouti « à une très belle thèse » d'après les dires des membres du jury. En effet, ces derniers ont pu souligner la qualité du travail, un travail clair et très agréable à lire, ainsi que les qualités d'analyse incontestables de son auteur. Il faut donc être reconnaissant à Madame Laurie SCHENIQUE d'avoir tenté l'aventure d'un voyage au long cours sur ce thème difficile et d'actualité. Il est vrai qu'elle y était toute désignée après d'excellentes études conclues par un Master II de droit privé et de sciences criminelles. Il faut également lui savoir gré d'avoir à l'aide d'une méthode rigoureuse, et en s'appuyant sur une culture juridique d'un très bon niveau, dans un style alliant clarté et concision, su balayer de nombreux pans de la procédure pénale. L'auteur s'est en effet fixé pour objectif de traiter de la réforme de la phase préparatoire du procès pénal dans sa globalité. Il s'emploie à donner une certaine dynamique à la réflexion conduite puisqu'il relève une modification progressive du cadre institutionnel du procès pénal laquelle nécessite voire se fonde sur un rééquilibrage des droits des parties au procès.

Les premiers développements de l'ouvrage concernent l'accroissement significatif du rôle du parquet, lequel n'est pas étranger à la remise en cause du schéma traditionnel de l'instruction préparatoire. A cette fin, les prérogatives conférées au parquet sont examinées d'abord au niveau de la conduite des investigations (en droit commun ainsi que dans le cadre des procédures dérogatoires), ensuite au niveau du choix de la réponse pénale (alternatives aux poursuites et alternative au jugement (CRPC)). Quant à la remise en cause de l'instruction, elle conduit inévitablement au rappel des controverses affectant cette phase procédurale notamment en ce qui concerne l'isolement du juge d'instruction. Sur ce point, l'auteur se livre d'ailleurs à une étude fouillée explorant les moindres recoins des projets passés et actuels.

Dans les développements suivants, l'auteur constate que la modification du rôle des acteurs institutionnels n'est pas sans conséquences sur les droits conférés aux parties au cours du procès pénal. Ce nécessaire rééquilibrage des droits des parties provient d'une part de l'influence des principes directeurs et, d'autre part, du renforcement des prérogatives confiées aux parties privées (suspect et partie civile). Ainsi, pour l'auteur, l'influence de nouvelles sources de la procédure pénale qu'elles soient d'origine supranationale (Droit européen des droits de l'homme et Droit de l'Union européenne) ou nationale (décisions du Conseil constitutionnel) plaide en faveur de l'instauration d'un modèle universel de procès. Concernant les parties privées, l'auteur est favorable à un renforcement des droits du suspect lesquels sont encore perfectibles. Ainsi, après la réforme de la garde à vue du 14 avril 2011 et des droits qui en découlent, l'auteur fait ressortir les évolutions notables en ce domaine tout en manifestant une opinion critique concernant l'accès au dossier du client par l'avocat.

Cet ouvrage alimentera la réflexion tant des universitaires que des praticiens du droit, pour qui il sera immédiatement exploitable, ne serait-ce qu'en raison de la diversité et de la richesse des thèmes étudiés ou des nombreuses références qu'il comporte. Il se révèlera également fort utile dans la perspective de recherches à venir. En effet, il laisse entrevoir de féconds prolongements sur de nombreuses questions telles la question du rôle de l'avocat au cours de la phase préparatoire du procès. Il ne fait donc aucun doute que l'ouvrage ici préfacé pourra être utilisé comme le plus solide des points d'appui pour bon nombre de problématiques.

Madame SCHENIQUE n'a jamais épargné sa peine. Elle a même, ces derniers mois, consacré beaucoup de temps à actualiser et à parfaire son livre. Ses qualités intellectuelles ont d'ailleurs été appréciées comme elles le méritent puisque l'Académie de législation de Toulouse lui a attribué en juin 2014 le prix Merle pour sa thèse, prix récompensant un travail de grande qualité qui honore son auteur et l'Université à laquelle il appartient.

Christine COURTIN

Maitre de conférences HDR à l'Université de Nice Sophia Antipolis

INTRODUCTION

1. La procédure pénale intrigue et éveille l'intérêt : elle est, en France, le pan du droit pénal le plus connu car le plus médiatisé. La procédure pénale est ainsi au cœur des grands débats de société qui agitent notre pays. Elle est aussi en plein renouvellement (un renouvellement que l'on pourrait d'ailleurs qualifier de constant), tant dans son esprit que dans sa philosophie, sous l'influence croissante des instruments internationaux de protection des droits de l'Homme, de la jurisprudence de la Cour européenne des droits de l'Homme et de celle du Conseil constitutionnel. Cette notoriété n'est malheureusement pas due à la complexité ou aux avantages de la matière mais plutôt à ses faiblesses. Le renouvellement de cette branche du droit est tel que l'on parle même d'une mutation profonde de la procédure pénale[1].

2. La procédure pénale évoque immédiatement l'idée de procès pénal c'est-à-dire la manière d'organiser le processus de réaction sociale à un fait infractionnel. Dans le langage courant, le mot « procédure » fait référence à la manière de faire pour aboutir à un certain résultat. Pour autant, ce mot pris isolément ne fait aucune référence à l'idée d'un conflit, d'un procès. Juridiquement parlant, le terme procédure recouvre deux réalités. Au sens large d'une part, on peut y voir l'ensemble des formalités à accomplir pour atteindre un résultat déterminé. Au sens étroit, d'autre part, le mot procédure désigne l'ensemble des formalités à accomplir devant une juridiction pour mener à bien un procès. Il semble donc que dans le cadre de notre étude, ce soit cette définition qu'il faille retenir. Cantonner la matière de la procédure pénale au seul procès serait réduire considérablement celle-ci et donc en avoir une vision erronée. En effet, la procédure pénale englobe non seulement les règles applicables au jugement mais aussi celles applicables en amont du procès c'est-à-dire à la phase préparatoire de celui-ci : le moment de la constatation de l'infraction, la recherche des auteurs et des preuves et l'instruction. La procédure pénale s'entend donc ainsi des phases d'enquête, de poursuite et d'instruction, toutes trois constituant la phase préparatoire du procès pénal. Mais la procédure pénale trouve aussi à s'appliquer en dehors du procès pénal, tel est par exemple le cas du prononcé d'un non lieu[2], et dans la phase

[1] J. Pradel, La procédure pénale française à l'aube du 3ème millénaire, D. 2000, p. 1.
[2] Il faut noter ici qu'en cas de non-lieu, la phase préparatoire du procès a quand même eu vocation à s'appliquer.

d'exécution des peines. Tout ceci démontre dès lors le caractère vaste et diversifié de la matière ce qui explique aussi toute la difficulté de son appréhension.

3. La procédure pénale[3] poursuit deux finalités : d'une part la conciliation entre deux intérêts antagonistes, la sécurité et la liberté, et d'autre part, l'assurance d'une certaine fiabilité du procès pénal. La première finalité de la procédure pénale fait de la matière une procédure d'équilibre[4], équilibre parfois incertain et malmené mais toujours recherché. En effet, la justice pénale est au service du citoyen et notamment de sa liberté : ce n'est pas parce qu'il peut être l'auteur d'une infraction qu'il n'a pas droit à un procès équitable. La justice pénale ne doit pas s'apparenter au délinquant : là où ce dernier a commis un acte injuste, dangereux, la société, et donc la justice, doit apporter une certaine sagesse pour pouvoir rendre la sanction la plus appropriée. La peine sera d'autant plus acceptée qu'elle se voudra respectueuse des droits de l'individu et de la liberté : c'était là le fondement même du principe de la légalité criminelle, développé par Cesare Beccaria[5]. Pourtant, l'objectif de la justice pénale est aussi d'assurer la sécurité, tant de la société que des citoyens, tous deux malmenés, mis en danger, par l'acte infractionnel. Dès lors, une atteinte à la liberté de son auteur se justifie amplement : l'organisation sociale suppose une répression certaine et rapide de toutes les infractions. Toute la difficulté de la matière pénale est donc de naviguer entre ces deux impératifs, de concilier des intérêts antagonistes mais néanmoins complémentaires. Le second objectif poursuivi par la procédure pénale est d'assurer la fiabilité du procès pénal. En raison de la gravité des intérêts en jeu pour l'individu poursuivi, la justice pénale doit assurer à celui-ci que sa condamnation est fiable, exempte de tout vice ou d'erreur. Dès lors, trois exigences sont mises en avant, afin d'assurer au mieux cette garantie : une protection de nature législative, c'est-à-dire des règles précises, établies par le législateur et en concordance maximale avec la Constitution et les principes européens des droits de l'Homme, un régime de preuves permettant d'éviter les erreurs judiciaires et respectueux de la dignité humaine et l'assurance (aujourd'hui quelque peu remise en cause) d'une indépendance des organes du procès pénal, à tous les stades de la procédure. De cette triple exigence, il ressort

---

[3] Cf. not. R. Merle et A. Vitu, Traité de droit criminel, t. 2 Procédure pénale, Cujas, 5ème éd., 2001 ;; Rassat M-L., Procédure pénale, Ellipses, collection « Université droit », 2010 B. Bouloc, Procédure pénale, Dalloz, 22ème éd. 2010 ; Fr. Debove, Fr. Falletti et Th. Janville, Précis de droit pénal et procédure pénale, PUF, coll. Major, 3ème éd. 2010 ; Fr. Desportes et L. Lazerges-Cousquer, Traité de procédure pénale, Economica 2009 ; Th. Garé et C. Ginestet, Droit pénal et procédure pénale, Dalloz, coll. Gyper-Cours, 6ème éd., 2010 ;S. Guinchard et J. Buisson, Procédure pénale, Litec 7ème éd., 2011 ; M. Herzog-Evans, Procédure pénale, Vuibert, 2ème éd. 2009 ; J. Leroy, Procédure pénale, LGDJ, 2009, J. Pradel, Procédure pénale, Cujas, 15ème éd. janv. 2010 ; J-.C. Soyer, Droit pénal et procédure pénale, LGDJ, 21ème éd. 2009.

[4] Faustin Hélie développait déjà, en 1866, cette idée d'équilibre en la résumant ainsi « entre deux intérêts également puissants, également sacrés, qui veulent à la fois être protégés, l'intérêt général de la société qui veut que la juste et prompte répression des délits, l'intérêt des accusés qui est lui aussi un intérêt social et qui exige une complète garantie des droits de la collectivité et de la défense. », traité de l'instruction criminelle, 2ème éd., 1866, t. 1, p. 4.

[5] C. Beccaria, Traité des délits et des peines (1764), éd. Flammarion 1991.

une certaine complexité de la procédure pénale[6]. Ces finalités expliquent la différence entre procédure pénale et procédure civile : la procédure pénale, par opposition à la procédure civile, met en jeu des intérêts supérieurs en ce sens qu'il s'agit de la sécurité de l'Etat et de la liberté et de l'honneur de l'individu. Il ne s'agit pas de réparer, ou pas seulement, mais bien de réprimer, de prononcer une sentence, de statuer sur la culpabilité d'un individu à propos d'un fait infractionnel. L'enjeu est considérable, ce qui explique l'indépendance de la procédure pénale par rapport à la procédure civile, mais aussi l'éternel mouvement de balancier entre une procédure de type accusatoire et une procédure de type inquisitoire.

4. Il est ainsi traditionnel, en doctrine, d'opposer deux modèles de procès : le procès pénal accusatoire, d'une part, le plus ancien et le plus protecteur des droits de la défense et le procès inquisitoire, d'autre part, issu de l'Inquisition ecclésiastique, procédant à la torture du suspect pour obtenir un aveu à tout prix. Cette opposition entre deux types de procédures transcende toute l'histoire de la procédure pénale et est toujours l'objectif recherché, en filigrane, dans les diverses réformes. En effet, la procédure pénale française n'a pas su choisir entre un système inquisitoire et un système accusatoire[7]. Sa particularité réside dans l'adoption d'un système mixte, sorte de compromis entre les deux types de procédure qui reste manifestement influencé par l'émergence de nouvelles sources, tant nationales qu'internationales.

La procédure accusatoire est la plus ancienne, celle de la Grèce classique et de la Rome primitive. L'initiative de la poursuite est laissée à « l'accusateur », victime ou proche, accusateur privé ou, plus tard, accusateur public. L'inconvénient est qu'il faut nécessairement un accusateur pour engager le procès pénal. La procédure est orale, publique et contradictoire. Elle a donc pour avantages d'assurer la connaissance du procès par les citoyens et de garantir les droits de la personne poursuivie, tant le droit à l'information que le droit de se défendre. Cependant, le juge demeure passif, il ne peut en aucun cas participer à la recherche de la vérité, il se contente d'écouter les parties et d'analyser les preuves apportées par celles-ci. Par ailleurs, cette procédure présente l'inconvénient d'être peu efficace : les accusateurs étant privés, peu de procès peuvent avoir lieu, les accusateurs venant souvent à manquer.

---

[6] Sur les notions de justice pénale et de procédure pénale, cf. not. J. Danet, Justice pénale, le tournant, Gallimard, coll. Folio Actuel, 2006 ; D. Salas, Du procès pénal, PUF, 2010.

[7] Pour une étude approfondie de ces systèmes cf. not. J.-M. Carbasse, Histoire du parquet, PUF, mai 2000 ; Histoire du droit pénal et de la justice criminelle, PUF, 2006 ; L. Primot, Le concept d'inquisitoire en procédure pénale –Représentation, fondements et définition, LGDJ, coll. Biblio. Sc. Crim., 2010, t. 47 ; A. Esmein, Histoire de la procédure criminelle en France et spécialement de la procédure inquisitoire, depuis le XIIIème siècle jusqu'à nos jours (1882), rééd. 2010, coll. Les introuvables, Lextenso ; J.C. Farcy, L'histoire de la justice française de la Révolution à nos jours, PUF, coll. Droit et justice, 2001 ; C. Ambroise-Castérot, De l'accusatoire et de l'inquisitoire dans l'instruction préparatoire, thèse, Bordeaux, janv. 2000 ; A. Astaing, Droits et garanties de l'accusé dans le procès criminel d'Ancien Régime (XVIème-XVIIIème siècles), Audace et pusillanimité de la doctrine française, thèse, Montpellier 1996.

La procédure inquisitoire est celle du droit romain de l'Empire et des différents régimes autoritaires ou monarchiques. La poursuite est ici assurée par un juge accusateur, appelé souvent Ministère public, qui se trouve doté de prérogatives importantes puisque l'enquête en est la caractéristique principale. En effet, l'instruction a une grande importance, le juge peut s'auto-saisir et dispose de larges pouvoirs dans la recherche des preuves, ces dernières obéissant à l'intime conviction du juge. Cette procédure inquisitoire est secrète, écrite et non contradictoire ; ainsi, les droits individuels ne sont que relativement préservés, l'intérêt de la société prévaut. Dès lors, nombreux inconvénients inhérents à cette procédure apparaissent : un irrespect évident des droits des suspects conduisant à une condamnation possible de personnes innocentes, une longueur certaine d'un tel type de procès, en désaccord profond avec l'exigence actuelle de délai raisonnable des procédures et enfin la place excessive de l'écrit conduisant souvent à une certaine déformation de la vérité exprimée et à une fixité du dossier[8].

5. En France, le système procédural emprunte aux deux modèles un peu de leurs caractères respectifs. La doctrine présente cette mixité comme s'inscrivant dans le temps : l'enquête et l'instruction seraient plutôt inquisitoires, tandis que le jugement serait plutôt accusatoire. Toutefois, cette analyse est simpliste ou réductrice étant donné qu'à chaque « étape » de la procédure pénale, si un trait principal ressort, d'autres traits caractéristiques de l'autre sorte de procédure peuvent se rencontrer. Ainsi en est-il au stade de l'instruction qui est caractéristique d'une procédure inquisitoire notamment en raison de son caractère secret, mais qui demeure contradictoire et permet alors le respect des droits de la défense. L'instruction mêle ainsi des traits des deux systèmes traditionnels de procédure. La mixité serait-elle une garantie d'une justice efficace et de qualité ? Un système mixte est-il finalement le plus sûr moyen de trouver un équilibre entre la protection de la société et les garanties de l'individu ? Pourtant, la procédure pénale n'a pas su trouver un réel équilibre entre les intérêts de sûreté et de sécurité de la société et les intérêts de liberté et de respect des droits de l'individu. Cette recherche d'un équilibre entre intérêt général et intérêt particulier est le credo de toutes les réformes intervenues depuis un siècle. La procédure pénale, depuis sa « naissance »[9], est instable. Certains auteurs ont pu parler de « boulimie législative » ou encore de « crises de réformite aiguë du législateur »[10] pour décrire le phénomène récurrent de successions de réformes en matière de procédure pénale.

---

[8] L'écrit ne permet ainsi pas de retranscrire la véritable tenue des propos oraux, notamment l'attitude de la personne entendue, ses hésitations, ses soupirs, son épuisement…En outre, l'écrit présente un inconvénient majeur ; celui d'être retranscrit perpétuellement, sans nécessairement prendre en compte l'évolution du dossier, celui-ci étant en quelque sorte « figé » au moment de la rédaction de l'acte.

[9] La naissance de la procédure pénale coïncide avec une volonté de l'Etat de canaliser la vengeance privée, qui régit alors le règlement des conflits entre particuliers.

[10] C. Ambroise-Castérot, La procédure pénale, Gualino éditeur 2007, p. 39.

6. En effet, déjà sous l'empire du code d'instruction criminelle, achevé en 1808 et entré en vigueur en 1811[11], plusieurs lois se succèdent pour compléter ce code. Ainsi en est-il de la loi du 8 décembre 1897 qui crée le statut d'inculpé et aménage les droits de celui-ci pendant l'instruction, notamment en lui octroyant le droit à l'assistance d'un avocat. Il faut aussi souligner l'apport de la loi du 22 mars 1861, à savoir la création du statut de partie civile. Or, ces diverses lois ne suffisent pas à combler les lacunes du Code Napoléonien ; diverses commissions vont, dès les années 1930 et surtout dans les années 1950, se constituer afin de réfléchir à une réforme du Code d'instruction criminelle[12]. Ainsi, en 1953, la commission Besson, composée de magistrats, d'un avocat et d'un professeur de droit, mit au point un projet qui deviendra le code de procédure pénale actuel. Ce dernier fut voté le 31 décembre 1957, promulgué en décembre 1958 et entra en vigueur le 2 mars 1959. Par ce nouveau code, le législateur souhaitait répondre à différents objectifs tels que le renforcement des libertés individuelles, le renforcement des pouvoirs du juge, une meilleure séparation des fonctions judiciaires, une meilleure indépendance du juge d'instruction, une meilleure efficacité de la justice pénale, et un meilleur équilibre entre libertés individuelles et intérêts de la société. Le Code de 1958 semble donc être un compromis entre deux tendances : la sécurité et la liberté[13].

7. Malgré ses apports nouveaux et cette prise en compte d'objectifs majeurs, le code de procédure pénale va faire l'objet d'un nombre impressionnant de réformes. En effet, les réformes en la matière ne cessent de se succéder ; si l'on fait le bilan de ces quinze dernières années, celui-ci semble alarmant...ou du moins attristant. Le Code de procédure pénale de 1958 connait ainsi de grands bouleversements que l'on pourrait même qualifier de turbulences, démontrant les errances constantes des législateurs successifs. Un double mouvement s'impose sans cesse : celui d'allers retours constants entre la nécessité d'assurer la sécurité publique et l'impérieuse obligation de se conformer à la Déclaration des droits de l'Homme et du citoyen et donc aux idéaux démocratiques. Dès lors, la procédure pénale, et surtout la phase préparatoire du procès pénal, n'ont cessé de connaitre de nombreuses évolutions. Ces évolutions, souvent impulsées par la politique,

---

[11] Le Code d'instruction criminelle inspire encore largement notre procédure pénale, tant sur le plan de l'organisation judiciaire (les principes d'unicité de la justice pénale et civile ainsi que celui de la séparation des fonctions de poursuite, d'instruction et de jugement sont encore en vigueur aujourd'hui) que sur celui de la compétence des juridictions (fondée rationae materiae et non plus rationae personae). La procédure adoptée par ce Code était mixte : mi accusatoire, mi inquisitoire. Le procès était donc divisé en deux phases : la constatation des infractions, la recherche des preuves et l'instruction étaient inquisitoriales (respect du secret, du caractère écrit et non contradictoire de la procédure). A la seule différence avec aujourd'hui que le juge d'instruction enquêtait mais n'était pas doté de pouvoirs juridictionnels (les rédacteurs de 1808 semblaient avoir été plus prudents que les rédacteurs contemporains en anticipant le risque d'atteinte aux libertés publiques résultant de ce cumul de fonctions !). Le jugement, quant à lui, seconde phase de la procédure, était accusatoire.

[12] Ces idées de réforme furent inspirées par les idéaux de la Résistance mais aussi le souvenir des atteintes aux libertés pendant la guerre et la nécessité de garantir la dignité de l'individu.

[13] Sur ce point, cf. A. Besson, L'origine, l'esprit et la portée du Code de procédure pénale, RSC 1959, p. 271.

peuvent être synthétisées en trois périodes. La première période, englobant les années 1970 à 1990, est caractérisée par la volonté d'accroitre les garanties des libertés individuelles alors que la délinquance est en hausse constante. Existe une réelle montée en puissance de l'idée de protection des citoyens contre l'arbitraire des autorités de poursuite, d'instruction et de jugement. Cette idée est notamment reprise dans la loi du 17 juillet 1970[14] mettant l'accent sur la protection de la liberté en rendant la détention provisoire exceptionnelle et en lui préférant une mesure de contrôle judiciaire.

8. La seconde période est la décennie des années 1990 durant laquelle de grandes réformes idéologiques vont voir le jour et l'influence politique sur la procédure pénale va être incontestable. La pluie de réformes commence par une loi très controversée du 4 janvier 1993 portant une forte idéologie des droits de l'Homme, ayant pour ambition de réformer l'instruction préparatoire mais dont l'influence sera limitée, notamment en raison de l'impact de la politique, et qui ne laissera en définitive qu'un début de réforme de la garde à vue ; en effet, à peine la loi du 4 janvier 1993[15] avait-elle refondu l'ensemble du procès pénal que la loi du 24 août[16] de la même année revenait sur certaines modifications. Suivirent les lois du 1er février 1994[17] et des 21 janvier[18] et 8 février 1995[19], les lois du 22 juillet[20] et du 30 décembre 1996[21] sur le terrorisme, la loi du 17 juin 1998[22] de protection des mineurs, puis celle du 23 juin 1999[23] introduisant la composition pénale et, bien sûr, l'incontournable loi du 15 juin 2000 *« renforçant la protection de la présomption d'innocence et les droits des victimes »*[24]. Cette profusion de

---

[14] Loi n° 70-643 du 17 juillet 1970.

[15] Loi n°93-2 du 4 janv. 1993 portant réforme de la procédure pénale, JO. 4 janv. 1993, p. 215, Cf. not. V. Turcey, La loi du 4 janvier 1993 portant réforme de la procédure pénale ou le pavé de l'ours, Gaz. Pal., 28-30 mars 1993 ; J. Luc, De la présomption d'innocence à la présomption de charges ou l'étrange réforme de la procédure pénale de Maitre Vauzelle, Gaz. Pal. 14-16 mars 1993.

[16] Loi n°93-1013 du 24 août 1993 modifiant la loi du 4 janv. 1993, JP du 25 août 1993, p. 11991.

[17] Loi n°94-89 du 1 févr. 1994 instituant une peine incompressible et relative au nouveau Code pénal et à certaines dispositions de procédure pénale.

[18] Loi n° 95-73 du 21 janv. 1995 d'orientation et de programmation relative à la sécurité dite loi LOPS.

[19] Loi n°95-125 du 8 févr. 1995 relative à l'organisation des juridictions et à la procédure civile, pénale et administrative.

[20] Loi n°96-647 du 22 juill. 1996 tendant à renforcer la répression du terrorisme.

[21] Renforçant notamment les droits de la défense en instaurant le contrôle de l'instruction par la chambre d'accusation et prévoyant la communication par l'avocat des pièces de l'instruction à son client.

[22] Loi n°98-468 du 17 juin 1998 relative à la prévention et à la répression des infractions sexuelles ainsi qu'à la protection des mineurs, JO 18 juin 1998, p. 9255.

[23] Loi n°99-515 du 23 juin 1999 renforçant l'efficacité de la procédure pénale, JO du 24 juin 1999, p. 9247.

[24] Loi n°200-516 du 15 juin 2000, JO du 16 juin 2000, p. 9038. Voir not. F. Le Gunehec, JCP 2000, Aperçu rapide, p. 1223, 1299, 1351 et 1407 ; J. Pradel, Encore une tornade sur notre procédure pénale avec la loi du 15 juin 2000, D. 2000, points de vue, p. 5 ; E. Derieux, Aperçu rapide, JCP 2000, p. 1463 ; Dossier spécial de la RSC 2001, n°1, p. 1 à 149 Une nouvelle procédure pénale ? Etude de la loi du 15 juin 2000 renforçant la présomption d'innocence et les droits des victimes ;

lois s'explique par le mouvement de renforcement de la sécurité publique et par le changement d'autorité politique à la tête du pays. L'année 2000 constitue une année charnière pour la procédure pénale française qui bascule dans l'influence croissante des droits de l'Homme et la prise en compte de la victime. Par la loi du 15 juin 2000, dite Loi Guigou, la France accède aux standards européens. En effet, riche d'une centaine d'articles, cette loi est notamment à l'origine d'un article préliminaire rassemblant les principes directeurs du procès pénal, du renforcement des droits de la défense pendant la garde à vue et de l'institution d'un appel en matière criminelle. Il était donc permis d'espérer une pause dans la frénésie législative. Or, il n'en fut rien.

9. S'ouvre ainsi la dernière période, celle des douze dernières années, durant lesquelles la procédure pénale n'a cessé d'être l'objet de toutes les préoccupations et donc de tous les projets (aboutis ou non) de réforme. De 2001 à 2009, le thème majeur est l'insécurité ; tout va donc être mis en place afin de renforcer le système pénal en vigueur. Ainsi, les lois du 4 mars[25] et du 9 septembre 2002[26], puis la loi du 18 mars 2003[27], ont de nouveau retouché les règles applicables au procès, avant que la loi du 9 mars 2004[28] ne vienne adapter les règles relatives à la procédure répressive *« aux évolutions de la criminalité »* et précisément au développement de la criminalité organisée. La boulimie de textes était-elle terminée ? Malheureusement non. Les lois du 12 décembre 2005 [29] sur le traitement de la récidive et du 23 janvier 2006[30] de lutte contre le terrorisme ont,

Numéro spécial de la RPDP 2001, n°1, Où va notre procédure pénale ? A propos de la loi du 15 juin 2000 renforçant la protection de la présomption d'innocence et les droits des victimes.

[25] Loi n°2002-307 du 4 mars 2002 complétant la loi du 15 juin 2000, JO 5 mars 2002, p. 4169. Cf. not : F. Le Gunehec, Aperçu rapide, JCP 2002, p. 206 ; J. Pradel, la loi n°2002-307 du 4 mars 2002 : Un placebo pour guérir certains maux de la réforme du 15 juin 2000 sur la présomption d'innocence, D. 2002, p. 1693 ; F.-J. Pansier et C. Charbonneau, Présentation de la loi du 4 mars 2002 complétant la loi du 15 juin 2000 renforçant la présomption d'innocence, LPA 25 mars 2002, n°60, p. 4 ; B. Bouloc, RSC 2004, p. 138.

[26] Loi n°2002-1138 du 9 sept. 2002 d'orientation et de programmation de la justice, dite « Loi Perben », JO 10 sept. 2002, p. 14934 ; B. Bouloc, RSC 2004, p. 139.

[27] Loi n°2003-239 du 18 mars 2003 pour la sécurité intérieure, JO 19 mars 2003, p. 4761. Cf. not : C. Charbonneau et F.-J Pansier, Présentation de la loi du 18 mars 2003 pour la sécurité intérieure : de la LSQ à la LSI, Gaz. Pal. 27 mars 2003, Doctrine, p. 2 ; C. Lienhard, La loi n°2003-239 du 18 mars 2003 pour la sécurité intérieure-Les nouvelles infractions-Les nouveaux rôles, moyens et outils des différents acteurs de la sécurité, JCP 2003, p. 185 et 279.

[28] Loi n°2004-204 du 9 mars 2004 portant adaptation de la justice aux évolutions de la criminalité, dite « Loi Perben II », JO 10 mars 2004, p. 4567. cf. not : F. Le Gunehec, Loi n°2004-204 du 9 mars 2004 portant adaptation de la justice aux évolutions de la criminalité, JCP 2004, p. 177, 188 et 200 ; J. Pradel, Vers un « aggiornamento » des réponses de la procédure pénale à la criminalité-Apports de la loi n°2004-204 du 9 mars 2004, JCP 2004, I, 132 ; B. de Lamy, La loi du 9 mars 2004 portant adaptation de la justice aux évolutions de la criminalité, D. 2004, p. 1910 et 1982.

[29] Loi n°2005-1549 du 12 déc. 2005 relative au traitement de la récidive des infractions pénales, JO 13 déc. 2005.

[30] Loi n°2006-64 du 23 janv. 2006 relative à la lutte contre le terrorisme, JO 24 janv. 2006. Cf. not ; C. Lienhard, La loi relative à la lutte contre le terrorisme et portant dispositions diverses relatives à la sécurité et au contrôle frontalier, JCP 2006, act.- aperçu rapide, p. 113 ; Ph. Chrestia, La loi du 23

chacune à leur tour, remis la procédure pénale sur le devant de la scène. L'année 2007 fut, elle aussi, très riche en textes[31]. En effet, suite au fiasco judiciaire de l'affaire d'Outreau en 2006, une commission fut réunie afin de réformer l'instruction préparatoire et de remédier à la solitude du juge d'instruction, institution judiciaire alors la plus décriée. Ce fut, l'on pensait, chose faite avec la loi du 5 mars 2007 portant réforme de l'instruction préparatoire[32]...mais il n'en est rien, cette loi n'étant pas entièrement applicable à ce jour ! Deux lois sont intervenues dans l'année 2008, l'une pour créer une rétention de sureté[33], l'autre pour octroyer des droits nouveaux aux victimes[34]. L'année 2009, quant à elle, marqua l'entrée en vigueur de la réforme pénitentiaire[35].

10. Les quatre dernières années furent, elles aussi, fort animées. En 2009 fut remise en avant l'idée selon laquelle une réforme de l'instruction préparatoire est inévitable. Un comité de réflexion sur la justice pénale a donc été chargé d'élaborer un nouveau projet de réforme, axé sur la suppression de l'instruction traditionnelle et la montée en puissance des pouvoirs du parquet. Mais les propositions de ce comité Léger[36], du nom de son président, furent vite oubliées et délaissées. Le début de l'année 2010 annonça un énième bouleversement de notre procédure pénale. Outre de nombreuses réformes votées[37], le projet majeur était la

---

janvier 2006 relative à la lutte contre le terrorisme : premières observations, D. 2006, p. 1409 ; J. Buisson, Présentation de la loi, Procédures 2006, comm. n°143.

[31] Loi du 5 mars 2007, relative à la prévention de la délinquance, JO n°56 du 7 mars 2007 ; loi du 5 mars 2007 relative au recrutement, à la formation et à la responsabilité des magistrats, JO n°55 du 6 mars 2007 ; loi du 10 août 2007 relative à la lutte contre la récidive, JO du 11 août 2007.

[32] Loi n°2007-291 du 5 mars 2007 tendant à renforcer l'équilibre de la procédure pénale, JO 6 mars 2007. Cf. not : J. Pradel, Les suites législatives de l'affaire d'Outreau-A propos de la loi n°2007-291 du 5 mars 2007, JCP 2007, I, 138 ; H. Matsopoulou, Les innovations de la conduite de l'information judiciaire : une urgence pour 2010 ! Dr. pén. 2007, Etudes n°5, p. 7 ; Renforcement du caractère contradictoire, célérité de la procédure pénale et justice des mineurs, Dr. pén. 2007, Etudes n°6, p. 5 ; J. Buisson, Equilibre de la procédure pénale, Procédures 2007, Etudes n°4, p. 5 ; Dr. pén. 2007, comm. n°118, p. 23 ; J. Leblois-Happe, Continuité et discontinuité dans les nouvelles réformes de la procédure pénale, JCP 2007, I, 181.

[33] Loi n°2008-174 du 15 fév. 2008 relative à la rétention de sureté et à la déclaration d'irresponsabilité pénale pour cause de trouble mental.

[34] Loi n° 2008-644 du 1er juill. 2008, JO 2 juill. 2008 p. 10610.

[35] Loi n° 2009-1436 du 24 nov. 2009, notamment avec des dispositions concernant la détention provisoire, la mise en place de l'assignation à résidence judiciaire avec surveillance électronique, JO 25 nov. 2009 p. 20192.

[36] Cf. not. Ph. Bonfils, Faut-il changer notre procédure pénale, D. 2010, p. 158 ; B. Bouloc, Que penser des propositions du « comité Leger » ?, D. 2009, p. 2264 ; A. Coche. Le comité de réflexion sur la justice pénale ou les droits perdus du justiciable ?, D. 2009, p. 2765 ; C. Lazerges, Le rapport Léger : analyse des propositions, AJ pénal 2009, p. 385 ; J-Y. Le Borgne, Le rapport Léger, le poids de l'habitude et la peur de la nouveauté, AJ pénal 2009, p. 400 ; H. Matsopoulou ; A propos du rapport d'étape du Comité de réflexion sur la justice pénale, JCP éd. G n°13, mars 2009, p. 156 ; M. Robert, Les propositions du rapport Léger : point de vue d'un « parquetier » ; AJ pénal 2009, p. 393 ; V. Sizaire, Quel modèle pour l'instruction, AJ pénal 2009, p. 388.

[37] Notamment, loi n° 2010-1 du 4 janv. 2010 sur la protection du secret des sources des journalistes, JO 5 janv. 2010 p. 272 ; E. Dreyer, Secret des sources des journalistes : à propos de la loi du 4 janvier 2010, JCP 2010, n°3, p. 40 ; J. Buisson, Protection du secret des sources des journalistes, Procédures 2010, comm. n°45 ; N. Fricero, Sources journalistiques : un secret bien gardé ! Gaz. Pal.

création d'un nouveau Code de procédure pénale, annoncée par la ministre de la Justice dès le premier semestre 2010. Mais, en mai 2010, suite à des déclarations du président Nicolas Sarkozy et à la préparation des élections présidentielles de 2012, cet ambitieux projet fut abandonné, une absence de réforme étant préférée à une réforme globale et nécessaire de la procédure pénale faite dans l'urgence. L'année 2011 fut marquée par une réforme importante, réalisée dans l'urgence et sous la contrainte européenne et constitutionnelle, celle de la garde à vue[38] et une autre, secondaire mais d'une utilité pratique considérable, sur la participation des citoyens au fonctionnement de la justice pénale et le jugement des mineurs[39].

11. Ces réformes concernent la procédure pénale en général mais atteignent surtout la phase préparatoire du procès pénal c'est-à-dire les phases d'enquête, de déclenchement des poursuites et d'instruction qui n'en sont que fragilisées : il ne saurait se passer trois ans sans que cette phase fondamentale du procès[40] soit réformée, de sorte que l'on ne puisse même plus parler de stabilité législative en la matière. Comment expliquer cette instabilité ? Quel fondement donner à ce chaos législatif ? Les raisons sont à rechercher dans la nécessaire adaptation de la justice à la société dans laquelle elle évolue. Le système judiciaire ne peut demeurer étranger aux changements sociaux, économiques et, surtout, politiques ; l'institution de la justice reflète les préoccupations de notre société et les réponses réglementaires que lui apporte le pouvoir politique. Aussi, elle statue sur l'innocence des individus et réprime les infractions troublant l'ordre public. La donne sociétale est donc une composante fondamentale de la justice. En outre, une justice efficace est une justice qui évolue et qui s'adapte ; une institution archaïque ne pouvant donner une réponse pénale appropriée.

---

21 janv. 2010, n°21, p. 15 ; A. Chavagnon, La protection des sources des journalistes : la décevante loi n°2010-1 du 4 janvier 2010, D. 2010, p. 275. loi n°2010-121 du 8 févr. 2010 tendant à inscrire l'inceste commis sur les mineurs dans le Code pénal, JO 9 févr. 2010 p. 2265 ; cf. not. O. Baldes, Inscription de l'inceste sur mineurs dans le Code pénal, JCP G. 2010, n°7, p. 181 ; A. Lepage, Réflexions sur l'inscription de l'inceste dans le Code pénal par la loi du 8 février 2010, JCP G. 2010, n°12, p. 609 ; Ph. Bonfils, Loi n°2010-121 du 8 févr. 2010 tendant à inscrire l'inceste commis sur les mineurs dans le Code pénal et à améliorer la détection et la prise en charge des victimes d'actes incestueux, RSC 2010, p. 462 ; loi n°2010-242 du 10 mars 2010 tendant à amoindrir le risque de récidive et portant diverses réformes de procédure pénale, JO 11 mars 2010, p. 4808.

[38] Loi n° 2011-392 du 14 avril 2011, JO 15 avr. 2011, p. 6610. V. sur cette loi not : H. Matsopoulou, La garde à vue, une réforme inachevée, JCP G. 2011, n°632 ; J. Pradle, Un regard perplexe sur la nouvelle garde à vue, JCP G 2011, n°665 ; G. Roujou de Boubée, La réforme de la garde à vue, D. 2011, chron. p. 1570 ; S. Pellé, La réforme de la garde à vue : problèmes de droit transitoire, AJ pénal 2011, p. 235 ; D. Marais, Point de vue d'un avocat sur la réforme de la garde à vue : « insatisfaisant », gaz. Pal. 3 mai 2011, n°123, p. 12.

[39] Loi n° 2011-939 du 10 août 2011, JO 11 aout 2011 p. 13744 ; Cf. not. J. Pradel, Encore des aménagements à la procédure pénale applicable aux mineurs. A propos de la loi du 10 août 2011, JCP G. 2011, p. 950 ; Ph. Bonfils, La réforme du droit pénal des mineurs par la loi du 10 août 2011, D. 2011, p. 2286.

[40] Certains auteurs ont ainsi pu définir cette phase comme « *ce que les fondations sont à une maison. Les malfaçons qui l'affectent entraînent généralement l'effondrement du dossier et sont difficilement réparables.* » F. Desportes, L. Lazerges-Cousquer, *Traité de procédure pénale, Economica*, 2009. p. 8.

12. La première explication à la boulimie législative réside donc dans l'adaptation aux changements externes, dits « environnementaux », que ces modifications touchent la sphère politique ou sociale, qu'elles aient une envergure nationale ou internationale. Ainsi, nombre de lois n'ont pas vu le jour en raison des alternances politiques ou des évènements sociaux. A titre d'exemple, la loi du 30 décembre 1987[41] qui créait au sein de chaque tribunal de grande instance une « chambre des demandes de mise en détention provisoire » devant être consultée par le juge d'instruction préalablement à toute décision de mise en détention provisoire, a été abrogée après le changement de majorité parlementaire en 1988. Par ailleurs, alors qu'à la fin du XXe siècle la détention provisoire et les conditions d'incarcération sont stigmatisées, la loi du 15 juin 2000 est rédigée afin de renforcer les droits de la défense et, notamment, la présomption d'innocence. Ce vent libéral devait cesser de souffler lorsque les attentats terroristes du 11 septembre 2001 se produisirent. En effet, la procédure pénale se devait de réagir et de répondre à cette nouvelle forme de criminalité, ce qui a été à l'origine du vote de la loi du 15 novembre 2001 renforçant la sécurité quotidienne[42] et, surtout, de la loi du 9 mars 2004 relative à l'adaptation de la justice à la criminalité organisée. Des dispositions dérogatoires sont ainsi prévues concernant les crimes commis en bande organisée, ce dispositif est communément appelé « procédure pénale bis ».

13. Parmi les causes directes de la fréquence des réformes, les condamnations de la France par la Cour européenne des droits de l'homme peuvent être mises en avant. En effet, le renforcement de l'intégration européenne se traduit par une réelle influence du droit européen conventionnel sur le droit français interne. L'Etat français a été de très nombreuses fois condamné depuis 1981, date à laquelle le recours individuel a été accepté par la France[43]. La Cour européenne a ainsi condamné la France pour violation de l'article 3 de la Convention européenne qui prohibe la torture et les traitements inhumains ou dégradants à propos de l'exécution des gardes à vue[44]. Elle a également jugé que les écoutes téléphoniques, telles qu'elles étaient pratiquées avant la loi du 10 juillet 1991, ne répondaient pas aux exigences de l'article 8 de la convention notamment concernant la nécessité d'une durée limitée[45]. La Cour de Strasbourg a aussi reproché à la France la durée excessive des procédures et la durée trop longue des

---

41 Loi n° 87-1062 du 30 déc. 1987, D. 1988 p. 59.

42 Loi n°2001-1062 du 15 nov. 2001 relative à la sécurité quotidienne, JO 16 nov. 2001, p. 18215.

43 Ces condamnations sont accompagnées d'une satisfaction équitable, accordée au requérant, allant du simple constat de violation à une somme considérable en passant par une indemnisation modeste qui doit être reversée par l'Etat condamné à la victime de la violation. A cela s'ajoute la possibilité, depuis 2000, d'un réexamen de l'affaire suite à une condamnation prononcée par la Cour européenne des droits de l'Homme.

44 CEDH, 28 juill. 1999, Selmouni c/ France req. n° 25803/94 ; CEDH Tomasi c/ France 27 aout 1992, req. n° 12850/87 ; CEDH 1er avr. 2004, Rivas c/ France, req. n°59584/00.

45 CEDH., 24 avril 1990, JCP 1990.II.21541 note W. Jeandidier.

détentions avant jugement[46], ainsi que l'impossibilité d'accéder à un juge[47]. Sur le fondement de l'article 6-1, combiné avec l'article 6-3 de la Convention, la Cour européenne a dégagé une notion du procès équitable qui conduit à écarter, comme preuves suffisantes, les déclarations des témoins anonymes[48]. La Cour de cassation, comme toutes les juridictions répressives, doit donc prendre en compte les différents principes de la convention, et, sur la demande des plaideurs, s'interroger sur la compatibilité du droit interne avec les principes énoncés. A défaut, le législateur devra mettre le droit positif français en adéquation avec la Convention européenne et, surtout, la jurisprudence de la Cour de Strasbourg. Une des illustrations de l'influence du droit européen sur la procédure pénale française concerne le droit à l'avocat. Ainsi, sur le fondement des articles 410 et 411 du code de procédure pénale, la Cour de cassation interdisait toute défense du prévenu absent à l'audience. Or, dans un arrêt « Van Pelt contre France » du 23 mai 2000[49], la Cour européenne condamne la France considérant que toute personne a droit à une défense effective. L'assemblée plénière décide alors de s'aligner sur la jurisprudence européenne dans une décision du 2 mars 2001[50] : *« le droit à un procès équitable et le droit à l'assistance d'un avocat s'opposent à ce qu'un prévenu, non comparant et non excusé, puisse être jugé sans entendre son avocat présent à l'audience pour assurer sa défense »*. Aussi, la loi du 9 mars 2004 réécrit les articles 410 et 411 du code de procédure pénale pour être en conformité avec la jurisprudence européenne. Le dernier exemple le plus récent d'une condamnation de la France par les autorités européennes a conduit notre pays à légiférer, en urgence, sur les conditions de la garde à vue pour aboutir à la loi du 14 avril 2011. Et l'entrée en vigueur, en 2010, de la question prioritaire de constitutionnalité française n'a cessé de faire évoluer la procédure pénale.

14. Enfin, le droit pénal et la procédure pénale sont des domaines sensibles dans lesquels la réforme semble nécessaire pour résoudre une difficulté[51]. Ainsi, à chaque crise du système judiciaire, les politiques promettent une modification des textes pénaux et le législateur s'empresse de se remettre au travail ; la loi du 5 mars 2007[52], rédigée dans l'émotion post-Outreau et quelque temps avant les élections présidentielles, en est la preuve. Or, la procédure pénale ne devrait pas être réduite à la seule idée de matière du sensationnel.

15. Au regard de ces énonciations, force est de s'interroger aujourd'hui sur le sens de cette prolifération de réformes : quelle est réellement la volonté du

---

[46] CEDH, 27 nov. 1991, Kemmache c/ France, RSC 1991, p. 636 ; Affaire A., 23 sept 1998, RSC 1999, p. 390.
[47] C.E.D.H., 28 Oct. 1998, Aït-Mouhab c/ France, D. 1999, somm. 268, obs. J-F. Renucci.
[48] CEDH, 20 sept. 1993, Saïdi c/ France, JCP 1994.II.22215, note Chambon ; affaire Doorson, 26 mars 1996, D. 1997 somm. 207, obs. J-F. Renucci.
[49] CEDH., Van pelt c/ France, 23 mai 2000.
[50] Ass. Plén. 2 mars 2001, Bull. n°56, Gaz. Pal. 20-21 avril 2001, note J-M. Burguburu.
[51] J. Volff, Les évolutions de la procédure pénale en Europe après 1945, Dr Pén. Sept. 2007, n°9, p. 32.
[52] Loi n°2007-291 du 5 mars 2007 tendant à renforcer l'équilibre de la procédure pénale, JO 6 mars 2007.

législateur ? Que recherche-t-il ? Deux aspects ici semblent être démontrés : d'une part, la recherche d'un difficile équilibre entre liberté et sécurité auquel vient se rajouter l'obligation de se conformer aux exigences européennes et constitutionnelles qui complexifient considérablement la tâche du législateur. D'autre part, le pouvoir législatif semble être sans cesse en recherche d'un procès pénal « parfait », idéal, mais qui se révèle être utopique, la perfection ne pouvant malheureusement pas exister en la matière. Par ces réformes et l'influence croissante du droit européen, on ne peut que constater que la procédure pénale est en pleine mutation, mutation qui s'explique par le changement de la société. Mais cette mutation est-elle pour autant justifiée ? Elle est, on l'a constaté précédemment, souvent politique : est-il souhaitable que politique et justice s'entremêlent ? Quid dès lors de la séparation des pouvoirs ? Les premiers mots qui viennent à l'esprit pour caractériser la politique criminelle de ces dernières années sont ceux de frénésie législative et de précipitation. Les multiples textes adoptés l'ont été selon la procédure d'urgence, très rares sont ceux non précédés d'un fait divers dramatique : la loi qui suit n'en est que plus émotive et donc difficilement applicable et effective, sa fonction se limitant à relayer un discours politique qui se veut rassurant. On ne peut donc plus parler d'unité et de cohérence de la procédure pénale au niveau interne, celles-ci venant davantage du droit international. La prolifération excessive des textes met à mal, en outre, la confiance des citoyens envers la justice pénale. Le phénomène de réformes à outrance n'est pas bon et n'est surtout pas gage de fiabilité de la procédure. Or, les citoyens ont besoin de cette fiabilité, de connaitre les règles qui leur seront applicables si, un jour, ils commettent une infraction. N'est-il pas de l'essence même de la justice d'assurer la sécurité et la fiabilité ? Enfin, la médiatisation à outrance et l'exigence de transparence à tous les stades de la procédure pénale mais aussi, plus largement, de la société ont conduit la matière pénale à tomber dans une certaine « publicité » : tout doit être médiatisé, connu de tous. La matière pénale, par ses réformes, est toujours sous les feux de l'actualité. Or, une telle publicité est-elle bonne pour la justice ? La réponse semble être négative, car en recherchant la transparence à outrance, par le biais d'un nombre incalculable de réformes, le travail du législateur perd de sa cohérence. Il est dès lors difficile de faire la différence entre la justice avec un grand J et la justice avec un petit j, entre l'idéal qu'elle représente et les frustrations qu'elle suscite.

16. Les réformes successives de ces vingt dernières années suscitent donc de nombreuses interrogations, tant sur le plan de la nouvelle répartition des rôles des différents acteurs du procès pénal que sur l'évolution des principes gouvernant la phase préparatoire du procès pénal et donc, plus largement, de la procédure pénale toute entière. En effet, ce qui divise les auteurs et praticiens dans ce qui peut être aujourd'hui qualifié de révolution judiciaire, est le lien institutionnellement noué entre le parquet et le pouvoir exécutif remettant ainsi en cause le principe même de séparation des fonctions répressives[53]. De plus, l'idée d'un

[53] A cet égard, le ministère de la justice vient d'annoncer une prochaine réforme des articles 30 et 35 du CPP. Cf. n°575 et suiv.

ministère public doté de prérogatives plus larges dérange, de nombreuses répercussions sur l'ensemble du procès pénal étant envisagées. Cependant, une telle réforme du système procédural français n'est-elle pas nécessaire ? Le contrepoids à l'extension des pouvoirs du parquet reposant notamment sur un renforcement des droits de la défense tout au long de la procédure et une place prépondérante de la victime, ne se révèlerait-il pas plus favorable aux justiciables et à l'évolution du droit ? Ne faut-il pas voir tout simplement dans ces réformes le souci d'harmoniser la théorie et la pratique ? Et plus largement, d'harmoniser notre législation avec celles des pays européens dans le but de créer un « modèle unique » de procès, basé sur la notion de procès équitable ? Il semble en effet que c'est dans le cadre européen que se construira le plus aisément un modèle de procédure pénale, non seulement en raison de la jurisprudence de la Cour européenne des droits de l'Homme mais aussi par le projet de *Corpus juris* qui préfigure une nouvelle architecture du procès pénal[54]. Pour autant, l'influence de ces principes ne nuit-elle pas à l'identité même de la procédure pénale française ? Le législateur ne va-t-il pas se perdre dans cette floraison de modèles ?

17. Il semble donc incontournable de s'interroger sur la fonction et la place de la matière pénale, aujourd'hui et dans l'avenir, pour proposer les réformes qui paraissent indispensables, suggérer celles qui seraient utiles mais aussi mettre en garde contre les pistes qui seraient inutiles, vaines. En effet, la procédure pénale navigue à ce jour sans repères, trop défigurée par des textes mal préparés, votés dans l'urgence en réaction à des erreurs judiciaires trop nombreuses ayant marqué les esprits par leur résonance médiatique. L'objet de cette thèse sera donc l'étude de l'évolution de la phase préparatoire du procès pénal en mettant en exergue tant les points positifs que les points négatifs des différentes réformes intervenues et en essayant de proposer, sans prétention aucune, différentes pistes pour tendre à une procédure « meilleure ». Plus généralement, l'intérêt central de cette étude est de comprendre comment les législateurs successifs ont pu concilier les deux intérêts antagonistes que sont la sécurité et la liberté. Les différentes réformes de la procédure pénale ont eu toutes comme dilemme de trouver le meilleur dosage entre protection de la société et protection des justiciables mais ce mélange n'est-il pas pour autant explosif ? Le parquet, représentant de l'intérêt public, se voit conférer, il est certain, de nouvelles prérogatives. Pour autant, cette nouvelle

---

[54] *Le corpus juris* réaffirme ainsi les principes de légalité des infractions et des peines, contient des règles d'organisation judiciaire et de procédure pénale. Sur la question de l'organisation judiciaire, le *corpus juris* met en avant la création d'un véritable ministère public européen, avec la désignation de procureurs européens mais n'envisage pas de créer un juge d'instruction, rejeté par la plupart des Etats comme étant une institution trop inquisitoriale. Les règles de procédure, quant à elles, réalisent une synthèse entre le modèle accusatoire et le modèle inquisitoire. Si l'autorité publique a le monopole des enquêtes et de la poursuite, il est créé un juge des libertés, juge national désigné par chaque Etat membre, chargé, dans la phase préparatoire, d'autoriser tous les actes attentatoires aux libertés individuelles des mis en cause mais aussi des témoins. Cf ; not. J.-Cl. Fourgoux, Un espace judiciaire contre la fraude communautaire : *un Corpus juris* entre rêve et réalité, D. 1997, chron. p. 348 ; R. Sicurella, Le *Corpus juris* : proposition d'un modèle d'espace judiciaire européen, D. 1998, chron. p. 223 ; J.-Fr. Kriegk, Quel ministère public européen ? Quel espace judiciaire européen ?, LPA 25 avr. 2011, p. 4.

redistribution des pouvoirs est-elle suffisamment exorbitante pour affirmer que l'égalité des armes est rompue ? La nouvelle répartition de pouvoirs entre les différents acteurs du procès pénal est-elle satisfaisante ?

18. La phase d'instruction traditionnelle, telle qu'elle a été conçue il y a presque deux cent ans est aujourd'hui décriée ; la solitude du juge d'instruction ne cesse d'être pointée du doigt, source de nombreuses erreurs judiciaires et d'atteintes portées à la liberté et aux droits des individus. L'instruction collégiale et la création de nouveaux acteurs de l'instruction semblent donc être préférées au magistrat instructeur traditionnel. Pour autant, les lois pénales successives n'ont cessé de proclamer les pouvoirs du juge et son indépendance, tantôt en les supprimant, tantôt en les remettant en place mais serviront peut être toutes, à terme, à supprimer le juge d'instruction. En parallèle, elles n'ont cessé d'augmenter les prérogatives de la police judiciaire et du parquet qui, ni l'une, ni l'autre ne sont émancipés du pouvoir politique. Ainsi, le procureur est devenu, au fil du temps, l'acteur incontournable de la phase préparatoire du procès pénal en ce qu'il détient un rôle prépondérant dans le choix de la réponse pénale. Il est ainsi maitre de l'opportunité des poursuites et s'est vu, au fil des réformes, conférer de nouveaux pouvoirs que l'on pourrait qualifier d'intermédiaires en la création de modes alternatifs de règlement du contentieux pénal. Il s'est également vu confier un rôle de négociateur en la création de la comparution sur reconnaissance préalable de culpabilité, sorte de nouvelle contractualisation de la justice pénale. Son rôle a été grandissant également dans les phases d'enquête, que celle-ci relève du droit commun ou de la procédure dérogatoire relative à la criminalité organisée. La procédure pénale a donc connu deux évolutions ces dernières années : celle d'un accroissement significatif du rôle du ministère public, limitant progressivement le rôle du juge d'instruction. Dès lors, l'on a assisté à un phénomène de modification progressive du cadre institutionnel du procès pénal **(Partie 1)**.

19. Cette modification des phases d'enquête et d'instruction ne pouvait être la seule affectant la phase préparatoire du procès pénal. En effet, l'accroissement du rôle des acteurs institutionnels du procès pénal a eu comme corollaire un renforcement significatif des droits des parties privées, qu'elles soient suspectées ou victimes. Ainsi, la tendance depuis les années 2000 a été l'accroissement de la place de la victime, constituée ou non partie civile, au sein de la sphère pénale. Celle-ci s'est vue, au fil des réformes, dotée d'un véritable rôle prépondérant dans la phase préparatoire du procès pénal, de sorte que l'on a même pu parler de dénaturation du procès, parfois même à des fins vindicatives. Les lois pénales se veulent de plus en plus compassionnelles, la procédure pénale n'apparaît dès lors plus comme étant la seule préoccupation des autorités judiciaires ou de l'individu suspecté et/ou poursuivi. Pour autant, l'ensemble de prérogatives accordé aux victimes demeure pétri de contradictions. Le fait de renforcer les droits des victimes a contraint le législateur à renforcer également les droits du suspect. Il a ainsi été procédé à un encadrement progressif et strict de la détention avant jugement et à la création d'une diversité de statuts du suspect afin de protéger au

mieux ce dernier, à tous les stades de la procédure, qu'il soit gardé à vue, témoin assisté ou mis en examen. La loi pénale tend donc, en ce sens, à être véritablement protectrice des droits de la défense et sécuritaire pour le citoyen. Ces nouvelles qualités exigées de la loi pénale ont été majoritairement impulsées par l'apparition de nouvelles sources de la procédure pénale. La matière en général et la phase préparatoire du procès pénal en particulier ont donc du s'adapter aux exigences croissantes de la Convention européenne des droits de l'Homme, de la jurisprudence de la Cour de Strasbourg mais aussi de l'évolution croissante des jurisprudences nationales, tant constitutionnelle que judiciaire, qui ont contribué à bouleverser largement les principes établis jusqu'alors. Est apparue en ce sens en filigrane l'idée d'un modèle universel de procès, commun à tous les pays européens, dans lequel seraient consacrés la présomption d'innocence et le respect du contradictoire ; la procédure pénale française a du se conformer à ce nouveau standard et les multiples réformes ont conduit à la consécration certaine, mais encore lacunaire, des droits de la défense, de la célérité et de la transparence de la procédure et de l'égalité des armes. Tous ces bouleversements témoignent ainsi d'une évolution considérable des principes gouvernant la phase préparatoire du procès pénal tendant à un rééquilibrage certain des droits des parties privées. (**Partie 2**).

PARTIE I

Une modification progressive du cadre institutionnel du procès pénal

20. Les réformes nombreuses et successives qui ont concerné la procédure pénale et plus spécialement la phase préparatoire du procès pénal n'ont pas été sans conséquence sur les personnages phares de cette procédure, à savoir ses acteurs institutionnels. En effet, le souci de rechercher constamment un certain équilibre entre les protagonistes du procès pénal et un idéal de justice a conduit le législateur à opérer une modification progressive du rôle des deux personnages clés du procès pénal : le ministère public et le juge d'instruction.

21. La recherche constante de l'efficacité de la justice, et donc de la répression, a permis au procureur de la République, représentant la société et chargé de la défense de l'intérêt général, d'accroitre considérablement les pouvoirs qui lui étaient jusqu'alors conférés en phase d'enquête. Il s'est dès lors vu érigé en véritable pivot de la phase d'enquête, que celle-ci relève du droit commun ou du droit dérogatoire applicable en criminalité organisée. Outre une collaboration étroite avec ses services de police judiciaire, le procureur de la République peut aujourd'hui diriger largement l'enquête et surtout, et là demeure toute la contradiction, contrôler une mesure de garde à vue. La politique sécuritaire des années 2000 a de plus permis de confier au ministère public des moyens d'investigation renforcés en matière de criminalité organisée qui prennent la forme d'actes d'intrusion et de coercition. Le législateur a offert un rôle grandissant au magistrat du parquet dans la phase d'enquête. Mais cet accroissement ne s'est pas arrêté là car, en défenseur de l'intérêt général, il détient un rôle prépondérant dans le choix de la réponse pénale à donner à l'affaire. Si classiquement le procureur pouvait décider de poursuivre, de s'abstenir de poursuivre ou de classer l'affaire, il peut désormais avoir recours à des modes alternatifs de règlement du contentieux pénal par le biais de la médiation et de la composition pénale. Un autre mode de poursuite a également été créé faisant par-là même du procureur un véritable négociateur sur la peine : c'est la comparution sur reconnaissance préalable de culpabilité. La frénésie législative de ces vingt dernières années a donc conduit à un accroissement significatif du rôle du ministère public dans la phase préparatoire du procès pénal (**Chapitre 1**).

22. Cependant, ce renforcement des pouvoirs du procureur de la République ne pouvait avoir qu'un corollaire, impulsé notamment par de nombreuses critiques mais demeurant fortement critiquable : la limitation progressive du rôle du juge d'instruction. Figure ancestrale de la procédure pénale, le magistrat instructeur a ainsi du faire face à de nombreuses polémiques et a en quelque sorte « payé le prix » de son poids historique. En effet, suite à de véritables fiascos judiciaires et aux critiques incessantes du cumul de fonctions du juge d'instruction (il est à la fois enquêteur et juge) allant à l'encontre des principes mêmes du procès pénal, est apparue l'idée selon laquelle l'instruction traditionnelle ne donnait plus satisfaction. La solitude du juge a ainsi été décriée, sa suppression avancée et les compétences de la chambre de l'instruction ont été amoindries, voire détournées de leur fonction première. L'idée d'une instruction collective, à plusieurs, rendant la justice meilleure et plus efficace, a ainsi percé, sans pour autant, à ce jour, aboutir complètement. La phase d'instruction préparatoire a donc subi de nombreuses controverses ce qui a notamment conduit le législateur à proposer, sans cesse, la création de nouveaux acteurs de l'instruction. Le juge des libertés et de la détention a ainsi été créé comme véritable organe régulateur de la procédure mais la boulimie législative ne s'est pas pour autant arrêtée là : les propositions pour une nouvelle instruction restent pour le moins redondantes et fort abondantes mais sans cesse avortées. Il n'en reste pas moins que tout ceci a fortement fragilisé la phase d'instruction et donc remis en cause considérablement le schéma traditionnel de l'instruction préparatoire (**Chapitre 2**).

CHAPITRE I

Un accroissement significatif du rôle du ministère public

23. Le ministère public est le corps des magistrats chargés, devant certaines juridictions, de requérir l'application de la loi et de veiller aux intérêts généraux de la société. Indépendants des juges du siège, les magistrats du parquet sont un corps hiérarchisé et ne bénéficient pas de l'inamovibilité. Si, en matière civile, le ministère public peut être partie principale ou partie jointe[55], il est toujours partie principale au procès pénal. Selon l'article 30 du Code de procédure pénale, le ministère public est sous l'autorité du garde des Sceaux qui a le pouvoir de proposer la nomination des membres du parquet après avis du Conseil supérieur de la Magistrature. Cette disposition fait du ministère public un organe subordonné et sans indépendance. Cette subordination pose aujourd'hui problème car dans notre Code de procédure pénale, le ministère public est à la fois l'organe de poursuite et l'autorité amenée à contrôler certaines décisions affectant les droits et libertés.

24. En effet, au fil des réformes, le rôle du ministère public n'a cessé de s'accroitre, arrivant à son paroxysme avec la loi du 14 avril 2011 qui lui reconnait un réel pouvoir dans la garde à vue alors que dans le même temps la Cour européenne des droits de l'Homme ne lui reconnaît aucun statut d'autorité judiciaire. Peu importe pour le législateur, en droit français, le parquet est le personnage incontournable de la phase préparatoire du procès pénal et plus précisément des phases d'enquête et de poursuite. Ainsi, l'essor de l'enquête de flagrance et le rôle de pivot de l'enquête, à travers des pouvoirs de direction des services de police et de contrôle de la garde à vue ont contribué au renforcement des pouvoirs accordés au procureur dans l'enquête de droit commun. Il en est de même en matière de criminalité organisée pour laquelle le législateur a multiplié les moyens d'investigations intrusifs et coercitifs pour une meilleure efficacité de recherche des preuves. De sorte que, dans notre procédure pénale actuelle, le ministère public a un rôle grandissant dans la phase d'enquête (**Section I**). Mais limiter l'étude du parquet au stade de l'enquête serait amoindrir son rôle puisque ce dernier constitue également dans notre droit un organe de poursuite et il est le

[55] Art. 421 et suiv. NCPC.

seul à en maitriser l'opportunité, ce qui fait de lui le personnage central de l'après-enquête. Le développement des modes alternatifs de règlement des conflits, créés pour désengorger les tribunaux et apporter une réponse pénale systématique, a contribué à l'accroissement du rôle du parquet en lui offrant de nouveaux pouvoirs. Cet accroissement s'est poursuivi par l'entrée en vigueur d'un plea-bargaining à la française[56], inspiré du modèle anglo-saxon et laissant au procureur une certaine marge de négociation. Le parquet, avec ces nouveaux modes de résolution des conflits, à coté des voies classiques de poursuite et de classement, se voit donc conférer un rôle prépondérant dans le choix de la réponse pénale (**Section II**).

SECTION 1. UN RÔLE GRANDISSANT DANS LA PHASE D'ENQUÊTE

25. L'enquête peut se définir comme l'ensemble des opérations d'investigations menées préalablement à la saisine des juridictions compétentes par les officiers de police judiciaire, en vue de constater les infractions à la loi pénale, d'en rassembler les preuves et d'en rechercher les auteurs. C'est donc la phase antérieure au déclenchement des poursuites, le stade policier de la procédure. L'enquête de police est placée sous la direction du procureur de la République et exercée par les officiers et agents de police judiciaire. Cette phase du procès pénal a connu une relative stabilité pendant des années, le législateur étant plus concentré sur la phase d'instruction. Cependant, depuis plusieurs années, la phase d'enquête tend à prendre une place de plus en plus importante, le législateur ne cessant d'accroitre les pouvoirs accordés aux enquêteurs et au procureur, si bien que l'on constate une certaine hypertrophie de l'enquête[57].

26. Le procureur fait aujourd'hui figure de cheville ouvrière dans la procédure pénale en général, dans la phase d'enquête en particulier. Il est l'un des personnages incontournables de la phase policière sans lequel l'enquête ne peut être bien menée. Si ce rôle n'a pas toujours été reconnu, il s'est trouvé amplifié ces dernières années, notamment depuis la loi Perben 2 du 9 mars 2004 et plus récemment encore avec la loi du 14 avril 2011 réformant la garde à vue. Ainsi, l'on parle aujourd'hui d'une véritable montée en puissance du procureur de la République au stade de l'enquête[58], il en est véritablement la clef de voûte, tout se déroulant sous ses ordres et son contrôle.

27. Les différentes réformes ont conduit à un accroissement des pouvoirs du parquet dans le cadre des enquêtes de droit commun. Le procureur est alors le véritable chef d'orchestre de l'enquête en ce qu'il collabore étroitement avec les

---

[56] Selon l'expression du Professeur J. Pradel.

[57] C. Marie, La montée en puissance de l'enquête, AJ pénal 2004, p. 211.

[58] Sur ce point cf. not. : J.-P. Jean, Politique criminelle et nouvelle économie du système pénal, AJ pén. 2006 p. 473 ; F. Bussy, L'attraction exercée par les principes directeurs du procès civil sur la matière pénale, RSC 2007, p. 39 ; C. Giudicelli, Le juge d'instruction évoluera ou disparaitra, AJ pén. 2009, p. 68 ; C. Lazerges, La tentation du bilan 2002-2009 : une politique criminelle du risque au gré des vents, RSC 2009, p. 689.

services de police judiciaire dont il dirige et contrôle les actions (§1). Mais si l'accentuation des pouvoirs du parquet a été étendue dans l'enquête de droit commun, elle s'est encore plus largement développée dans le régime dérogatoire applicable à la criminalité organisée. En effet, le législateur a offert au parquet et aux services de police différents moyens d'action, coercitifs et intrusifs, destinés à favoriser la recherche de la vérité et renforçant par là même les moyens d'investigations leur étant offerts initialement (§2).

§1. Des pouvoirs renforcés dans l'enquête de droit commun

28. Le Code de procédure pénale prévoit que l'officier de police judicaire agit sous le contrôle du procureur qui dirige les services de police et donc les actes d'enquête. De cet article se dégage donc une nécessaire collaboration du procureur avec les services de police judiciaire, collaboration qui s'exerce dans le cadre de deux enquêtes principales de droit commun, l'enquête de flagrance et l'enquête préliminaire qui tendent, depuis quelques années à se recouper pour ne faire qu'une seule enquête de flagrance. Cette collaboration nécessaire (A) fait du parquet un véritable pivot de l'enquête puisqu'il est chargé de la diriger et de contrôler sa mesure phare, la garde à vue (B).

A. Une collaboration étroite avec les services de police

29. L'enquête peut être définie comme une suite d'actes ayant pour objet la recherche plus ou moins coercitive des preuves qui s'articulent autour de la recherche de la vérité. L'enquête répond à une triple nécessité : réduire à néant les plaintes abusives et non fondées, permettre au parquet d'apprécier l'opportunité des poursuites et éviter une ouverture d'instruction qui serait inutile. A cette fin, la phase d'enquête est donc primordiale, nécessaire, elle est la base de la suite donnée au dossier. C'est pourquoi, une véritable collaboration s'est installée au fil des réformes entre le procureur, directeur de la police judiciaire et enquêteur lui-même et les services de police ; à cette fin, ces derniers doivent informer le procureur sur les cadres d'enquête dans lesquels ils exercent et les actes qui y sont attachés. Sans cette collaboration, cette communication détaillée, la recherche des preuves et des auteurs d'infractions ne peut être pleinement efficace. Cette communication se manifeste à travers deux enquêtes principales prévues par le Code de procédure pénale : l'enquête de flagrance et l'enquête préliminaire. Toutes deux ont initialement un domaine d'application différent mais là encore, le législateur, dans un souci d'efficacité dans la recherche des preuves, a souhaité procéder à leur unification, au moins sur certains aspects. Dès lors, on assiste à un véritable essor de l'enquête de flagrance, l'enquête préliminaire étant complètement réduite et tendant à muter en flagrance.

30. L'enquête de flagrance est en pratique la plus utilisée ; c'est l'enquête préférée des enquêteurs car elle leur donne de larges pouvoirs coercitifs. Le terme flagrance vient du latin « *flagare* » qui signifie « ce qui brûle ». L'infraction

flagrante est donc celle qui est manifeste, actuelle car en train de se commettre. L'évidence de l'infraction légitime donc les pouvoirs accordés aux officiers de police judiciaire. L'article 53 du Code de procédure pénale dispose : « Est qualifié de crime ou délit flagrant, le crime ou le délit qui se commet actuellement ou qui vient de se commettre. Il y a aussi crime ou délit flagrant lorsque dans un temps très voisin de l'action, la personne soupçonnée est poursuivie par la clameur publique, ou est trouvée en possession d'objets, ou présente des traces ou indices, laissant penser qu'elle a participé au crime ou au délit. » Ce premier alinéa permet de définir la notion de flagrance : le crime ou le délit est évident, certain, son auteur est censé être connu. Les enquêteurs ont dès lors huit jours pour agir, durée maximale prévue par la loi. Cependant, la loi du 9 mars 2004 est venue allonger ce délai en précisant que le procureur peut décider de prolonger encore de huit jours la durée de l'enquête de flagrance à la double condition, d'une part, que des investigations soient nécessaires à la manifestation de la vérité, et, d'autre part, que l'enquête porte sur une infraction punie d'une peine supérieure ou égale à cinq ans. Au-delà de ce délai, qui peut atteindre seize jours, les enquêteurs devront agir dans le cadre d'une enquête préliminaire et ne disposeront ainsi plus de pouvoirs de contrainte. En effet, les pouvoirs de contrainte dont ils bénéficient dans leurs opérations en enquête de flagrance sont totalement justifiés au regard du caractère certain de l'infraction et de la quasi-certitude quant à l'identité de son auteur. Il en est tout autre en matière d'enquête préliminaire.

31. L'enquête préliminaire est l'enquête officieuse de l'ancien Code d'instruction criminelle : il s'agissait de simples pratiques policières ne bénéficiant d'aucune existence légale. Elle fut légalisée par le Code de procédure pénale de 1958 et codifiée aux articles 75 à 78. Classiquement, cette enquête reposait sur le nécessaire consentement de l'individu : la commission de l'infraction et l'identité de son auteur n'étant pas des certitudes, les enquêteurs devaient obligatoirement recueillir le consentement de l'intéressé pour procéder aux diverses investigations. Dès lors, ils ne bénéficient d'aucun pouvoir de contrainte et la recherche des preuves se trouve limitée au bon vouloir du supposé auteur, qui on l'imagine évidemment va difficilement coopérer. Cette exigence consensuelle permettait aisément de distinguer l'enquête préliminaire de l'enquête de flagrance. Le législateur n'a pas prévu de durée spécifique pour cette enquête, se contentant simplement d'exiger que si elle est effectuée d'office par les enquêteurs, ils doivent en informer le procureur lorsque l'enquête est commencée depuis plus de six mois[59]. Si, à l'inverse, l'enquête est ordonnée par le procureur lui-même, ce dernier doit en fixer le délai.

32. Jusqu'en 2004, ces deux types d'enquête connaissaient des domaines et des modalités d'application distincts. En effet, le consentement de la personne suspectée étant nécessaire en enquête préliminaire, il était impossible pour les enquêteurs de bénéficier de quelconques pouvoirs coercitifs. Cependant, la loi Perben 2 du 9 mars 2004 est venue quelque peu modifier les choses en donnant au

---

[59] Art. 75 CPP.

consentement une place secondaire dans l'enquête. Dès lors, mise à part dans le domaine des perquisitions, l'enquête préliminaire tend à se transformer en enquête de flagrance, les mesures de contrainte étant de plus en plus nombreuses lors des opérations de police. Là où l'on distinguait avant, il n'est donc plus nécessaire de distinguer. Sont donc unifiés, sur certains points, les régimes d'audition de témoins, de réquisitions à personnes, d'examens techniques et scientifiques et surtout la garde à vue. Concernant l'audition des témoins, l'article 62 du Code de procédure pénale permet, en enquête de flagrance, à l'enquêteur d'entendre toute personne susceptible de fournir des renseignements. Ces personnes sont convoquées et tenues de comparaître, les récalcitrants peuvent être contraints par la force publique, sur décision du procureur. Si, lors de cette audition, la personne paraît suspecte, elle pourra être placée en garde à vue ; à défaut, elle ne peut être retenue dans les locaux de police. Quant à l'enquête préliminaire, cette même audition est prévue par l'article 78 qui disposait, dans sa rédaction issue de la loi du 4 janvier 1993 que « les personnes convoquées par un officier de police judiciaire pour les nécessités de l'enquête sont tenues de comparaître. » La loi du 9 mars 2004 est venue rajouter une contrainte, absente classiquement de cette audition, en autorisant le recours à la force publique, sur décision du procureur, lorsque les personnes ne souhaitent pas se rendre dans les locaux de police ou qu'il existe une crainte quant à une réponse effective à cette convocation. Tout comme en enquête de flagrance, les personnes contre lesquelles il n'existe aucune raison plausible de soupçonner qu'elles ont commis ou tenté de commettre une infraction ne peuvent être retenues que le temps strictement nécessaire à leur audition. La loi du 14 avril 2011, souhaitant créer une différence entre ces deux régimes d'audition, est venue rajouter un délai maximum à cette rétention de témoin qui ne pourra excéder quatre heures[60]. Mise à part cette dernière précision, il est indéniable que les régimes d'audition de témoins sont identiques et unifiés dans les deux enquêtes. En ajoutant la notion de coercition dans l'audition d'un témoin dans le cadre d'une enquête préliminaire, le législateur tend à unifier les deux régimes d'enquête.

33. Cette unification se retrouve également dans les réquisitions à personne. La loi du 18 mars 2003 avait introduit dans le Code de procédure pénale les articles 60-2 (pour l'enquête de flagrance) et 77-1-2 (pour l'enquête préliminaire) l'obligation des organismes publics et des personnes morales de droit privé de mettre à la disposition des enquêteurs les informations relatives à la manifestation de la vérité, à l'exception de celles protégées par un secret prévu par la loi, contenues dans le ou les systèmes informatiques ou traitements de données nominatives qu'ils administrent. La loi Perben 2 du 9 mars 2004 est venue renforcer ce dispositif élargissant par là même le champ des réquisitions. Il est désormais prévu qu'en enquête de flagrance, les officiers de police judiciaire ont la faculté de requérir toute personne, établissement ou organisme public ou privé afin d'obtenir tout document intéressant l'enquête[61]. En enquête préliminaire, ce

[60] Art. 78 al 2 CPP.
[61] Art. 60-1 CPP.

pouvoir est également reconnu au procureur de la République ou, sur autorisation de ce dernier, aux officiers de police judiciaire[62]. Ces documents peuvent provenir d'un support informatique ou d'un système de traitement de données nominatives. Le secret professionnel ne peut être opposé à l'officier de police judiciaire sauf en cas de motif légitime. Lorsque la réquisition concerne des personnes visées aux articles 56-1 à 56-3 du code de procédure pénale (avocats, établissements de presse ou de communication audiovisuelle, médecins, notaires, avoués, huissiers), les documents ne peuvent être remis qu'avec leur accord.

34. Les procédés d'examens techniques et scientifiques sont également unifiés dans les deux types d'enquête. Les articles 60 et 77-1 du Code de procédure pénale prévoient la possibilité, pour les enquêteurs et le procureur, de faire réaliser des examens techniques et scientifiques nécessaires à la recherche des preuves. Cette possibilité constitue en quelque sorte une extension du recours à l'expert judiciaire, possible lors de la phase d'instruction, durant la phase d'enquête. En vertu de ce pouvoir, les enquêteurs et le procureur peuvent charger toutes les personnes qualifiées de missions techniques et scientifiques et ce dans les mêmes conditions que l'expertise ordonnée par le juge d'instruction. Si le régime entre les deux enquêtes est unifié sur ce point, une différence quant à l'autorité pouvant ordonner de telles opérations demeure : si en enquête de flagrance, l'examen peut être ordonné par un officier de police judiciaire, en vertu de l'article 60 du Code de procédure pénale, l'autorisation du procureur est nécessaire en enquête préliminaire[63]. A coté de ces examens, il est possible pour les autorités de procéder à des prélèvements externes au cours des deux enquêtes[64], à la seule différence qu'en enquête préliminaire, un tel prélèvement devra faire l'objet d'une autorisation du procureur, l'enquêteur ne pouvant y recourir de son propre chef comme en matière de flagrance. Le défaut de respect de cette autorisation entraine une nullité d'ordre public selon la Cour de cassation[65]. Les régimes des deux enquêtes semblent donc unifiés totalement sur ce point encore, à la différence près que la contrainte est moindre en enquête préliminaire puisqu'elle ne peut émaner du seul officier de police judiciaire, l'autorisation d'un magistrat étant exigée.

35. Dans le cadre de ces deux enquêtes, une fois les investigations terminées, et s'il existe des raisons plausibles de soupçonner que l'individu est bien l'auteur de l'infraction, les enquêteurs ont la possibilité de procéder au placement en garde à vue de ce dernier. Jusqu'en 2011, chaque enquête était réglementée par un texte différent[66] et en enquête préliminaire, la présentation physique de la personne gardée au procureur en vue était nécessaire en cas de prolongation de la mesure. Depuis la loi du 14 avril 2011, ce sont les mêmes textes qui régissent les mesures

---

[62] Art. 77-1-1 CPP.

[63] Art. 77-1 CPP.

[64] Art. 55-1 pour la flagrance et 76-2 pour l'enquête préliminaire.

[65] Crim. 14 oct. 2003, Bull. n° 187, RSC 2004, p. 43, obs. Buisson ; D. 2004, p. 1265, note Hennion-Jacquet.

[66] Art. 62 ancien CPP pour la flagrance, art. 77 pour l'enquête préliminaire.

de garde à vue, qu'elles aient lieu durant une enquête de flagrance ou une enquête préliminaire. Ainsi, l'article 77 du Code de procédure pénale dispose désormais « les dispositions des articles 62-2 à 64-1 relatives à la garde à vue sont applicables à l'enquête préliminaire. » Le législateur est donc clair : il n'y a pas de régime de garde à vue spécifique à l'enquête préliminaire, les règles relatives à cette mesure restrictive de liberté sont les mêmes pour tous, quel que soit le type d'enquête. Cette disposition renforce le travail amorcé en 2004 par la loi Perben 2, à savoir l'unification, l'élaboration d'un cadre unique d'enquête. Dans un souci de faciliter la recherche des preuves et des auteurs d'infractions mais aussi peut-être de lisibilité et de clarté de la loi pénale, le législateur a entrepris une refonte totale de l'enquête afin d'unifier les différents cadres d'enquête. Ce phénomène conduit à favoriser le travail des enquêteurs et du procureur en ce qu'il leur octroie davantage de pouvoirs coercitifs et intrusifs en enquête préliminaire mais est discutable quant à la place du consentement. En effet, en enquête de flagrance, l'auteur étant connu et l'infraction certaine, il est logique que les autorités disposent d'une certaine contrainte, très étendue. Or, en enquête préliminaire, il n'existe que de simples soupçons, l'auteur n'est pas clairement identifié, l'infraction ne s'est pas commise devant les yeux des officiers de police judiciaire, le doute est donc roi. Comment dès lors légitimer de tels pouvoirs coercitifs ? La recherche de la vérité et la condamnation à tout prix légitiment-elles le fait de bouleverser la physionomie de l'enquête préliminaire[67] et de réduire le consentement de l'individu, essentiel dans une matière attentatoire aux droits fondamentaux, à néant ?

36. Le seul domaine dans lequel l'enquête préliminaire conserve sa singularité est le domaine de la perquisition. Une perquisition est une fouille intrusive effectuée dans un lieu fermé dans lequel peuvent se trouver des indices afférant à l'infraction et à son auteur présumé. En enquête de flagrance, les perquisitions, prévues par les articles 56 et suivants du Code de procédure pénale, constituent une mesure coercitive et ne peuvent dès lors être exercées que par les seuls officiers de police judiciaire et non par de simples agents de police judiciaire. Pour que la perquisition soit reconnue, elle doit donc être effectuée par un officier de police judiciaire, la jurisprudence excluant de ce biais la qualification de perquisition à une fouille opérée par un particulier[68]. Il faut de plus qu'il existe une véritable fouille, une recherche complète. Si les documents sont fournis à la suite d'une demande de l'OPJ, la perquisition ne peut être constituée[69]. Cette fouille intrusive et coercitive peut avoir lieu dans n'importe quel lieu clos dans lequel l'auteur présumé, contre lequel existe une apparence quasi-certaine de

[67] J.-L. Lennon, Les aspects coercitifs et intrusifs de l'enquête préliminaire ou l'effritement de la distinction entre enquête de flagrance et enquête préliminaire, Dr. Pén. 2007, Etudes n° 21.

[68] Crim. 12 fév. 2008, JCP 2008, IV, 1580, D. 2008, act. p. 924, RPDP 2008, p. 381, obs. C. Ambroise-Castérot, AJ pénal 2008, p. 244, obs. G. Roussel, Procédures 2008, comm. 218, obs. Buisson, D. 2008, pan. p. 2761, obs. J. Pradel.

[69] Crim. 20 sept. 1995, Bull. n°276, RSC 1996, p. 141, obs. Dintilhac, D. 1996, p. 292, note Penneau. Crim. 22 mai 2002, RSC 2002, p. 906, obs. Buisson.

commission de l'infraction[70], a ses habitudes. Si elle a lieu dans un domicile, la perquisition ne peut se dérouler qu'entre 6h et 21h. La personne doit être présente, ou à défaut désigner un représentant, mais n'a pas à donner son consentement, les enquêteurs ayant tous les pouvoirs. En enquête préliminaire, les choses sont différentes car, ne bénéficiant d'aucun pouvoir coercitif, les officiers de police judiciaire n'ont pas le monopole de la perquisition ; les agents de police judiciaire sont également compétents. Pour autant, l'article 76 alinéa 3 renvoie aux articles 56 et 59 alinéa 1, applicables à la flagrance, pour une définition du champ d'application des perquisitions. La seule différence est que le consentement de la personne dont le domicile est perquisitionné est nécessaire et doit être donné par écrit. Le législateur a cependant prévu un tempérament à ce principe en prévoyant, à l'article 76, que le consentement de l'individu n'est pas requis lorsque la peine encourue est une peine d'emprisonnement supérieure ou égale à cinq ans. Dans ce cas, le procureur peut demander l'autorisation du juge des libertés et de la détention de procéder à l'opération sans l'assentiment exprès de l'individu[71]. La place du consentement de la personne connait donc un recul manifeste ici, même si la perquisition « contrainte » est légèrement plus encadrée qu'en flagrance, une autorisation du JLD étant exigée.

37. Toutes les réformes successives ont donc conduit à un recul certain de l'identité même de l'enquête préliminaire ; celle-ci se confond, se transforme désormais en enquête de flagrance. On assiste ainsi à une certaine dénaturation de l'enquête préliminaire qui se rapproche de plus en plus de la flagrance par la prolifération des mesures coercitives[72]. Cette transformation révèle le souci d'efficacité de la justice qui anime le législateur : dans un souci de facilitation du travail des enquêteurs et du procureur dans la recherche des preuves, tout est mis en œuvre afin de leur octroyer le plus de pouvoirs possible. Or, cette prolifération de mesures coercitives met à mal les droits de la défense en ce qu'elle permet de recourir, dans un domaine dans lequel rien n'est certain, à des investigations particulièrement intrusives et traumatisantes pour l'individu dont la culpabilité n'est même pas une apparence. Force est donc de s'interroger sur la véritable intention du législateur et surtout sur son absence de prise en compte des principes européens des droits de la défense et de la présomption d'innocence. Cette transformation marque, en tout état de cause, un réel essor de l'enquête de flagrance et du rôle directeur du procureur dans la phase d'enquête. Ce dernier se voit en outre confier un rôle important en ce qu'il est le personnage central de l'enquête.

[70] Ph. Conte, Un aspect de l'apparence vraisemblable au stade policier de la procédure pénale (aperçu sur la notion d'apparence en procédure pénale), RSC 1985, p. 471.
[71] Art. 76 al. 4 CPP.
[72] C. Marie, La montée en puissance de l'enquête, AJ pénal 2004, p. 221.

B. Un procureur pivot de l'enquête

38. Dans notre procédure pénale actuelle, il est indéniable que le procureur est le maitre d'œuvre de la phase d'enquête, il est au cœur de l'enquête. En effet, il dispose de deux pouvoirs considérables lors de cette phase de recherche des preuves et des auteurs d'infractions : il dirige l'enquête d'une part (a) et contrôle la mesure de garde à vue d'autre part (b).

a. Un pouvoir de direction de l'enquête

39. Le Code de procédure pénale octroie un véritable statut de directeur d'enquête au procureur à travers l'exercice de deux pouvoirs : un pouvoir général de direction et un pouvoir spécial d'autorisation.

40. Le pouvoir général de direction de l'enquête dévolu au procureur de la République est prévu par l'article 12 du Code de procédure pénale. Ce dernier énonce que « la police judiciaire est exercée, sous la direction du procureur de la République, par les officiers, fonctionnaires et agents. » Une précision doit ici être apportée : la notion de police judiciaire s'oppose à la notion de police administrative qui a pour objet le maintien de l'ordre et la prévention. Le procureur dirige donc l'action de la police judiciaire en ce qu'elle est chargée de la recherche des preuves, des auteurs d'infractions et de leur arrestation. S'ajoute à la formule générale de l'article 12, l'article 41 du Code de procédure pénale qui prévoit que le procureur procède ou fait procéder « à tous les actes nécessaires à la recherche et à la poursuite des infractions à la loi pénale ». Pour que ce pouvoir de direction puisse être effectif, le procureur doit être tenu informé. Cette tâche incombe aux officiers de police judiciaire qui, selon l'article 19, « sont tenus d'informer sans délai le procureur de la République des crimes, délits et contraventions dont ils ont connaissance. » Les enquêteurs doivent aussi lui rendre compte des opérations qu'ils exécutent sans attendre la fin de leur mission[73]. Le magistrat est immédiatement tenu informé de l'ouverture d'une enquête de flagrance et de l'identification du suspect à partir des indices apparents (art. 53 et 54, D. 3, al. 1er). Pendant l'enquête préliminaire, il est avisé par les enquêteurs de l'identité de toute personne contre laquelle pèsent des indices faisant présumer sa participation à l'infraction. Les enquêteurs doivent lui rendre compte de l'avancement des investigations effectuées d'office dans le cadre d'une enquête préliminaire commencée depuis plus de six mois[74]. Il est aussi informé de l'exécution d'une commission rogatoire ou d'une réquisition par le magistrat d'un autre tribunal ayant ordonné l'opération[75]. Le procureur doit surtout être constamment informé des mesures de contrainte prises à l'encontre du suspect. Il doit être informé d'une vérification d'identité lorsque le suspect le demande et s'avère récipiendaire du procès-verbal relatant la mesure[76]. Le procureur est aussi

[73] Art. R. 2-1 CPP.
[74] Art. 75-1 al. 2, et 75-2.
[75] Art. 18 al 3 CPP.
[76] Art. 78-3 CPP.

informé du placement du suspect en garde à vue. Il est informé de la qualification des faits et peut la modifier.[77] De même, le procureur doit donner son accord préalable pour toute retenue judiciaire d'un suspect mineur de dix à treize ans[78]. L'OPJ doit aussi l'informer sans délai que les nécessités de l'enquête empêchent de satisfaire la demande du suspect de faire prévenir un proche. Enfin, le parquet est informé immédiatement de la découverte d'un cadavre dont l'origine de la mort paraît suspecte[79]. Les officiers de police judiciaire doivent l'informer de l'arrestation et de la détention par la police judiciaire de toute personne faisant l'objet d'un mandat d'arrêt avant qu'elle ne soit présentée dans les vingt-quatre heures au juge des libertés et de la détention[80].

41. Si la loi est complète et précise sur la notion d'information du procureur, la jurisprudence est, quant à elle, pour le moins ambivalente. Si elle est très stricte concernant l'information en garde à vue, elle fait preuve d'une plus grande souplesse dans d'autres cas. Ainsi, il est de jurisprudence constante que « tout retard dans l'avis de placement en garde à vue, non justifié par une circonstance insurmontable, porte nécessairement atteinte aux intérêts de la personne retenue, notamment lorsque cet avis est donné au moment de recueillir les instructions du procureur sur la suite à donner à la procédure.[81] » La Cour de cassation exige que les circonstances insurmontables ayant entrainé l'absence d'information du parquet soient manifestes[82]. Les juges sont donc sévères quant à l'appréciation de l'information du procureur lorsqu'elle concerne la garde à vue mais ils font preuve de davantage de souplesse lorsqu'il s'agit de rapporter la preuve de cette information en considérant notamment qu'il n'est pas nécessaire que la mention de l'information fasse l'objet d'une inscription dans un procès-verbal[83]. Lorsque l'information du procureur ne porte pas sur la garde à vue, les juges semblent considérer que c'est plus l'information en elle-même qui importe que l'autorité à laquelle elle est donnée. Est ainsi validée l'information faite non pas auprès d'un magistrat titulaire mais auprès de l'auditeur de justice qui l'assistait[84]. De même, le défaut d'information dès l'identification du suspect n'est pas censuré[85]. La Cour pousse même le raisonnement à l'extrême, allant jusqu'à énoncer que les enquêteurs peuvent procéder d'office à des enquêtes préliminaires et que « le défaut d'information du procureur de la République est sans effet sur la validité des actes accomplis par ces derniers.[86] » Cette dernière prise de position semble

---

[77] Art. 63, 70 et 77 CPP.

[78] Ord. du 2 févr. 1945, art. 4, I.

[79] Art 74 CPP.

[80] Art. 135-2 CPP.

[81] Crim. 24 nov. 1998, n° 98-82.496, Bull. n° 314 ; Procedures 1999. Comm. 138, obs Buisson ; Crim. 10 mai 2001, n° 01-81.441, Bull. n° 119, Procédures 2001. Comm. 184, obs. Buisson.

[82] Ainsi, la seule pluralité des suspects ne suffit pas : Crim. 12 avr. 2005, n° 04-86.780, JCP 2005. IV. 2280.

[83] Crim. 24 oct. 2000, n° 00-85.407, Bull. n°306 ; Crim. 14 févr. 2001, n° 00-87.891, Procédures 2001. Comm. 160, obs. Buisson.

[84] Crim. 31 oct. 2001, n° 01-85.345, Bull. n° 227.

[85] Crim. 23 août 2005, n° 03-87.719, Bull.n° 209 ; D. 2006. Pan. 621, obs. J. Pradel.

[86] Crim. 1er déc. 2004, n° 04-80.536, Bull. n°302 ; D. 2005. p. 1336, note. Lennon.

amoindrir d'une manière certaine le pouvoir de direction du procureur. Le pouvoir qui lui est octroyé par la loi lui est en quelque sorte « retiré » par la jurisprudence. Fort heureusement, la direction de l'enquête n'est pas le seul pouvoir accordé au procureur, celui-ci disposant d'un pouvoir spécial d'autorisation et de la possibilité de mener des investigations.

42. A coté de ce premier pouvoir général de direction de l'enquête, le législateur a souhaité offrir au procureur un pouvoir spécial d'autorisation. Bien que le procureur dirige l'action de la police, celle-ci dispose d'une certaine autonomie dans la réalisation des actes d'enquête, et cela se conçoit aisément. Cependant, afin d'asseoir les pouvoirs et le rôle du procureur, un certain nombre d'actes d'enquête sont soumis à son autorisation préalable. A cet égard, les exemples sont nombreux dans le Code de procédure pénale. Ainsi, l'article 61 prévoit que l'officier de police judiciaire doit recueillir l'autorisation du procureur afin de procéder à une comparution forcée des personnes n'ayant pas répondu à une convocation à comparaitre.[87] De même, seul le procureur est en mesure d'autoriser une éventuelle prolongation de la garde en vue[88] et de manifester le refus à la demande de la personne gardée à vue de faire prévenir un proche[89]. Enfin, l'article 76-2 du Code prévoit qu'en cas d'opérations de prélèvements externes sur un individu, l'autorisation du procureur doit être nécessaire. En ce sens, le procureur se révèle être un véritable initiateur de l'enquête puisqu'il peut être à l'origine de différentes investigations. Il autorise et définit les actes réalisables lors d'une extension de compétence, au besoin en demandant une assistance aux services centraux de la police judiciaire[90].Il requiert aux enquêteurs des contrôles d'identité, autorise la visite d'un véhicule en cas de suspicion d'atteinte grave à la sécurité des personnes et des biens, de terrorisme ou de trafic d'armes. Il peut ouvrir une enquête préliminaire dont il fixe le délai et la prolongation. Dans le même sens, il contrôle les investigations en flagrance et en ordonne la prolongation. Il peut aussi se rendre sur les lieux d'une infraction flagrante et mener lui-même l'enquête. Il peut accomplir certains actes dans le ressort d'un autre tribunal que celui au sein duquel il exerce ses fonctions après avoir informé son homologue local. Lors de l'enquête pour mort suspecte, c'est lui qui décide ou non de déléguer les pouvoirs d'enquête à un OPJ. En cas de disparition suspecte ou de recherche d'une personne en fuite, il donne instruction aux OPJ pour enquêter. Il exerce ainsi véritablement son pouvoir de direction même s'il intervient indirectement, laissant la police judiciaire en première ligne pour agir, notamment en garde à vue[91]. Le procureur dispose, de plus, d'un important pouvoir d'autorisation d'actes d'enquête, notamment ceux de nature technique. Il donne son accord pour la saisie des objets, documents et données

[87] Art. 61 al 2. CPP.

[88] Art 63 CPP pour la garde à vue relevant d'une enquête de flagrance et Art. 77 CPP pour l'enquête préliminaire.

[89] Art. 63-2 CPP.

[90] Art. 18 CPP.

[91] En ce sens, cf. J. Lelieur, L'accroissement du rôle du parquet dans la garde à vue, AJ pénal 2010, p. 483.

informatiques utiles à la manifestation la vérité. Il peut ordonner l'effacement de données du support non saisi. Il autorise le dépôt à la Caisse des dépôts et consignations ou à la Banque de France des espèces ou valeurs dont la conservation n'est pas nécessaire à la manifestation de la vérité. Il autorise l'OPJ à donner connaissance aux victimes et aux suspects des résultats des examens techniques et scientifiques. Il saisit le juge des libertés et de la détention pour autoriser les enquêteurs à ordonner aux opérateurs de télécommunication de préserver des informations susceptibles d'intéresser l'enquête. Il peut requérir lui-même ou autoriser un OPJ à requérir de toute personne morale de droit public ou privé ou tout organisme de remettre des documents susceptibles d'intéresser l'enquête. Il autorise l'OPJ à requérir par voie télématique aux organismes privés ou publics de mettre à sa disposition les informations liées à la manifestation de la vérité. Il requiert l'autorisation du juge des libertés et de la détention pour permettre aux OPJ de demander la conservation des informations utiles. Par ailleurs, il peut habiliter par écrit les enquêteurs à entrer dans des lieux à usage professionnel et se faire présenter un certain nombre de documents en cas de suspicion d'infractions à la législation du travail. Cette autorisation du procureur est contrôlée strictement par la jurisprudence qui estime qu'elle doit être édictée dans l'intérêt d'une bonne administration de la justice ; l'absence d'autorisation est dès lors sanctionnée sans preuve d'un grief[92]. Cette rigueur de la chambre criminelle renforce la position du parquet au stade de l'enquête : « Celui-ci doit s'investir dans la mise en œuvre de la suspicion pour autoriser les actes demandés par les enquêteurs.[93] »

43. Enfin, l'article 121-2 du Code de procédure pénale laisse au procureur le libre choix du service enquêteur ; il va ainsi pouvoir saisir celui qui lui paraît le mieux à même de réaliser les investigations. Classiquement, c'est le service territorialement compétent qui sera saisi.[94] Mais la nature de l'affaire ou sa complexité peuvent inciter le magistrat à en choisir un autre. Afin de préserver un traitement égalitaire des OPJ posé par l'article D. 2, le Code de procédure pénale fixe des critères objectifs. Lorsqu'il est informé d'une infraction flagrante, « le magistrat compétent apprécie souverainement, dans chaque cas d'espèce, en fonction de la nature et des circonstances de l'affaire, des hypothèses qu'elle autorise et de l'étendue des recherches à entreprendre, s'il y a lieu de dessaisir l'officier de police judiciaire qui a commencé l'enquête ou de le laisser poursuivre pour tout ou partie les investigations.[95] » Le procureur de la République va ainsi vérifier si l'OPJ appartient au service le plus compétent pour continuer à agir. De plus, lorsque les investigations appellent une certaine technicité ou possèdent une dimension internationale, l'article D. 4 suggère la saisine des services de la DCPJ[96] ou de la SDPJ[97]. À la différence du juge

---

[92] Crim. 14 oct. 2003, n° 03-81.539, Bull. n° 187 ; Crim. 1er sept. 2005, n° 05-84.061.
[93] G. Roussel, La police judiciaire, RPDP Juin 2011.
[94] Art. D.2 al 3 CPP.
[95] Art. D. 3 al. 2 CPP.
[96] Direction centrale de la police judiciaire.

d'instruction qui doit délivrer une commission rogatoire, le procureur est libre de la forme de sa saisine puisque le code de procédure reste muet sur cette question.

44. Le procureur dispose donc d'un véritable pouvoir de direction de l'enquête dans le régime de droit commun. Ces pouvoirs ont été accrus, dans un souci d'efficacité de la justice, dans le régime dérogatoire relatif à la criminalité organisée. En ce sens, le procureur se révèle être la véritable clef de voûte de l'enquête pénale, il en est la pièce maitresse. Mais ce rôle ne s'arrête pas à un simple pouvoir de direction puisque le procureur est également chargé de veiller au bon déroulement de la garde à vue.

b. Un pouvoir de contrôle de la garde à vue

45. La garde à vue est la mesure policière phare, la mesure coercitive par excellence la plus utilisée mais aussi la plus controversée. Plutôt faibles dans ce domaine, les pouvoirs du parquet ont été légèrement renforcés par la loi du 14 avril 2011 portant réforme de la garde à vue. Ainsi, dès la lecture de l'article 62-2 du Code de procédure pénale, le ton est donné : la garde à vue est une mesure de contrainte, décidée par un officier de police judiciaire, sous le contrôle de l'autorité judiciaire. L'alinéa suivant vient apporter une précision importante en disposant que la garde à vue « s'exécute sous le contrôle du procureur de la République, sans préjudice des prérogatives du juge des libertés et de la détention prévues aux articles 63-4-2 et 706-88, 706-88-1 et 706-88-2 en matière de prolongation de la mesure au-delà de la 48ème heure de report de l'intervention de l'avocat. » A la lecture complète de ce texte, apparaissent alors les deux temps de contrôle que connait la garde à vue : un contrôle par le seul procureur du début de la garde à vue jusqu'à la 48ème heure, un partage de pouvoirs entre ce dernier et le juge des libertés et de la détention à compter de ce délai.

46. Durant les premières heures de la garde à vue, le procureur est donc le seul maître à bord, la cheville ouvrière de la mesure de contrainte, son contrôle trouvant à s'exercer sur divers plans. Dès le début de la mesure, le procureur dispose d'un contrôle de l'opportunité du placement en garde à vue. A cette fin, l'enquêteur doit informer le procureur, « par tout moyen », du placement de la personne en garde à vue. Une précision semble ici devoir être apportée : le législateur a décidé de laisser une large marge d'appréciation à l'officier de police judiciaire quant à la forme que doit prendre cette information puisqu'elle peut être réalisée « par tout moyen ». Il semble donc que le législateur apparaît peu regardant sur la forme requise de cette information, pourtant nécessaire, à l'instar de la chambre criminelle[98]. En effet, celle-ci a pu considérer que cette information peut être faite via l'envoi d'un fax, d'un mail ou par téléphone[99]. Or, si cette absence formelle de transmission de l'information contribue à la rapidité de la

---

[97] Sous-direction de la police judiciaire.

[98] Cf. supra n° 41.

[99] La Cour de cassation semble peu regardante à cet égard, validant même l'information du procureur par télécopie, sans preuve de sa réception : Crim. 1er avr. 2008, n°07-84.542.

justice, elle n'en reste pas moins critiquable : en effet, si la garde à vue intervient la nuit, comment penser que le procureur, absent du palais de justice car se trouvant à son domicile, sera tenu informé, correctement, de la mise en œuvre d'une telle mesure ? L'exigence de célérité se fait ici au détriment d'un contrôle effectif, en temps « normal » et donc au détriment, d'une manière plus large, des droits de la défense. Cette information contient, en outre, la justification par l'officier de police judiciaire des motifs ayant conduit à la garde à vue, en application de l'article 62-2 du Code de procédure pénale. Dès lors, le procureur est en position d'apprécier le bien-fondé du placement en garde à vue c'est-à-dire si il est « nécessaire à l'enquête et proportionné à la gravité des faits que la personne est soupçonnée d'avoir commis »[100]. L'article 62-2 du Code de procédure pénale a prévu que le placement en garde à vue doit être « l'unique moyen » de parvenir à l'un des six objectifs prévus par le législateur[101]. Ces critères du placement en garde à vue donnent un contenu concret au contrôle que doit exercer le procureur et contribuent à élargir son étendue. Ainsi, le procureur est doté d'un véritable contrôle juridique sur les raisons qui ont motivé la privation de liberté. On ne peut que féliciter le législateur de 2011 pour cette précision venant asseoir véritablement le pouvoir de contrôle offert au procureur, et délimiter strictement la garde à vue. Après cette vérification, le procureur pourra conclure à la raison d'être de la garde à vue et donc valider sa mise en œuvre. A défaut, il pourra conclure à l'absence de plausibilité des raisons de soupçonner la personne, au fait que la mesure ne constitue pas l'unique moyen de parvenir aux objectifs légaux, à la contestation des objectifs retenus par l'enquêteur pour placer en garde à vue ou encore à l'absence de nécessité de la mesure par rapport à l'enquête et ainsi annuler la mesure coercitive, prononçant la remise en liberté de l'individu.

47. Le second contrôle offert au procureur est un contrôle de la qualification des faits retenue par l'officier de police judiciaire qui s'accompagne d'une faculté corollaire, à savoir le pouvoir de requalification. Au moment de l'information du procureur, l'enquêteur est chargé de mentionner à ce dernier la qualification qu'il a retenu pour les faits, objets de la garde à vue. L'article 63-1 du Code de procédure pénale, une fois cette qualification énoncée, offre la possibilité au procureur de procéder, s'il le trouve opportun, à une requalification des faits. Cette nouvelle faculté constitue une innovation de la loi de 2011 puisque l'ancien article 63 ne la prévoyait pas. Une telle possibilité de requalification ne peut qu'être saluée car elle peut s'avérer favorable au gardé à vue. Les enquêteurs sont parfois tentés de « charger le dossier », de l'alourdir, pour voir un résultat positif

[100] Art. 62-3 al. 2 CPP.

[101] 1. Permettre l'exécution des investigations impliquant la présence ou la participation de la personne ; 2. Garantir la présentation de la personne devant le procureur afin qu'il puisse apprécier la suite à donner à l'enquête ; 3. Empêcher que la personne ne modifie les preuves ou indices matériels ; 4. Empêcher que la personne ne fasse pression sur les témoins ou les victimes ainsi que sur leur famille ou leurs proches ; 5. Empêcher que la personne ne se concerte avec d'éventuels co-auteurs ou complices ; 6. Garantir la mise en œuvre des mesures destinées à faire cesser le crime ou le délit.

donné à leurs investigations. Or, une telle vision n'était pas concevable dans une procédure fondée sur le respect des droits de la défense. La requalification des faits par le procureur semble donc opportune. En outre, pour des infractions dans lesquelles plusieurs qualifications sont en conflit, il est logique qu'une telle tâche revienne au procureur, beaucoup mieux formé pour ce travail précis. Mais la requalification peut aussi s'avérer négative pour le gardé à vue : là où l'OPJ n'avait vu qu'une infraction mineure, le parquet peut voir des circonstances aggravantes. Quoiqu'il en soit, le pouvoir de requalification ne peut être qu'apprécié en ce qu'il constitue une garantie supplémentaire pour la défense de voir un dossier correctement administré.

48. Une fois ces premiers contrôles effectués, la garde à vue étant exécutée, le procureur doit procéder à un contrôle des conditions de déroulement de celle-ci. Ce contrôle peut se diviser en trois sous-contrôles : le contrôle des conditions matérielles de la garde à vue, de l'intervention de l'avocat et de la durée de la garde à vue.

49. Concernant le contrôle des conditions matérielles dans lesquelles se déroule la garde à vue, le procureur s'est vu doté, au fil des réformes, d'attributions accrues. Ainsi, l'article 41 du Code de procédure pénale, souvent réformé, dispose « Le procureur de la République contrôle les mesures de garde à vue[102]. Il visite les locaux de garde à vue chaque fois qu'il l'estime nécessaire et au moins une fois par an[103] ; il tient à cet effet un registre répertoriant le nombre et la fréquence des contrôles effectués dans ces différents locaux. Il adresse au procureur général un rapport concernant les mesures de garde à vue et l'état des locaux de garde à vue de son ressort ; ce rapport est transmis au garde des sceaux. Le garde des sceaux rend compte de l'ensemble des informations ainsi recueillies dans un rapport rendu public[104]. » La loi du 14 avril 2011 n'est pas venue modifier cet article laissant alors au procureur le soin de contrôler les conditions dans lesquelles se déroule la mesure privative de liberté et surtout d'en rendre compte officiellement. Cette mesure paraît essentielle pour le respect des droits de l'individu et notamment de sa dignité ; il est logique que le procureur veille à la salubrité des locaux et au fait que l'individu doit bénéficier d'une retenue dans des locaux « sains » et propres. La sauvegarde de cet article par le législateur de 2011 démontre aussi l'idée que pour ce dernier, le procureur est considéré comme un magistrat, et donc une autorité judiciaire, dont les préoccupations ne sont pas minimes. Pourtant, aussi important que soit cet article en théorie, il en reste malheureusement à ce stade et ce très fréquemment. En effet, au regard de l'activité prenante du procureur et du nombre de dossiers s'accumulant sur son bureau, il est utopique de penser que, si consciencieux soit-il, il puisse se rendre fréquemment dans les locaux de garde à vue afin d'en contrôler la bonne tenue. En outre, même si l'état déplorable de ces locaux est signalé, la pauvreté

[102] Disposition prévue par la loi n°93-2 du 4 janv. 1993.

[103] Disposition insérée par la loi n°2000-516 du 15 juin 2000, la visite annuelle ayant été prévue par la loi n°20026307 du 4 mars 2002.

[104] Cette dernière disposition a été rajoutée par la loi n° 2007-291 du 5 mars 2007.

croissante de la justice ne pourrait que porter obstacle à des travaux. Il est regrettable que cet article, si important et symbolique soit-il, ne se révèle être que purement théorique et dénué d'application pratique !

50. Le second contrôle offert au procureur lors de la garde à vue, et non des moindres, est le pouvoir qu'il détient pour contrôler l'intervention de l'avocat. Ce pouvoir est sans doute le plus critiqué par les avocats eux-mêmes car il semble être étendu. Ainsi, le procureur peut exercer un contrôle sur le comportement de l'avocat qui lui est conféré par l'article 63-4-3 du Code de procédure pénale. Cet article offre ainsi la possibilité au procureur de désigner, par la saisine du bâtonnier, un autre avocat si celui choisi par le gardé à vue rencontre des « difficultés » avec l'officier de police judiciaire lors des confrontations. L'alinéa 5 du même article prévoit de plus la possibilité pour le procureur de saisir le bâtonnier aux fins de désignation d'un autre avocat s'il croit déceler un risque de conflit d'intérêts empêchant l'avocat désigné initialement d'assurer correctement sa mission auprès du gardé à vue. L'alinéa suivant précise que le magistrat peut également « d'office » ou sur saisine d'un enquêteur, saisir le bâtonnier afin que soient désignés plusieurs avocats, lorsqu'une audition simultanée de plusieurs individus gardés à vue est nécessaire. En matière de terrorisme, le législateur avait prévu la possibilité pour le procureur de saisir le juge des libertés et de la détention afin que ce dernier décide que la personne gardée à vue sera assistée par un avocat désigné par le bâtonnier, et non par l'avocat de son choix[105]. Si cette restriction s'avérait critiquable (et était d'ailleurs vivement critiquée par l'Ordre des avocats) au regard de l'effectivité des droits de la défense, elle se révélait nécessaire en ce qu'elle participait à la recherche de la vérité et que, dans certains cas, la présence d'un avocat désigné par le gardé à vue pouvait constituer un rempart à l'aveu. Cette disposition a fait l'objet d'une saisine du Conseil constitutionnel par le biais d'une question prioritaire de constitutionnalité et a permis aux sages de la rue Montpensier de déclarer l'article 706-88-2 du Code de procédure pénale contraire à la Constitution et ainsi d'en prononcer l'abrogation immédiate[106]. Ce contrôle sur l'intervention de l'avocat par le ministère public lui permet aussi de contrôler le moment de l'intervention du conseil. Ainsi, par une décision écrite et motivée, le procureur peut autoriser que les auditions débutent avant même le délai de deux heures normalement laissé à l'avocat pour arriver sur les lieux et ce, si les « nécessités de l'enquête exigent une audition immédiate de la personne. » Dans les mêmes conditions, il peut également reporter de douze heures la présence de l'avocat en garde à vue et même son accès aux procès-verbaux d'audition de son client « si cette mesure apparait indispensable pour des raisons impérieuses tenant aux circonstances particulières de l'enquête, soit pour permettre le bon déroulement d'investigations urgentes tendant au recueil ou à la

[105] Art. 706-88-2 CPP.

[106] Cons. const. déc. n°2012-233-QPC du 17 févr. 2012, D. act. 21 févr 2012, obs. S. Lavric ; Procédures avr. 2012, n°126, note J. Buisson et A.-S. Chavent-Leclère ; Dr. pénal 2012, comm. n°62, note A. Maron et M. Haas.

conservation des preuves, soit pour prévenir une atteinte imminente aux personnes.[107] »

51. Le troisième pouvoir offert au procureur est le contrôle qu'il exerce sur la durée de la garde à vue. En effet, le procureur, chef d'orchestre de la mesure policière en est aussi, en quelque sorte, maître du temps : c'est à lui que revient la décision finale temporelle de la garde à vue. A cet égard, il peut ordonner à tout moment que la personne gardée à vue soit remise en liberté[108] ou, au contraire, apprécier la nécessité d'une prolongation de la mesure si l'enquête le justifie et si cette prolongation est proportionnée à la gravité des faits dont est soupçonné l'individu[109]. En prolongement de ce pouvoir temporel, le procureur est donc le maître en ce qui concerne les décisions sur les suites à donner à la garde à vue. L'article 63-8 du Code de procédure pénale prévoit en effet que « à l'issue de la garde à vue, la personne est, sur instruction du procureur sous la direction duquel l'enquête est menée, soit remise en liberté, soit déférée devant ce magistrat. » Ce texte est clair : il rappelle la maitrise de l'opportunité des poursuites du procureur tout en asseyant son pouvoir de contrôle sur la garde à vue. Le procureur disposera alors de différentes issues : il pourra ordonner la remise en liberté de la personne, avec ou sans convocation devant un tribunal ou lui proposer un déferement devant lui qui pourra revêtir diverses formes telles qu'une remise d'une convocation à une audience, une proposition de comparution sur reconnaissance préalable de culpabilité, la désignation d'un juge d'instruction pour une éventuelle mise en examen ou encore la décision de faire passer l'individu en comparution immédiate, celle-ci ayant lieu « dans la foulée » tel que l'a prévu le législateur.[110]

52. Ces différents pouvoirs de contrôle offerts au procureur sur la mesure de garde à vue, aussi nécessaires et élargis soient-ils, sont cependant fort critiquables et ce sur deux points essentiels. Il est possible de considérer, à la lecture du Code de procédure pénale suite à la réforme de 2011, que celle-ci a fait du procureur un véritable chef de la garde à vue, ses pouvoirs étant immenses et les contre-pouvoirs étant peu présents. En ce sens, le procureur a pu être considéré comme un « deus ex machina[111] », ayant une véritable mainmise tout au long de la garde à vue. La première application de ce rôle quelque peu démesuré du parquet se révèle en l'absence de l'avocat lors de la présentation et du déferement de l'individu devant le magistrat. En effet, le législateur, alors en désaccord avec les exigences européennes, n'érige pas en obligation la présence du conseil à ces stades de la procédure. Le procureur est alors en tête à tête avec l'individu et les idées de pression pour l'obtention d'un aveu ou de questions attentatoires à la défense fusent. C'est la raison pour laquelle cette absence de l'avocat lors du

[107] Art. 63-4-2 CPP.
[108] Art. 62-3 al. 4 CPP.
[109] Art. 63 al. 3 CPP.
[110] Art. 393 CPP.
[111] C. Ayela, J-C. Kross, D. Many, La garde à vue, Mode d'emploi, Coll. Lamy Axe Droit, 2011. p. 173.

déferement devant le procureur a fait l'objet d'une saisine du Conseil constitutionnel par le biais d'une question prioritaire de constitutionnalité en 2011, cette absence étant considérée comme attentatoire aux droits de la défense et les articles la prévoyant, à savoir les articles 393 et 803-3 du Code de procédure pénale, étant contraires à la Constitution. Pourtant, le Conseil constitutionnel a répondu par la négative, estimant qu'en aucune part ces articles étaient contraires à la Constitution. Ainsi, sur l'application de l'article 803-3, le Conseil estime que la présentation devant le procureur de la personne déférée le jour même, à l'issue de sa garde à vue, ne porte pas atteinte aux droits garantis par la Constitution[112]. Cette position est identique à celle adoptée quelques mois auparavant par le Conseil des Sages sur la conformité de l'article 803-3 du Code de procédure pénale prévoyant le déferement de l'individu le jour suivant la garde à vue[113]. S'agissant de l'article 393 du Code de procédure pénale, le Conseil estime également qu'il est conforme à la Constitution car le législateur a lui-même émis une réserve quant au respect des droits de la défense. Cet article dispose ainsi « qu'en matière correctionnelle, après avoir constaté l'identité de la personne qui lui est déférée, lui avoir fait connaitre les faits qui lui sont reprochés et avoir recueilli ses déclarations si elle en fait la demande, le procureur peut, s'il estime qu'une information n'est pas nécessaire, procéder comme il est dit aux articles 394 à 396. » Le Conseil estime en effet que cette disposition ne permet pas au procureur d'interroger d'office la personne sur les faits mais de recueillir ses déclarations « à sa demande ». Dès lors, aucune autorisation quant à l'interrogatoire n'étant donnée par le législateur, il en découle qu'aucune autorisation à consigner les déclarations de l'individu sur les faits qui font l'objet de la poursuite dans le procès-verbal mentionnant les formalités de la comparution n'est donnée. En ce sens, sous réserve que les déclarations de la personne ne pouvant être recueillies ou consignées, hors la présence de son avocat, l'article 393 est conforme à la Constitution et ne porte aucunement atteinte aux droits de la défense. Par cette décision de 2010, le Conseil constitutionnel semble vouloir asseoir la plénitude de pouvoirs accordés au procureur de la République, sans qu'aucune atteinte ne soit susceptible d'être soulevée. Pourtant, il est justifié de s'interroger sur le bien-fondé de cette décision et donc de la rédaction de cet article 393. Ainsi, n'est-ce pas accorder trop de confiance au procureur que d'estimer que ce dernier ne fera pas usage d'un certain arbitraire ? Comment ne pas penser que le magistrat risque d'être tenté de ne pas respecter cette disposition ? En pratique, tout laisse à penser que le procureur interroge l'individu sur les faits, son but étant la recherche de la vérité et la poursuite du délinquant. Aussi, ce dernier peut-il vouloir s'exprimer sur les faits dont il est soupçonné, donner une explication au magistrat afin de voir le procès tourner à son avantage. Dès lors, le fait que cet échange ait lieu à huis-clos,

---

[112] Cons. const. n°2011-125- QPC, 6 mai 2011, D. 2011, act. 1222 ; D. act, 18 mai 2011, obs. C. Girault.

[113] Cons. Const. 17 déc. 2010, n°2010-80, QPC, D. 2010, act. 6 janv. 2011, obs. S. Lavric ; Procédures 2011, n°73, obs. J. Buisson.

entre deux personnes, laisse planer le doute quant à l'application stricte de la disposition légale. Cette disposition n'est-elle pas, en ce sens, contraire à la notion de procès équitable, si chère à la Cour européenne ? La place de l'avocat, qui devait être rétablie et officiellement reconnue par la loi du 14 avril 2011, semble manifester sur ce point un certain recul, le conseil n'étant pas le bienvenu dans la phase de comparution immédiate.

53. Ce sentiment d'insécurité juridique et d'irrespect des droits de la défense est conforté par les décisions récentes rendues par la Cour européenne des droits de l'Homme énonçant que le procureur français n'est pas une autorité judiciaire, sa garantie d'indépendance à l'égard de l'exécutif n'étant pas respectée[114]. Il ne constitue pas, en ce sens, un magistrat tel que celui-ci est défini par l'article 5 §3 de la Convention européenne des droits de l'Homme. Alors qu'au niveau européen, le procureur français n'est pas considéré comme une autorité judiciaire impartiale et indépendante, il est doté, au niveau interne, d'une suprématie grandissante, une véritable autorité judiciaire garante des libertés individuelles puisque détenteur d'un devoir de sauvegarde des droits reconnus par la loi à la personne gardée à vue[115]. Dès lors, le législateur de 2011, voulant réformer la garde à vue dont les principes reconnus jusqu'alors étaient contraires au droit européen, ne semble pas avoir pris en compte ces décisions, laissant encore le procureur orchestrer comme il le souhaite la garde à vue. Le droit national ne semble pas prêt sur ce point à s'aligner sur la volonté européenne. Cela se comprend aisément par le fait que le procureur soit une autorité ancienne sur laquelle la phase policière est entièrement fondée. Réformer son statut conduirait donc à une refonte totale de la phase policière de la procédure, ce qui n'est pas envisageable pour le moment. Le législateur aurait dû prendre en compte ces décisions et inclure davantage d'accusatoire dans la phase policière, octroyant une place un peu plus importante à la défense. Mais deux intérêts antagonistes sont encore ici en conflit, l'efficacité de la justice et la répression d'une part, les droits de la défense de l'autre et le législateur semble avoir choisi son camp. C'est donc à l'avocat de composer avec ce rôle grandissant du procureur dans la garde à vue et de réussir à s'imposer pour contester la légitimité d'une telle retenue, en demander la nullité, transmettre des observations écrites et surtout exiger sa présence lors de la présentation de son client au magistrat. La théorie étant imparfaite, la pratique devra compenser pour rétablir un certain équilibre.

54. Au vu de ces constatations, il est indéniable que le procureur est le personnage central de l'enquête de droit commun. Il est le véritable maitre à bord, disposant de tous les pouvoirs, agissant en qualité d'officier de police judiciaire tout en étant détenteur d'un devoir de sauvegarde des droits de l'individu. Ces pouvoirs, aussi paradoxaux puissent-ils être, n'ont cessé de s'accroître au fil des réformes et se sont étendus en dehors du cadre d'enquête « normal ». En effet, le

---

[114] CEDH Medvedyev c/ France, 10 juill. 2008 et CEDH Moulin c/ France, 23 nov. 2010, cf. infra, n°290 et suiv.

[115] Pour une étude approfondie, cf. Partie 2, chapitre 1, n°.419. et suiv.

législateur a voulu offrir au procureur et aux enquêteurs des prérogatives renforcées dans un domaine sensible, celui de la criminalité organisée.

§2. Des moyens d'investigation renforcés en matière de criminalité organisée

55. Le droit pénal français ne connaît pas réellement de définition précise de la notion de criminalité organisée. La seule définition existante est celle posée par l'article 132-71 du Code pénal définissant la « bande organisée » comme « tout groupement formé ou entente établie en vue de la préparation, caractérisée par un ou plusieurs faits matériels, d'une ou plusieurs infractions. » Cette définition est commune à celle de l'association de malfaiteurs, prévue par l'article 450-1 du même Code. Il est donc clair que la notion de « crime organisé » recouvre plusieurs situations infractionnelles allant de l'acte individuel réalisé avec préméditation, au crime professionnel c'est-à-dire préparé et exécuté par plusieurs individus, souvent regroupés en bande et qui vivent en marge de la société grâce aux profits tirés de leur activité criminelle jusqu'au crime syndiqué qui correspond à une association permanente de malfaiteurs, très bien structurée et organisée, et détenant le monopole d'un secteur de la criminalité sur un territoire déterminé. La Convention des Nations Unies retient une définition un peu plus précise en estimant que « L'expression groupe criminel organisé désigne un groupe structuré de trois personnes ou plus existant depuis un certain temps et agissant de concert dans le but de commettre une ou plusieurs infractions graves ou infractions établies conformément à la présente Convention, pour en tirer, directement ou indirectement, un avantage financier ou un autre avantage matériel.[116] »

56. Cette forme de délinquance, qui s'est particulièrement développée avec la construction européenne et le développement des échanges internationaux, doit faire l'objet d'une répression efficace et adaptée. En effet, les instruments offerts à la police judiciaire et au parquet pour la recherche des preuves d'infractions « ordinaires » ne suffisent pas face à cette forme de criminalité particulièrement bien structurée et étendue sur divers territoires. Cette diversification des règles de procédure pénale applicables à la criminalité organisée est donc autorisée par le Conseil constitutionnel, conscient de la difficulté d'une telle situation, qui a estimé « qu'il est loisible au législateur, compétent pour fixer les règles de la procédure pénale en vertu de l'article 34 de la Constitution, de prévoir des règles différentes selon les faits, les situations et les personnes auxquelles elles s'appliquent, pourvu que ces différences ne procèdent pas de discriminations injustifiées et que soient assurées aux justiciables des garanties égales, notamment

---

[116] Art. 2, a de la Convention des Nations-Unies contre la criminalité transnationale organisée, loi n°2002-1040 du 6 août 2002 autorisant la ratification de la Convention des Nations-Unies contre la criminalité transnationale organisée, JO 7 août 2002, p. 13522 ; décret n°2003-875 portant publication de la Convention des Nations-Unies contre la criminalité transnationale organisée, JO du 13 sept. 2003, p. 1570.

quant au respect du principe des droits de la défense.[117] » Un régime dérogatoire au droit commun a dès lors toujours existé pour faire face correctement au crime organisé[118]. La loi n° 2004-204 du 9 mars 2004 portant adaptation de la justice aux évolutions de la criminalité organisée a renforcé ce régime dérogatoire en prévoyant « une procédure applicable à la criminalité et à la délinquance organisées » intégrée dans un titre XXV du Code de procédure pénale et introduisant des articles 706-73 et 706-74 relatifs aux infractions auxquelles s'applique cette procédure. Une « véritable procédure pénale bis[119] » est alors mise en place.

57. Par cette loi nouvelle, le législateur ne définit toujours pas clairement la notion de criminalité organisée, se contentant juste de dresser une liste d'infractions relevant de la « bande organisée », concept retenu pour fonder un tel régime dérogatoire. Le législateur de 2004 a donc bâti le nouveau régime dérogatoire applicable au crime organisé sur la définition de la bande organisée posée par le Code pénal. Deux sortes de délinquance organisée sont ici mises en exergue : la première que l'on pourrait qualifier de grave, prévue par l'article 706-73 du Code de procédure pénale[120], la seconde que l'on peut qualifier d'ordinaire, prévue par l'article 706-74[121]. Pour toutes ces infractions, le législateur a prévu des moyens d'investigations renforcés, facilitant ainsi le travail des enquêteurs et du parquet. Désormais, dans leur lutte contre le crime organisé, ces derniers peuvent user de moyens intrusifs qui constituent des « investigations proactives »[122], réalisées sur la base de simples soupçons (A) et de moyens coercitifs et donc réactifs (B), mais doivent être animés constamment par le double souci de nécessité et de proportionnalité de telles mesures afin de garantir le respect des droits fondamentaux de l'individu.

A. L'usage de moyens intrusifs proactifs

58. Parce que le crime organisé est doté d'un caractère occulte et peut s'étendre au-delà des frontières nationales, la recherche des preuves est une tache délicate. En effet, le professionnalisme dont font preuve les délinquants en la

[117] Cons. Const., déc. n°86-213 DC du 3 sept. 1986.
[118] Le Code pénal contient différentes dispositions permettant d'appréhender des trafics (Art. 222-34), de conjurer des entreprises criminelles (Art. 421-1, 421-2 et 413-4), de faire face à des concertations (Art. 211-1 et 212-1), des groupes de combat(Art. 431-13) et des groupements ou ententes établies (Art. 450-1 et 132-71).Pour une étude approfondie de l'évolution des régimes dérogatoires, cf. E. Rubi-Cavagna, l'extension des procédures dérogatoires, RSC 2008, p. 23.
[119] Selon l'expression de Mme le Professeur C. Lazerges « La dérive de la procédure pénale », RSC 2003, p. 644 et pour cette citation, p. 649.
[120] Art. 706-73 prévoit l'application de la procédure dérogatoire aux crimes de meurtre commis en bande organisée, crimes de torture et d'actes de barbarie commis en bande organisée, trafics de stupéfiants, enlèvements et séquestrations commis en bande organisée, traite des êtres humains, vol, extorsion, destruction, dégradation et détérioration d'un bien, fausse monnaie, actes de terrorisme.
[121] Crimes et délits commis en bande organisée ne relevant pas de l'art. 706-73, délits d'association de malfaiteurs prévus par l'art. 450-1 al. 2 du CP, ne relevant pas de l'art. 706-73
[122] Selon le terme employé par M. Murbach, Théorie générale des pouvoirs d'investigation : l'investigation proactive, AJ pénal 2011, p. 506.

matière peut-être remarquable, les témoins sont souvent impressionnés refusant ainsi de parler, ce qui rend d'autant plus difficile le travail des enquêteurs. Afin de remédier à ce souci, le législateur de 2004 a voulu offrir un large panel de mesures intrusives tendant à la recherche de la vérité. Il est donc permis aux enquêteurs, sous la direction du procureur mais aussi du juge d'instruction et du juge des libertés et de la détention dans certains cas, d'user de mesures d'infiltrations et de surveillances (a), d'intercepter des correspondances émises par la voie des télécommunications (b) et de procéder à des sonorisations et fixations d'images (c).

a. Les infiltrations et les surveillances

59. Afin d'appréhender au mieux le phénomène de criminalité organisée et de faciliter la recherche des preuves, le législateur a doté les officiers de police judiciaire de deux pouvoirs : celui de surveiller le réseau criminel et, si nécessaire, celui de l'infiltrer.

60. L'opération de surveillance est prévue par l'article 706-80 du Code de procédure pénale. La délinquance organisée est une délinquance à l'échelle nationale, voire même dans certains cas, internationale. Le législateur, soucieux d'adapter la réponse pénale à cette mobilité, a étendu le champ d'application de la mesure de surveillance. Ainsi, si classiquement cette opération n'était possible qu'en matière de stupéfiants, la loi du 9 mars 2004 a étendu les dispositions relatives à la surveillance à l'ensemble des infractions relevant de la criminalité organisée. Auparavant, c'était l'article 706-32 qui trouvait à s'appliquer. Il prévoyait qu'afin de constater certaines infractions en matière de stupéfiants, d'en identifier les auteurs et d'effectuer des saisies, les officiers et les agents de police judiciaire peuvent, après en avoir avisé le procureur de la République, procéder à la surveillance de l'acheminement de stupéfiants ou de produits tirés de la commission de ces infractions. Désormais, les infractions concernées sont celles mentionnées aux articles 706-73 et 706-74 du code. Les officiers de police judiciaire, et, sous leur autorité, les agents de police judiciaire, sont autorisés à étendre à l'ensemble du territoire national la surveillance des personnes soupçonnées d'avoir commis ces infractions. Il s'agit d'une dérogation à l'article 18 alinéa premier du Code de procédure pénale qui dispose que « Les officiers de police judiciaire ont compétence dans les limites territoriales où ils exercent leurs fonctions habituelles. » Le procureur de la République doit être informé « par tout moyen » de l'extension de compétence territoriale[123]. Le procureur informé est celui « dans le ressort duquel les opérations de surveillance sont susceptibles de débuter » ou celui appartenant à une juridiction spécialisée. Dans un souci d'efficacité de l'enquête, il a également été décidé de ne pas limiter la surveillance aux personnes, mais de l'étendre aux biens et produits afin de multiplier les possibilités d'identification des membres d'un réseau. La compétence policière est dès lors fortement étendue et ne nécessite qu'une simple

---

[123] Art. 706-80 al. 2 du CPP.

information préalable, par tout moyen, du procureur de la République, qui peut s'opposer à cette mesure. Ce dernier n'a pas ici à donner une autorisation ; le législateur a ainsi voulu éviter une certaine lenteur et peut être un refus d'autorisation qui conduirait à une interruption d'opérations en cours. Si la surveillance policière est admise facilement, il en va différemment de l'opération d'infiltration qui elle est admise de manière plus restrictive.

61. Aux termes de l'article 706-81 du Code de procédure pénale, l'infiltration peut être définie comme une opération consistant « pour un officier ou un agent de police judiciaire spécialement habilité dans les conditions fixées par décret et agissant sous la responsabilité d'un officier de police judiciaire chargé de coordonner l'opération, à surveiller des personnes suspectées de commettre un crime ou un délit en se faisant passer, auprès de ces personnes, comme un de leurs coauteurs, complices ou receleurs. » Initialement prévue en matière de stupéfiants[124], l'infiltration a été étendue à toute la matière de criminalité organisée par la loi Perben II avec une réserve cependant : cette mesure n'est applicable qu'aux infractions relevant de l'article 706-73 du Code de procédure c'est-à-dire à des infractions relevant de formes de criminalité organisée les plus graves. Cette mesure, bien qu'élargie par le législateur, n'en demeure pas moins très encadrée. Il appartient au procureur ou au juge d'instruction d'autoriser une infiltration et de la contrôler ainsi que d'y mettre fin à tout moment. Ce moyen d'investigation ne peut être utilisé que lorsque les nécessités de l'enquête ou de l'instruction le justifient. Afin de constater cette nécessité, l'officier de police judiciaire, responsable de l'infiltration, est en charge de rédiger un rapport comportant les éléments strictement nécessaires à la constatation des infractions. Ce rapport va permettre à l'autorité judiciaire de contrôler pleinement l'action menée par l'enquêteur. Avant la loi Perben II, aucune mention de ce contrôle n'existait ; son exercice était soumis à une simple autorisation. Ce renforcement s'explique sur deux points : d'abord sur les risques encourus par l'agent infiltré : celui-ci met en danger sa sécurité, l'infiltration du réseau criminel doit donc être particulièrement justifiée et nécessaire au déroulement de l'enquête et à la recherche des preuves. Ensuite, cette infiltration, en ce qu'elle constitue un stratagème mis en place par les enquêteurs pour démanteler un réseau, peut être perçue, bien qu'étant autorisée légalement, comme attentatoire aux droits de la défense, faussant complètement le principe de loyauté dans la recherche des preuves et, dans une certaine mesure, la présomption d'innocence. C'est pourquoi l'autorisation donnée par le procureur ou le magistrat doit être écrite et spécialement motivée et préciser l'infraction justifiant la mesure, l'identité de l'OPJ responsable de l'opération et la durée de l'infiltration. Une fois la mission d'infiltration terminée, l'autorisation sera versée au dossier de procédure, sa consultation sera donc possible pour les parties et la défense. L'infiltration ne peut excéder quatre mois, pour des raisons évidentes de sécurité de l'agent infiltré mais aussi dans un souci, plus large de célérité de la procédure, même si un

[124] Art. 706-32 anc. CPP.

renouvellement est envisageable pour la même durée et selon les mêmes conditions[125]. Cet encadrement temporel est également une nouveauté de la loi de 2004 puisqu'auparavant, aucune limite temporelle n'était prévue. Or, cette limite se conçoit aisément au regard de la nécessité d'une réponse pénale rapide et du respect des exigences européennes. Un renouvellement de la durée initiale de l'infiltration peut également être prévu afin de garantir au mieux la sécurité de l'agent et lui permettre de s'extraire en douceur du réseau criminel, s'il n'y est pas parvenu lors du temps imparti. Une prolongation de ce rôle est donc permise « le temps strictement nécessaire pour lui permettre de cesser sa surveillance dans des conditions assurant sa sécurité.[126] » Le but de l'infiltration est clair : elle doit permettre de constater une infraction et non d'inciter à sa commission. L'agent infiltré ne doit donc pas, dans sa mission, inciter les délinquants à commettre une infraction, les pousser à la faute : la provocation policière est ainsi prohibée[127]. Le droit français n'admet pas la provocation à l'infraction, sauf certains cas exceptionnels[128] : la mesure sera donc entachée de nullité. Il s'agit ici d'une provocation à la preuve, non au crime.

62. L'agent infiltré se voit reconnaître, par l'article 706-82 du Code de procédure pénale, la possibilité de réaliser des actes infractionnels sans que sa responsabilité pénale ne soit engagée. Il peut d'abord « acquérir, détenir, transporter, livrer ou délivrer des substances, biens, produits, documents ou informations tirés de la commission des infractions ou servant à la commission de ces infractions ». Il peut ensuite « utiliser ou mettre à disposition des personnes se livrant à ces infractions des moyens de caractère juridique ou financier ainsi que des moyens de transport, de dépôt, d'hébergement, de conservation et de télécommunication ». La sécurité de l'agent infiltré étant le souci premier dans l'exercice d'une telle mesure, le législateur a prévu qu'il puisse recourir à une identité d'emprunt ; sa réelle identité ne doit apparaître à aucun stade de la procédure. L'article 706-84 du Code de procédure prévoit que la révélation de cette information entraîne une condamnation pénale. Les peines encourues vont de cinq ans et 75 000 euros d'amende à dix ans et 150 000 euros d'amende lorsque cette révélation a causé la mort de l'agent infiltré ou de ses proches. Le projet initial de la loi Perben II obligeait le procureur de la République ou le juge d'instruction à faire mention dans l'autorisation, de l'identité de l'officier de police judiciaire sous la responsabilité duquel l'infiltration doit se dérouler ainsi que l'identité d'emprunt de l'agent infiltré. Cette précision était particulièrement dangereuse pour ces agents car l'autorisation, versée ensuite au dossier de la

---

[125] Art. 706-83 CPP.

[126] Art. 706-85 CPP.

[127] Sur ce point, cf. E. Vergès, Provocation policière, loyauté de la preuve et étendue de la nullité procédurale, AJ pénal 2006, p. 354. Crim. 11 mai 2006, Bull. n° 132.

[128] La provocation à l'infraction est en effet admise pour lutter contre la pédophilie, la pédopornographie et la prostitution sur internet. Dans ces cas précis, les enquêteurs peuvent se faire passer pour des clients ou des délinquants sur des forums internet illégaux afin d'inciter les cybercriminels à passer à l'acte. De tels procédés ont été mis en place par la loi du 5 mars 2007, codifiée aux arts. 706-35-1 et 706-47-3 CPP.

procédure, allait permettre à la défense de connaître l'identité des personnes infiltrées. Des représailles risquaient alors d'être menées. C'est pourquoi, cette disposition a été supprimée. L'irresponsabilité pénale dont bénéficie l'agent infiltré est également étendue aux personnes requises par un officier de police judiciaire pour mener à bien cette mission.

63. Le droit antérieur à la réforme de 2004 ne contenait aucune disposition relative aux modalités et à la valeur des témoignages des agents infiltrés. Désormais, leurs déclarations ne peuvent être « le seul fondement » d'une condamnation[129]. Cette précision est conforme à la jurisprudence de la Cour européenne de sauvegarde des droits de l'Homme qui précise que « Si l'expansion de la criminalité organisée commande à n'en pas douter l'adoption de mesures appropriées » et que « la Convention n'empêche pas de s'appuyer, au stade de l'instruction préparatoire, sur des sources telles que les indicateurs occultes, l'emploi ultérieur de déclarations anonymes comme des preuves suffisantes pour justifier une condamnation soulève un problème différent[130] ». La Cour précise qu'une « condamnation ne peut se fonder uniquement, ni dans une mesure déterminante, sur des déclarations anonymes[131] ». La condamnation sera par contre possible si l'agent dépose sous sa véritable identité. L'article 706-86 du Code de procédure pénale prévoit la possibilité d'entendre en qualité de témoin l'officier de police judiciaire sous la responsabilité duquel la procédure d'infiltration a eu lieu. De plus, si la personne poursuivie est directement mise en cause par des constatations d'un agent infiltré, celle-ci peut demander à être confrontée avec l'agent. Cette confrontation ne doit pas avoir pour objet la révélation de l'identité réelle de l'agent infiltré. L'audition à distance ou l'interrogation par l'avocat selon des techniques rendant la voix non identifiable pourront être utilisées[132].

64. Les mesures de surveillance et d'infiltration contribuent donc à renforcer l'efficacité du travail des policiers et du ministère public dans la recherche des preuves. Si ces deux techniques contribuent efficacement à apporter une réponse pénale certaine car elles permettent aux enquêteurs d'être en complète immersion dans le réseau criminel, elles peuvent être complétées par deux autres types de mesures, elles aussi intrusives.

---

[129] Art. 706-87 du CPP.

[130] Arrêt CEDH, Kostovski contre Pays-Bas, 20 nov. 1989, série A n°166 ; RSC 1990, p. 388, obs. L.-E. Pettiti.

[131] Arrêt CEDH, Doorson contre Pays-Bas, 26 mars 1996, Recueil 1996, II, D. 1997, somm. p. 207, obs. J-F. Renucci ; RSC 1997, p. 484, obs. R. Koering-Joulin. Voir également CEDH Van Mechelen Contre Pays-Bas, 23 avr. 1997, D. 1998, Somm. p. 174, obs. J. Pradel et 1997, Somm. p. 359, obs. J-F. Renucci ; RSC 1998, p. 396, obs. R. Koering-Joulin ; JCP 1998, I, 107, obs. F. Sudre.

[132] Art. 706-57 et suiv, et 706-86 CPP.

b. L'interception des correspondances émises par la voie des télécommunications

65. Pendant longtemps, le droit français ne connut aucune législation particulière concernant ces procédés techniques d'enregistrement des paroles des personnes soupçonnées. Le juge français se contentait ainsi d'ordonner de telles mesures sur le seul fondement de l'article 81 du Code de procédure pénale autorisant le juge d'instruction à procéder « conformément à la loi, à tous les actes d'information qu'il juge utiles à la manifestation de la vérité ». La Cour de cassation reconnaissait ce procédé parfaitement valable[133], en dépit du fait qu'il soit fortement attentatoire aux droits de la défense et au secret des correspondances protégé par l'article 8 de la Convention européenne des droits de l'Homme, mais finira par remettre sa position en cause sous la menace d'une condamnation européenne potentielle[134].

66. La condamnation européenne est intervenue le 24 avril 1990 dans les arrets Kruslin et Huvig contre France[135]. Cette décision fut l'occasion pour la Cour européenne de rappeler d'une part que les écoutes téléphoniques constituent une ingérence dans la vie privée au sens de l'article 8 de la Convention et, d'autre part, que la loi française, si elle entendait porter atteinte à ce droit, devait préciser toutes les conditions permettant l'utilisation d'un tel procédé. Contraint d'intervenir, le législateur français procéda à la réglementation stricte des écoutes téléphoniques par la loi du 10 juillet 1991[136], codifiée aux articles 100 et suivants du Code de procédure pénale. Cantonnée par cette loi au stade de l'instruction (pour des raisons évidentes de respect de la vie privée, ce procédé étant très attentatoire, il était logique qu'il soit utilisé lorsque les simples soupçons ne sont plus de rigueur) les écoutes téléphoniques ont été élargies au stade de l'enquête en matière de criminalité organisée par la loi du 9 mars 2004. Ainsi, lors d'une enquête de flagrance ou préliminaire en matière de criminalité organisée[137], il est possible d'avoir recours aux écoutes téléphoniques en dehors d'une procédure d'instruction et donc, en dehors du contrôle du magistrat instructeur. Ces écoutes, qui doivent respecter le régime des articles 100 et suivants, s'effectuent sur autorisation du juge des libertés et de la détention, après requête du procureur de la République[138].

67. L'article 706-95 du Code de procédure pénale exige que l'interception de correspondances, acte coercitif par excellence, soit une nécessité pour le déroulement de l'enquête, expressément autorisée de manière écrite par le juge

---

133 Crim. 9 oct. 180, Bull. n°255, D. 1981, p. 332, note J. Pradel ; JCP 1981, II, p. 19578, note G. Di Marino.
134 Ass. Plén. 24 avr. 1989, arrêt Baribeau, D. 1990, p. 34 ; JCP 1990, II, p. 21418, cocl. Robert ; Crim. 15 mai 1990, arrêt Bacha, JCP 1999, II, 21541, note Jeandidier.
135 CEDH, 24 avr. 1990, Kruslin et Huvig, D. 1990, p. 353, note J. Pradel.
136 Loi n°91-646 du 10 juill. 1991, relative au secret des correspondances émises par la voie des télécommunications, JO n°162, du 13 juill. 1991.
137 Sur ce point cf. not. E. Vergès, La notion de criminalité organisée après la loi du 9 mars 2004, AJ pénal 2004, p. 181.
138 Art. 706-95 CPP.

des libertés et de la détention. Ce dernier détient donc un contrôle certain sur la mesure d'interception téléphonique qui s'avère toutefois limité par la jurisprudence. Ainsi, s'il avait été logique de penser que le juge des libertés et de la détention puisse détenir un contrôle effectif, plein et entier sur une telle mesure, la chambre criminelle de la Cour de cassation a pu estimer que la simple information donnée par le procureur au juge suffit à qualifier le contrôle détenu par ce dernier sur une telle opération[139]. La même Cour est venue également récemment rappeler que cette décision de placement sur écoutes téléphoniques ne doit pas être spécialement motivée, les articles 100 et suivants ne prévoyant pas expressément une telle motivation[140]. Si l'absence d'un tel contrôle s'explique par les nécessités de l'enquête, et notamment par celle d'agir, l'infraction ayant trait au domaine de la criminalité organisée, elle n'en demeure pas moins critiquable en ce qu'elle laisse penser que le juge des libertés et de la détention puisse décider d'une mesure coercitive, attentatoire aux droits et libertés de l'individu, en se contentant de simples éléments transmis par le procureur. Cette critique est d'autant plus renforcée que la loi prévoit expressément que l'autorisation n'ayant pas de caractère juridictionnel, elle est insusceptible de recours[141]. Cependant, cette disposition est à nuancer. Ainsi, la loi ne saurait, ni constitutionnellement, ni conventionnellement, exclure le recours destiné à assurer le contrôle minimal de légalité tant sur la décision elle-même que sur son exécution. Ainsi, une interception de correspondance réalisée dans l'enquête préliminaire peut faire l'objet d'une requête en annulation, si cette enquête a donné lieu à l'ouverture d'une information judiciaire[142], ou, à défaut, d'une exception de nullité devant la juridiction de jugement saisie[143]. La Cour européenne des droits de l'Homme a d'ailleurs jugé que la personne soumise à une telle interception avait le droit de bénéficier d'un contrôle efficace[144].

68. En tout état de cause, la loi a fixé la durée réglementaire d'un tel dispositif d'écoutes téléphoniques qui ne doit pas excéder un mois, renouvelable une fois[145].

---

[139] Cf. not. Crim. 23 mai 2006, Bull. n°139, AJ pén. 2006, p. 367, obs. Girault ; D. 2006, p. 2836, note J. Pradel ; RSC 2006, p. 853, obs. Finielz. Dans cet arrêt, la Cour estime que l'article 706-95 n'exige pas que le JLD exerce un contrôle immédiat sur le déroulement de l'écoute, mais seulement qu'il soit informé sans délai par le ministère public, à l'issue des opérations d'interception, d'enregistrement et de transcription.

[140] Crim. 27 sept. 2011, D. 2012, p. 263 et p. 2118 ; AJ pén. 2012, p. 43. Il faut noter également que cet arrêt s'inscrit dans la lignée de la jurisprudence européenne qui n'exige pas, elle non plus, de motivation de la décision de placement sur écoutes téléphoniques (et notamment l'arrêt Kruslin et Huvig, précité).

[141] Art. 706-95 et 100 al. 2 CPP.

[142] Art. 170 CPP.

[143] Art. 802 CPP.

[144] CEDH 29 mars 2005, Matheron c/ France, JCP 2005-II-10091, note L. Di Raimondo ; D. 2005, p. 1755, note J. Pradel.

[145] Initialement, la durée prévue était de quinze jours, renouvelable une fois. Mais la pratique ayant montré que cette durée était parfois trop courte pour permettre d'obtenir des résultats suffisamment pertinents, le législateur a porté la durée à un mois par la loi n° 2011-267 du 14 mars 2011 d'orientation et de programmation pour la performance de la sécurité intérieure dite LOPPSI II ; Ph. Bonfils, La loi LOPSSI 2 et le droit pénal des mineurs, D. 2011, p. 1162.

Concomitamment à sa décision, le juge des libertés et de la détention est astreint à des avis préalables, à peine de nullité[146], et notamment à celui du président de l'assemblée concernée lorsque l'interception concerne la ligne d'un député ou d'un sénateur, du premier président de la Cour d'appel ou du procureur général du ressort dans lequel se trouve le cabinet ou le domicile du magistrat concerné par une interception ou du bâtonnier au cas d'interception sur une ligne du cabinet d'un avocat ou de son domicile. S'agissant de l'interception concernant un avocat, la chambre criminelle a considéré qu'un tel dispositif ne peut être opéré que dans la mesure où l'avocat est lui-même soupçonné d'avoir participé à l'infraction et non pas en sa qualité d'avocat du mis en cause, le respect des droits de la défense interdisant toute autre interprétation[147]. La Cour a récemment affirmé qu'en application des articles 66-5 de la loi du 31 décembre 1971, 100-5, 174 et 206 du Code de procédure pénale, 8 de la Convention européenne des droits de l'Homme, les juridictions répressives doivent relever d'office la violation du principe de confidentialité des conversations téléphoniques entre un avocat et l'un de ses clients. Doivent donc être annulés les enregistrements et transcriptions de conversations téléphoniques entre un avocat et son client parce qu'elles entrent *ipso facto* dans l'exercice des droits de la défense, à moins que ces conversations ne laissent présumer la commission d'une infraction pénale par l'avocat[148]. La loi du 4 janvier 2010 relative au secret des sources[149] est également venue apporter une certaine protection aux journalistes : il est strictement interdit, à peine de nullité, de procéder à la retranscription d'interceptions de correspondances avec un journaliste permettant d'identifier une source en violation de l'article 2 de la loi du 29 juillet 1881 sur la liberté de la presse.

69. Une fois les conditions de la décision d'interception réalisées, l'installation du dispositif d'interception pourra être effectuée par « tout agent qualifié » d'un service ou organisme placé sous l'autorité ou la tutelle du ministre chargé des télécommunications[150]. Cette réquisition, écrite et rédigée par le procureur, doit comporter tous les éléments permettant l'identification de la liaison à intercepter ainsi que la durée de l'interception. Chaque opération d'interception doit en outre faire l'objet d'un procès-verbal à la charge du procureur ou de l'OPJ sur lequel doivent être inscrites les dates et heures de début et de fin de chacune des opérations, les précisions concernant les propos à enregistrer nécessaires à la manifestation de la vérité. Les procès-verbaux de transcription seront, à l'issue de

---

[146] Art. 100-7 CPP.

[147] Crim. 15 janv. 1997, Bull. n°14 ; Dr. pén. 199, n°55 ; Crim. 8 nov. 2000, Bull. n°335 ; crim. 17 sept. 2008.

[148] Crim. 18 janv. 2006, Bull. n°22.

[149] Loi n° 2010-1 du 4 janv. 2010, J0 5 janv. 2010, p. 272. E. Dreyer, Secret des sources des journalistes : à propos de la loi du 4 janvier 2010, JCP 2010, n°3, p. 40 ; J. Buisson, Protection du secret des sources des journalistes, Procédures 2010, comm. n°45 ; N. Fricero, Sources journalistiques : un secret bien gardé ! Gaz. Pal. 21 janv. 2010, n°21, p. 15 ; A. Chavagnon, La protection des sources des journalistes : la décevante loi n°2010-1 du 4 janvier 2010, D. 2010, p. 275.

[150] Art. 706-95 et 100-3 CPP.

l'enquête, versés au dossier afin d'assurer pleinement l'effectivité des droits de la défense et le respect du principe du contradictoire. Les enregistrements seront saisis, placés sous scellés fermés et automatiquement détruits à l'expiration du délai de prescription de l'action publique. A côté de la pratique des écoutes téléphoniques, les enquêteurs peuvent également avoir recours à un troisième procédé.

c. Les sonorisations et fixations d'images

70. Prévues par la loi Perben II, ces deux nouvelles mesures constituent, elles aussi, des actes d'administration de la preuve. Ces deux dispositifs ont été renforcés par la création, par la loi du 14 mars 2011, d'un nouvel acte : la captation de données informatiques.

71. La sonorisation consiste à poser, clandestinement, des micros dans un lieu clos ou un véhicule, qu'ils soient privés ou publics, pour y capter transmettre et enregistrer des conversations, des paroles, susceptibles de constituer des indices quant à la participation active ou non de leurs protagonistes. La fixation d'images est le fait de poser, clandestinement également, des mini caméras dans un lieu clos afin d'enregistrer des images susceptibles de constituer des indices utiles à la manifestation de la vérité. Ces deux techniques[151], particulièrement intrusives et attentatoires à la vie privée de l'individu, sont strictement encadrées par la loi et la jurisprudence. Des garanties législatives étaient une condition *sine qua none* quant à la conformité de tels dispositifs de surveillance à la Constitution[152]. Certaines garanties doivent donc être respectées pour que les enquêteurs puissent procéder à de tels enregistrements. En premier lieu, la décision de mise en place de tels dispositifs techniques doit émaner d'une autorité judiciaire, c'est-à-dire du juge d'instruction en charge de l'information, par le biais d'une ordonnance écrite et motivée. Cette ordonnance doit, après avis du procureur de la République, mentionner précisément l'infraction faisant l'objet de l'opération, la durée de celle-ci et les éléments nécessaires à l'identification du lieu concerné[153]. La jurisprudence de la chambre criminelle de la Cour de cassation veille particulièrement à la précision de cette ordonnance[154] en exerçant un contrôle rigoureux sur de telles opérations.

---

[151] Art. 706-96 et suiv. CPP.

[152] Ainsi, dans sa décision du 2 mars 2004, le Conseil constitutionnel avait considéré que « la recherche des auteurs des infractions mentionnées à l'art. 706-73 justifie la mise en place de dispositifs techniques dès lors que l'autorisation de les utiliser émane de l'autorité judiciaire, gardienne de la liberté individuelle, et que sont prévues des garanties procédurales appropriées », Cons. const., déc. n°2004-492 DC, 2 mars 2004 ; §62 et suiv.

[153] Art. 706-96 al 1 CPP.

[154] Ainsi, la Cour a pu affirmer qu'une ordonnance par laquelle le juge d'instruction informait le juge des libertés et de la détention qu'il « envisageait une sonorisation sollicitant le dépassement des heures légales » ne suffisait pas à caractériser l'exigence de précision et de motivation d'une telle décision. Crim. 27 févr. 2008, Bull. n°53, D. 2008, p. 991 ; AJ pénal 2008. 284, obs. J. Leblois-Happe ; RSC 2008. 659, obs. J. Buisson ; Dr. pénal 2008, comm. 76, obs. Maron et Haas ; Dr. pénal 2009. Chron. 1, obs. Guérin ; Procédures 2008. Comm. 156, obs. J. Buisson.

72. Si le lieu faisant l'objet de la sonorisation ou de la captation d'images est un lieu privé ou d'habitation[155], les enquêteurs devront recevoir autorisation du juge d'instruction ou du juge des libertés et de la détention afin de pouvoir procéder à l'installation d'un tel dispositif[156]. A l'ordonnance motivée du juge d'instruction vient s'ajouter la délivrance d'une commission rogatoire permettant aux enquêteurs de saisir un technicien spécialisé dans la mise en place d'un micro ou d'une caméra. Ce double formalisme tend à protéger, d'une certaine manière, les individus qui vont être enregistrés et surveillés visuellement et audio-visuellement. De tels dispositifs portant atteinte au respect de la vie privée, il semblait nécessaire qu'un formalisme accru soit mis en place et respecté. Etant précisé de plus que dans un souci de pleine efficacité de l'enquête, le consentement des individus visés par de telles mesures n'est en aucun cas requis. En outre, certains lieux ou véhicules sont protégés : il s'agit du domicile, du cabinet ou du véhicule d'un avocat, d'un médecin, d'un notaire, d'un avoué, d'un huissier, d'un député ou d'un sénateur, ainsi que les locaux d'une maison de presse[157]. Le problème s'est posé concernant le lieu de détention : peut-il ou non faire l'objet d'une sonorisation ? La Cour européenne des droits de l'Homme a répondu par la négative dans un arrêt Wisse contre France en estimant qu'avant l'entrée en vigueur de la loi de 2004 « dans le domaine des enregistrements des conversations tenues dans les parloirs des prisons, le droit français n'indique pas avec assez de clarté la possibilité d'ingérence par les autorités dans la vie privée des détenus, ainsi que l'étendue et les modalités d'exercice de leur pouvoir d'appréciation dans ce domaine[158] ». Cette prise de position démontre bien le difficile équilibre entre deux intérêts antagonistes : la recherche de la preuve et la protection de la vie privée. Les juges strasbourgeois sont clairs : la vie privée doit primer sur l'administration de la preuve. Après l'entrée en vigueur de la loi Perben II, la Cour de cassation adopte une position identique à celle de la Cour de Strasbourg, estimant que la loi est assez claire sur ce point. Dès lors, elle affirme que « l'enregistrement de conversations au parloir de la prison de l'intéressé avec

[155] La chambre criminelle de la Cour de cassation est venue récemment apporter une précision quant au caractère privé ou d'habitation d'un lieu. Ainsi, ne constitue pas un lieu privé appartenant à l'individu suspecté le parking souterrain d'un immeuble dans lequel ce dernier est domicilié. Dès lors, les enquêteurs ont le droit, après que l'accès au lieu ait été ouvert par le syndic de la copropriété, de mettre en place un dispositif de sonorisation et de fixation d'images. Aucune atteinte au respect de la vie privée ne peut donc être alléguée par l'individu. Crim. 23 janv. 2013, n°12-85.059, D. act. 11 fév. 2013.

[156] La France a d'ailleurs été condamnée dans un arrêt de la CEDH du 31 mai 2005 sanctionnant la sonorisation d'une habitation de particuliers. CEDH Vetter C/ France, 31 mai 2005, RPDP 2006, p. 137, obs. C. Ambroise-Castérot ; D. 2006, p. 764, note D. Roets ; Cf. P. Hennion-Jacquet, L'encadrement relatif de la liberté de la preuve par la CEDH, D. 2005, p. 2575 ; H. Alcaraz, Sonorisation et écoutes téléphoniques : la France se fait « tirer l'oreille »... : à propos des arrêts Vetter et Matheron de la Cour européenne des droits de l'Homme, RTDH 2006, p. 219.

[157] Art. 100-7 CPP.

[158] CEDH, 20 déc. 2005, Wisse C/ France, D. 2006, p. 764, note D. Roets ; AJ pénal 2006, p. 128 obs. J.-P. Céré ; RSC 2006, p. 423, obs. P. Poncela ; p. 607, obs. J. Buisson ; p. 662, chron. F. Massias.

ses visiteurs, fait dans les conditions et formes prévues par les articles 706-96 à 706-102, sous le contrôle permanent du juge d'instruction dans le but de rechercher la manifestation de la vérité pour des infractions portant gravement atteinte à l'ordre public, n'est pas contraire à l'article 8 de la Convention[159] ». La Cour légalise donc les sonorisations des détenus en les encadrant dans des conditions strictes : un contrôle effectif du juge, un respect des exigences procédurales, et une atteinte à l'ordre public. L'atteinte portée à la vie privée garantie par l'article 8 de la Convention européenne est donc justifiée par la protection de l'ordre public

73. Toujours dans le souci d'encadrer strictement les sonorisations et les captations d'images, le législateur a prévu un critère temporel quant à l'application de tels dispositifs : leur durée d'exécution est limitée à quatre mois, renouvelables par une nouvelle autorisation pour une même durée maximale, autant de fois que nécessaire. Le législateur a voulu, par cette disposition, qu'à l'issue de la période initiale de quatre mois, le juge d'instruction contrôle les nécessités d'une prolongation des enregistrements. Un formalisme supplémentaire est en outre exigé : chaque étape doit faire l'objet de la rédaction d'un procès-verbal relatant son exécution matérielle et la transcription du produit de l'enregistrement. Ce procès-verbal doit préciser les dates et heures d'enregistrement, l'installation et le fonctionnement des dispositifs de captation et de sonorisation. Il est ensuite versé au dossier de la procédure. Le Conseil constitutionnel[160] a validé cette mesure sous réserve que « les séquences de la vie privée étrangères aux infractions en cause ne puissent en aucun cas être conservées dans le dossier de la procédure. »

74. A l'expiration du délai de prescription de l'action publique, il appartient au procureur de veiller à la destruction des enregistrements, cette destruction devant être relatée dans un procès-verbal[161]. Les dispositifs mis en place doivent de plus être désinstallés selon des procédures formelles strictes[162]. A coté de ces deux premiers types de mesures intrusives au service de la manifestation de la vérité, le législateur de 2011 est venu rajouter un autre moyen de surveillance.

75. Par la loi LOPPSI II du 14 mars 2011[163], le législateur est venu offrir un nouveau moyen de surveillance aux officiers de police judiciaire enquêtant en matière de criminalité organisée : la captation des données informatiques. Selon l'article 706-102-1 du Code de procédure pénale, la captation de données informatiques est un acte consistant à « mettre en place un dispositif technique ayant pour objet, sans le consentement des intéressés, d'accéder, en tous lieux, à des données informatiques, de les enregistrer, les conserver et les transmettre,

---

[159] Crim. 1er mars 2006, Bull. n°59, D. 2006, p. 1504, note J. Pradel ; RSC 2007, p. 611, obs. Buisson ; AJ pénal 2006, p. 222, obs. Céré.

[160] Cons. Const. 2 mars 2004, considérant n°65, préc.

[161] Art. 706-102 CPP.

[162] Tout comme pour leur mise en place, le législateur a encadré la désinstallation des procédés intrusifs à l'art. 706-96 du CPP.

[163] Loi n° 2011-267 du 14 mars 2011 d'orientation et de programmation pour la performance de la sécurité intérieure dite LOPPSI II, préc.

telles qu'elles s'affichent sur un écran pour l'utilisateur d'un système de traitement automatisé de données ou telles qu'il les y introduit par saisie de caractères ». Ce dispositif va donc permettre aux enquêteurs d'observer, à son insu, l'utilisateur d'un ordinateur et de prendre connaissance des interactions entre ce dernier et d'autres personnes ou de lire des messages envoyés de manière cryptée. Cette technique présente un intérêt particulièrement intéressant en matière de terrorisme et autres infractions d'une particulière gravité, notamment lorsque la sureté de l'Etat se révèle être en danger. Cependant, un tel dispositif nécessite la mise en œuvre de moyens financiers considérables et se trouve donc réservé à des crimes très graves. De telles captations portant fortement atteinte à la vie privée, le législateur a souhaité les encadrer dans des conditions de fond et de forme très strictes, tout en prévoyant un contrôle effectif du juge d'instruction tout au long de la procédure.

76. Ainsi, trois conditions de fond doivent être réunies pour que soit mise en œuvre une telle captation. Compte tenu de l'atteinte considérable portée aux libertés et droits fondamentaux, la captation de données informatiques ne peut être envisagée que lorsqu'une information judiciaire est ouverte pour les infractions énumérées par l'article 706-73 du Code de procédure pénale, donc pour les infractions de criminalité organisée « graves ». Un tel choix de captation doit en outre être nécessaire et s'avérer donc incontournable. Enfin, l'acte de captation ne peut, sous peine de nullité, avoir un autre objet que la recherche et la constatation des infractions visées dans la décision du juge d'instruction. Le procédé ne doit pas être utilisé à toute autre fin. Une nuance mérite cependant d'être soulevée : le législateur admet que ne constitue pas une cause de nullité des procédures incidentes le fait que ces opérations révèlent des infractions autres que celles qui ont été visées dans la décision du juge d'instruction[164].

77. Du point de vue formel, l'autorisation de captation doit faire l'objet d'une ordonnance motivée du juge d'instruction, mentionnant notamment la nécessité de l'acte, et doit être encadrée temporellement. Ainsi, une telle captation ne doit pas excéder quatre mois, mais une mesure de prolongation, une seule fois, peut être accordée à « titre exceptionnel ». Cette autorisation doit être accompagnée d'une commission rogatoire spéciale destinée à la mise en place d'un tel dispositif. Pour l'installation du matériel, la réquisition d'un agent qualifié se révèlera indispensable et certaines autorisations pourront être accordées ; notamment celles d'entrer dans un lieu clos[165] et d'autoriser une transmission du dispositif de captation ad hoc par un réseau de communications électroniques[166].

78. Une fois la captation exécutée, l'enquêteur sera dans l'obligation de rédiger un procès-verbal relatant, d'une part, chacune des opérations de mise en place du dispositif et de captation et, d'autre part, mentionnant les date et heure de début et de fin des opérations de captation.[167] Dans un autre procès-verbal, seront

[164] Art. 706-102-4 CPP.
[165] Art. 706-102-5 al. 1 CPP.
[166] Art. 706-102-5 al. 2 CPP.
[167] Art. 706-102-7 CPP.

décrites ou retranscrites les données utiles à la manifestation de la vérité dont l'enquêteur doit retirer toute « séquence relative à la vie privée » ou qui serait étrangère aux infractions poursuivies. Un tel retrait se justifie par le respect nécessaire de la vie privée et de l'intimité de la personne humaine. Une fois l'opération terminée, les enregistrements seront placés sous scellé avant d'être détruits à l'expiration du délai de prescription de l'action publique, sous le contrôle du procureur. Le dispositif technique sera, en outre, bien entendu desinstallé.

79. Ces moyens de technique intrusifs au service de la manifestation de la vérité participent à la phase d'enquête qu'un auteur a pu qualifier de « proactive[168] ». Il s'agit d'une enquête en amont, avant même la révélation matérielle de l'infraction, qui s'avère nécessaire en matière de criminalité organisée. En effet, ces infractions étant particulièrement graves, il semble illogique d'attendre que soit avéré le passage à l'acte. Cette enquête, aussi nécessaire soit-elle, met cependant à mal le respect du contradictoire garanti par l'article 6 de la Convention européenne des droits de l'Homme. En effet, le secret est le maître-mot tout au long de la procédure : tant dans les opérations d'enquête car elles sont dissimulées, que dans le dossier de procédure lui-même car l'anonymat des enquêteurs est de rigueur. Dès lors, le contradictoire pourra difficilement trouver à s'appliquer : les enquêteurs étant soumis à l'anonymat, dans un souci d'éviter des représailles, il sera impossible pour la défense d'avoir un réel débat sur les preuves recueillies. En outre, ces méthodes d'observation que constituent les infiltrations, les écoutes téléphoniques et autres captations, portent atteinte à la vie privée, garantie par l'article 8 de la Convention européenne : les membres du réseau criminel sont épiés sans le savoir. Même si cette enquête proactive est encadrée et absolument indispensable pour la sécurité de l'ordre public et la recherche des preuves, elle n'en reste pas moins très attentatoire aux libertés individuelles. Ce qui explique peut être le fait qu'elle ne soit pas consacrée de manière officielle par le droit français. Or, cette lacune est regrettable lorsque l'on mesure l'efficacité pleine que pourrait avoir cette enquête si elle était reconnue, mais aussi la protection dont pourraient bénéficier les individus criminels : la frontière étant délicate entre immersion et protection de la vie privée, les enquêteurs risquent de commettre certains excès qui pourraient se trouver sanctionnés plus sévèrement en cas de consécration d'un tel type d'enquête. A cette fin, dès 1998, un auteur avait pu donner des pistes pour un encadrement législatif de l'enquête proactive, en estimant que celle-ci devrait obéir à trois principes : la légalité, l'exceptionnalité et la judiciarité, afin de faciliter le travail des enquêteurs et de protéger l'individu[169]. Or, le législateur n'a pas semblé entendre cette proposition et cette attitude ne peut qu'être critiquable…

80. Une fois la recherche des preuves opérée par le biais de ces mesures intrusives, les enquêteurs, toujours sous le contrôle du parquet ou du juge

[168] J. Pradel, De l'enquête pénale proactive : suggestions pour un statut légal, D. 1998, p. 57.
[169] J. Pradel, De l'enquête pénale proactive : suggestions pour un statut légal, chron. préc.

d'instruction, vont pouvoir procéder à des opérations matérielles « ouvertes », c'est-à-dire sans couvert d'anonymat, qui elles vont être coercitives.

B. L'usage de moyens coercitifs réactifs

81. Tout comme en matière de mesures intrusives, c'est encore ici le régime dérogatoire prévu par le législateur qui va s'appliquer. Les officiers de police judiciaire agissant en matière de criminalité organisée vont donc voir leurs pouvoirs s'accroitre notamment pour les perquisitions (a) et les gardes à vue (b).

a. Un champ d'application des perquisitions élargi

82. L'opération de perquisition, qu'elle ait lieu pour les infractions relevant du droit commun ou celles relevant de dispositions dérogatoires, est une opération délicate car elle met en jeu deux intérêts antagonistes : la protection de la vie privée, à travers le principe de l'inviolabilité du domicile, et la protection de l'ordre public, à travers la recherche des preuves en vue d'une enquête effective. L'inviolabilité du domicile est une règle ancienne. Déjà, l'article 76 de la Constitution de l'an VIII disposait que « La maison de toute personne habitant le territoire est un asile inviolable ». Or, la perquisition est « la recherche minutieuse de tous les éléments de preuves utilisables, effectuée à l'intérieur du domicile d'une personne privée ou dans les locaux appartenant à une personne morale[170] ». Une conciliation est donc nécessaire entre ce principe d'inviolabilité du domicile et les besoins de la police judiciaire. Le Conseil constitutionnel[171] a ainsi estimé que « La recherche des auteurs d'infractions est nécessaire à la sauvegarde de principes et droits à valeur constitutionnelle, qu'il appartient au législateur d'assurer la conciliation entre cet objectif de valeur constitutionnelle et l'exercice des libertés publiques constitutionnelles garanties au nombre desquelles figure la liberté individuelle et notamment l'inviolabilité du domicile ».

83. Prévues par des règles strictes dans le cadre des enquêtes de flagrance et préliminaire de droit commun, les perquisitions ayant lieu en matière de criminalité organisée connaissent des règles spécifiques. En effet, les conditions de perquisitions sont aménagées dans un souci d'efficacité de la recherche des preuves par les articles 706-89 à 706-94 du Code de procédure pénale. Ainsi, il est prévu que dans le cadre d'une enquête de flagrance relative à l'une des infractions entrant dans le champ d'application de l'article 706-73 du Code (autrement dit les infractions dites « graves »), les enquêteurs pourront, avec l'autorisation du juge des libertés et de la détention, à la demande du procureur, être autorisés à pratiquer durant la nuit des perquisitions, visites domiciliaires et saisies. Il en est de même pour les officiers agissant dans le cadre d'une enquête préliminaire, à la différence près que la perquisition ne devra pas concerner un lieu clos d'habitation. Ce dernier pouvant faire l'objet d'une perquisition de nuit

---

[170] R. Merle et A. Vitu, Traité de droit criminel : procédure pénale, Cujas, 5ème éd. 2001, n°192.
[171] Cons. const. n°96-377 du 16 juill. 1996, JO 23 juill. 1996, p. 11108.

dans le cadre d'une enquête de flagrance. En matière de criminalité organisée, les perquisitions pourront donc avoir lieu après vingt et une heures et avant six heures du matin. Cette différence traduit une nouvelle fois l'essor de l'enquête de flagrance et donc le recul de l'enquête préliminaire. Le législateur a également prévu les perquisitions effectuées au cours de l'instruction qui pourront avoir lieu de nuit s'il y a urgence et s'il ne s'agit pas de locaux d'habitation. Cette dernière condition a cependant un champ d'application limité puisqu'il est admis qu'elle ne sera pas exigée dans trois hypothèses : en cas de crime ou délit flagrant, en cas de risque immédiat de disparition de preuves et d'indices et dans le cas de raisons plausibles de soupçonner que des personnes se trouvant dans ces locaux d'habitation sont en train de commettre une des infractions prévues par l'article 706-73 du Code de procédure pénale.

84. Quelle que soit la situation, les perquisitions doivent répondre à un formalisme précis. En effet, le législateur a prévu qu'une telle mesure doit avant tout requérir une autorisation écrite du juge des libertés et de la détention ou du juge d'instruction si l'on se trouve en cours d'instruction. Cette ordonnance doit, à peine de nullité, contenir un certain nombre de mentions impératives telles que la désignation de l'infraction dont la preuve est recherchée et l'adresse des lieux objets de la perquisition. En outre, l'ordonnance doit contenir la motivation concrète d'une telle opération et doit être justifiée par les nécessités de l'enquête. Cette dernière exigence s'explique pleinement par le caractère attentatoire à la vie privée et particulièrement intrusif des perquisitions, le caractère nocturne les renforçant. Etant entendu de plus que ces opérations s'effectuent, et cela se comprend aisément dans un souci d'efficacité de la recherche de preuves, sans le consentement de l'individu. Cette autorisation n'est pas susceptible de recours[172]. Le magistrat qui a autorisé la mesure doit en assurer le contrôle et peut à cet effet se déplacer sur les lieux. Cette autorisation et ce contrôle des opérations de perquisitions permettent au législateur d'encadrer strictement ces mesures coercitives afin d'éviter d'éventuels griefs du Conseil constitutionnel. De surcroît, l'article 706-93 du Code de procédure pénale précise que les perquisitions ne peuvent avoir un autre objet que la recherche et la constatation des infractions visées par la décision du juge. Il s'agit ici de respecter le principe de spécialité qui empêche le juge ou les agents requis pour cette mesure d'agir au-delà de leur saisine. La sanction est la nullité de l'acte pour détournement de la procédure. L'alinéa second de l'article 706-93 du code précise que « Le fait que ces opérations relèvent des infractions autres que celles visées dans la décision du juge des libertés et de la détention ou du juge d'instruction ne constitue pas une cause de nullité des procédures incidentes ». Ainsi, il appartient au procureur de la République d'exercer l'action publique et de requérir l'application de la loi.

85. Le juge des libertés et de la détention peut, en outre, autoriser les enquêteurs à opérer une perquisition sans l'assistance et la présence du propriétaire des lieux. C'est le cas notamment lorsque ce dernier est placé en

[172] Art. 706-92 du CPP.

garde à vue et que son transport sur les lieux présente des risques graves de troubles à l'ordre public, d'évasion ou de disparition de preuves. Dans un souci de respect des droits de la défense, la perquisition sera alors effectuée en présence de deux témoins requis par l'officier de police judiciaire selon la règle ordinaire prévue par l'article 57 du Code de procédure pénale[173] ou selon une désignation d'un représentant légal pour l'individu mis en cause. Cependant, une nuance peut être apportée à ce mode de désignation, l'article 706-94 prévoyant qu'elle doit faire l'objet d'un « accord préalable du procureur ou du juge des libertés et de la détention ». Cette rédaction laisse donc à penser que les magistrats disposent d'un certain pouvoir, quelque peu abusif : accepter ou non la désignation de la personne par le mis en cause. Dès lors, il est logique de penser que l'autorité judiciaire va être tentée de refuser la personne désignée et donc d'opter pour la réquisition des témoins choisis par les enquêteurs. Ceci semble remettre en cause l'application effective et le respect des droits de la défense.

86. Il est donc indéniable que le législateur tend, par l'octroi de tels pouvoirs aux enquêteurs et aux magistrats, à élargir le champ d'application initialement prévu pour les infractions de droit commun dans un souci d'efficacité et de rapidité en matière de crime organisé. Mais la tache législative de création d'une véritable procédure pénale bis ne s'arrête pas là puisqu'une autre mesure coercitive de droit commun a été aménagée pour le régime dérogatoire. Il s'agit de la garde à vue, elle aussi accentuée par la loi Perben II.

b. Un aménagement de la mesure de garde à vue

87. « La garde à vue est une mesure par laquelle un officier de police judiciaire retient dans les locaux de la police, pendant une durée légalement déterminée, toute personne qui, pour les nécessités de l'enquête, doit rester à disposition des services de police[174] ». Aux termes de l'article 63 du Code de procédure pénale, concernant l'enquête de flagrance, l'officier de police judiciaire peut, pour les nécessités de l'enquête, placer en garde à vue toute personne à l'encontre de laquelle il existe une ou plusieurs raisons plausibles de soupçonner qu'elle a commis ou tenté de commettre une infraction punie d'une peine d'emprisonnement. Les articles 77 et 154 du Code de procédure pénale prévoient des règles analogues concernant l'enquête préliminaire et sur commission rogatoire. Le régime commun ne tend cependant pas ici à s'appliquer. En effet, dans un souci de disposer d'un arsenal législatif spécifique pour lutter efficacement contre les nouvelles formes de criminalité, le législateur a prévu que la garde à vue pour des infractions relevant de la criminalité organisée ferait l'objet d'une procédure dérogatoire.

---

[173] Cet article dispose, en son alinéa second, que la présence de l'individu est nécessaire lors d'une perquisition. Cependant, en cas d'impossibilité de ce dernier, l'officier de police judiciaire « choisira deux témoins requis à cet effet par lui, en dehors des personnes relevant de son autorité administrative. »

[174] S. Guinchard et G. Montagnier, Lexique des termes juridiques, éd. Dalloz, 2009, 17ème éd.

88. Ainsi, depuis la loi Perben 2, une garde à vue peut durer jusqu'à quatre-vingt seize heures, par tranches de renouvellement de vingt-quatre heures ou de quarante huit heures, et ce pour les infractions prévues par l'article 706-73 du Code de procédure pénale. Ces prolongations sont confiées au juge des libertés et de la détention qui les ordonne, sur réquisition du procureur, dans une décision écrite et motivée. Le législateur a également prévu que cette prolongation est applicable aux mineurs de plus de seize ans « lorsqu'il existe une ou plusieurs raisons plausibles de soupçonner qu'une ou plusieurs personnes majeures ont participé, comme auteurs ou complices, à la commission de l'infraction[175] ». La première prolongation de vingt-quatre heures nécessite une présentation préalable au juge et donne obligatoirement lieu à un examen médical opéré par un médecin désigné par l'officier de police judiciaire responsable de la garde à vue ou par le procureur. Cette obligation de voir un médecin s'inscrit dans les exigences de la Convention européenne des droits de l'Homme et des juges européens en raison du principe selon lequel la mesure de garde à vue ne doit pas être incompatible avec l'état de santé de l'individu. Cet examen médical est un droit pour l'individu, qui doit lui être notifié dans le procès-verbal et qui implique que le certificat médical établi par le professionnel de santé soit joint au dossier[176]. La seconde prolongation temporelle de la garde à vue peut, elle, être décidée sans que l'individu soit présenté devant le juge car elle se fonde sur le caractère nécessaire des investigations devant être réalisées et nécessitant le maintien de l'individu dans les locaux de police. Le législateur a également prévu la faculté d'une prolongation unique de quarante huit heures si la durée prévisible des investigations restant à réaliser à l'issue des premières quarante-huit heures le justifie. Ce pouvoir de décision appartient au juge des libertés et de la détention mais devra cependant être manifesté sous forme d'écrit et surtout motivé. Cette exigence a été posée par le Conseil constitutionnel en 2004[177]. Une durée exceptionnelle à ces prolongations a, en outre, été prévue par le législateur en matière de terrorisme[178]. Il est ainsi prévu que le juge des libertés et de la détention peut ajouter deux prolongations supplémentaires d'une durée de vingt-quatre heures chacune en cas de « risque sérieux de l'imminence d'une action terroriste » ou de « nécessités de la coopération internationale[179] ». La garde à vue pourra alors durer six jours. Cette contrainte, nécessaire pour l'efficacité de la justice mais attentatoire de manière excessive pour les droits de l'individu et notamment pour sa liberté, s'accompagne nécessairement de garanties supplémentaires pour la personne concernée : droit à un avocat, examen médical

[175] Ord. du 2 févr. 1945, art. 4, dernier alinéa.
[176] Art. 706-88 al. 4 CPP.
[177] Cons. Const. 2 mars 2004, préc. « La durée prévisible des investigations restant à réaliser, qui peut justifier que la garde à vue d'une personne fasse l'objet d'une seule prolongation supplémentaire de quarante-huit heures, sera appréciée, dans chaque cas, par le juge des libertés et de la détention, ou le juge d'instruction ; que cette appréciation fera l'objet d'une décision écrite et motivée ».
[178] Loi n°2006-64 du 23 janv. 2006, art. 17.
[179] Art. 706-88-1 CPP.

obligatoire et droit de téléphoner à un proche lorsque ce droit ne lui a pas été accordé avant[180]. Cette prolongation excessive, même si elle constitue une atteinte importante aux droits de la défense, a cependant été validée par le Conseil constitutionnel[181] lequel a estimé que les alinéas 7 à 10 de l'article 706-88 du Code de procédure pénale ne « portent atteinte à aucun droit ou liberté que la Constitution garantit » dès lors que la prolongation exceptionnelle de la garde à vue « ne peut être autorisée que pour permettre d'empêcher la réalisation d'une action terroriste en France ou à l'étranger dont l'imminence a été établie ». Le Conseil estime que cette entrave, assez longue, à la liberté en ce qu'elle est nécessaire pour la défense du pays n'est pas une atteinte aux droits et libertés garantis par la Constitution. La préservation de ces droits est en outre assurée par l'intervention du magistrat qui décide d'une telle prolongation en vérifiant que le danger est bien avéré. Cette dérogation temporelle de la garde à vue s'accompagne également d'une seconde dérogation : celle du moment de l'intervention de l'avocat.

88. Le moment de l'intervention de l'avocat varie en fonction de l'infraction et a été, comme dans le régime de droit commun, l'objet d'une certaine évolution. En effet, si le moment de l'intervention de l'avocat a toujours été retardé en matière de criminalité organisée, et ce pour des raisons évidentes de recherche de preuves et d'efficacité de la répression, le régime dérogatoire a quelque peu été contraint d'évoluer sous l'influence des exigences européennes et nationales et de l'entrée en vigueur de la loi du 14 avril 2011 portant réforme de la garde à vue. Ainsi, si la Cour européenne des droits de l'Homme a pu considérer que dans des circonstances exceptionnelles, le droit à l'assistance d'un avocat dès les premiers stades de l'interrogatoire peut être reporté[182], il en a été différemment de la chambre criminelle de la Cour de cassation. En effet, celle–ci a jugé que « sauf exceptions justifiées par des raisons impérieuses tenant aux circonstances particulières de l'espèce, et non à la seule nature du crime ou délit reproché, toute personne soupçonnée d'avoir commis une infraction doit, dès le début de la garde à vue, être informée de son droit de se taire et bénéficier, à moins d'une renonciation non équivoque de l'assistance d'un avocat[183] ». Dès lors, le législateur, soucieux de concilier deux intérêts, à savoir préserver l'efficacité de la justice pénale et respecter les jurisprudences nationale et européenne, a pris soin

[180] Art. 706-88-1 al. 2 CPP.

[181] Cons. Const. 22 sept. 2010, déc. n° 2010-31 QPC.

[182] CEDH, 27 nov. 2008, Salduz c/ Turquie "Une législation nationale peut attacher à l'attitude d'un prévenu à la phase initiale des interrogatoires de police des conséquences déterminantes pour les perspectives de la défense lors de toute procédure pénale ultérieure. En pareil cas, l'article 6 exige normalement que le prévenu puisse bénéficier de l'assistance d'un avocat dès les premiers stades des interrogatoires de police. Ce droit, que la Convention n'énonce pas expressément, peut toutefois être soumis à des restrictions pour des raisons valables ». Le report de l'avocat doit être autorisé, sous le contrôle d'un juge du siège. Cf. CEDH 29 mars 2010, Medvedyev c/ France.

[183] Crim. 19 oct. 2010, pourvois n° 10-82.902, Bull. n°164 et n° 10-85.051, Bull. n°165. AJ pén. 2010, p. 479, note E. Allain ; Cahiers cons.const. 2011, p. 242 comm. Y. Mayaud ; D. 2010 p. 2425, obs. F. Rome, p. 2696, obs. Y. Mayaud, p. 2783, obs. J. Pradel, p. 2809, chron. L. Lazerges-Cousquer ; D. 2011, p. 1713, obs. V. Bernaud et L. Gay ; RSC 2010, p. 879, obs. E. Gindre.

d'encadrer strictement le report de l'assistance de l'avocat dans des durées maximales. En effet, le domaine infractionnel étant particulièrement grave, il semblait nécessaire pour la bonne marche de l'enquête que l'intervention du conseil ne soit pas immédiate. Ainsi, l'article 706-88 alinéa 2 prévoit le report de l'assistance de l'avocat de quarante huit-heures pour toutes les infractions visées par l'article 706-73 du Code de procédure pénale, à l'exception du trafic de stupéfiants et du terrorisme. Pour ces deux dernières infractions, l'avocat interviendra à compter de la soixante douzième heure de garde à vue[184].

89. Afin d'encadrer au mieux ce report, et de le légitimer par la même occasion, le législateur a prévu qu'il devra être décidé par un magistrat et justifié par une nécessité. Ainsi, le report de l'assistance d'un avocat est décidé par le procureur, d'office ou à la demande d'un officier de police judiciaire, jusqu'à la fin de la vingt-quatrième heure, ou par le juge des libertés et de la détention, statuant sur requête du procureur, lorsque ce dernier ne dispose plus d'un tel pouvoir. Si le report intervient au cours d'une commission rogatoire, ce sera au seul juge d'instruction d'apprécier ou non l'opportunité d'une telle mesure. En toute situation, cette décision de report doit être écrite et motivée, et préciser la durée du report de l'assistance de l'avocat. Ce report, qui constitue une atteinte fondamentale à un droit garanti de manière conventionnelle et constitutionnelle, doit être une nécessité. Il ne doit intervenir qu'à « la condition que soient caractérisées des raisons impérieuses tenant aux circonstances particulières de l'enquête ou de l'instruction, soit pour permettre le recueil ou la conservation des preuves, soit pour prévenir une atteinte aux personnes[185] ». La loi est donc claire : une telle atteinte peut être portée à l'individu si des intérêts supérieurs sont en jeu. Un tel report a, en outre, été validé par le Conseil constitutionnel saisi en 2004 sur la loi Perben 2 qui avait considéré que ces dispositions « ne portent une atteinte injustifiée ni à la liberté individuelle, ni aux droits de la défense, ni aux prérogatives de l'autorité judiciaire[186] ».

90. L'assistance effective de l'avocat se trouvait en outre limitée par le législateur de 2011 à travers la rédaction de l'alinéa second de l'article 706-88. Ainsi, il était prévu qu'en matière de terrorisme, l'avocat pouvait faire l'objet non pas d'un libre choix de l'individu gardé à vue mais d'une désignation par l'autorité judiciaire. Le juge des libertés et de la détention, sur requête du procureur, ou le juge d'instruction pouvaient décider que l'avocat assistant le suspect soit désigné par le bâtonnier sur une liste d'avocats habilités, liste établie par le bureau du Conseil national des barreaux. Cette disposition nouvelle est apparue attentatoire, et donc contraire à la Constitution, à l'Ordre des avocats du barreau de Bastia qui a porté à examen une question prioritaire de constitutionnalité devant le Conseil d'Etat en vue d'une saisine du Conseil constitutionnel. Faisant office de filtre favorable, le Conseil d'Etat a transmis cette question le 23 décembre 2011 au Comité des sages. Cette question

184 Art. 706-88 al. 6 CPP.
185 Art. 706-88 al. 6 CPP.
186 Cons. Const. 2 mars 2004, considérants n°23 à 34, préc.

concernait l'atteinte potentielle aux droits et libertés garantis par la Constitution, atteinte qui résulte de l'application de l'article 706-88-2 du Code, dans sa rédaction postérieure à la loi de 2011. Etait en cause cette faculté octroyée au juge de restreindre le libre choix de l'avocat. Le Conseil constitutionnel a tranché en déclarant la nouvelle disposition contraire à la Constitution, décidant donc de son abrogation[187]. Une telle compétence est donc désormais retirée au juge et la défense semble alors favorisée, du moins en matière de libre choix de l'avocat pour des infractions terroristes. Cette décision apparaît comme une remise en cause, une entrave à la bonne marche de la justice, à son efficacité. En effet, une telle restriction de libre choix à l'avocat n'était-elle pas nécessaire compte-tenu de la gravité de l'infraction ? Dans une matière comme la procédure pénale, deux intérêts antagonistes sont toujours en jeu et l'équilibre est difficile à maintenir. Si, en matière de criminalité, il était acquis que la défense de la société devait primer, ce principe semble dès lors remis en cause par une telle décision. La défense de la société et la recherche de preuves semblent devoir s'incliner face au respect des droits de la défense, de plus en plus croissants dans ce régime dérogatoire.

91. Tout est donc mis en œuvre afin de faciliter le travail des enquêteurs et du ministère public dans la recherche des infractions relevant de la criminalité organisée. Mais ces moyens intrusifs et coercitifs ne sont pas les seuls venant accroitre les pouvoirs dérogatoires. En effet, les parlementaires, lors de l'élaboration du projet qui sera la loi Perben 2 de 2004, avaient fait un constat indéniable : la criminalité organisée est mobile et s'étend au-delà des frontières ; l'organisation judiciaire était à l'époque trop « fragmentée[188] » et ne pouvait dès lors pas répondre efficacement à ce type de délinquance. Il a donc été créé des juridictions interrégionales spécialisées, de « véritables pôles de compétence pour lutter plus efficacement contre la criminalité organisée et la grande délinquance économique et financière[189] ». Ces juridictions interrégionales permettent de faciliter la mission du parquet dans la recherche de la vérité. En effet, des moyens plus adaptés à cette forme de criminalité sont mis à leur disposition dont notamment une formation plus poussée des magistrats, du siège comme du parquet. Ces juridictions ont une compétence relative à la criminalité organisée[190] et disposent ainsi de moyens adaptés comme par exemple une spécialisation des

[187] Cons. Const. 17 fév. 2012, n° 2012-223 QPC, Dr. pén. 2012, comm. n°62, note A. Maron et M. Haas.

[188] Selon l'expression de Mr B. De Lamy, La loi n°2004-204 du 9 mars 2004 portant adaptation de la justice aux évolutions de la criminalité (crime organisé-efficacité et diversification de la réponse pénale), D. 2004, p. 1910.

[189] Communiqué de presse de D. Perben, du 13 fév. 2004.

[190] Concernant l'enquête, la poursuite et le jugement des crimes et délits des articles 706-73 et 706-74 du Code de procédure pénale, la compétence territoriale d'un tribunal de grande instance ou d'une cour d'assises « peut être étendue au ressort d'une ou plusieurs cours d'appel[190]. » Toutes les infractions de la criminalité organisée relèvent donc de la compétence de ces nouveaux pôles. Une exception toutefois concerne les actes de terrorisme. En effet, dans cette matière, la compétence est donnée au Tribunal de grande instance et à la Cour d'appel de Paris.

magistrats à la criminalité organisée[191]. Mais le renforcement des moyens d'action ouverts aux enquêteurs et aux magistrats ne s'arrête pas là. En effet, la loi Perben 2 a également créé un statut complet du repenti assurant sa sécurité et sa réinsertion, dans un but d'incitation accrue à la révélation d'informations[192], à travers l'article 706-63-1 du Code de procédure pénale.

92. Il est donc indéniable que le procureur de la République est le véritable chef d'orchestre de la phase d'enquête : il est présent à tous les stades et sous toutes les formes de celle-ci. Mais une fois l'enquête terminée, le parquet est toujours présent. En effet, son rôle grandissant se poursuit puisqu'il est le maître de l'opportunité des poursuites, il décide seul de la suite à donner à l'affaire et détient en ce sens un rôle prépondérant dans le choix de la réponse pénale.

SECTION 2. UN RÔLE PRÉPONDÉRANT DANS LE CHOIX DE LA RÉPONSE PÉNALE

93. Aux termes de l'article 2 du Code de Procédure pénale, l'action publique est l'action en justice déclenchée par le parquet ou par la partie civile, et exercée par le ministère public devant les juridictions répressives afin que ces dernières se prononcent sur l'innocence ou la culpabilité de l'individu poursuivi. A l'inverse de certains droits étrangers, en présence d'une infraction, le droit français laisse au procureur de la République le choix de la suite à donner à une affaire. Il est ainsi libre de déclencher ou non les poursuites, c'est le principe de l'opportunité des poursuites, spécifique à notre législation. Dans ce cadre, le procureur de la République dispose donc de deux pouvoirs : poursuivre mais aussi s'abstenir de poursuivre. Dans ce dernier cas, l'affaire sera classée ; elle pourra alors faire l'objet d'un classement sans suite, prévu par l'article 40-1 alinéa 3 du Code de procédure pénale, notamment lorsque l'infraction est prescrite ou si les faits ne justifient pas une poursuite, ou d'un classement sous condition, prévu par l'article 41-1 du même Code, et dont l'issue dépendra de la réalisation d'une action

---

[191] Chaque pôle est constitué de vingt-sept personnes au niveau du Tribunal de grande instance dont un vice-président, un vice-président d'instruction, deux juges d'instruction, trois vice-procureurs, quatorze fonctionnaires de greffe et six assistants spécialisés. L'article 706-79 du Code de procédure pénale prévoit, en effet, que les procureurs généraux peuvent demander à des assistants spécialisés de participer aux procédures (le statut de ces assistants a été précisé par le Décret n°2004-984 du 16 sept. 2004, fixant la liste et le ressort des tribunaux spécialisés et des juridictions interrégionales et relatif à la définition des matières donnant lieu à l'attribution d'un diplôme permettant l'exercice des fonctions d'assistant spécialisé, JO n°218, du 18 sept. 2004, p. 16274, texte n°14). Les magistrats, du siège et du parquet, sont en outre spécialisés, disposant de solides connaissances en matière de réseaux de criminalité organisée. Pour cela, il est prévu une formation approfondie donnée par l'Ecole Nationale de la Magistrature.

[192] L'incitation à dénoncer aux autorités les auteurs d'infractions n'était pas inconnue de notre droit jusqu'en 2004 car elle était régulièrement utilisée dans les affaires de stupéfiants, d'évasion, de fausse monnaie….et il était déjà promis à un repenti une exemption ou une réduction de peine s'il communiquait des renseignements utiles. Art. 422-2, 222-43, 434-37, 442-9, 442-10 du Code pénal.

particulière par l'auteur, tels qu'une réparation du dommage, l'exercice d'un stage de citoyenneté…

94. Le schéma traditionnel distinguant la poursuite de l'absence de poursuite donnant lieu à de nombreux et excessifs classements sans suite d'affaires ayant mérité une poursuite, le législateur a décidé d'opter pour la création d'une voie médiane, d'une alternative aux poursuites. Le procureur dispose donc désormais de deux moyens d'action en matière pénale. Il peut avoir recours à une alternative aux poursuites, lorsque les faits le permettent et avant la mise en mouvement de l'action publique, en procédant soit à une médiation, soit à une composition pénale (§1). Il peut également décider de poursuivre le délinquant par la voie traditionnelle, c'est-à-dire en mettant en mouvement l'action publique, en optant, en matière correctionnelle, pour une nouvelle forme d'action offerte par le législateur, à savoir la comparution sur reconnaissance préalable de culpabilité (§2).

§1. Le procureur : maître d'œuvre des alternatives aux poursuites

95. Soucieux d'une part d'apporter une réponse pénale rapide et efficace aux citoyens victimes d'infractions tout en procédant à la sanction de leur auteur et d'autre part, de désengorger les tribunaux noyés dans des piles d'affaires auxquelles ils ne peuvent donner suite rapidement, le législateur a procédé au développement des modes alternatifs de règlement des conflits. Ces nouvelles voies de droit sont offertes au procureur et à ses substituts afin de donner une réponse pénale à une infraction « mineure » et en prenant en compte tant l'individu auteur de l'infraction que l'individu qui en est la victime. Ces nouveaux dispositifs ne peuvent être mis en place qu'en l'absence de déclenchement des poursuites c'est-à-dire avant même que le procureur ait déclenché l'action publique. Ils constituent une « troisième voie », une voie médiane à la poursuite traditionnelle et permettent de sanctionner un individu rapidement, en dehors de toute procédure classique et malheureusement très (voir même trop) longue. Deux voies s'ouvrent donc au procureur désireux de trouver une solution au litige face auquel il se trouve, sans toutefois déclencher une poursuite : d'une part un classement sous conditions dont fait partie la médiation, qui est un mode de résolution des conflits à vocation purement réparatrice (A) et, d'autre part, la composition pénale qui, elle, est dotée d'une vocation punitive (B).

A. Un procureur médiateur pour une alternative réparatrice

96. L'article 41-1 du Code de procédure pénale permet au procureur d'avoir recours à un classement sous conditions, préalablement à sa décision sur l'action publique, destiné à assurer la réparation du dommage causé à la victime, de mettre fin au trouble résultant de l'infraction ou de contribuer au reclassement de l'auteur des faits. Dans ce cadre, il est permis au procureur d'avoir recours à différentes mesures dans le but de résoudre le conflit. Parmi ces mesures se trouvent

notamment le rappel à la loi[193], l'orientation de l'auteur des faits vers une structure sanitaire, sociale ou professionnelle, la réparation du dommage subi, l'éloignement du domicile en cas de violences familiales… Mais la mesure phare de ce classement sous conditions est la médiation pénale.

97. Créée par la loi du 4 janvier 1993[194], la médiation[195] peut se définir comme la procédure décidée par le procureur, avant le déclenchement de l'action publique, tendant à assurer la réparation du dommage subi par la victime, à mettre fin au trouble né de l'infraction et à contribuer au reclassement social du délinquant. La médiation est prévue par l'article 41-1 du Code de procédure pénale et consiste principalement en l'obtention d'une réparation morale et matérielle, par le biais d'une discussion (a). Toutefois, afin de ne pas appliquer un tel mode de résolution du conflit à une infraction qui serait d'une particulière gravité, le législateur a souhaité définir, bien que très brièvement, le champ d'application de la médiation (b).

a. Une réparation morale et matérielle à travers la médiation

98. A travers l'application de la médiation, l'objectif du législateur est double : il s'agit de réparer le dommage causé, le plus rapidement possible, tant du point de vue matériel, par l'allocation de dommages et intérêts, que du point de vue moral, afin de contenter la victime. Celle-ci se voit ainsi prise en compte dans le processus de médiation. Si, au départ, le législateur lui donnait seulement la possibilité de donner son accord à l'exercice d'une médiation, la loi du 9 juillet 2010[196] a modifié la rédaction de l'article 41-1 alinéa 5 en précisant que la victime peut demander d'elle-même une médiation. La médiation permet donc une

---

[193] Sur ce point, la chambre criminelle est venue rappeler récemment que le rappel à la loi n'établit pas la culpabilité de la personne suspectée ou poursuivie. Crim. 6 déc. 2011, Bull. n° 245, Dalloz actualité 3 janv. 2012, obs. Léna ; D. 2012, pan. 2118, obs. J. Pradel ; RSC 2012, chron. p. 188, obs. J. Danet.

[194] Il faut préciser sur ce point qu'en France, la médiation n'est pas née d'une volonté législative. Elle s'est d'abord imposée comme une réalité judiciaire faisant l'objet d'une expérimentation par les associations avant d'être réellement inscrite dans le Code de procédure pénale. La médiation s'orientait alors autour de trois objectifs : la recherche des alternatives aux mesures répressives classiques, la réponse à une demande croissante des victimes d'obtenir une réparation et l'incitation pour l'auteur de l'infraction à travailler sur la notion de réparation. Le premier texte mentionnant officiellement la notion de médiation pénale fut la circulaire du 7 octobre 1988 mais il fallut attendre une circulaire du 2 octobre 1992 pour avoir une définition (« la médiation pénale consiste à rechercher, grâce à l'intervention d'un tiers, une solution librement négociée entre les parties, à un conflit né d'une infraction ») et un champ d'application de la médiation (conflits de voisinage, familiaux et professionnels).

[195] Cf. not. Le Dossier Médiation pénale, AJ pénal 2011. p. 216 et suiv., Lebehot, Le cadre juridique de la médiation pénale ; Maurel, Le recours à la médiation pénale par le procureur de la République ; Gosseye, La mise en œuvre de la médiation pénale par l'Association béarnaise de contrôle judiciaire de Pau ; Dandonneau, Retour sur une expérimentation européenne de médiation pénale post-sententielle ; L'Hour, Le secteur associatif : un acteur incontournable mais méconnu des mutations judiciaires ; Cf. également, E. Dreyer, La médiation pénale, objet juridique mal identifié, JCP 2 avril 2008, n°14, I, 131.

[196] Loi n°2010-769 du 9 juill. 2010, art. 30.

réparation optimale du préjudice subi. En ce sens, elle se distingue de la simple réparation du dommage car elle tend souvent à une double satisfaction matérielle et morale de la victime. Celle-ci se voit octroyer une compensation matérielle, financière mais se voit aussi, et cela constitue peut-être même l'élément le plus important pour une victime, une compensation morale car la médiation est souvent le moment des excuses et des promesses (tenues ou non) de l'auteur des faits de ne plus réitérer. La victime se trouve ainsi rassurée, satisfaite du résultat. De surcroît, la médiation constitue également un moment de rapprochement entre deux personnes, le dialogue étant essentiel à la réussite d'une telle voie. C'est peut être le moment où la victime retrouve en quelque sorte de la considération de la part de l'auteur des faits, elle retrouve probablement une certaine dignité, une certaine importance aux yeux d'un individu qui jusqu'alors ne l'avait considérée que comme une « proie ». Et, on le sait depuis l'intervention majeure de la victime sur la scène pénale, celle-ci est en recherche constante d'une reconnaissance de la part du système judiciaire mais aussi de la part de l'individu mis en cause. C'est chose faite avec la mise en place de la médiation durant laquelle la victime a son mot à dire, pour obtenir satisfaction. En ce sens, la médiation tend à rendre la justice plus humaine, elle est une « source d'humanisation de la justice pénale »[197].

99. De plus, la médiation permet d'englober trois objectifs : la réparation, la cessation du trouble et le reclassement social du mis en cause. La difficulté est ici que la médiation dont le but premier est la recherche d'un accord, poursuit deux finalités à la fois convergentes et divergentes : préserver l'avenir et laisser place à la souffrance. En effet, la médiation trouve souvent à s'appliquer dans des cas de conflits entre les membres d'une même famille, des voisins, des employés d'une même entreprise, entre eux ou avec leur employeur et donc, généralement, dans des cas où l'auteur et la victime vont être amenés à se revoir ou à se côtoyer. Il faut donc, par le biais de la médiation, réussir à purger la situation conflictuelle qui pourrait se répéter à l'avenir. Il s'agit pour le procureur de « faire de la médiation un outil efficace de régulation des conflits les plus délicats à gérer dans le cadre pénal : les infractions commises à l'occasion d'une relation de proximité (cadre familial, voisinage, relation de travail) ou les infractions laissant présumer un risque de réitération[198] ». La médiation permet donc la conservation de deux types de situations à venir : la préservation, en premier lieu, de l'avenir de la relation entre deux personnes pouvant, à nouveau se côtoyer, et la préservation, en second lieu, de l'avenir d'une seule personne, la médiation ayant ici pour objectif d'éradiquer une éventuelle réitération de l'infraction. En ce sens, il est possible de considérer que la médiation est dotée d'une certaine fonction préventive. Cette fonction est doublée d'une fonction cathartique, la médiation laissant une large prise en compte de la souffrance de la victime de l'infraction ; durant le temps de la médiation, le justiciable va pouvoir extérioriser sa colère, l'injustice qu'il

[197] F. Grou-Radenez, La médiation pénale, une source d'humanisation de la justice, Buenos Books International, 2010.
[198] P. Mbanzoulou, La médiation pénale, L'Harmattan, coll. La justice au quotidien, 2004, p. 11

ressent et combler le besoin, la nécessité, d'être entendu, reconnu comme victime et surtout de recevoir des excuses. La médiation peut s'analyser en ce sens comme une forme de pardon.

100. Outre le coté financier, la médiation trouve sa place dans des conflits humains pour lesquels un temps de parole et d'écoute est nécessaire en vue de la recherche d'un accord. Le procureur doit opter pour ce mode de résolution des conflits lorsqu'il s'avère évident que des poursuites judiciaires ou un classement ne répondraient pas à ce besoin. Mais le législateur n'a pas souhaité que la médiation s'applique à tous les types de conflits, c'est pourquoi il en a délimité, bien que très sommairement, le champ d'application.

b. Un champ d'application élargi de la médiation

101. Le champ d'application de la mesure alternative aux poursuites que constitue la médiation met en exergue un problème pratique en ce qu'il n'est aucunement défini par le législateur. En effet, ce dernier n'a fait aucune mention du type d'infractions pouvant donner lieu à une médiation entre l'auteur des faits et la victime. L'article 41-1 du Code de procédure pénale se contente ainsi seulement de faire mention d'un procédé de médiation pour une alternative à la poursuite pénale classique. Ce silence pose dès lors un problème : le législateur étant avare d'informations, quand la médiation doit-elle tendre à s'appliquer ? Les infractions concernées ne sont pas indiquées, pas plus qu'un seuil maximal de peines encourues… Ce silence est regrettable en ce qu'il offre au procureur de la République un large pouvoir d'appréciation de l'opportunité ou non d'une telle mesure. Or, ce pouvoir ne peut-il pas être source d'arbitraire ? La réponse semble affirmative lorsque l'on sait que la justice est lente et que les juridictions sont débordées. Ainsi, pour désengorger les tribunaux et apporter une réponse pénale rapide et efficace, le procureur ne risquerait-il pas d'être tenté par l'ouverture d'une médiation ? Ici encore, l'imprécision du texte pénal fait défaut et peut se révéler lourde de conséquences….On peut toutefois avancer que l'application de la médiation n'est concevable qu'à l'égard de petits délits et contraventions, ne relevant pas d'une gravité particulière ou excessive mais aussi et surtout à l'égard de protagonistes qui seront amenés, par les liens les unissant, à se rencontrer à nouveau à l'avenir.

102. Afin de compléter le texte et d'encadrer, assez sommairement, la médiation, le législateur de 2004 est venu apporter quelques précisions quant au régime d'une telle alternative aux poursuites. Ainsi, la loi du 9 mars 2004 est venue compléter l'article 41-1 du Code en précisant les finalités de la médiation mais surtout en érigeant en obligation le fait d'obtenir l'accord des parties avant de procéder à une telle mesure. La nécessité de ce consentement réciproque s'explique par l'essence même de la médiation qui est la recherche d'un accord ; si l'une des parties, voire les deux, ne consent pas à la réalisation d'une médiation, celle-ci ne peut être que vouée à l'échec. La médiation constitue donc en ce sens un réel choix, tant de la part des parties que de la part du procureur qui n'entend pas poursuivre par la voie traditionnelle. Pour s'assurer de cet accord

respectif des parties, le procureur doit d'abord procéder à un entretien individuel tendant à informer les personnes reçues, à tour de rôle, du contenu et de la finalité de la médiation. A l'issue de cet entretien, et si les deux parties ont donné une réponse positive quant à l'exercice de la médiation, un rendez-vous de médiation sera fixé. Lors de ce dernier, durant lequel l'écoute et la confidentialité vont être de rigueur, les parties vont tenter, par le biais du procureur de la République ou de médiateurs[199], de trouver un accord[200]. Si la médiation est un succès, un procès-verbal est dressé puis signé par les parties qui en reçoivent une copie. Si l'auteur des faits s'est engagé à verser des dommages et intérêts à la victime, cette dernière à la faculté d'en demander le recouvrement suivant la procédure d'injonction de payer et ce sur le fondement du procès-verbal. Se dessine en filigrane une question sur ce point : quelle valeur juridique accorder au procès-verbal de médiation ? Faut-il voir en cet acte un contrat liant les parties ? La réponse semble être affirmative selon un auteur qui a pu affirmer que « le protocole signé par les parties formalise la parole donnée »[201]. Il s'agirait donc en effet d'une transaction au sens de l'article 2044 du Code civil ne liant toutefois pas le procureur pour lequel l'engagement des poursuites est toujours envisageable en cas d'inexécution de la médiation (la prescription étant juste suspendue, et non interrompue, par la médiation). La médiation a donc autorité de la force jugée entre l'auteur de l'infraction et la victime. Cette qualité transactionnelle de la médiation explique le fait qu'aucune atteinte à la présomption d'innocence garantie par la loi ne peut être constituée. En effet, le processus de médiation n'aboutit pas à une sanction, l'auteur de l'infraction n'étant pas déclaré coupable, mais à un accord consensuel. Si, à l'inverse, la médiation échoue, le procureur pourra opter pour une seconde alternative aux poursuites constituée par la composition pénale ou pour une poursuite selon la voie traditionnelle.

103. En tout état de cause, le recours à la médiation est croissant. Cette croissance s'explique par l'engorgement des juridictions et l'impératif de respecter la notion de délai raisonnable. Dans un souci de rapidité de la réponse pénale, mais aussi d'effectivité, le procureur va donc opter pour le processus de médiation lorsque la situation le permet : les parties n'auront donc pas à subir la longue attente inhérente à un jugement traditionnel due à l'engorgement croissant des juridictions. De plus, en s'engageant dans la voie de la médiation, le

---

[199] La personne du médiateur est définie par l'article R. 15-33-33 du Code de procédure pénale au terme duquel il est prévu que le médiateur doit satisfaire à diverses conditions :ne pas exercer de fonctions judiciaires, ne pas avoir fait l'objet d'une condamnation, présenter des garanties d'indépendance, de compétence et d'impartialité, ne pas avoir de lien avec l'autorité judiciaire. L'art. R-15-33-34 prévoit en outre que le médiateur est astreint au respect du secret de la médiation.

[200] Le rendez-vous de médiation se décompose généralement en trois temps : l'accueil des parties et le résumé des faits (ce dernier est aussi appelé « La théoria » par J. Morineau dans son ouvrage l'esprit de la médiation, éd. Erès, Paris, 1998) puis vient la médiation en elle-même durant laquelle vont être exposés le conflit (« la crisis ») et l'évolution du conflit (« la catharsis »), et enfin intervient, ou non, un accord entre les parties.

[201] P. Mbanzoulou, La médiation pénale, ed. L'Harmattan, 2002, p. 49.

procureur a l'assurance de ne pas voir une quelconque condamnation prononcée par la Cour européenne des droits de l'Homme prononcée envers la France pour irrespect de l'exigence du délai raisonnable : l'affaire sera traitée vite et efficacement, les parties seront toutes deux satisfaites. Ici encore, l'application forte développée de la médiation témoigne de l'impact actuel des principes européens. L'attrait croissant pour la médiation s'explique également par ses résultats de plus en plus productifs, ce qui a conduit le législateur à élargir le champ d'application d'une telle mesure. Initialement conçue comme un mode de traitement d'infractions ayant une faible incidence, la médiation est aujourd'hui étendue à des infractions aux enjeux plus importants tels que des délits en droit de la famille, des actes de violence mais également à un contentieux plus important en droit de l'environnement. La médiation constitue donc une réponse pertinente, efficace et rapide à un contentieux pénal et s'analyse ainsi comme une « garantie d'une meilleure efficacité »[202] de la justice pénale.

104. Cependant, la médiation peut parfois aboutir à un échec, en raison du désaccord de l'une des parties ou de l'inexécution de son obligation par l'auteur des faits mais peut aussi ne pas être envisagée. Dans ces cas, le procureur pourra opter pour la seconde alternative aux poursuites qui lui est offerte par le législateur, à savoir la composition pénale qui présente, elle, un caractère punitif.

B. Un procureur doté d'un pouvoir de sanction pour une alternative punitive

105. La composition pénale a été créée par une loi de 1999[203] et semble être une version corrigée de l'injonction pénale censurée par le Conseil constitutionnel en 1995[204]. Elle a été par la suite complétée par un décret de 2001[205] puis par la loi Perben 2 du 9 mars 2004. Elle constitue aussi une alternative à la poursuite puisqu'elle ne peut être proposée que si l'action publique n'a pas encore été exercée. Prévue par les articles 41-2 et 41-3 du Code de procédure pénale, la composition pénale a pour objectif principal d'apporter une réponse pénale à un contentieux de masse d'infractions ne présentant pas une réelle gravité mais qui sont en nombre croissant et pour lesquelles une poursuite traditionnelle ne peut être envisagée. Il est possible de qualifier la composition pénale de mesure punitive en ce qu'elle tend à sanctionner l'auteur des faits à travers diverses mesures. Le procureur de la république compose ici sur la peine à travers la mise en place d'une proposition faite à l'auteur des faits (a). Celui-ci, qui cherche à tout prix à éviter une poursuite traditionnelle, c'est-à-dire devant une juridiction de jugement, doit consentir librement à cette proposition. Cependant, cette liberté de

[202] E. Maurel, Le recours à la médiation par le procureur de la République, AJ Pénal 2011, p. 219.

[203] Loi n°99-515 du 23 juin 1999 renforçant l'efficacité de la procédure pénale, JO 24 juin 1999, p. 9247.

[204] Cons. const. déc. n° 95-360 DC du 2 févr. 1995, Gaz. Pal. 10-11 mars 1995, Bull. lég., p. 219.

[205] Décret n°2001-71 du 29 janv. 2001 modifiant le CPP et relatif aux délégués et aux médiateurs du procureur de la République et à la composition pénale, JO n°25 du 30 janv. 2001, p. 1395.

consentement semble toute relative en ce qu'une certaine pression est en quelque sorte exercée sur la personne suspectée (b).

a. La proposition par le procureur d'une composition pénale

106. Afin de désengorger les tribunaux et d'apporter une réponse pénale systématique et rapide à des infractions à la loi pénale, le procureur peut proposer au suspect une certaine négociation sur la peine encourue. En vue de limiter les éventuels excès, le législateur est venu encadrer le domaine et le contenu de cette mesure (1) mais aussi sa procédure (2).

1. Une mise en œuvre encadrée

107. Afin de donner un cadre législatif réel à l'alternative punitive aux poursuites que constitue la composition pénale, le législateur est venu déterminer son domaine et son contenu.

108. Concernant tout d'abord le domaine d'application de la composition pénale, le législateur a prévu des conditions tenant aux infractions et aux personnes. Les conditions tenant aux infractions ont fait l'objet d'une évolution. Traditionnellement, il était admis que la composition pénale était réservée aux seuls délits et contraventions limitativement énumérés par la loi du 23 juin 1999 : il s'agissait principalement de « petites » infractions dont la peine d'emprisonnement ne pouvait excéder trois ans, la composition pénale trouvait donc à s'appliquer pour les menaces, des violences volontaire, un vol simple…Toutefois, dans un souci de rapidité et de célérité de la justice pénale mais aussi dans un souci d'économie de la justice, la loi Perben II du 9 mars 2004 est venue élargir le champ d'application de la composition pénale puisque cette dernière trouve désormais à s'appliquer à une grande partie de la matière correctionnelle. Ainsi, la loi Perben II fait du seuil de la peine encourue le critère d'applicabilité de la composition pénale. L'objectif est de faciliter l'action du parquet. L'article 41-2 alinéa premier du Code de procédure pénale, tel que modifié par la loi de 2004, prévoit que la composition pénale est possible lorsque l'agent « reconnaît avoir commis un ou plusieurs délits punis, à titre principal, d'une peine d'amende ou d'une peine d'emprisonnent d'une durée inférieure ou égale à cinq ans, ainsi que, le cas échéant, une ou plusieurs contraventions connexes ». La composition pénale est également applicable aux contraventions [206]. Le législateur est également venu prévoir l'interdiction de proposition d'une composition pénale par le procureur notamment à des mineurs de dix-huit ans et à des infractions en matière de presse, d'homicides involontaires et de délits politiques. L'exclusion des mineurs existait déjà avant la réforme de 2004 et se comprenait aisément au regard de la vulnérabilité due à l'âge de l'auteur des faits qui n'est pas apte à mener à bien une transaction avec l'autorité judiciaire. Cependant, dans un souci d'efficacité de la justice pénale et au regard du développement de la délinquance

[206] Art. 41-3 al. 1er du CPP.

juvénile, la loi du 5 mars 2007[207] est venue rendre la composition pénale applicable aux mineurs de treize à dix-huit ans en exigeant l'accord des représentants légaux du mineur pour une telle proposition. Les autres interdictions sont des innovations de la loi Perben II et ont pour objectif « d'éviter que l'extension du champ d'application de la composition pénale ne conduise à appliquer cette procédure à des infractions qui méritent un examen en audience publique[208] ».

109. En outre, la composition pénale connait un champ d'application limité quant à la personne même de l'auteur des faits. Ainsi, l'article 41-2 du Code de procédure pénale précise que l'agent doit être une personne physique. Il doit, pour que la composition pénale soit possible, admettre les faits. Cet acquiescement est prévu à peine de nullité de la procédure. La question de la conformité du témoignage contre soi-même, rencontrée pour la procédure de comparution sur reconnaissance préalable de culpabilité[209], se pose donc ici. Le prévenu peut se faire assister d'un avocat. Il peut s'entretenir avec son conseil avant de décider s'il accepte ou non la proposition. Il est à noter qu'à la différence de la procédure de comparution sur reconnaissance préalable de culpabilité, la présence du prévenu n'est pas obligatoire. Le verbe pouvoir de l'article 42-1 alinéa 18 du code illustre cette simple possibilité. Il en est de même lors de la phase d'homologation du juge. S'il accepte l'accord, son consentement sera recueilli par procès verbal dont une copie lui sera adressée. Afin de garantir les droits de la défense, le procès verbal contenant l'accord doit préciser la nature des faits reprochés ainsi que leur qualification juridique. Il indique également la nature et le quantum de la ou des mesures proposées. Il doit enfin rappeler que le prévenu a été informé de ses droits. Il est donc fait mention de son droit à être assisté d'un avocat, du délai de réflexion de dix jours dont il dispose, que les délais d'exécution des mesures commencent à courir à compter de la notification de la décision du juge.

La loi du 9 septembre 2002 a abrogé la dernière phrase de l'article 41-2 du Code de procédure pénale qui disposait qu'à peine de nullité, la proposition faite par le Ministère public ou toute personne habilitée « ne peut intervenir pendant la durée de la garde à vue de l'auteur des faits ». Il semble donc que désormais, la procédure de composition pénale soit possible dès le stade de la garde à vue ; la condition étant simplement que le prévenu avoue avoir commis les actes qui lui sont reprochés.

110. Quant au contenu d'une telle alternative aux poursuites, il a été également prévu strictement par le législateur. Sous une dénomination unique, la composition pénale regroupe en effet plusieurs mesures cumulables énumérées par la loi à l'article 41-2 du Code de procédure pénale. Les mesures de composition pénale peuvent dès lors être à la fois qualifiées d'alternatives aux poursuites, de transaction et d'une forme d'exercice par le procureur de la

[207] Loi n°2007-291 du 5 mars 2007 tendant à renforcer l'équilibre de la procédure pénale, JO 6 mars 2007.

[208] Rapport F. Zocchetto, op. cit.

[209] Cf. infra n°151 et suiv.

République de son pouvoir sanctionnateur. Les mesures sont différentes selon que l'infraction concernée est un délit ou une contravention. Lorsque la composition est proposée pour un ou plusieurs délits, le procureur de la République peut proposer une ou plusieurs mesures de la liste contenue à l'article 41-2 du Code. La première mesure proposée est constituée par le versement d'une amende de composition pénale au Trésor public. Sur ce point, alors que le législateur avait antérieurement limité le montant de cette amende à des montants maximums[210], la réforme de 2004 a prévu que le montant de la peine ne peut excéder le montant maximum de l'amende encourue et est fixé en fonction de la gravité des faits et des ressources et charges du prévenu. La seconde mesure consiste en un dessaisissement de la chose qui a servi ou qui était destinée à commettre l'infraction au profit de l'Etat. La loi de 2004 a en outre précisé que la chose pouvant faire l'objet de cette mesure pouvait également être le produit de l'infraction. De plus, il est prévu désormais la possibilité de demander la remise du véhicule de l'agent pour six mois maximum afin que celui-ci soit immobilisé. Il est possible de proposer la remise du permis de conduire ou du permis de chasser[211]. Cette durée de privation du permis de conduire ou de chasser est de six mois. Un travail non rémunéré au profit de la collectivité d'une durée maximale de soixante heures étalées sur six mois maximum peut être proposé. Une mesure consistant en un stage ou une formation dans un service ou un organisme sanitaire ou professionnel de trois mois étalé sur dix huit mois a été ajoutée par la loi du 9 septembre 2002. Un stage de citoyenneté a été ajouté par la réforme de 2004. La loi Perben II a ajouté des mesures tendant à éviter la récidive. Ainsi, il est désormais offert au procureur de la République des mesures d'éloignement du prévenu. Ainsi, l'agent peut être contraint de ne pas paraître dans les lieux de l'infraction, sauf lorsque ce lieu constitue sa résidence habituelle, de ne pas rencontrer la ou les victimes ou les contacter, de ne pas entrer en contact avec le ou les co-auteurs ou complices ; ceci pour une durée maximum de six mois. Le prévenu peut également se voir confisquer son passeport et donc être interdit de sortie du territoire national. Enfin, est ajoutée l'interdiction d'émettre pour une durée de six mois au plus des chèques et d'utiliser des cartes de payement sauf pour faire des retraits de fonds. Tout est donc mis en œuvre par le législateur afin de proposer un large panel de mesures consistant en une composition pénale.

111. Si l'infraction faisant l'objet d'une transaction entre son auteur et le procureur relève de la matière contraventionnelle, les mêmes mesures qu'en matière délictuelle trouvent à s'appliquer mais elles font l'objet d'un certain aménagement compte tenu de la gravité moindre de l'infraction. Ainsi, l'article 41-3 du Code de procédure pénale relatif à la composition pénale dans le cadre des contraventions aménage les mesures prévues à l'article 41-2 du même code. Dès lors, la durée maximale de privation du permis de conduire ou de chasser passe à trois mois ; la durée maximale du travail non rémunéré à trente heures dans un délai de trois mois et la durée d'interdiction d'émission de chèques à trois

[210] 3750 euros pour les délits et 750 euros pour les contraventions.
[211] Pour une durée de six mois pour le permis de conduire et quatre mois pour le permis de chasser.

mois. Ensuite, il n'est pas possible d'appliquer les mesures prévues par les 9° à 12° de l'article 41-2 du code qui prévoient les interdictions d'aller dans certains lieux ou territoires ou de voir certaines personnes. Le travail non rémunéré, n'est pas possible pour les contraventions de la première à la quatrième classe. La suspension du permis de chasser, la confiscation de la chose et l'interdiction d'émettre des chèques ne sont admises pour les contraventions de la première à la quatrième classe qu'à la condition que la contravention soit punie des peines complémentaires visées aux 1° à 5° de l'article 131-16 du Code pénal[212].

112. A coté de toutes ces mesures est venue se rajouter la possibilité pour la victime de se voir accorder des dommages et intérêts. Cette possibilité témoigne une nouvelle fois du souci constant du législateur actuel de prendre en compte la victime dans la phase préparatoire du procès pénal. Celle-ci ne se contente plus d'être présente au jugement, elle est omniprésente à tous les stades de la procédure et donc même en dehors de toute mise en mouvement de l'action publique. L'article 41-2 du Code de procédure pénale prévoit en effet une mesure d'indemnisation de la victime, à condition que celle-ci soit identifiée. Si c'est le cas, le procureur de la République a l'obligation de proposer au prévenu de réparer les dommages causés à la victime. Cette réparation devra s'opérer dans les six mois de l'acceptation de la proposition. Cette disposition est justifiée par la nature de la procédure de composition pénale qui doit permettre le règlement du litige sans passer par la voie classique du procès pénal. La victime, partie potentielle au procès, doit donc obtenir réparation de son préjudice. La victime dispose d'un droit d'information. En effet, le procureur de la République doit l'informer de cette proposition.

113. Cette mesure obligeant le prévenu à s'engager à réparer le dommage causé à la victime ne peut s'appliquer lorsque la réparation a déjà été effectuée. Dans ce cas, il appartiendra à celui qui se prévaut de l'indemnisation d'en rapporter la preuve. Ainsi, le prévenu devra apporter les justificatifs permettant de démontrer qu'il a effectivement réparé l'ensemble des dommages causés à la ou les victimes. Cette victime va bénéficier de la procédure d'injonction de payer et peut saisir le tribunal d'une requête en réparation. Lorsque la proposition de composition pénale a été acceptée par le prévenu et validée par le juge, la victime peut se prévaloir de l'ordonnance de validation pour demander le recouvrement de sa créance. Parmi les mesures que le procureur de la République propose au délinquant, la réparation des dommages causés par l'infraction à la victime identifiée doit nécessairement être prévue. Cette mesure constitue une créance pour la victime. La loi Perben II prévoit qu'elle peut en demander le recouvrement suivant la procédure d'injonction de payer conformément aux règles du Code de procédure civile[213]. Enfin, la rédaction de l'article 41-2 du Code de procédure pénale offre une autre voie d'action à la victime. Il est ainsi prévu que si l'exécution de la composition pénale éteint l'action publique, elle ne fait cependant pas échec au droit de la partie civile de délivrer citation directe

[212] L'art 131-16 1° à 5° du CP prévoit des peines similaires à ces mesures.
[213] Art. 1405 à 1425 du NCPC.

devant le tribunal correctionnel qui pourra dès lors statuer sur les seuls intérêts civils[214].

114. L'encadrement du domaine et du contenu de la composition pénale constitue donc à la fois des pistes à suivre pour le procureur désireux de proposer une telle alternative et des garanties pour l'auteur des faits contre un éventuel arbitraire de l'autorité judiciaire. Cette garantie est renforcée par un encadrement strict de la procédure de composition pénale.

2. Une garantie procédurale certaine

115. La composition pénale, en ce qu'elle est composée de mesures privatives ou restrictives de droits, ne peut que faire l'objet d'une procédure strictement définie et encadrée. En effet, il serait illogique, dans une justice respectueuse des droits de l'Homme, de laisser un quelconque arbitraire au procureur de la République en la matière. Dès lors, deux phases procédurales, qui sont autant de garanties pour le prévenu, sont à distinguer : la proposition du procureur et la validation de celle-ci par un juge du siège.

116. L'initiative de la proposition d'une mesure de composition pénale appartient au seul procureur : il est le véritable maître de la procédure. Il s'agit ici d'une faculté : le Code n'érige nullement en obligation une proposition de composition pénale prévoyant simplement que le procureur « peut » user d'une telle alternative aux poursuites et ce seulement dans le cas où l'action publique n'a pas été mise en mouvement. Cette exigence se conçoit aisément par la nature même de la composition pénale : c'est une mesure alternative aux poursuites et donc destinée à éviter la poursuite traditionnelle. Le ministère public peut proposer à l'auteur de l'infraction la composition pénale « soit directement soit par l'intermédiaire d'une personne habilitée ». En effet, la proposition peut être « portée à la connaissance de l'auteur des faits par l'intermédiaire d'un officier de police judiciaire ». Dans ce cas, la proposition fait l'objet d'une décision écrite et signée du procureur de la République. Les maisons de justice et du droit sont également habilitées à faire connaître à l'agent l'offre faite par le parquet. La transmission est alors faite, au nom du procureur de la République, par son délégué ou un médiateur. En la forme, cette proposition fait l'objet d'un procès-verbal établi par le procureur ou son substitut. Lorsqu'elle est formulée par un officier de police judiciaire, la composition doit faire l'objet d'une décision écrite et signée du procureur qui doit préciser la nature et le quantum de la ou des mesures proposées. Ce procès-verbal doit, en outre, apporter une certaine garantie à la personne impliquée. En effet, il doit y être fait mention de l'obligation pour la personne d'avoir consenti clairement et librement à la proposition et pour ce faire,

---

[214] La chambre criminelle a ainsi pu admettre que l'action civile de la victime devant la juridiction correctionnelle n'est pas éteinte par la composition pénale Crim. 24 juin 2008, pourvoi n° 07-87.511 ; AJ pénal 2008 p. 422, obs. Saas ; D. 2009, chron. p. 44 obs. Chaumont et Degorce. De même, l'ordonnance aux fins de validation de la composition pénale rendue par le président du tribunal en application de l'article 41-2 du CPP n'a pas autorité de la chose jugée sur le pénal au civil, Soc. 13 janv. 2009, D. 2009, p. 709 et 291.

l'assistance à un avocat semble indispensable. Si la personne refuse une telle assistance, son opinion sera enregistrée dans le procès-verbal. Si, au contraire, la personne désire faire application de ce droit, l'assistance de l'avocat devra être aménagée dans les meilleurs délais afin de réaliser la pleine effectivité de cette alternative rapide. Or, que doit-on entendre par « meilleurs délais » ? Ici encore, le législateur a voulu encadrer les droits de la défense dans un souci de célérité mais n'a pas précisé la notion de délai. D'un point de vue pratique et matériel, il semble évident qu'une telle intervention ne pourra pas se faire si rapidement que cela... La preuve de la réalisation effective de la mention du droit à l'avocat doit être mentionnée dans le procès-verbal, tout comme l'accord ou le désaccord de l'auteur des faits qui recevra copie de l'acte. Ce dernier a dix jours pour accepter ou refuser la proposition.

117. Avant la réforme de 2004, il était prévu que la prescription de l'action publique était suspendue entre la date de la proposition faite par le procureur de la République et la date d'expiration des délais impartis pour exécuter la composition pénale. Désormais, les actes tendant à la mise en œuvre ou à l'exécution de la composition pénale sont interruptifs de la prescription de l'action publique. Ainsi, en cas de non-exécution de la composition pénale, le délai de la prescription pourra démarrer de nouveau. Lorsque l'agent exécute la peine, l'action publique s'éteint. Une autre modification a été apportée. En effet, lorsque l'agent a refusé la proposition ou ne l'a pas exécutée, il était prévu que le procureur apprécie la suite à donner à la procédure. Désormais, il devra mettre en mouvement l'action publique sauf si un fait nouveau est apparu. Le pouvoir d'opportunité des poursuites conféré traditionnellement au parquet semble ici amoindri. Si les poursuites sont mises en œuvre et que le prévenu est condamné, il sera tenu compte du travail qu'il aura déjà accompli et des sommes déjà versées.

118. La seconde phase de réalisation de la mesure de composition pénale est la validation par un juge du siège. Cette validation semble essentielle au regard du respect des droits fondamentaux et des exigences du Conseil constitutionnel[215]. Le juge du siège n'est saisi qu'en cas d'accord de l'auteur présumé. Lorsque l'agent a accepté les mesures proposées par le procureur de la République, ce dernier saisit sur requête le président du tribunal de grande instance en cas de délit ou le juge d'instance en cas de contravention, afin de valider la composition pénale. Le prévenu et, le cas échéant, la victime sont alors prévenus.

Cette phase est indispensable car elle permet à la procédure d'être en conformité avec la jurisprudence du Conseil constitutionnel. En principe, le

[215] La composition pénale n'est en fait qu'un réaménagement de la mesure d'injonction pénale dont l'existence avait été censurée par le Conseil constitutionnel. En effet, celui-ci avait estimé que certaines des mesures que comportait l'injonction pénale étant de nature à porter atteinte à la liberté individuelle, l'injonction requérait la décision d'une autorité de jugement conformément aux exigences des articles 9 de la déclaration des droits de l'Homme, 66 de la Constitution et du principe constitutionnel du respect des droits de la défense. Cette validation faisant défaut, la pratique de l'injonction pénale avait dès lors été supprimée. Reprenant la même idée, le législateur a voulu encadrer la composition pénale en prévoyant un contrôle du siège afin d'éviter toute condamnation du Conseil des sages. Cons. Const, Déc. n°95-360, 2 févr. 1995.

contrôle est réalisé par le président du tribunal. Ce dernier peut désigner tout juge du tribunal mais aussi un juge de proximité qui exerce dans son ressort. Le président peut procéder, afin d'avoir une vue plus précise de la composition pénale, à l'audition de l'auteur des faits et de la victime, tous deux étant assistés de leur avocat. Une nuance est à apporter à ce propos : si la victime se voit reconnaitre le droit à la présence d'un avocat dans la phase de validation, l'auteur, quant à lui, dispose de ce droit dès la phase de proposition. Cela se conçoit aisément car c'est à son encontre seulement qu'une mesure pourra être prononcée, mesure qui sera, dans certains cas, privative ou restrictive de droits ; la présence de l'avocat est donc de rigueur.

119. Une fois en possession de la mesure de composition pénale, le président du tribunal va seulement se contenter, comme la loi le prévoit, de « valider » ou non l'ensemble de la proposition. Son contrôle est purement formel : il se contente de vérifier le respect des formes et la régularité de la procédure. Il ne peut, en aucun cas, revenir sur le fond même de la proposition, cette initiative appartenant de manière exclusive au procureur. C'est dans la forme de ce contrôle que réside une différence majeure entre la composition pénale et la comparution sur reconnaissance préalable de culpabilité qui sera évoquée plus loin : dans ce dernier cas, le juge homologue l'accord, il le confirme, l'enregistre officiellement. Dans le cadre d'une composition pénale, le juge se contente simplement de « valider », d'émettre une réponse, positive ou négative, sans examen plus approfondi. Ceci signifie donc que si le formalisme de la proposition est respecté, le juge validera la composition et entérinera donc la transaction. Le juge du siège tient donc ici un rôle de « simple caution de la décision du parquet[216] », celui-ci restant le maître unique de la détermination de la mesure de composition pénale. Il ne peut qu'accepter ou refuser de valider la mesure et est donc un simple contrôleur de la procédure. Il est possible de penser qu'il serait plutôt tenté d'accepter car un refus conduirait à allonger les délais de comparution et ne répondrait donc pas au souci qui a poussé le législateur à créer des voies médianes de résolution des conflits, à savoir l'engorgement de la justice et la réduction des délais de procédure. Cette place secondaire du juge du siège dans la mise en œuvre de la composition pénale a fait naître une certaine hostilité des magistrats quant à la viabilité d'une telle mesure : quid de l'individualisation des peines ? Quid du coté exemplaire de la sanction pénale sachant qu'une telle composition équivaut à un évitement des poursuites ? Et, dans une plus large mesure, du but même de la justice pénale ? En effet, la composition pénale ouvre la voie à une forme de négociation entre l'auteur des faits et la justice pénale, ce qui est contraire à la fonction du droit pénal qui est de protéger l'ordre public, et non de composer, de réaliser une transaction avec l'agent… La composition pénale constitue, en ce sens, une rupture culturelle dans notre procédure, rupture poursuivie avec l'entrée en vigueur de la comparution sur reconnaissance préalable de culpabilité. Pourtant, cette rupture se révèle nécessaire pour atteindre

---

[216] J. Danet et S. Grunvald, Brèves remarques d'une première évaluation de la composition pénale, AJ pénal 2004, p. 196.

le double objectif de célérité de la procédure et de réponse pénale systématique et, bien qu'il soit doté d'un rôle secondaire, amoindri, le juge du siège n'en constitue pas moins une garantie procédurale contre l'arbitraire du parquet. Il constitue ainsi un contre-pouvoir à la pleine puissance du parquet et est l'élément nécessaire quant à la conformité de la composition pénale aux exigences constitutionnelles.

120. Quoiqu'il en soit, le juge du siège saisi d'une mission de validation d'une mesure de composition pénale a deux options : soit il la valide, telle qu'elle, sans pouvoir la modifier et cela entraine une mise à exécution immédiate de la (ou des) mesure(s) prévue(s). Si, au contraire, il refuse la validation, la proposition est caduque. Dans cette hypothèse, le procureur retrouve sa liberté de poursuivre et pourra mettre en mouvement l'action publique. Tel est aussi le cas en cas de refus de la proposition par l'auteur et en cas d'inexécution de la mesure. La mise en mouvement de l'action publique résultant d'une telle situation est érigée en obligation pour le procureur depuis la loi du 9 mars 2004 : ce qui était une simple faculté auparavant est devenue une obligation et ce afin d'encadrer l'action du ministère public. En tout état de cause, la décision du juge du siège prend la forme d'une ordonnance insusceptible de recours qui est notifiée à l'auteur des faits et à la victime. Il faut enfin noter une évolution jurisprudentielle récente quant aux conséquences de la réalisation d'une composition pénale. Ainsi, dans un arrêt du 30 novembre 2010, la chambre criminelle de la Cour de cassation est venue rappeler que la composition pénale ne peut constituer le premier terme d'une récidive, celui-ci s'entendant exclusivement d'une condamnation pénale définitive[217].

121. Si la composition pénale, en ce qu'elle est strictement encadrée par le législateur, constitue une avancée du point de vue de l'efficacité de la justice pénale, en apportant une réponse systématique à un fait infractionnel, elle n'en demeure pas moins critiquable en ce qu'elle est fondée sur le consentement de l'auteur des faits, consentement dont on peut penser qu'il s'avère conditionné, et donc quelque peu vicié, voir extorqué.

b. L'acceptation conditionnée du délinquant

122. L'article 41-2 du Code de procédure pénale prévoit que le procureur de la République peut proposer une composition pénale « à une personne physique qui reconnait avoir commis un ou plusieurs délits ainsi qu'une ou plusieurs contraventions ». Le texte est donc clair : la reconnaissance des faits par la personne est une condition *sine qua none* de la composition pénale. L'idée de la composition pénale est la suivante : en échange d'un abandon des poursuites, le délinquant qui a préalablement reconnu les faits doit exécuter une certaine sanction qui sera moindre que celle prévue initialement. La composition pénale

---

[217] Crim. 30 nov. 2010, pourvoi n°10-80.460, Dalloz act. 24 janv. 2011, obs. Léna, et Cass., avis, 18 janv. 2010, n° 09-00.005, Bull. avis n°1, D. 2010, act. 327, obs. Léna ; AJ pénal 2010, p. 187, obs. J. Danet.

est donc une transaction, un échange de bons procédés entre le ministère public et l'auteur des faits. Si une telle alternative aux poursuites est intéressante, d'une part pour l'autorité judiciaire en particulier et la justice pénale en général en ce qu'elle permet un traitement en temps réel de l'affaire, un traitement plus rapide et moins coûteux qu'un jugement traditionnel, et, d'autre part, pour le délinquant qui sera astreint à l'exécution d'une ou plusieurs mesures mais ne sera pas sanctionné en tant que tel par un tribunal, elle n'en demeure pas moins critiquable au regard des droits fondamentaux et notamment au regard de la place de l'aveu qui, par ce biais, revient sur le devant de la scène.

123. Le principe de la composition pénale est clair : l'agent reconnait les faits, le procureur compose avec la peine. Mais de quelle nature est cette reconnaissance ? Le législateur entend dire que le consentement donné par l'intéressé doit être « libre et éclairé », selon l'article R-15-33-39 du Code de procédure pénale, et que la garantie d'une telle qualité réside en l'assistance (à laquelle l'individu peut renoncer) d'un avocat. Pour autant, en est-il réellement de même en pratique ? Ainsi, il est loisible de penser que l'auteur des faits, lorsqu'il sait que le procureur entend mettre en œuvre une composition pénale, sera tenté plus facilement de reconnaitre les faits, d'avouer qu'il est coupable, car la sanction sera réduite. N'est-il pas dès lors dans son intérêt d'avouer ? Il est logique de répondre par l'affirmative. Le délinquant risque moins en acceptant de négocier avec le procureur. Cette justice transactionnelle, négociée est-elle pour autant satisfaisante ? Certes, elle permet un traitement en temps réel des infractions, elle facilite l'action du parquet, désengorge les tribunaux, est moins couteuse et répond à l'exigence européenne de célérité. Mais elle se révèle, en ce qu'elle est centrée sur l'aveu, sur la reconnaissance des faits, attentatoire, dans une certaine mesure, aux droits fondamentaux et notamment à l'interdiction de témoigner contre soi-même. La négociation qui caractérise la composition pénale conduit à penser que l'acceptation du délinquant est conditionnée.

S'il accepte la proposition du procureur, il devra effectuer la ou les mesures envisagées. Si, au contraire, il refuse, il sera poursuivi, et donc jugé, selon les voies traditionnelles et se verra appliquer la peine ou l'amende normalement encourues pour l'infraction qu'il a commise. Il est donc de son intérêt d'accepter la proposition du ministère public et d'accepter la négociation. La reconnaissance des faits n'est-elle donc pas ici viciée ? Peut-on toujours parler d'un consentement « libre et éclairé » lorsque l'on sait que le délinquant n'a pas vraiment le choix ? S'il ne veut pas être condamné « lourdement », il doit reconnaitre les faits et donc accepter la proposition. Quid des droits de la défense ?

124. L'aveu [218] tient sans conteste une grande place dans la composition pénale, ce qui contribue d'ailleurs à son originalité. Jusqu'à l'instauration de la composition pénale, l'aveu n'était qu'un élément de preuve parmi d'autres, laissé à l'appréciation du juge. Aujourd'hui, et cela constitue une révolution, l'aveu n'est plus uniquement une simple preuve, il peut produire des effets juridiques car

---

[218] Cf. C. Ambroise-Castérot, La reconnaissance de culpabilité en procédure pénale, RPDP, 2011.

il va conditionner la mise en œuvre de la composition pénale. C'est dire de quelle importance est doté l'aveu dans une telle alternative à la poursuite. Or, donner tant de place à l'aveu conduit, dans une certaine mesure, à « nier » la fragilité de la personne, fragilité constituée par sa position : afin d'éviter un traitement judiciaire classique, la personne suspectée va être « contrainte » d'avouer. Les raisons d'être de la composition pénale, à savoir le traitement rapide de l'infraction et le désengorgement des tribunaux, méritent-elles de primer sur la protection de l'individu ? Nous ne le pensons pas. D'autant plus qu'une fois le consentement donné, la « machine » judiciaire se met en route. Le délinquant n'a donc plus son mot à dire, il a accepté et se trouve désormais lié par la décision de validation ou non du juge du siège.

125. Outre la nature du consentement, c'est son objet qui est également source de réflexions. En effet, l'individu consent, mais à quoi consent-il ? Donne t-il son consentement au traitement judiciaire de l'infraction commise et donc à la mise en mouvement d'une composition pénale ? Ou, au contraire, consent-il aux mesures qui composent une telle proposition et donc aux mesures qu'il sera dans l'obligation d'exécuter ? Il semblerait que le délinquant ne consente seulement qu'au traitement judiciaire qui sera donné au fait infractionnel qu'il a commis, le procureur étant le seul décideur quant aux mesures proposées. De cette première acceptation découle ainsi une sorte d'adhésion à la proposition dans son ensemble. En acceptant que son cas soit traité par le biais d'une composition pénale, le délinquant accepte les mesures pouvant être proposées par le procureur, en dépit d'un éventuel désaccord sur ces dernières. Le consentement « libre et éclairé » si cher au législateur semble donc fortement tempéré, voir atteint. L'efficacité de la justice pénale semble être faite au détriment des droits fondamentaux de l'individu.

126. En tout état de cause, la composition pénale tend à donner une nouvelle image de la justice qui dialogue désormais avec le délinquant et lui propose de tenir un rôle actif dans le traitement judiciaire de son acte qui va jusqu'à lui permettre de refuser la réponse pénale envisagée à son encontre par le procureur. Ceci conduit à penser que la justice pénale nouvelle est une justice négociée, marchandée, détournée de son but premier.

127. Si la médiation et la composition pénale constituent des mesures offertes au procureur pour des cas dans lesquels la poursuite classique, selon les voies traditionnelles, se révélerait inefficace, il n'en reste pas moins que l'autorité judiciaire peut toujours, en cas d'échec ou d'impossibilité de mise en mouvement de telles mesures, mettre en mouvement l'action publique. Pour faciliter le travail du procureur dans cette voie, le législateur lui a offert, à côté de la solution de poursuite traditionnelle (par la voie de l'instruction ou du jugement), un nouveau mode de juger qui est la comparution sur reconnaissance préalable de culpabilité (C.R.P.C).

§2. Un procureur négociateur pour une poursuite immédiate : la C.R.P.C

128. La comparution sur reconnaissance préalable de culpabilité a été introduite dans notre législation par la loi Perben II du 9 mars 2004 insérant dans le Code de procédure pénale les articles 495-7 à 495-16 au sein d'une section VIII intitulée « De la reconnaissance préalable de culpabilité ». Inspirée par le modèle anglo-saxon de plea bargaining, ou plaider-coupable dans lequel le délinquant a la possibilité de négocier réellement sa peine[219], cette nouvelle voie offerte au procureur a dû subir des aménagements avant d'être intégrée dans le droit français. Conçue initialement pour apporter une réponse pénale systématique et rapide à des infractions de moindre gravité, la comparution sur reconnaissance préalable de culpabilité est un nouveau mode de traitement des contentieux répressifs, visant à éviter la lourdeur d'une audience classique dès lors qu'il existe un accord entre le parquet et la personne poursuivie sur des points essentiels : les accords sur la culpabilité, le choix de la peine par le parquet ainsi que sur le montant de celle-ci. Cette procédure, qui a fait couler beaucoup d'encre par crainte d'un procureur-négociateur, véritable pivot de la procédure, a été de ce fait très strictement encadrée par le législateur et cet encadrement s'est fait autour de deux protagonistes principaux : le procureur d'une part, maître de la procédure et le juge du siège d'autre part, garde-fou d'un éventuel abus de pouvoir du parquet (A). Pour autant, si encadrée soit-elle, cette nouvelle procédure, qui connait un grand succès, n'en demeure pas moins critiquable au regard de l'instauration d'une nouvelle forme de justice, négociée, qui conduit, à terme, à une contractualisation certaine de la justice pénale (B).

A. Une procédure strictement encadrée

129. La procédure de comparution sur reconnaissance préalable de culpabilité offre la possibilité au parquet d'apporter une réponse rapide à certains types de délinquants et d'infractions. Pour autant, la seule présence du ministère public lors de cette procédure ne pouvait suffire à garantir les droits fondamentaux de l'individu mis en cause et plus largement ceux de la défense. Afin d'éviter toute censure du Conseil constitutionnel, le législateur a donc encadré strictement la procédure de C.R.P.C autour de deux protagonistes : le procureur de la République et le juge du siège. Néanmoins, il semble que le partage des compétences ne soit pas égalitaire. En effet, le véritable maître ici est sans conteste le ministère public. Il est à la fois initiateur et directeur tout au long de la procédure. Le juge n'apparaît qu'à la phase finale. Sa mission est d'homologuer

---

[219] Le plea bargaining a d'abord été adopté en Angleterre puis aux Etats-Unis et ce système permet une réelle négociation entre l'accusation et la défense sur le contenu de la déclaration de culpabilité et sur le quantum de la peine et cela à tout moment de la procédure. Une telle discussion étant impensable pour le législateur français qui a prévu des aménagements à la transposition de cette mesure. Cf. not. J. Pradel, Droit pénal comparé, 3ème éd. 2008, Dalloz ; J. Pradel et G. Corstens, Droit pénal européen, 2ème éd. 2002, Dalloz.

l'accord conclu entre l'accusation et la défense. Le procureur est donc le véritable pivot de cette procédure, en ce qu'il maîtrise son opportunité (a) et va la mener jusqu'à son terme, la phase d'homologation, source de garanties, réalisée par un juge du siège (b).

a. Une maîtrise de l'opportunité de la procédure par le procureur

130. A titre préliminaire, un rappel quant au champ d'application du plaider coupable semble s'imposer. En effet, les dispositions de l'article 27 de la loi du 13 décembre 2011[220], entrées en vigueur le 15 décembre 2011, ont considérablement élargi le champ d'application de la CRPC. Jusqu'à cette loi, la CRPC prévue aux articles 495-7 et suivants du Code de procédure pénale était limitée aux « délits punis à titre principal d'une peine d'amende ou d'une peine d'emprisonnement d'une durée inférieure ou égale à cinq ans ». La loi nouvelle élargit ce domaine d'application sur deux points. D'une part, la CRPC devient applicable à tous les délits, sans référence à la peine encourue. Sont quand même maintenues certaines exceptions, notamment l'impossibilité de recourir à la voie de la CRPC pour les infractions prévues à l'article 495-16[221] du Code ainsi que pour les « délits d'atteints volontaires et involontaires à l'intégrité des personnes et d'agressions sexuelles prévues aux articles 222-9 à 222-31-2 du Code pénal lorsqu'ils sont punis d'une peine d'emprisonnement d'une durée supérieure à cinq ans ». D'autre part, la loi du 13 décembre 2011 marque une innovation en la possible mise en œuvre de la CRPC par le juge d'instruction. La loi nouvelle introduit ainsi un article 180-1 dans le Code de procédure pénale, lequel dispose notamment que « Si le juge d'instruction estime que les faits constituent un délit, que la personne mise en examen reconnait les faits et qu'elle accepte la qualification pénale retenue, il peut, à la demande ou avec l'accord du procureur de la République, du mis en examen et de la partie civile, prononcer le renvoi de l'affaire au procureur de la République aux fins de mise en œuvre d'une comparution sur reconnaissance préalable de culpabilité ». Cette réforme[222] renforce une fois encore les pouvoirs du Parquet.

131. S'agissant des personnes pouvant faire l'objet de la procédure de comparution sur reconnaissance préalable de culpabilité, plusieurs conditions se

---

[220] Loi n°2011-1862 du 13 déc. 2011 relative à la répartition des contentieux et l'allégement de certaines procédures juridictionnelles, JO 14 déc. 2011 p. 21105 ; cf not. O. Bachelet, Constitutionnalité de l'extension du champ d'application du « plaider-coupable » ou l'inexorable montée en puissance du parquet, Lettre Actualités Droits-Libertés du CREDOF, 21 déc. 2011 ; Ch. Guéry, Le renvoi aux fins de CRPC, AJ pén. 2013, p. 86 ; J. Lasserre-Capdeville, La CRPC : présentation et interrogations juridiques, Gaz. Pal. 31 déc 2011, n°365, p. 5.

[221] La rédaction de cet article n'ayant pas été modifiée par la loi nouvelle, les exceptions demeurent en matière de délits de presse, de délits d'homicides involontaires, de délits politiques et de délits dont la poursuite est prévue par une loi spéciale. Ces infractions sont en général complexes ou sensibles et ne peuvent donc etre traitées autrement que par la voie classique.

[222] Il convient de préciser que ce projet de loi avait fait l'objet d'une saisine du Conseil constitutionnel qui en a validé l'intégralité dans une décision rendue le 8 déc. 2011. Cons. const., déc. n° 2011-641 DC du 8 déc. 2011.

cumulent. La condition fondamentale est qu'il doit s'agir d'un délinquant qui reconnaît les actes qui lui sont reprochés. En effet, l'ensemble de la procédure repose sur la reconnaissance de culpabilité du délinquant et il ne saurait pas y avoir de « plaider coupable » sans aveu. Ensuite, il est indispensable que le suspect soit majeur. L'article 495-16 du Code de procédure pénale exclut expressément du champ d'application de la procédure les mineurs. Cette exclusion des mineurs s'explique par leur vulnérabilité. La vraisemblance d'un aveu recueilli d'une personne mineure peut être discutable. Les personnes de moins de dix-huit ans ont besoin d'une protection supplémentaire. La circulaire du ministère de la chancellerie précise que cette procédure est applicable aux personnes morales. Elle préconise également d'éviter d'y procéder dans les hypothèses où plusieurs personnes sont impliquées en tant que co-auteurs ou complices lorsqu'une partie d'eux ne reconnaît pas les faits. « Dans des situations exceptionnelles », il sera possible de dissocier les procédures c'est-à-dire de procéder pour certains au « plaider coupable » et pour ceux qui ne reconnaissent pas leur culpabilité, de les traduire devant le tribunal selon la procédure classique. Il paraît évident que l'auteur doit être conscient d'avouer les actes qui lui sont reprochés et des conséquences de sa reconnaissance.

132. L'article 495-7 du Code de procédure pénale définit très clairement la mise en marche d'une CRPC. Ainsi, « pour tous les délits, le procureur de la République peut, d'office ou à la demande de l'intéressé ou de son avocat, recourir à la procédure de comparution sur reconnaissance préalable de culpabilité [...] à l'égard de toute personne convoquée à cette fin ou déférée devant lui [...] lorsque cette personne reconnait les faits qui lui sont reprochés ». Par ce texte, le législateur entend donc mettre en place deux possibilités quant à l'ouverture d'une procédure de plaider-coupable. D'abord, le procureur peut décider de son propre chef de recourir à la procédure de « plaider coupable » lorsque notamment l'agent a avoué sa culpabilité au cours de la garde à vue. Ensuite, il peut décider d'accéder à la demande de la personne, formulée par lettre recommandée avec avis de réception[223]. Cette demande est possible même si l'individu a déjà été convoqué ou cité pour comparaître selon une voie classique. Dans cette lettre, il devra indiquer qu'il reconnaît les faits qui lui sont reprochés et qu'il demande l'application de la procédure de « plaider coupable ». Si, traditionnellement, cela était impossible pour « les personnes renvoyées devant le Tribunal correctionnel par le juge d'instruction[224]. », une telle impossibilité est à nuancer aujourd'hui avec l'article 180-1 permettant au juge d'instruction de mettre en œuvre une CRPC.

133. Le procureur décide alors « s'il est opportun[225] » d'utiliser cette procédure. La rédaction de cet article du Code de procédure pénale est sans équivoque : le procureur « peut, s'il l'estime opportun » décider de mettre en mouvement une procédure de « plaider-coupable » : celle-ci n'est pas une

[223] Art. 495-15 du CPP.
[224] Art. 495-14 dernier al. du CPP.
[225] Art 495-15 du CPP.

obligation, la demande formulée par le délinquant ne le contraint en aucun cas, le magistrat garde la possibilité pleine et entière de choisir ou non d'opter pour la voie de la CRPC. S'il décide de faire droit à la demande, il convoque le prévenu et son avocat, dont la présence est obligatoire, ainsi que, le cas échéant, la victime. L'article 495-15 alinéa 3 du Code de procédure pénale prévoit que le procureur n'est pas tenu d'informer le prévenu ou son conseil lorsqu'il refuse d'accéder à la demande.

134. Lorsque le procureur de la République décide d'appliquer la procédure de comparution sur reconnaissance préalable de culpabilité, il recueille l'aveu de culpabilité de l'individu[226], et propose une peine. Ce choix de la peine est une prérogative absolue du procureur, aucun marchandage, tel qu'il existe dans les pays anglo-saxon entre l'accusation et la défense, n'est donc ici possible. Et c'est pourquoi d'ailleurs le législateur est venu encadrer les peines proposables. L'article 495-8 du Code de procédure pénale prévoit les modalités de réduction de peine à laquelle le procureur peut consentir. D'abord, l'alinéa premier de cet article dispose que « Le procureur de la République peut proposer à la personne d'exécuter une ou plusieurs peines principales ou complémentaires encourues ; la nature et le quantum de la ou des peines sont déterminées conformément aux dispositions de l'article 132-24 du Code pénal ». Il doit fixer une peine individualisée c'est à dire « en fonction des circonstances de l'infraction et de la personnalité de son auteur ». De même, lorsqu'il prononce une peine d'amende, il devra déterminer son montant en tenant compte des ressources et des charges de l'auteur de l'infraction.[227] Le sursis total ou partiel peut également être retenu et la peine pourra être aménagée par les juridictions d'applications des peines. Le second alinéa de l'article 495-8 du Code de procédure pénale précise, de plus, que lorsque le procureur envisage une peine d'emprisonnement, cette dernière ne pourra pas « être supérieure à un an ni excéder la moitié de la peine d'emprisonnement encourue ». Ainsi, deux restrictions cumulatives viennent limiter la fixation du quantum de la peine. Lorsque le procureur envisage une peine d'emprisonnement ferme, il doit préciser à l'agent si cette peine est immédiatement mise à exécution ou si ce dernier sera au préalable convoqué devant le juge d'application des peines. Le juge d'application des peines sera alors chargé de déterminer les modalités d'exécution de la sanction. Le troisième alinéa de cet article prévoit que le montant de l'amende ne peut être supérieur à celui de l'amende encourue.

135. En toute circonstance, pour mettre en exercice cette voie de poursuite, le procureur doit obligatoirement faire comparaître le mis en cause devant lui ou par le biais d'un officier de police judiciaire. Lors de cet entretien, le procureur va, par procès-verbal et en présence d'un avocat, recueillir les déclarations du mis en cause par lesquelles celui-ci avoue sa culpabilité, lui notifier la peine qui sera requise, l'informer de son droit de solliciter un délai de dix jours avant de donner sa réponse à la proposition. Il faut noter tout de même un corollaire à l'exercice de

[226] Art 495-8 al. 3 du CPP.
[227] Art. 132-24 du CP.

ce droit : si le mis en cause souhaite réfléchir, il pourra être placé sous contrôle judiciaire ou en détention provisoire durant ce délai. Afin de protéger au mieux les droits de la défense, le législateur est venu assortir la rédaction d'un tel procès-verbal d'une nullité d'ordre public. Une difficulté a été soulevée en pratique. La question était de savoir si le procureur, concomitamment à une procédure de CRPC, pouvait engager, pour le même fait, une autre poursuite par le biais d'une citation directe ou d'une convocation par officier de police judiciaire. La chambre criminelle de la Cour de cassation répondait par la négative et refusait systématiquement cette pratique. Elle a ainsi pu énoncer en 2006 : « Il ressort expressément des dispositions de l'article 495-12 du Code de procédure pénale que, lorsque le ministère public met en œuvre la procédure de comparution sur reconnaissance préalable de culpabilité, il ne peut concomitamment saisir le tribunal correctionnel selon l'un des modes prévus par l'article 388 avant que le prévenu ait déclaré ne pas accepter la ou les peines proposées ou que le président du tribunal ait rendu une ordonnance de refus d'homologation[228] ». La pratique de la double convocation était donc sanctionnée et déclarée irrecevable, étant entendu que cette pratique semblait contraire aux droits de la défense et ce d'autant plus selon la règle de l'unicité de poursuite. Le procureur devait donc attendre l'échec de la CRPC pour retrouver son droit de poursuivre selon la voie traditionnelle. Pourtant, la position des juges n'a pas été entérinée par le législateur. En effet, dans une loi du 12 mai 2009[229], dite de simplification du droit, ce dernier a instauré un article 495-15-1 offrant la possibilité au procureur d'ordonner une convocation par officier de police simultanément à la mise en œuvre de la procédure de « plaider-coupable », cette double action peut même résider en une convocation immédiate en justice en application de l'article 390-1. Toutefois, le texte précise que la saisine du tribunal résultant de cette convocation en justice est caduque si la personne accepte la ou les peines proposées et que celles-ci font l'objet d'une ordonnance d'homologation. Par l'instauration d'une telle possibilité au bénéfice du procureur, le législateur semble asseoir définitivement son opinion : la CRPC est destinée à « gagner du temps » sur un procès « normal » et ce temps ne doit pas être perdu, ce qui serait le cas en cas de refus de la proposition ou de refus d'homologation par le juge du siège. Dans un souci d'optimiser le temps, et de toujours respecter l'exigence de célérité, le législateur a donc officialisé la pratique de la double convocation. Forts de l'entrée en vigueur de la question prioritaire de constitutionnalité, les justiciables et leurs avocats ont tenté d'inverser cette tendance en saisissant le Conseil constitutionnel dans l'espoir de voir déclarer cette nouvelle disposition inconstitutionnelle. Ils n'ont pas obtenu gain de cause car le Conseil constitutionnel a estimé, au visa des articles 12, 15 et 16 de la Déclaration des

---

[228] Crim. 4 oct. 2006, Bull. n°244, D. 2007, p. 58 note Delage ; AJ pénal 2007, p. 79, note Leblois-Happe ; RSC 2007, p. 118, note Giudicelli ; Dr. pénal 2007, comm. n°45, obs. A. Maron ; Procédures 2007, comm. n°44, obs. J. Buisson. V. également Crim. 14 oct. 2008, Bull. n°208 ; D. 2008, act. 2796, obs. Léna.

[229] Loi n° 2009-526 du 12 mai 2009 de simplification et de clarification du droit, JO 13 mai 2009.

droits de l'Homme et du citoyen de 1789, que l'article 495-15-1 du Code de procédure pénale est conforme à la Constitution aux motifs, notamment, qu'en cas de refus ou de non homologation de la peine à l'issue de cette comparution, le procès-verbal des formalités accomplies pendant cette procédure ne peut être transmis, ni invoqué devant la juridiction ultérieurement saisie[230]. Force est donc de constater que le législateur a très bien encadré la possibilité de cette double convocation.

136. Il est donc incontestable que le procureur détient, dans le cadre de la comparution sur reconnaissance préalable de culpabilité, un certain rôle prépondérant en ce qu'il est le seul maître de l'opportunité ou non[231] d'un tel mode de résolution des conflits. Pourtant, cette maitrise n'est pas absolue en ce qu'elle est strictement encadrée par la loi ; ceci se comprend d'ailleurs aisément dans le souci de neutraliser un éventuel arbitraire du procureur détenant tous les pouvoirs.

137. Ce plein pouvoir du procureur est, en outre, limité par l'étape judiciaire instaurée par le législateur dans un souci de protection des libertés fondamentales de l'individu. Ainsi, une phase d'homologation, réalisée par un juge du siège, est prévue comme étape ultime de la réalisation de la procédure de plaider coupable.

b. Une phase d'homologation source de garanties pour le prévenu

138. La suprématie du seul procureur de la République n'étant pas concevable, le législateur de 2004 a souhaité mettre entre les mains d'un juge du siège, garant du respect de la procédure de « plaider-coupable », un pouvoir d'homologation ou non de la proposition de peine faite par le parquet. Le juge du siège est ici vu comme un véritable contre pouvoir à la puissance du procureur, un garde-fou à son rôle prépondérant en la matière. L'article 495-9 du Code de procédure pénale prévoit en effet qu'après l'acceptation de la proposition par le prévenu (que cette acceptation ait été immédiate ou donnée au terme du délai de réflexion légalement prévu), le procureur de la République doit présenter ce dernier au président du tribunal de grande instance ou au juge délégué à cet effet, en vue d'une requête en homologation. L'homologation par le juge du siège est indispensable en ce qu'elle permet à la fois une vérification précise du contenu de la proposition et en ce qu'elle constitue en ce sens une véritable garantie pour les parties.

139. Une fois son consentement à la proposition donné, le prévenu va être auditionné, en présence de son avocat, par le juge du siège chargé d'homologuer ou non la procédure. Durant cette audition, le juge va entendre l'individu et son avocat et vérifier la réalité matérielle des faits reprochés et leur qualification

---

230 Cons. Const. 10 déc. 2010, QPC n° 2010-77, JO 11 déc. p. 21711 ; J-B. Perrier, La constitutionnalité de la légalisation de la pratique de la double convocation en matière de CRPC, AJ Pénal 2011, p. 188.

231 Il faut noter ici qu'en application de l'article 495-8 du Code de procédure pénale, le procureur peut abandonner la voie de la comparution sur reconnaissance préalable de culpabilité à la condition de le faire avant la proposition de peine. Cette hypothèse est envisageable lorsque le procureur s'aperçoit que l'exécution de la mesure se révèle impossible.

juridique. Initialement, il était prévu que cette audition se déroule en chambre du conseil. Or, cette disposition a été censurée par le Conseil constitutionnel car contraire à la combinaison des articles 6, 8, 9 et 16 de la Déclaration des droits de l'Homme de 1789 dont il résulte que « le jugement d'une affaire pénale pouvant conduire à une privation de liberté doit, sauf circonstances particulières nécessitant le huis clos, faire l'objet d'une audience publique[232] ». L'ordonnance d'homologation étant susceptible de conduire à une privation de liberté, il est donc logique qu'elle fasse l'objet d'une audience publique, le contraire portant atteinte aux droits fondamentaux de la personne. Néanmoins, il a été admis que, dans certaines circonstances particulières, cela se réalise à huis clos. Le second problème qui s'est posé en pratique a été de savoir si le procureur devait, ou non, être présent lors de cette homologation. Selon une jurisprudence constante[233] et l'application de l'article 32 du Code de procédure pénale prévoyant la présence du ministère public « aux débats des juridictions de jugement », le procureur est une partie intégrante et nécessaire des juridictions de jugement, sa présence lors de l'ordonnance d'homologation est donc requise. Or, tel n'était pas l'avis du Garde des sceaux qui, profitant du silence des textes relatifs à la CRPC, a demandé aux procureurs, par une circulaire du 2 septembre 2004[234], de ne pas assister aux audiences d'homologation. Suite aux divergences de la Cour de cassation[235] et du Conseil d'Etat[236] avec cette circulaire, le législateur est intervenu par la loi du 26 juillet 2005 ajoutant un dernier alinéa à l'article 495-9 qui prévoit que « la présence du procureur de la République à cette audience n'est pas obligatoire ». Par cette prise de position, le législateur semble vouloir atténuer quelque peu le rôle prépondérant que détient le procureur en matière de « plaider-coupable ». En effet, s'il est le seul décideur de l'opportunité d'une telle mesure et s'il en prévoit toutes les composantes, il n'est pas tenu d'assister à l'audience d'homologation. Sa présence est une faculté, non une obligation.

---

[232] Cons. Const. 2 mars 2004, déc. n°2004-492.

[233] Crim. 23 janv. 1957, Bull. n°75 ; Crim. 26 juill. 1983, Bull. N°228 ; Crim. 19 avr. 1995, Bull. N°157.

[234] Circulaire CRIM 04-12 E8 du 2 sept. 2004 dans laquelle il est avancé que l'art. 495-9 du CPP n'exige pas la présence du ministère public lors de la présentation de la personne devant le président ou le juge délégué ce dont il en résulte que cette présence n'est nullement obligatoire. Toutefois, le magistrat pourra être présent, « à titre exceptionnel et s'il l'estime opportun » pour présenter oralement les raisons pour lesquelles il a recouru à une CRPC.

[235] Divergence manifestée dans un avis n° 005 0004P du 18 avr. 2005, Bull. n°1 ; D. 2005, p. 1200, note J. Pradel ; JCP 2005, Actualités, p. 252 ; RSC 2005, p. 592, note. A. Giudicelli. La Cour a estimé que « lorsqu'il saisit le président du tribunal de grande instance ou le juge délégué par lui d'une requête en homologation de la ou des peines qu'il a proposées dans le cadre de la procédure de comparution sur reconnaissance préalable de culpabilité, le procureur de la République est, conformément aux termes de l'art. 32, tenu d'assister aux débats de cette audience de jugement, la décision devant être prononcée en sa présence ».

[236] CE 11 mai 2005, D. 2005, IR 1379, obs. Astaix ; RSC 2005, p. 592, note. A. Giudicelli. Le Conseil d'Etat avait ordonné en référé la suspension de cette circulaire en tant qu'elle rend facultative la présence du ministère public à l'audience d'homologation de la proposition de peine ainsi que lors du prononcé du jugement d'homologation, si celle-ci est décidée.

140. A l'issue de l'audience, le juge a le pouvoir d'homologuer la ou les peines proposées en statuant par ordonnance motivée. Ainsi, selon le dernier alinéa de l'article 495-9 du Code de procédure pénale, le juge, « après avoir vérifié la réalité des faits et leur qualification juridique, peut décider d'homologuer les peines proposées par le procureur de la République ». L'emploi du verbe pouvoir révèle la liberté offerte au juge. Pour donner son assentiment, le juge doit au préalable vérifier que le prévenu a effectivement reconnu les faits qui les sont reprochés et consenti aux peines proposées par le procureur de la République. Il doit ensuite vérifier que la ou les peines proposées « sont justifiées au regard des circonstances de l'infraction et de la personnalité de son auteur[237] ». Il doit vérifier la qualification juridique des faits. Ainsi, il n'homologuera pas l'accord si par exemple les faits reprochés correspondent à un crime ou une contravention. L'ordonnance du juge doit donc être motivée par la reconnaissance de la culpabilité et l'acceptation du prévenu. A peine de nullité de la procédure, un procès verbal doit être dressé[238]. L'avocat doit être présent. S'il est question d'une peine d'emprisonnement, il est possible, avant sa mise en exécution, d'envisager un aménagement de la peine ab initio par le juge de l'application des peines. Toutefois, l'emploi du verbe pouvoir apporte une nuance au pouvoir conféré au juge en matière d'homologation : s'il est en effet libre d'homologuer ou non la proposition faite par le parquet, il ne peut pour autant en modifier le contenu. Il ne peut pas par exemple, diminuer la peine ou en changer la nature. De prime abord, les pouvoirs du juge semblent donc cloisonnés, limités à la simple possibilité d'accepter ou de refuser la totalité de l'accord. Pourtant, par cette prérogative, il va indirectement décider de la peine à appliquer à telle catégorie d'infractions. En effet, soucieux de voir ses procédures de « plaider coupable » aboutir, le procureur de la République aura tendance à proposer des peines qui entrent dans la politique pénale générale du tribunal. Il va donc se plier aux sensibilités des juges du siège afin de ne pas essuyer un refus d'homologation de leur part. Ainsi, il semble que le juge du siège retrouve indirectement son pouvoir de choix et de fixation de la peine.

141. A la différence d'une mesure de composition pénale, l'ordonnance d'homologation a les effets et la force d'un jugement de condamnation et est donc immédiatement exécutoire [239]. Si le prévenu ne forme pas de recours, l'ordonnance d'homologation va produire les effets d'un jugement passé en force de chose jugée. Il est ainsi possible de faire appel de l'ordonnance d'homologation soit de la part du condamné suivant la procédure de droit commun, soit par le procureur de la République. Un amendement du Sénat est venu préciser que le ministère public pouvait faire appel à titre incident et non à titre principal[240]. La défense et l'accusation disposent d'un délai de dix jours à

---

[237] Art 495-11 al. 1er du CPP.
[238] Art. 495-14 al. 1er du CPP.
[239] Art. 495-11 al. 2 du CPP.
[240] La Cour de cassation a complété cette précision en indiquant que « Le ministère public ne dispose pas du droit de relever appel à titre principal d'une ordonnance d'homologation des peines proposées

compter du prononcé de la décision pour faire appel. La Cour d'appel évoque alors l'affaire et statue sur le fond. Elle ne pourra pas prononcer une peine plus sévère que celle prononcée en première instance. L'appel, ici, peut paraître étrange puisque le prononcé de la décision ne fait qu'entériner l'accord conclu entre le prévenu et le parquet. Cela s'explique pour deux raisons. D'abord, il semble qu'il a été souhaité de donner une dernière chance de rétractation au prévenu. Ensuite, l'article préliminaire du Code de procédure pénale, issu de la loi du 15 juin 2000, dispose que « toute personne condamnée a le droit de faire examiner sa condamnation par une autre juridiction ».

142. Lorsque le juge du siège a refusé d'homologuer l'accord mais aussi lorsque le prévenu s'est finalement rétracté, la procédure prend fin. Le procureur de la République a alors plusieurs possibilités[241]. D'abord, il peut traduire immédiatement le prévenu devant le Tribunal correctionnel conformément à la procédure de comparution immédiate. La loi Perben II[242] a apporté quelques modifications à la procédure de comparution immédiate. Le délai à l'issue duquel le prévenu doit être jugé lorsque le tribunal ne peut se réunir le jour même passe de deux à trois jours ouvrables. Ensuite, l'article 397-1 troisième alinéa nouveau du Code de procédure pénale prévoit la possibilité pour le prévenu ou son avocat de demander « tout acte d'information qu'il estime nécessaire à la manifestation de la vérité relatif aux faits reprochés ou à la personnalité de l'intéressé ». Si le tribunal refuse d'accéder à cette demande, il doit rendre un jugement motivé. Il peut ensuite requérir l'ouverture d'une information. Il peut aussi remettre à l'agent une convocation à comparaître devant le Tribunal. Il peut recourir à la citation directe. Lorsque le prévenu avait été déféré devant lui, il peut décider de le retenir jusqu'à sa comparution devant le Tribunal correctionnel ou le juge d'instruction. Cette comparution doit avoir lieu le jour même de l'échec de la procédure de comparution sur reconnaissance préalable de culpabilité[243]. Si cela n'est pas possible, le procureur de la République traduit le prévenu devant le juge des libertés et de la détention selon les règles prévues à l'article 396 du Code de procédure pénale. Le procureur de la République peut également recommencer la procédure de comparution sur reconnaissance préalable de culpabilité[244].Le procès verbal dressé par le Procureur de la République, ainsi que le procès verbal établi lors de la phase d'homologation ne peuvent être transmis à la juridiction de

---

à un prévenu comparaissant sur reconnaissance préalable de culpabilité ». Crim. 10 nov. 2010, D. 2010, act. 18, obs. C. Girault, n°128, obs. Leprieur ; Dalloz act. 16 déc. 2010, obs. C. Girault. De même, le fait que le sursis avec mise à l'épreuve soit inférieur au minimum légal ne permet pas, alors que le procureur de la République qui a proposé cette peine ne bénéficie pas d'un droit d'appel principal, d'aggraver la condamnation qui est passée en force de chose jugée à défaut d'appel principal du prévenu, Crim. 29 mars 2011, D. 2011, act. 1420.

241 Art. 495-12 al. 1er du CPP.

242 Art 128 de la loi Perben II du 09 mars 2004 modifiant les arts 396 et 397 du CPP.

243 Art. 495-12 al. 2 du CPP.

244 Art. 495-14 al. 3 du CPP.

jugement. Les parties ne peuvent pas s'en prévaloir au cours du procès[245]. Le but ici est de préserver la présomption d'innocence. La phase d'homologation est donc indispensable et l'échec de celle-ci entraînera la caducité de la procédure. Cette phase est également nécessaire car elle permet de protéger les intérêts du prévenu et de la victime.

143. La phase d'homologation constitue une garantie pour la défense. En effet, jusqu'à présent, le seul interlocuteur du prévenu (et de son avocat) a été le procureur, partie poursuivante à la procédure. Bien que le prévenu ait le choix d'accepter ou non la proposition de peine faite par le parquet, et que cette acceptation soit rétractable avant la phase d'homologation, il n'en demeure pas moins que le « plaider coupable » est basé sur l'aveu, aveu recueilli en garde à vue le plus généralement. Dès lors, il est possible d'imaginer que cet aveu puisse être « extorqué » et que l'individu ait consenti de manière forcée à la proposition. La présence d'un juge du siège contribue à rendre plus impartiale la procédure de comparution sur reconnaissance préalable de culpabilité car la juridiction de jugement n'est pas partie à la procédure. En outre, l'audition obligatoire du prévenu lui permet de manifester à nouveau son consentement et même de le rétracter s'il le désire. Le juge est là pour vérifier la véracité des faits, leur qualification juridique et s'assurer de la bonne utilisation d'un tel mode de poursuite. Une telle mission constitue une garantie certaine pour l'individu qui peut être sûr de la légalité de la proposition du procureur. Mais la phase d'homologation constitue également une garantie pour la victime. En effet, le Code prévoit que si la ou les victimes sont identifiées, elles doivent être informées sans délai et par tout moyen du choix de cette procédure et peuvent comparaître, en même temps que le prévenu, devant le juge chargé d'homologuer l'accord[246]. Elles peuvent se faire assister d'un avocat. Leur comparution a pour objet de se constituer partie civile et de demander la réparation de leur préjudice. Le juge statue sur la demande dans l'ordonnance d'homologation même si la partie civile n'a pas comparu. La victime peut faire appel de l'ordonnance selon les modalités prévues aux articles 498 et 500 du Code de procédure pénale.

144. Si la victime n'a pas exercé ce droit, elle dispose d'une alternative. En effet, le procureur de la République doit l'informer de son droit de lui demander de citer le prévenu à comparaître à une audience du Tribunal correctionnel qui va statuer conformément aux dispositions de l'article 464 alinéa 4 du Code de procédure pénale.[247] La présence du ministère public n'est pas obligatoire. La victime est informée de la date de l'audience afin qu'elle puisse se constituer partie civile. Le Tribunal correctionnel statue alors uniquement sur les intérêts civils. En outre, le prévenu consentant à la peine, il est louable de penser que la réparation de la partie civile se trouvera facilitée. Le fait que l'individu ait pu

[245] Art. 495-14 du CPP. Cf. not. Crim. 17 sept. 2008, pourvoi n°08-88.858, D. 2008, p. 2904, note J. Lasserre-Capdeville ; Crim. 30 nov. 2010, pourvoi n°10-80.460.

[246] Art. 495-13 al. 1er du CPP.

[247] Art. 495-13 al. 2 du CPP.

participer activement au choix de sa peine contribue à favoriser d'une part sa réinsertion et d'autre part la réparation des dommages causés.

145. La phase d'homologation judiciaire constitue ainsi un rempart à la toute-puissance du parquet et donc une garantie non négligeable pour la défense. Par ce biais, le législateur a souhaité encadrer strictement la CRPC afin d'éviter tout arbitraire et limiter, par là-même, la prépondérance du ministère public, seul maître de l'opportunité de l'exercice d'un tel mode de poursuite. Bien que la CRPC présente un intérêt considérable pour répondre simultanément à une volonté de réponse pénale systématique et à l'exigence de célérité[248], cette nouvelle procédure n'en demeure pas moins critiquable et conduit à s'interroger sur une éventuelle contractualisation de la justice pénale.

B. Une contractualisation critiquable de la justice pénale

146. Le terme contractualisation fait référence à un contrat qui peut se définir comme une convention faisant naître une ou plusieurs obligations selon l'article 1101 du Code civil. Or, il apparaît de par cette définition que le terme contractualisation ne doit pas être envisagé ici dans son sens strict mais plutôt se référer à une approche basée sur un consensus.

147. Ainsi, jusqu'à récemment, l'activité judiciaire était une activité d'autorité : une procédure était imposée aux justiciables, elle avait été choisie pour eux et ils devaient donc la subir, sans avoir aucune influence sur son déroulement. Cette procédure conduisait en matière pénale l'auteur des faits à se voir imposer une peine. Si cette conception classique de la justice pénale est encore largement en vigueur aujourd'hui, force est de constater qu'elle a cependant évolué. En effet, l'activité judiciaire n'est plus seulement une source d'autorité, elle a profondément muté sur certains points et ce notamment sous l'influence des principes européens des droits de l'Homme. Le modèle fondé sur une imposition de règles, de procédures, s'est ainsi enrichi d'éléments nouveaux résidant dans un modèle reposant, cette fois-ci, sur un accord de volontés. La contractualisation de la justice pénale peut dès lors s'étudier en une émergence de nouveaux rapports de l'activité judiciaire avec les justiciables, fondée sur la recherche d'un certain équilibre. Certains pans de la justice pénale sont donc basés sur un processus de discussion et d'échange ; les procédures pénales simplifiées faisant intervenir des éléments de contractualisation autour du choix de la procédure. Cette contractualisation se retrouve tant dans la composition pénale que dans la comparution préalable de culpabilité. Bien que ces dernières ne constituent pas à proprement parler des phases de négociation entre l'accusation et la défense, elles n'en demeurent pas moins des procédures basées sur l'accord entre les deux parties principales au procès, un accord de volontés basé sur l'aveu du délinquant. Ce caractère consensuel, voire même contractuel de la procédure pénale a posé des problèmes en pratique. Ainsi, alors même que le législateur, dans un souci de

---

[248] En témoignent d'ailleurs les chiffres de la justice pour l'année 2010 : Sur un total de 639 317 poursuites, 78 299 ont fait l'objet d'une CRPC, soit 1% d'affaires en plus que pour l'année 2009.

bonne administration de la justice, a mis en œuvre des modes de poursuites basés sur le consentement de l'individu, la chambre criminelle, usant de son pouvoir souverain d'appréciation, pousse la réflexion à l'extrême et contractualise tant la procédure de composition pénale que la procédure de CRPC[249].

148. D'autre part, un autre problème quant à la contractualisation de la procédure pénale peut ici être avancé, l'emploi d'une justice négociée conduisant à s'interroger sur l'efficacité répressive et sur le respect des droits de la défense. Sur le point de l'efficacité répressive, il est indéniable que l'exercice d'une CRPC va conduire à une réponse pénale rapide et moins coûteuse au fait infractionnel. Cependant, la simplification de la procédure emporte nécessairement simplification de la preuve pénale. En effet, une telle procédure est basée sur l'aveu du délinquant, la reconnaissance de sa culpabilité. Or, si l'aveu[250] était considéré comme une preuve parfaite sous l'Ancien Régime étant en ce sens « La reine des preuves », il est aujourd'hui considéré comme une preuve tangible car trop faillible et non pertinente. Dès lors, deux intérêts antagonistes semblent se dessiner : la volonté d'une justice répressive efficace mais basée sur une preuve faillible, l'aveu. Comment dès lors parler de justice pénale effective ?

149. De plus, la pratique de la CRPC semble se rapprocher de la pratique de la correctionnalisation des faits criminels et de la contraventionnalisation des faits délictuels. Ces pratiques consistent en une disqualification juridique des faits conduisant à réduire la gravité de l'infraction et à en modifier sa qualification pénale. Dès lors, la qualification pénale des faits retenue est inexacte et la réponse pénale apportée ne semble pas être adéquate. L'effectivité de la justice pénale paraît, une fois de plus, critiquable et fortement atteinte. La personne qui coopère, qui avoue sa culpabilité, bénéficie d'un aménagement de la sanction qu'elle encourt : en échange d'un aveu, le procureur diminue la peine. Quid de la réponse pénale efficace et juste ? Certes la personne reconnait les faits, mais l'infraction commise, le préjudice restent les mêmes pour la victime. La CRPC, en ce qu'elle permet une réponse rapide et moins coûteuse, constitue par la même occasion une atteinte à l'efficacité, d'un point de vue répressif, de la justice.

150. Mais le point le plus critiquable de la pratique de la CRPC réside sans aucun doute en une atteinte au respect des droits individuels et des droits de la défense. Le souci de rapidité peut conduire, en une certaine mesure, à une négation du principe du procès équitable, si cher aux juges strasbourgeois. En effet, la négociation résultant de la CRPC peut s'analyser en une forme d'incitation à s'auto-incriminer. L'aveu est alors perçu comme un échange : le délinquant reconnait les faits, faute de quoi il se verrait appliquer une sanction plus lourde. L'aveu se confronte ainsi à la menace. Cela peut de surcroît créer une certaine « disproportion » : le coupable qui reconnait les faits sera moins condamné que ce qu'il encourt initialement et l'innocent, dont l'aveu aura été « forcé » sera condamné sur la base d'une preuve faillible. Dès lors, force est de

[249] Sur ces deux points, cf. Y. Joseph-Ratineau, Contractualisation de la procédure pénale et liberté procédurale du parquet D. 2008, p. 1035. A propos de Crim. 20 nov. 2007 et crim. 4 oct. 2006.

[250] Sur l'aveu, C. Ambroise-Castérot, Aveu, Rép. Droit pénal, D. 2004.

s'interroger sur le principe d'égalité des citoyens devant la justice. Ce principe se trouve aussi largement atteint sur un autre point. En effet, selon le Conseil constitutionnel, le principe d'égalité « fait obstacle à ce que des citoyens se trouvant dans des conditions semblables et poursuivis pour les mêmes infractions soient jugés par des juridictions composées selon des règles différentes[251] ». Les Sages ont affirmé que « si le législateur peut prévoir des règles de procédure différentes selon les faits, les situations et les personnes auxquelles elles s'appliquent, c'est à la condition que ces différences ne procèdent pas de discriminations injustifiées et que soient assurées aux justiciables des garanties égales, notamment quant au respect du principe des droits de la défense, qui implique en particulier l'existence d'une procédure juste et équitable ». La procédure de « plaider coupable » va pouvoir s'appliquer lorsque l'agent admet avoir commis une infraction. Si ce n'est pas le cas, la procédure classique sera mise en œuvre. Ainsi, pour des faits identiques, deux procédures différentes pourront être utilisées. Cela est admis par le Conseil constitutionnel. Le Conseil considère que le principe d'égalité devant la justice à l'égard des personnes poursuivies pour les mêmes faits, selon qu'elles reconnaissent ou non leur culpabilité, n'est pas bafoué par l'article 137 de la loi du 29 décembre 1972[252]. Néanmoins, la question qui se pose est de savoir si ces deux modes de règlement du litige offrent les mêmes garanties à la défense. Cela ne semble pas évident et pour une partie de la doctrine[253], l'égalité des justiciables devant la justice est rompue. En outre, le principe de la personnalité des peines semble atteint par l'exercice du « plaider-coupable » : dans ce cadre, ce n'est pas la personnalité du délinquant qui amoindrit la peine, c'est son consentement donné ou non à la procédure.

151. La procédure de comparution sur reconnaissance préalable de culpabilité peut également être critiquée au regard du principe de la présomption d'innocence. L'article 14-3 g du Pacte international relatif aux droits civils et politiques dispose que « Toute personne accusée d'une infraction pénale a droit, en pleine égalité, au moins aux garanties suivantes : g) A ne pas être forcée de témoigner contre elle-même ou de s'avouer coupable ». Le droit de ne pas témoigner contre soi-même est également affirmé implicitement dans la Convention européenne de sauvegarde des droits de l'Homme par l'intermédiaire de ses articles 6-1 et 6-2. La Cour européenne des droits de l'Homme[254] a donc étendu le champ d'application de ces articles au droit de ne pas s'avouer coupable. Est reconnu un droit de garder le silence, de ne pas contribuer à sa propre incrimination. Ce droit a pour corollaire le principe selon lequel la charge de la preuve incombe à l'accusation dont le sens a été précisé par les juges

---

[251] Cons. const., n° 75-56, 23 juill. 1975, JO 24 juill. 1975, p. 7533.
[252] Loi n° 72-1226 du 29 déc. 1972 simplifiant et complétant certaines dispositions relatives à la procédure pénale, aux peines et à leur exécution, JO 30 déc. 1972.
[253] C. Lazerges, La dérive de la procédure pénale, RSC 2003, p. 644.
[254] Arrêt CEDH, 25 fév. 1993, Funke contre France, série A, n° 256-A, p. 22, §44.

européens[255]. Dans le cadre de la procédure de comparution sur reconnaissance préalable de culpabilité, le délinquant doit avoir reconnu les faits qui lui sont reprochés. Cette personne peut trouver un intérêt à recourir à cette procédure, par définition plus rapide et donc moins coûteuse. Il est alors possible de se demander s'il n'y a pas une contrainte, du moins imposée par des considérations pratiques, à témoigner contre soi-même. L'essence même du principe de présomption d'innocence qui permet la protection des personnes innocentes est donc mise à mal. En effet, une personne innocente va déclarer sa culpabilité. Le Conseil national des barreaux [256] a dénoncé le risque que cette nouvelle procédure conduise une personne à être punie pour des faits qu'elle n'a pas commis. Il affirme qu'en pratique « une personne peut s'accuser d'un délit, faire siens les faits de l'infraction mais ne pas finalement en être déclarée coupable et donc ne pas subir de peine privative de liberté à l'issue d'un procès public ». Or, dans le cadre de la procédure de « plaider coupable », la culpabilité de l'individu ne sera pas discutée au cours d'un procès public, le juge du siège ne faisant qu'homologuer la proposition du procureur de la République.

152. Une telle déclaration de culpabilité va renverser la charge de la preuve. En effet, le parquet n'aura plus besoin de démontrer cette culpabilité. La présomption d'innocence est alors remplacée par une présomption de culpabilité. La présomption d'innocence et parallèlement la présomption de culpabilité sont des modes de preuve qui déterminent sur qui repose la charge de la preuve. La présomption de culpabilité va déplacer ce fardeau de l'accusation à la défense. Ici, la personne ayant déclaré qu'elle avait commis l'infraction va décharger le parquet de son obligation de démontrer l'imputabilité de l'acte à l'agent. Cela est dénoncé par certains[257] car contraire à l'article 9 de la Déclaration des droits de l'Homme et du citoyen de 1789. De plus, le Conseil constitutionnel en 1999[258]

---

[255] Arrêt CEDH, 08 fév. 1996, Murray contre Royaume-Uni, Recueil 1996-I : « Une première composante, très évidente, du droit de garder le silence serait celui de se taire face aux questions de la police et de n'avoir pas à témoigner contre soi-même au procès. Il s'agirait là d'éléments qui ont toujours été. Du reste, la Commission dans l'affaire Saunders contre Royaume-Uni (Arrêt CEDH, Saunders contre Royaume-Uni, 17 déc. 1996, Recueil 1996-VI, para. 71-73.) et la Cour dans l'affaire Funke contre France auraient admis qu'ils font intrinsèquement partie du droit à un procès équitable au sens de l'article 6. Il s'agit là de droits absolus dont un accusé doit bénéficier sans restriction. (…) Une deuxième composante, tout aussi essentielle, du droit de garder le silence serait que l'exercice de ce droit par l'accusé ne doit pas être utilisé comme preuve à charge lors du procès. En conséquence, l'intéressé aurait été gravement et doublement pénalisé pour avoir choisi de garder le silence : une première fois pour son silence lors des interrogatoires de police et une autre pour le fait de n'avoir pas témoigné lors du procès. Utiliser en sa défaveur le silence devant la police et son refus de déposer lors du procès équivaudrait à renverser la présomption d'innocence et la charge de la preuve en découlant ».

[256] Observations du Conseil national des barreaux sur la loi portant adaptation de la justice aux évolutions de la criminalité déférée au Conseil constitutionnel le 11 février 2004, Le procès pénal après la loi Perben II, Dossiers D. 2004, p. 212.

[257] Observations du Conseil national des barreaux sur la loi portant adaptation de la justice aux évolutions de la criminalité déférée au Conseil constitutionnel le 11 février 2004, op. cit.

[258] Cons. Const., n°99-411, 16 juin 1999, JO 19 juin 1999, p. 9018.

avait déclaré « qu'en principe le législateur ne saurait instituer de présomptions de culpabilité en matière répressive ».

Le Conseil[259], lors de l'examen des dispositions du traité portant création de la Cour pénale internationale, a considéré que « l'accusé bénéficie de la garantie de ne pas se voir imposer le renversement du fardeau de la preuve ni la charge de la réfutation ». Il est à noter que la Cour européenne des droits de l'Homme[260] a affirmé que les présomptions de culpabilité sont compatibles avec l'article 6-2 de la Convention. Néanmoins, la Cour européenne requiert que ces présomptions soient « insérées dans des limites raisonnables prenant en compte la gravité de l'enjeu et préservant les droits de la défense ». Il est nécessaire que la défense dispose de droits suffisants pour apporter la preuve contraire.

153. Une autre question peut se poser. Les prévenus les plus démunis vont-ils choisir un procès long et par conséquent coûteux plutôt qu'une justice négociée avec le procureur ? Le risque évident serait alors de voir s'installer une justice à double vitesse dans laquelle les plus aisés pourront s'offrir une défense de qualité et n'hésiteront pas à emprunter la procédure classique et les autres qui se verront ouvrir la voie des procédures simplifiées. N'y a-t-il pas un risque d'inégalité des justiciables devant la justice ? La réponse apportée par certains[261] ne paraît pas pleinement satisfaisante et se borne à rappeler qu'il « appartient à chaque mis en cause de définir sa stratégie de défense ». Il semble qu'en pratique, même s'il est vrai qu'il appartient au procureur de décider de recourir ou non à la procédure de comparution sur reconnaissance préalable de culpabilité, un calcul financier va inévitablement s'opérer ce qui ne laisse que peu de place à la révélation de la vérité. Certains innocents préféreront avouer des faits qu'ils n'ont pas commis que de se retrouver « piégés » dans une procédure sans fin.

154. Enfin, une dernière interrogation demeure : celle de la séparation des fonctions du parquet et du siège. A cette fin, le Conseil constitutionnel avait eu à se prononcer, dans le cadre de son contrôle *a priori* des lois, sur la conformité de la loi Perben II à un tel principe. Il avait alors affirmé que cette procédure n'est pas dans son principe contraire au principe de séparation à condition que « le président du tribunal de grande instance ait toute liberté d'appréciation pour homologuer ou refuser d'homologuer la peine proposée par le procureur et acceptée par le prévenu ». Certes, la phase d'homologation par le juge du siège constitue une garantie pour le justiciable et une garantie d'une procédure exercée en respect du principe de l'égalité des armes et des fonctions. Or, le pouvoir limité accordé au juge, résidant en une simple homologation et ne lui permettant pas d'exercer quelque modification que ce soit sur le fond de la procédure, ne constitue t-il pas une atteinte certaine au principe de séparation des fonctions ? La réponse semble être affirmative…

---

[259] Cons. Const., n°98-408, 22 janv. 1999, JO 24 janv. 1999, p. 1317.

[260] Arrêt CEDH, Salabiaku contre France, 7 oct. 1988, RSC. 1989, p. 167, obs. L. Pettiti ; Pham Hoang contre France, 25 sept. 1992, série A n°243, JCP 1993.I.3654, obs. F. Sudre.

[261] F. Molins, Plaidoyer pour le « plaider coupable » : des vertus d'une peine négociée, AJ Pénal 2003, p. 61.

155. Au regard de ces multiples interrogations, il faut admettre que la procédure de comparution sur reconnaissance préalable de culpabilité ne présente pas que des avantages. Elle constitue, même si le modèle français s'écarte des procédures étrangères[262], une discussion sur la peine, et est en ce sens une justice que l'on peut qualifier de « négociée ». Procédure basée sur l'aveu de culpabilité, la CRPC conduit aussi à une certaine fragilisation de la preuve pénale entrainant de multiples conséquences sur la question de l'efficacité répressive de la justice pénale. Ce problème pourrait peut-être se résoudre en appliquant, comme cela est préconisé par la doctrine, « un système de corroboration des preuves[263] » qui consisterait à ne plus fonder la CRPC sur le seul aveu du délinquant, cet aveu devant se trouver conforté par d'autres éléments de preuve. Pour autant, ce système proposé conduirait à mettre en place une procédure plus longue, et peut être plus coûteuse, ce qui irait à l'encontre de l'essence même de la CRPC, créée pour désengorger les tribunaux et apporter une réponse pénale rapide.

156. Le constat qui ressort de ces différentes énonciations est édifiant : le législateur n'a cessé, au fil des réformes, d'accentuer la pleine puissance du ministère public en renforçant toutes ses prérogatives, tant dans la phase d'enquête que dans la phase des poursuites. Cette pleine-puissance n'est pour autant pas dénuée de critiques en ce qu'elle remet complètement en cause d'une part l'égalité des armes, principe pourtant fondamental du procès pénal, et d'autre part, la place lacunaire de la défense au stade de la phase préparatoire du procès pénal. Au regard des différentes controverses actuelles, il y a fort à parier que le législateur va devoir, dans les années à venir, revoir les nombreuses attributions offertes au parquet mais aussi, et surtout, le statut qui lui est conféré. Mais, comme dans tout « jeu », la pleine-puissance de l'un ne va pas sans affecter la puissance de l'autre. Celui qui a « fait les frais » de cet accroissement considérable des pouvoirs du magistrat du parquet n'est autre que le magistrat instructeur, dont les prérogatives n'ont cessé de s'amoindrir et dont l'existence est, aujourd'hui, au cœur du débat politique.

---

[262] En Angleterre, la procédure de plea bargaining permet à l'accusation et à la défense de se mettre d'accord sur une réduction des charges en échange d'un aveu de culpabilité. Il en est de même au Canada, pays dans lequel cette pratique n'est ni codifiée, ni entérinée par la jurisprudence. Aux Etats-Unis, en échange d'une reconnaissance de culpabilité, l'accusé obtient de la part du procureur une révision de l'inculpation. Le plaider-coupable est dans ces pays un marchandage, à tout moment, entre l'accusation et la défense tant sur la révision de l'inculpation que sur le quantum de la peine, qui peut aussi se poursuivre avec le juge. Ces modèles constituant une crainte et allant à l'encontre de notre procédure pénale, le législateur avait procédé à un aménagement de la CRPC.

[263] B. Pereira, Justice négociée : efficacité répressive et droits de la défense ? D. 2005, p. 2041.

CHAPITRE II

Une remise en cause du schéma traditionnel de l'instruction préparatoire

157. La phase d'instruction, telle que notre droit la conçoit aujourd'hui, est celle mise en place par le Code d'instruction criminelle de 1808 : le juge d'instruction est au centre de l'information, cumulant les fonctions d'enquêteur et de juge. Il est le socle de cette phase pré-sentencielle primordiale, celle durant laquelle vont être prononcées des mesures, parfois attentatoires à la liberté de l'individu. L'instruction préparatoire se veut, par sa nature même, fortement inquisitoire car elle est centrée sur le principe (aujourd'hui fortement atteint) du secret de l'instruction selon lequel tout se déroule en audience de cabinet c'est-à-dire en huis clos, dans le plus grand secret.

158. Or, une telle conception de l'instruction ne se conçoit plus aujourd'hui. En effet, avec l'évolution de la justice pénale en général et de ses acteurs institutionnels et privés en particulier, la tendance est au contradictoire, une place de choix devant être faite à l'information et aux débats. L'instruction traditionnelle, en vigueur depuis quasiment deux cent ans, n'est en outre plus compatible avec les exigences européennes en matière de procédure pénale : le respect des droits fondamentaux et de la liberté de la personne se trouvant fortement atteints en raison du cumul de fonctions autorisé au juge d'instruction. Dès lors, la confiance des justiciables en la justice pénale est mise à mal et ce sentiment a été renforcé suite aux multiples et désolants fiascos judiciaires.

159. Deux affaires ayant défrayé la chronique peuvent ici être évoquées : l'affaire Gregory Villemin et l'affaire de Bruay en Artois, condamnant toutes deux le rôle du juge d'instruction. Dans la première affaire, il s'agit du meurtre d'un enfant de quatre ans, Gregory Villemin, retrouvé noyé en octobre 1984. Le lendemain de la découverte du corps, les parents reçoivent une lettre anonyme revendiquant le crime. Le cousin du père de Grégory, Bernard Laroche, est très vite soupçonné suite aux accusations de sa femme et inculpé de crime par le juge d'instruction d'Epinal, Mr. Lambert, en novembre 1984. N'ayant de cesse de clamer son innocence, l'individu est libéré sur ordre du juge d'instruction, et contre l'avis du ministère public, en février 1985, mais il sera assassiné un mois plus tard par le père de Gregory, persuadé de sa culpabilité. L'affaire passionne

les médias et les citoyens et, très vite, la clameur publique condamne la mère de l'enfant qui sera placée sous mandat de dépôt par le juge d'instruction en juillet 1985. Elle sera libérée onze jours plus tard par la Chambre d'accusation de Nancy constatant l'absence totale de charges à son égard. Au bout de sept ans d'enquête ne laissant apparaître aucun indice et un changement de juge d'instruction, elle bénéficiera d'un non-lieu le 3 février 1993 pour « absence totale de charges », le dossier de l'instruction étant complètement vide (une première en droit pénal). Cette enquête sera l'occasion de tous les dérapages : violation du secret de l'instruction et de la vie privée, partis-pris de la presse, manque de précautions des enquêteurs dans la collecte des indices, indécision des magistrats et inexpérience du juge d'instruction. Ce meurtre demeure aujourd'hui de sorte que, le 9 juillet 2008, le procureur de la République requiert la réouverture de l'instruction pour procéder à des tests ADN (impossibles à l'époque des faits) sur la lettre anonyme envoyée par celui dénommé « le Corbeau ». Le 3 décembre 2008 la cour d'appel de Dijon a ordonné la réouverture de l'enquête. Cette affaire a fait l'objet, et c'est cela qui révèle les faiblesses de l'institution, d'une instruction à deux vitesses. La première phase de l'instruction fut dirigée par le juge Lambert d'octobre 1984 à décembre 1986. Celle-ci se termine le 9 décembre 1986 par un arrêt de renvoi de Christine Villemin, la mère de Gregory, devant la cour d'assises des Vosges. L'arrêt de renvoi est cassé au vu des nombreuses pièces non conformes aux règles de procédure pénale. Les annulations successives de pièces réduiront le dossier en miettes. L'instruction de Jean-Michel Lambert, qui a duré trois ans, est en grande partie à refaire. L'annulation de ces pièces de procédure lui vaudra de nombreuses critiques. D'autres critiques suivront sur certaines de ses décisions ou non-décisions. Ainsi, lors de l'autopsie, il n'ordonne pas aux médecins et gendarmes de faire des prélèvements, il ne désigne pas les experts dans les règles malgré l'insistance des gendarmes, ce qui provoque l'annulation d'expertises, il n'auditionne quasiment jamais Bernard Laroche au cours de ses trois mois de détention et enfin il ne prend pas les mesures nécessaires à la protection de Bernard Laroche malgré des rappels de journalistes ou enquêteurs. La deuxième phase de l'instruction démarre en mars 1987 lorsque l'arrêt de renvoi de Christine Villemin aux assises est cassé par la Cour de cassation. L'instruction est renvoyée vers la chambre d'accusation de la cour d'appel de Dijon qui récupère le dossier en mars 1987. Le président de la chambre d'accusation de Dijon, Maurice Simon, soulève de nombreuses interrogations et incertitudes. Après un mois de délibéré, la chambre d'accusation annule une cinquantaine de pièces puis ordonne un supplément d'information. Le juge Simon, juge expérimenté de 64 ans, obtient la lourde charge du supplément d'information. Dès le départ, l'instruction change brutalement de forme. Le magistrat impose aux avocats, à Christine Villemin, aux parties civiles et aux enquêteurs le respect le plus strict du secret de l'instruction et un silence total avec la presse. Mais en fin d'année 1989, le juge sera lui aussi touché de plein fouet par la folie de l'affaire. Lors d'une discussion informelle avec un journaliste du "*nouveau détective*", il est enregistré à son insu sur un magnétophone. Il déclare que Christine Villemin pourrait bénéficier d'un non-lieu ou encore que Bernard Laroche a peut-être enlevé Grégory. Le 26 octobre 1989, le journal publie "l'interview" du juge Simon. La presse si longtemps mise au silence se déchaîne. Un troisième magistrat, le juge Jean-Paul Martin, juge expérimenté de 61 ans prend le relais et poursuit l'instruction jusqu'en septembre 1992. Après un délibéré de plus de quatre mois, le 3 février 1993, une décision de non-lieu est prise en faveur de Christine Villemin dans un rapport de 93 pages. Ce non-lieu expose des facteurs pouvant être responsables de l'échec retentissant de la justice dans ce dossier et « les lacunes et les insuffisances de la première enquête, les erreurs de procédure, les dissensions au sein de la famille de la victime, les rivalités entre la police et la gendarmerie, les querelles d'expert et les violations du secret de l'instruction. »

160. La seconde affaire, celle de Bruay-en-Artois, a été classée sans suite en 1981, prescrite en 2005 mais a marqué les années soixante-dix. En avril 1972, Brigitte Dewèvre, 16 ans, est retrouvée sans vie dans un terrain vague, vingt-quatre heures après l'annonce de sa disparition. Retrouvé par son frère et l'un de ses amis, le corps de la jeune fille est vite identifié mais laisse place au doute : il est placé à la vue de tous, pourquoi n'a-t-il pas été découvert avant ? Les enquêteurs disposent de peu d'informations, si ce n'est les témoignages de deux jeunes femmes dont l'une dit avoir aperçu le soir de la disparition de la jeune fille, un individu guettant de manière suspecte dans un véhicule. L'individu n'est autre que le notaire de la petite ville, Maitre Pierre Leroy. Il est auditionné en qualité de témoin par la police puis par le juge d'instruction Henri Pascal dix jours plus tard. Manquant de précisions quant à son emploi du temps, le notaire est inculpé d'homicide et placé en détention provisoire, sans même avoir avoué quoique ce soit. Quid dès lors de la présomption d'innocence ? Le juge d'instruction, que la presse a vite surnommé « Le petit juge » à cause de sa petite taille, semble faire abstraction de ce principe fondamental de la procédure pénale et trouve en la personne du notaire le suspect idéal. Très vite, des informations sur la vie privée du notable sont révélées et les enquêteurs trouvent l'existence d'une maîtresse en laquelle le juge voit la complice idéale. L'affaire soulève la polémique en ce que le secret de l'instruction et la présomption d'innocence se trouvent fortement atteints, à tel point que le Garde des sceaux de l'époque, René Pleven, doit même rappeler le droit fondamental de l'inculpé à la présomption d'innocence. En juin 1972, le notaire formule une demande de mise en liberté qui sera refusée par le juge d'instruction, malgré l'avis favorable émis par le procureur de la République. Mais un mois plus tard, la maîtresse du notaire est arrêtée et ce dernier est relâché. En 1973, le petit ami de la jeune fille est placé en garde à vue et avoue le meurtre de Brigitte. Peu de temps après, le juge Pascal est dessaisi du dossier, lui succèdent alors deux juges d'instruction, refusant de communiquer tout élément à la presse. Le petit ami de la victime est placé vingt-sept mois en détention provisoire avant qu'une reconstitution le disculpe en 1974 et qu'il soit relâché, au bénéfice du doute, en 1976. Le ou les meurtriers demeurent inconnus mais dans l'esprit collectif le vrai coupable est le notaire. Cette affaire remet en cause le

travail isolé du juge d'instruction, totalement vicié lorsqu'il est persuadé de la culpabilité d'un individu, et ce même en l'absence de preuves.

161. Même si l'idée de la suppression du juge d'instruction est dans les esprits depuis une vingtaine d'années, elle a été renforcée ces cinq dernières années suite à l'erreur judiciaire de l'affaire d'Outreau. Les nombreux lois et rapports envisagent donc, désormais, la suppression de l'instruction traditionnelle en vue de garantir au mieux l'effectivité de la justice pénale. L'instruction préparatoire ne peut plus s'envisager comme il y a deux cent ans. Dès lors apparaît l'idée selon laquelle le juge d'instruction ne peut plus instruire seul et la collégialité semble donc s'imposer comme le remède idéal aux erreurs judiciaires. En parallèle, la Chambre de l'instruction, héritière de l'ancienne Chambre d'accusation, voit ses prérogatives tantôt s'amoindrir, tantôt se renforcer, de sorte que l'instruction préparatoire semble aujourd'hui controversée (**Section 1**). Le refus progressif de l'instruction traditionnelle a conduit le législateur et la doctrine à se pencher sur la création de nouveaux acteurs de l'instruction. En effet, cette phase du procès pénal ne peut disparaître purement et simplement et mérite d'être confiée à des magistrats compétents dont les prérogatives et l'indépendance ne pourront être remises en question. Emergent ainsi plusieurs pistes pour d'éventuelles réformes, certaines aboutissant à la création d'un juge des libertés et de la détention, d'autres restant, à ce jour, lettre morte. En tout état de cause, la tendance est à l'apparition inéluctable de nouveaux acteurs de l'instruction et à la recherche d'un nouveau modèle de cette phase du procès pénal (**Section 2).**

SECTION 1. UNE INSTRUCTION PRÉPARATOIRE CONTROVERSÉE

162. Source de nombreuses critiques et au cœur de débats constants, l'instruction préparatoire telle qu'elle est envisagée dans le droit positif ne satisfait plus, tant du côté des praticiens que du côté de la doctrine. Le législateur a donc du entendre ces critiques et prendre des mesures afin de réformer au mieux l'information judiciaire d'une part, et de tendre vers une certaine conformité avec les pays étrangers pour lesquels l'instruction n'existe dans l'ensemble plus, d'autre part. Si le pilier, l'acteur principal de cette phase ne peut difficilement être évincé sans une réforme de fond du procès pénal et une nouvelle optique de la procédure pénale, les différentes réformes et solutions proposées n'ont cependant pas abandonné l'idée d'une telle suppression. Toutefois, cela va se faire en douceur, afin de modifier peu à peu l'institution mise en place il y a deux cent ans. Ainsi, deux phénomènes sont à distinguer depuis 2007. Le législateur a manifesté son refus de garder le système classique de l'instruction et tout est donc mis en place pour aboutir, à terme, à une disparition de l'instruction traditionnelle (§1) notamment en restreignant les compétences des seuls juge d'instruction et de la chambre de l'instruction. L'idée est en effet de parvenir à une instruction à plusieurs, collective, afin d'éviter la solitude inhérente aux fonctions de juge d'instruction mais aussi et surtout les erreurs judiciaires pouvant en découler (§2).

§1. Vers la disparition de l'instruction traditionnelle

163. Eu égard aux différents rapports législatifs et doctrinaux, le constat est clair : l'instruction telle qu'elle est conçue actuellement n'a plus de raisons d'être. Elle se veut trop ancienne, malmène les principes fondamentaux de la procédure pénale et notamment la présomption d'innocence et le contradictoire et se révèle être une source d'insécurité pour les citoyens, les institutions traditionnelles n'inspirant plus la confiance pourtant nécessaire en la justice pénale. Ces études révèlent en effet que l'appréciation de la fonction de juge d'instruction est de plus en plus délicate (A) et que la chambre de l'instruction connait une évolution tendant à une atténuation certaine de ses compétences (B).

A. L'appréciation délicate de la fonction du juge d'instruction

164. Le juge d'instruction est un magistrat du tribunal de grande instance, désigné dans cette fonction pour trois années renouvelables. Il constitue la juridiction d'instruction du premier degré et est doté, en conséquence, de nombreux pouvoirs. Ces pouvoirs élargis au fil des réformes, pour en définitive être atténués ces vingt dernières années, et des erreurs judiciaires fort médiatisées, ont conduit une grande partie de la doctrine et des professionnels à refuser, progressivement, la présence d'un seul juge d'instruction (a). Ces critiques, fort nombreuses, ont fait émerger une idée radicale, celle de la suppression du juge d'instruction, suppression qui se fait attendre et se révèle, en certains points, difficilement réalisable (b).

a. La lutte constante contre l'isolement du juge d'instruction

165. Le juge d'instruction est une création du Code d'instruction criminelle de 1808 qui fait preuve d'originalité en en faisant le véritable pivot du système pénal. Il a longtemps été admis que le juge d'instruction instruisait uniquement à charge ; ce n'est que 190 ans après, avec la loi du 15 juin 2000, que va être inscrite dans le Code de procédure pénale la double obligation faite au juge d'instruction d'instruire « à charge et à décharge ». Jusqu'en 1990, le juge est le personnage essentiel des grandes affaires pénales, même si elles demeurent peu nombreuses (5 % des affaires donnent lieu à une instruction) mais demeure discret, se contentant simplement d'être un « justicier » au sein de son cabinet. Les années 90 marquent un tournant dans la carrière du juge d'instruction qui est quelque peu lassé de ne pas connaître une notoriété certaine, à l'instar des avocats. Il se fait donc plus présent dans les médias et s'érige en véritable justicier, personnage central de la procédure dont les pouvoirs ne cessent de s'accroitre au fil des réformes. Cependant, cette sur-médiatisation va le conduire, deux décennies plus tard, à sa remise en cause…

166. Afin de mesurer au mieux la place du juge d'instruction et les critiques qui en découlent, il est nécessaire d'étudier les pouvoirs dont il dispose dans notre procédure pénale. L'instruction préparatoire menée par le juge d'instruction comprend deux phases successives : celle pendant laquelle le juge d'instruction

conduit l'instruction en cours et celle par laquelle il va procéder au règlement de l'instruction. Deux fonctions coexistent donc, le magistrat pouvant revêtir deux casquettes. Il est, d'une part, enquêteur, investigateur, lors de la conduite de l'instruction. A cette fin, il peut réaliser des actes d'information qui vont lui permettre d'évaluer l'existence et la gravité des charges retenues contre l'individu suspecté. Ces actes peuvent revêtir différentes formes en ce qu'il peut s'agir d'auditions et d'interrogatoires, de constatations et de vérifications mais aussi d'investigations judiciaires intrusives tels que des recherches d'objets ou des enregistrements dissimulés. Mais le magistrat peut également prendre des décisions relatives à la liberté en décidant notamment de l'opportunité de délivrer des mandats (de recherche, de comparution, d'amener ou d'arrêt) mais aussi en prononçant un contrôle judiciaire ou une assignation à résidence sous surveillance électronique. Le juge d'instruction est, d'autre part, juge dans le règlement de l'instruction en ce qu'il dispose de différents pouvoirs. Il est libre, en premier lieu, d'apprécier le moment où le dossier d'instruction peut être clos dans la limite de l'exigence de célérité de la procédure. Il est libre, ensuite, de décider de la communication du dossier aux parties. Si la tendance antérieure était de donner l'ascendant de l'information au parquet, la communication du dossier laisse depuis la loi du 5 mars 2007 une large place au contradictoire puisque les parties sont libres de discuter certains pans de la procédure. Enfin, le magistrat du siège détermine si une juridiction répressive de jugement doit être ou non saisie. A cette fin, il peut rendre une ordonnance de non-lieu ou d'irresponsabilité pénale pour cause de trouble mental ou, à l'inverse, une ordonnance de renvoi ou de mise en accusation.

167. Face à ces constatations, il est indéniable que le juge d'instruction est un personnage phare de la phase d'instruction, il est en quelque sorte la « figure de proue[264] » de la procédure, le « rouage le plus important dans la quête de la vérité ». En ce sens, le juge d'instruction est un magistrat indépendant, tant dans sa désignation que dans sa façon de procéder : il n'est sous le contrôle d'aucune autre autorité et donc, il ne reçoit aucun ordre. Cette indépendance a un corollaire : la solitude du juge d'instruction, solitude qui est source d'arbitraire et donc de critiques. Cette solitude, cette indépendance et cette place centrale dans la phase préparatoire du procès pénal ne pouvaient pas rester sans conséquences. En effet, l'idéologie croissante des droits de l'Homme et son impact sur la justice pénale a fait naître, parallèlement à des erreurs judiciaires médiatisées, de nombreuses critiques sur la fonction même de juge d'instruction et surtout sur son devenir. Doit-on sauvegarder cette institution ancestrale ? Oui diront certains, non répondront d'autres.

168. Les critiques envers le juge d'instruction, envers ses pouvoirs en général et sa personne en particulier, sont nombreuses et n'ont cessé de se développer depuis le scandale de l'affaire d'Outreau. L'affaire commence en 2001 lorsque le processus judiciaire se déclenche, suite à l'alerte des services sociaux après une

[264] J. Pradel, Le juge d'instruction, coll. Connaissance du droit, Dalloz. 1996, p. 1.

énième hospitalisation d'un enfant issu d'une famille nombreuse faisant l'objet de plusieurs signalements. Une procédure judiciaire est alors engagée pour agression sexuelle sur mineur, la police commence son enquête et un jeune juge d'instruction, Fabrice Burgaud, trente-ans à peine, est saisi de l'affaire. Face aux multiples découvertes et déclarations tant des parents que des enfants, laissant entrevoir de nombreuses agressions sexuelles sur des mineurs, le juge va procéder à l'interpellation d'une soixantaine de personnes, proches à des degrés différents de la famille des enfants victimes, et les placer en garde à vue, puis en détention provisoire pour certains. Cependant, une étude plus approfondie, et les différents jugements intervenant après l'instruction révèleront que de nombreuses erreurs ont été commises dans ce dossier et aboutiront à l'acquittement de certains des accusés. Dès lors, la question se révèle d'autant plus forte : le juge d'instruction est-il utile ? Cette institution doit-elle être maintenue ? Le législateur, à la surprise de la doctrine, a répondu par l'affirmative avec la loi du 5 mars 2007. Tous pensaient que ce juge, dont la solitude et la plénitude de pouvoirs sont largement critiquables, serait supprimé ; or cela n'a pas été le cas, le législateur préférant la prudence en prévoyant divers aménagements pour l'instruction traditionnelle. Pour autant, les critiques demeurent nombreuses et le débat reste actuel, il est au cœur de la procédure pénale.

169. Parmi ces critiques, quatre se distinguent et reviennent constamment. En premier lieu, l'incompatibilité entre le rôle d'investigation et celui de juridiction[265] a fait couler beaucoup d'encre. Comment remplir de manière objective et efficace deux rôles qui méritent une attitude et une attention différentes ? Comment être à la fois un « bon policier » et un « bon juge » ? Dans son rôle d'investigateur, le magistrat instructeur réalise des actes d'instruction qui ont pour objet la recherche des preuves et la manifestation de la vérité. Le juge dispose à ce moment là d'une grande liberté d'action puisqu'il peut choisir de recourir à des expertises, de réaliser des placements sur écoute ou encore d'ordonner la reconstitution des faits. Tout en préservant les droits de la défense et d'autres individus mis en cause dans l'affaire, le juge doit ici faire preuve d'audace et de pugnacité. En revanche dans son rôle de juge, il doit prendre du recul, il se doit d'être prudent et faire preuve d'objectivité afin d'être impartial[266]. En effet, les actes de juridiction sont des décisions de justice qui vont avoir une incidence significative, voire définitive, sur le cours de l'information judiciaire et sur le sort des éventuels suspects. Il appartient ainsi au juge d'instruction d'ordonner la détention provisoire ou le placement sous contrôle judiciaire.

170. En second lieu, la « décadence » ou « perte d'utilité »[267] de l'instruction est invoquée. Il faut savoir que l'instruction, en droit pénal français, n'est pas systématique : la saisine du juge d'instruction dépend de la gravité de l'infraction. En effet, selon l'article 111-1 du code pénal, il existe trois catégories

---

[265] Selon F. Baillet « *Le juge d'instruction est doté de pouvoirs empruntés à chacune des autorités se trouvant en amont (le procureur) et en aval* » le juge d'instruction en sursis ? Gaz. Pal. janv. 2006.
[266] Art. 111-5 et s. COJ (issu de l'ord. n°2006-673 du 8 juin 2006) ; art. 6 CESDH.
[267] J. Pradel, Haro sur le juge d'instruction, D. 2004, p. 244.

d'infractions : les contraventions, les délits et les crimes qui sont définis par rapport à la peine encourue. Ainsi, conformément à l'article 79 du Code de procédure pénale, la saisine du magistrat instructeur n'est obligatoire qu'en matière criminelle. En revanche, elle est facultative en matière délictuelle : si les faits sont complexes, cette saisine peut être envisagée, toutefois, si les charges sont évidentes, l'affaire pourra être portée directement devant la juridiction de jugement. Enfin, en matière contraventionnelle, à moins que le procureur n'en décide autrement, il n'y a pas d'instruction préparatoire. Mais quid de la pratique ? En 2010, sur les 18 819 affaires dont l'instruction s'est terminée, 6 368 étaient qualifiées de crimes au début de l'instruction, 12 423 étaient qualifiées de délits et 4 de contraventions[268]. Aux vues de ces chiffres, il apparaît que le juge d'instruction instruit davantage des délits et que les contraventions, bien que rares, font également l'objet d'instruction. Un constat mérite toutefois d'être soulevé, celui du « déclin » de l'instruction ; si, en 1965, les parquets saisissaient un juge d'instruction dans 20% des cas, aujourd'hui, la part de l'instruction dans les poursuites n'est que de 7%. Cependant, ce recul du nombre d'affaires déférées aux juges d'instruction n'est-il pas le résultat d'une volonté des politiques et des praticiens du droit qui souhaitaient « combattre » l'engorgement des tribunaux ? N'est-ce pas la conséquence logique de la mise en place par le législateur de procédures rapides et simples telles que la comparution immédiate ou la convocation par procès-verbal du parquet ou de la police judiciaire ? Il semblerait y avoir un « regain d'utilité » davantage qu'une perte d'utilité dans le sens où l'instruction est désormais réservée aux infractions graves, aux affaires complexes qui méritent un temps de recherche plus long et des moyens accrus[269]. Le juge d'instruction semble donc payer le prix d'une nouvelle idée de la justice, basée sur une réponse pénale systématique et rapide. Ne faut-il d'ailleurs pas voir ici un certain côté « néfaste » de l'exigence de célérité de la justice si chère au droit européen ?

171. Est ensuite souvent invoquée l'idée selon laquelle le juge d'instruction a besoin d'exister dans la presse. En effet, ces juges, souvent isolés, manifestent un réel attrait pour les médias et beaucoup d'entre eux n'hésitent pas à communiquer, parfois à outrance, avec les journalistes, violant même dans certains cas le secret de l'instruction. Tel a été le cas dans les affaires précédemment évoquées, ayant abouti à de réels fiascos judiciaires[270]. Le juge d'instruction n'est alors qu'une figure médiatique et les dérapages sont proches allant parfois jusqu'à une atteinte manifeste à la présomption d'innocence de l'individu suspecté. Pour autant, cet attrait pour les feux des médias est-il réellement une source de disparition du juge d'instruction ? N'est-il pas humain, pour un magistrat que l'on dit isolé et doté de prérogatives lourdes, de vouloir communiquer ? Il nous apparaît que la réponse ne peut être que positive, la justice

[268] En ligne sur : http://www.justice.gouv.fr/chiffres/

[269] Au regard des chiffres de la justice de l'année 2010, le temps moyen d'une instruction pour un crime est de 23, 2 mois (contre 22, 6 en 2009) et de 24, 8 mois pour un délit (23, 5 en 2009)

[270] Cf. supra n°159, 160 et 161.

étant humaine et donc par définition faillible. Or, si cet attrait est compréhensible, il n'en demeure pas moins attentatoire à deux principes phares de la procédure : le secret de l'instruction et la présomption d'innocence. De plus, l'appel incessant des médias par le juge d'instruction tend à caricaturer d'une certaine manière la procédure pénale et fait du procès pénal une véritable « star » télévisuelle et journalistique[271]. Cependant, le juge d'instruction a été pris lui-même à son propre piège en 2006. En effet, suite au fiasco d'Outreau et à la médiatisation à outrance de l'instruction, le juge d'instruction n'a-t-il pas été mis sous les feux de la rampe lors de la retransmission télévisuelle de la commission d 'enquête sur les dysfonctionnements de la justice pénale ? Le juge d'instruction, isolé, envieux d'occuper le devant de la scène médiatique, s'est donc retrouvé pris à son propre piège et nul doute que ses successeurs tireront leçon de cet enseignement. Dès lors, ne faudrait-il pas, afin d'éviter cet écueil, dispenser une formation « médiatique » aux futurs juges d'instruction, qui leur permettrait de concilier leur besoin de « briller » tout en respectant les principes fondamentaux de la procédure ? Si cet argument est parfaitement recevable pour la suppression du magistrat instructeur, il n'en reste pas moins réducteur et ne peut à lui seul fonder une telle modification, d'autant plus qu'une telle médiatisation de la justice demeure déplorable.

172. Enfin, les législations étrangères ont servi d'argument pour encourager cette « mort » du juge d'instruction[272]. En Europe, certains pays ont abandonné leur modèle inquisitoire au profit d'un système accusatoire largement prôné par les Etats-Unis. Ainsi, en 1975 en Allemagne, le juge d'instruction a disparu dans la pratique[273]. De même, en Italie[274], un ministère public instructeur a remplacé le juge d'instruction laissant subsister toutefois le modèle traditionnel inquisitorial. La tendance est ainsi à la mise en état de l'affaire sous le contrôle du parquet qui s'appuie sur la police judiciaire. La recherche des preuves est diligentée sous la seule responsabilité du ministère public. Ce schéma qui se dessine au sein de l'Union européenne laisse à penser que cela va tendre à devenir une norme, à

[271] Sur la médiatisation de l'instruction et de la procédure pénale en particulier, cf not. P. Auvret, Le journaliste, le juge et l'innocent, RSC 1996, p. 625 ; Fl. Bussy, Justice et médias, D. 2010, p. 2526 ; A. Reinhard, L'affichage médiatique, nouvelles sources du droit pénal, instinct et institution, RSC 2003, p. 543.

[272] Après l'annonce de la suppression du juge d'instruction, et quelques jours après la remise du premier rapport de la commission Léger, le Sénat a publié, en mars 2009 une étude de législation comparée n°195 consacrée à l'instruction des affaires pénales, cf. not. S. Lavric, Instruction des affaires pénales : étude de législation comparée, Dalloz actualité 17 mars 2009.

[273] Loi de réforme de la procédure pénale du 1 janv. 1975. L'information judiciaire a été supprimée en 1974 et entrée en vigueur en 1975. Le schéma de l'enquête est plus souple, c'est pourquoi il a été préféré à l'instruction. La phase préparatoire est placée sous le contrôle du parquet, le rôle du juge étant ponctuel. Le juge d'instruction est remplacé par un juge de l'enquête qui intervient à la demande du ministère public, il est garant de la solidité de la procédure et protecteur des droits fondamentaux. Or, ce juge a peu d'effectivité en pratique et peine donc à exister.

[274] Notamment par l'instauration d'un nouveau Code de procédure pénale en 1988 qui prévoit que la procédure est accusatoire, sans instruction. Le ministère public conduit l'enquête à charge et à décharge avec la police judiciaire.

l'instar de la proposition de création d'un ministère public européen. Mais nombre de pays d'Europe, d'Afrique ou encore d'Amérique ont gardé ce juge d'instruction malgré les critiques notamment américaines ; autant dire que ce juge ne doit pas être une si grande source de dysfonctionnements judiciaires. D'ailleurs, la Cour européenne des droits de l'Homme s'est toujours refusée à condamner l'existence d'un juge d'instruction…tant que celui-ci respecte le principe du contradictoire ; ce qui est le cas en droit français ! Ne serait-ce pas la manière dont est menée l'instruction, plus que l'institution elle-même, qui mérite d'être rénovée ? A cet égard, il est logique de penser que la suppression tant désirée du juge d'instruction se révèle impossible.

b. L'impossible suppression ?

173. Si la question de la suppression du juge d'instruction est dans tous les écrits et dans tous les esprits depuis l'affaire d'Outreau, elle ne date cependant pas de ce fait car elle pose problème depuis plus de cent cinquante ans. Critiqué déjà en 1818[275], en 1928[276] et en 1949[277], l'acteur essentiel de l'instruction n'a jamais cessé de faire polémique[278]. En 1985, Robert Badinter avait proposé une loi afin de remédier à la solitude du juge d'instruction en instaurant progressivement une collégialité[279]. Cela aurait conduit à ne plus faire du seul juge l'acteur phare de la procédure. Cependant, suite au changement de bord politique opéré par l'élection présidentielle suivante, ce projet a été abandonné par le ministre de la Justice de l'époque, Jacques Chalandon. La loi du 4 janvier 1993 a essayé de temporiser les choses en introduisant une dose de contradictoire dans l'instruction afin que celle-ci ne soit plus seulement inquisitoire et secrète. Par la loi du 15 juin 2000, le législateur a tenté d'entreprendre une nouvelle réforme de l'instruction en créant notamment le juge des libertés et de la détention. La loi du 9 mars 2004 a poursuivi la « mise à mort » du juge d'instruction en conférant de nombreux pouvoirs au procureur de la République en matière de criminalité organisée et en retirant ainsi des prérogatives jusqu'alors dévolues au seul magistrat instructeur[280]. La question se posa de nouveau avec vigueur suite au scandale d'Outreau mais ne fut pas résolue par le législateur de 2007. Sur une demande formulée par Nicolas Sarkozy en 2008, un comité de réflexion sur la justice pénale, présidé par Philippe Léger[281], fut chargé de réfléchir à une nouvelle orientation de la procédure pénale et surtout à la suppression, et donc au

---

[275] Par Mr. Béranger, De la justice criminelle en France d'après les lois permanentes, les lois d'exception et les doctrines des tribunaux, 1818.

[276] Par E. Garçon, qui estime qu'il faut modifier les lois sur l'instruction préparatoire.

[277] Par H. Donnedieu de Vabres, qui expose, dans son projet, qu'il faut confier l'instruction au procureur de la République. La réforme de l'instruction préparatoire, RSC 1949, p. 499.

[278] Cf. J. Pradel, De la réforme de l'instruction préparatoire, D. 1989, chronique p. 1.

[279] Loi n° 85-1303 du 10 déc. 1985 portant réforme de la procédure d'instruction en matière pénale prévoyait l'instauration de la collégialité pour le 1er janv. 1988.

[280] Cf. supra n°55 et suiv.

[281] Ce comité était composé de professeurs, de procureurs, d'avocats, de membres de service de police et de magistrats. Le rapport est consultable à la Doc. Fr., septembre 2009.

remplacement par une autre autorité, du juge d'instruction. Rendu public le 1er septembre 2009, le rapport Léger mettait en exergue l'ambigüité fondamentale inhérente au manque de neutralité du juge d'instruction qui, agissant en responsable d'une enquête pénale, ne pouvait être pleinement un juge. La première proposition du Comité était donc sans appel : il fallait supprimer le juge d'instruction, véritable « Maigret et Salomon[282] » et le transformer en juge de l'enquête et des libertés. Le comité mettait en avant, pour appuyer sa position, le cumul inacceptable des fonctions du juge avec celles d'un enquêteur conduisant à un manque de lisibilité de la justice pénale pour les citoyens, et arguait sur le fait que la procédure d'instruction n'était plus adaptée à notre temps en ce qu'elle ne permettait pas d'améliorer ni l'efficacité de l'enquête ni la protection des droits fondamentaux des mis en cause et des victimes. Si ce rapport a fait couler beaucoup d'encre[283], il est pourtant demeuré inutile, « aussi vite proposé, aussi vite oublié ! » et ce malgré le fait que les propositions de ce rapport ont été reprises dans un avant-projet de réforme du Code de procédure pénale publié le 1er mars 2010 qui n'a, également, pas prospéré…

174. Les abandons successifs des nombreux projets tendant à la suppression du juge d'instruction laissent à penser que le législateur français n'est pas prêt pour opérer un tel changement. Il faut, pour asseoir cette position, avancer le fait que le juge d'instruction est ancré dans l'histoire de la justice pénale française car il est, depuis la création du Code d'instruction criminelle de 1808, une œuvre originale du droit français, en ce qu'il est, malgré les controverses actuelles, toujours considéré comme un pivot du système pénal. L'idée de balayer deux cent ans d'instruction est ainsi délicate à appréhender et à mettre en œuvre, elle heurte sensiblement les esprits, tant des professionnels que des simples citoyens. En outre, une simple suppression de l'instruction ne réglerait pas le problème, celle-ci devant s'accompagner d'une refonte totale du système pénal qui conduirait dès lors à revoir tous les principes fondamentaux du procès pénal actuel. Supprimer l'instruction amènerait donc à une refonte globale et totale de la justice pénale en place. Or, comment penser que le législateur, qui n'est pas prêt à supprimer définitivement le juge instructeur, puisse mener de front une refonte complète des bases traditionnelles du procès ? Ces volontés semblent, tout comme les intérêts du procès pénal, antagonistes… Face à ces hésitations, nombre de palliatifs à la

---

[282] Le comité Léger reprenait ici une expression utilisée par Mr Badinter en 1985, lors de son plaidoyer pour la suppression du juge d'instruction, 1ère proposition « Transformer le juge d'instruction en juge de l'enquête et des libertés, investi exclusivement de fonctions juridictionnelles. »

[283] Cf. not. Ph. Bonfils, Faut-il changer notre procédure pénale, D. 2010, p. 158 ; B. Bouloc, Que penser des propositions du « comité Leger » ?, D. 2009, p. 2264 ; A. Coche. Le comité de réflexion sur la justice pénale ou les droits perdus du justiciable ?, D. 2009, p. 2765 ; C. Lazerges, Le rapport Léger : analyse des propositions, AJ pénal 2009, p. 385 ; J-Y. Le Borgne, Le rapport Léger, le poids de l'habitude et la peur de la nouveauté, AJ pénal 2009, p. 400 ; H. Matsopoulou ; A propos du rapport d'étape du Comité de réflexion sur la justice pénale, JCP éd. G n°13, mars 2009, p. 156 ; M. Robert, Les propositions du rapport Léger : point de vue d'un « parquetier » ; AJ pénal 2009, p. 393 ; V. Sizaire, Quel modèle pour l'instruction, AJ pénal 2009, p. 388.

suppression pure et simple de la phase d'instruction ont été avancés, mais non encore avenus à ce jour. Ainsi, une partie de la doctrine[284] prônait le maintien du juge d'instruction à condition que certaines mesures soient prises, c'est-à-dire qu'il existe des garde-fous à la « toute puissance » du juge d'instruction. Tout d'abord, il ne faudrait nommer que des juges d'instruction ayant déjà une véritable expérience professionnelle, à savoir des personnes ayant siégé dans des juridictions pendant plusieurs années, ayant traité des dossiers variés et ayant une aptitude reconnue. Il apparaît en effet illogique, inadapté, voire dangereux de confier des dossiers graves ou complexes à des élèves fraîchement sortis de l'Ecole nationale de la magistrature et n'ayant ni le recul ni l'expérience nécessaires au traitement efficace de telles affaires. Ensuite, il faudrait donner les moyens à la chambre d'instruction de remplir sa mission pour que celle-ci ne soit pas simplement une chambre d'enregistrement des décisions prises par le juge d'instruction. L'objectif de sa création n'est-il pas effectivement d'analyser les dossiers et de vérifier le bon déroulement de l'instruction ? Ainsi, conformément à l'article 206 du code de procédure pénale, elle contrôle la régularité en droit des actes d'instruction accomplis et leur opportunité en fait.

175. En cas d'irrégularité, une nullité, textuelle, substantielle ou d'ordre public, peut être prononcée ; celle-ci doit être demandée par le juge d'instruction lui-même, par le procureur de la République, par les parties et, depuis le 1er octobre 2004, par le témoin assisté. Par ailleurs, en cas d'inopportunité, la chambre d'instruction, en tant que juridiction du second degré, peut refaire ou compléter cette instruction. Dans tous les cas où elle est saisie, la chambre d'instruction peut, à la demande du procureur général, d'une des parties ou même d'office, ordonner tout acte d'information complémentaire qu'elle juge utile, prononcer d'office la mise en liberté de la personne mise en examen et peut ordonner le placement en détention provisoire ou sous contrôle judiciaire de celle-ci[285]. Enfin, il faudrait veiller à ce que le cabinet d'instruction ne soit pas affecté de charges excessives. Trop d'instructions tuerait-elle l'instruction ? En tout état de cause, les affaires correctionnelles et criminelles méritent une attention particulière de la part du juge d'instruction, attention qu'il ne peut apporter s'il croule sous les dossiers. On ne peut exiger du juge d'instruction ce qu'il ne peut apporter en pratique ; les juges ne sont « que » des hommes, il ne faut pas s'étonner qu'il y ait des erreurs…donnons les moyens financiers, temporels et humains à la justice pour que celle-ci soit perfectible.

176. La question de la suppression de ce « galeux de la République »[286] apparaît, semble-t-il, comme une solution subsidiaire dans le cas où les différentes propositions ci-dessus présentées n'apporteraient aucune réponse à la maladie dégénérative de la Justice. Laissons au juge d'instruction le bénéfice du doute

---

[284] J. Pradel affirme que « le juge d'instruction doit être conservé », Haro sur le juge d'instruction, préc., p. 244 ; G. Roujou de Boubée préconise « le retour au prestige du juge d'instruction » Réformer ?oui, Bouleverser ?non, D. 2006 n°11, p. 740.

[285] art. 201 CPP.

[286] Ph. Conte, Les galeux de la République, à propos de l'affaire d'Outreau, JCP G 2006.I.101

avant d'envisager une telle solution radicale, voire extrême. Surtout que, même en cas de suppression, une question demeurera toujours : la suppression serait peut être bénéfique, mais un autre modèle donnerait-il, pour autant, satisfaction ? En effet, on sait ce que l'on quitte mais on ne sait pas où l'on va... Dès lors, supprimer signifierait remplacer mais par qui ? Par quoi ? Certaines pistes ont été évoquées, sans grande effectivité...

177. Pour autant, et c'est peut-être là que résident les réels arguments rendant impossible la suppression complète du juge d'instruction, ce magistrat se révèle aujourd'hui être le véritable pivot des garanties procédurales. En effet, le juge d'instruction est aujourd'hui indépendant du pouvoir politique, c'est un juge dont l'enquête peut être investie par les parties (tant la partie civile que la partie mise en examen), c'est un juge qui garantit les droits des victimes en cas d'inaction du parquet, qui a été maintenu à l'unanimité après l'affaire d'Outreau et enfin il est le garant de l'égalité des armes, entre le parquet, la défense et les parties civiles. En ce sens, le juge d'instruction est un organe indispensable à l'équilibre de la procédure pénale qui sera difficilement supprimable. Il semble sur ce point que Balzac adoptait, déjà en 1847, une vision prospective sur le juge d'instruction en écrivant notamment : « Aucune puissance ni le roi, ni le garde des sceaux, ni le premier ministre ne peuvent empiéter sur le pouvoir d'un juge d'instruction. C'est un souverain soumis uniquement à sa conscience et à la loi... La société déjà bien ébranlée par l'inintelligence et par la faiblesse du jury serait menacée de ruine si on brisait cette colonne qui soutient notre droit criminel[287]. » Cette célèbre phrase trouve aujourd'hui tout son écho...

178. La figure traditionnelle du juge d'instruction semble donc mise à mal ces dernières années. Toutefois ces attaques n'ont pas épargné le deuxième organe de la phase d'instruction, la Chambre de l'instruction, dont les compétences ont connu, elles-aussi, un certain amoindrissement.

B. L'amoindrissement certain des compétences de la Chambre de l'instruction

179. La chambre d'instruction est traditionnellement la juridiction d'instruction du second degré composée d'un président et de deux magistrats. Elle constitue l'organe de contrôle de l'instruction préparatoire et existe, comme le juge d'instruction, depuis fort longtemps. En effet, d'origine révolutionnaire, la chambre de l'instruction puise ses racines dans le jury d'accusation créé par les constituants et supprimé lors de la réforme de l'Empire. Supprimé par le Code d'instruction criminelle de 1808, le jury d'accusation fut remplacé par une section de la Cour d'appel « spécialement formée à cet effet[288] » dont la fonction se bornait à mettre en accusation les personnes inculpées de crime, à partir du moment où les charges retenues à leur égard étaient jugées suffisantes. Dénommée dès lors chambre de mise en accusation, la juridiction ne connaissait

[287] H. De Balzac, Splendeurs et misères des courtisanes, 1847.
[288] Art. 218 Code inst. Crim.

que la matière criminelle avant que le législateur lui donne compétence pour statuer sur les appels formés contre les ordonnances du juge d'instruction[289]. Cette extension de pouvoirs permit à la chambre des mises en accusation d'acquérir le statut de juridiction d'instruction du second degré. Son existence ne connut pas de modifications profondes jusqu'à l'entrée en vigueur du Code de procédure pénale de 1958 manifestant la volonté de faire de cette juridiction la véritable « pierre angulaire du système pénal[290] ». Le législateur accorda ainsi à la chambre d'accusation une certaine autonomie dans le cadre de la Cour d'appel en modifiant le mode de désignation de ses membres et en leur octroyant, dans la mesure du possible, des tâches exclusivement liées à cette fonction[291]. Cette volonté s'est poursuivie par l'accroissement des pouvoirs propres octroyés au président de la chambre et par le recul certain d'une procédure traditionnellement inquisitoire, écrite et secrète par l'ouverture d'une procédure contradictoire devant la chambre d'accusation et donc d'un renforcement des droits de la défense.

180. Pour autant, la volonté du législateur créateur du Code de procédure pénale n'a pas été poursuivie, bien que certaines réformes aient continué à accroitre les pouvoirs de la chambre d'accusation. Ainsi, la loi du 15 juin 2000 est venue ôter à la chambre d'accusation une partie des pouvoirs qu'elle possédait quant à la mise en accusation en matière criminelle en supprimant le second degré d'instruction jusqu'alors obligatoire en matière criminelle. Avant cette réforme, la chambre était la juridiction d'instruction du second degré obligatoire en matière criminelle. Aujourd'hui, les arrêts des cours d'assises statuant en premier ressort sont susceptibles d'appel. Cette transformation a expliqué le changement de terminologie corrélatif puisque désormais, la chambre d'accusation est devenue chambre de l'instruction, depuis le 1er janvier 2001. Ainsi, les pouvoirs de la chambre de l'instruction peuvent désormais être découpés de deux sortes : des attributions principales et des attributions qu'il est possible de qualifier de secondaires en ce qu'elles ne relèvent pas de l'essence même de la juridiction du second degré. Dans sa fonction principale, la chambre de l'instruction reste

---

[289] Loi du 17 juill. 1856 attribuant compétence au juge d'instruction pour rendre des ordonnances en matière délictuelle et contraventionnelle, matière relevant initialement de la compétence de la chambre du conseil. Cette modification aboutit au dessaisissement de cette dernière au profit du juge d'instruction et donc de la chambre des mises en accusation.

[290] A. Besson, Esquisse d'une rénovation de notre procédure pénale, D. 1955, chron. p. 55.

[291] L'art. 191 al. 3 du CPP prévoit en effet que le président de la chambre de l'instruction est désigné par décret, après avis du Conseil supérieur de la magistrature. Antérieurement, ce même président était désigné par l'assemblée générale de la cour d'appel. Cette modification tend à octroyer une indépendance certaine au président de la juridiction. Par ailleurs, l'alinéa second du même article érige en principe le fait que le président « est exclusivement attaché à ce service ». Cette règle permet donc au magistrat d'exercer pleinement les compétences qui lui sont offertes, une dérogation pouvant tout de même y être apportée. En effet, l'alinéa 5 poursuit en précisant qu'un décret pourra prévoir que le président d'une chambre d'accusation d'une cour d'appel comptant moins de trois chambres assurera, à titre exceptionnel, le service d'une autre chambre de la cour. Cette possibilité a été officiellement exposée par le Décret du 12 févr. 1960, codifié à l'art. D. 43 du CPP et R. 612-2 du COJ. Cette possibilité doit rester cependant exceptionnelle, et ne s'applique qu'aux cours d'appel comptant moins de trois chambres, comme a pu le rappeler la chambre criminelle de la Cour de cassation dans un arrêt du 19 févr. 1998, Bull. n°74.

investie d'une double compétence, bien que la seconde soit affaiblie. D'une part, elle est juridiction d'appel des ordonnances du juge d'instruction et exerce à cette fin deux types de contrôles, un contrôle de la régularité de l'instruction prévu par les articles 170 à 174-1 du Code de procédure pénale et un contrôle de l'opportunité, plus communément dénommer l'appel, dont le droit appartient concurremment au ministère public[292] et aux parties privées[293]. D'autre part, la chambre de l'instruction est juridiction d'instruction des crimes mais cette seconde compétence n'est plus obligatoire depuis la loi du 15 juin 2000. Cette compétence de la chambre de l'instruction comme juridiction d'instruction des crimes est donc désormais facultative. Pour pouvoir se prononcer en la matière, la chambre de l'instruction doit être saisie de l'intégralité de la procédure, soit directement par le procureur pour redressement d'une qualification retenue par le juge d'instruction[294] ou réouverture de l'information sur charges nouvelles[295], soit indirectement lorsque, sur saisine ponctuelle, elle exerce son pouvoir d'évocation. La chambre de l'instruction a donc perdu le monopole de la mise en accusation et par là même sa dénomination traditionnelle. Cette perte s'explique par l'exigence constante de célérité, venant du droit européen. Ainsi, il a été exposé, afin de justifier cet affaiblissement de compétence, qu'il était nécessaire, dans une société démocratique, d'éviter un allongement des délais de jugement[296]. L'on sait déjà que le délai d'instruction est fort long ; il était dès lors inenvisageable de prolonger le délai de jugement. Or, garder une telle compétence à la chambre de l'instruction allait sans nul doute contre cette volonté de célérité et donc, en filigrane, contre les exigences conventionnelles, valant ainsi de possibles condamnations de l'Etat français pour des procédures trop longues et donc attentatoires aux droits de l'individu. En outre, l'ouverture d'un appel possible devant les cours d'assises conduisait à un certain double-emploi avec l'examen de la procédure criminelle par la chambre de l'instruction : quelle était dès lors l'utilité de justifier la double instruction à partir du moment où l'accusé pouvait faire réexaminer par deux juridictions différentes la réalité des charges retenues au cours de l'instruction ? Cette suppression n'était pas nouvelle en 2000 puisqu'elle avait déjà été formulée dans le rapport Toubon de réforme de la procédure criminelle, abandonné en 1997[297]. Pour autant, la volonté de se

---

[292] Art. 185 CPP.

[293] Art. 186 et 186-1 CPP.

[294] Art. 195 CPP.

[295] Art. 196 CPP.

[296] « Cette suppression (du réexamen systématique de l'instruction par la chambre d'accusation) a pour objet d'éviter un allongement des délais de jugement qui pourrait résulter de la superposition du maintien d'un double degré de juridiction d'instruction avec l'instauration d'une procédure de recours en matière criminelle. » Rapp. Lazerges, Documentation de l'Assemblée nationale, 1999-2000, n°2136, p. 112.

[297] Ce rapport prévoyait, en même temps que l'instauration d'un second degré de juridiction criminelle, la suppression du réexamen obligatoire de l'instruction des crimes par la chambre d'accusation. Il suivait en cela les recommandations du Haut comité consultatif sur la procédure de jugement en matière criminelle qui, dans son rapport du 14 mai 1996, estimait que « la création d'un double degré de juridiction induit nécessairement la disparition du deuxième degré obligatoire de

conformer de manière accrue aux exigences européennes est-elle satisfaisante ? En effet, dans un souci de célérité accrue de la procédure, force est de constater que l'instruction traditionnelle est en train de perdre de ses attributions, sinon de voir disparaitre son rôle classique. Cette perte de compétence se justifie également par le développement croissant du contradictoire au stade de l'instruction. Les avocats étant de plus en plus présents, l'accès au dossier étant facilité, il n'est nul besoin d'un double degré de juridiction.

181. La dénaturation du rôle primaire de la chambre de l'instruction se révèle aussi par l'octroi de nombreuses attributions secondaires. Ainsi, la chambre de l'instruction n'est plus compétente qu'en matière d'instruction pure et simple, ses compétences font désormais preuve d'un certain éclatement. Cet éclatement est d'autant plus critiquable en ce qu'il traduit, une nouvelle fois, l'éparpillement constant du législateur par la prolifération des textes et permet de s'interroger sur l'efficacité et la bonne administration de la justice. Comment une juridiction, traditionnellement compétente en matière d'instruction, peut-elle être aussi compétente dans des domaines divers et variés ? Cette diversification conduit à s'interroger sur la fiabilité d'une telle institution… Ainsi, désormais, la chambre de l'instruction se voit octroyer trois catégories de pouvoirs, différents de ceux lui étant dévolus traditionnellement. Dans le domaine procédural, la chambre de l'instruction se trouve ainsi investie de problèmes liés à l'extradition[298], des règlements de juges[299], d'appels contre les ordonnances de taxe en matière de frais de justice[300] et de toutes les difficultés pouvant s'élever à l'occasion d'arrêts rendus par la Cour d'assises. En droit pénal, la chambre de l'instruction est compétente pour connaitre des questions d'amnistie et de réhabilitation. Enfin, la chambre de l'instruction est la juridiction disciplinaire des personnes disposant de pouvoirs de police judiciaire[301] et cette compétence est d'autant plus d'actualité au regard de l'impact croissant du principe du procès équitable et des droits de l'Homme.

182. Le droit d'évocation accordé à la chambre de l'instruction a, lui aussi, été mis à mal. Suite à sa saisine, la juridiction d'instruction du second degré a deux possibilités : confirmer l'ordonnance du juge d'instruction et renvoyer l'affaire devant lui afin que l'information se poursuive d'une part, et d'autre part, prononcer l'annulation d'un acte ou infirmer une ordonnance du magistrat instructeur. Dans ces derniers cas, trois possibilités lui sont offertes : renvoyer le dossier devant le même magistrat, devant un autre juge qu'elle doit désigner ou user de son droit d'évocation c'est-à-dire se saisir elle-même de l'entier dossier. Le régime de l'évocation est prévu aux articles 201 à 204 du Code de procédure pénale qui permettent à la chambre de l'instruction de prendre plusieurs actes tels

l'instruction tel qu'il existe aujourd'hui. En effet, ce dernier n'a été introduit dans notre droit qu'à défaut d'un deuxième degré de juridiction. »

298 Art. 696-13 CPP. La chambre se prononce que les demandes des Etats étrangers et son accord est nécessaire pour l'extradition sans lequel elle ne peut avoir lieu.

299 A cet égard, la chambre de l'instruction est chargée de régler les conflits de juridictions.

300 Art. R-228-1 à R-230 CPP.

301 Art. 224 CPP.

qu'ordonner des mesures d'instruction, mettre en examen des individus ou ordonner leur placement en détention provisoire. Le législateur est venu encadrer cette possibilité d'évocation puisqu'il est interdit à la chambre de l'instruction d'évoquer l'affaire lorsque l'appel touche une question relative à la détention provisoire[302]. Le Conseil constitutionnel, par une décision rendue sur QPC le 17 décembre 2010[303] a poursuivi cette limitation en décidant de soustraire tout le contentieux de la décision de placement en détention provisoire ou sous contrôle judiciaire à la chambre de l'instruction lorsque celle-ci évoque l'affaire. Jusqu'à cette décision, les alinéas second et troisième de l'article 207 du Code de procédure pénale permettaient à la chambre de l'instruction de se déclarer seule compétente pour statuer en matière de détention provisoire, de contrôle judiciaire ou d'assignation à résidence sous surveillance électronique, selon un régime dérogatoire, pour la suite de l'instruction. Ces dispositions offraient une plénitude de pouvoirs à la juridiction du second degré et lui conféraient le pouvoir discrétionnaire de priver un individu mis en examen des garanties régissant le droit à un double degré de juridiction instauré pour toute décision relevant de la détention provisoire. Le Conseil constitutionnel a donc déclaré ces deux alinéas inconstitutionnels et procédé à leur abrogation. La chambre de l'instruction n'est donc plus aujourd'hui une véritable juridiction du second degré de l'instruction.

183. Sa pérennité avait également été remise en cause dans le rapport du comité de réflexion sur la justice pénale puisqu'il avait été question de transformer la chambre de l'instruction en chambre de l'enquête et des libertés (CHEL), en en faisant à la fois une juridiction du second degré et une juridiction disciplinaire à l'égard des services de police (OPJ et APJ)[304]. Le rapport Léger préconisait qu'elle devienne la juridiction du second degré du contrôle de l'enquête et des libertés et proposait de simplifier son fonctionnement, assez complexe il faut le reconnaitre. Ce rapport ayant été abandonné, la chambre de l'instruction reste aujourd'hui intacte, mais nul doute qu'elle sera l'objet d'une prochaine réforme, tout comme le juge d'instruction.

184. L'octroi d'attributions diverses et variées à la chambre de l'instruction, en dehors de toute information judiciaire, contribue donc à une certaine dénaturation du rôle lui étant dévolu originairement. Ces atteintes, ainsi que celles portées constamment au juge d'instruction, laissent à penser que la vision de l'instruction traditionnelle ne satisfait plus, la justice ne doit pas être figée et doit évoluer, dans un sens de célérité et d'accroissement des droits de la défense. C'est pourquoi, en vue d'une réforme de l'instruction préparatoire, a été proposée l'idée non plus d'une instruction individuelle mais d'une instruction collégiale, censée redorer l'image et la confiance des citoyens en la justice.

---

302 Art. 207 al. 1 CPP.

303 Cons. const. 17 déc. 2010, QPC n°2010-81, D. 2010, chron. 17 ; D. 2011, Point de vue 1091 obs. Lhuilier et Plouvier, Dalloz actualité, 12 janv. 2011, obs. Bombled ; AJ pénal 2011, p. 140, obs. L. Ascensi ; Procédures 2011, n° 38 et n° 74, obs. J. Buisson.

304 Rapport Léger, 6ème proposition « Le remplacement de la chambre de l'instruction par une chambre de l'enquête et des libertés soumise à des règles procédurales simplifiées. »

§2. Vers une instruction collective

185. Suite à l'enquête parlementaire sur l'affaire d'Outreau, il a été proposé de remplacer ce juge d'instruction par un composé collégial. Bien qu'une telle collégialité ait fait l'objet de quelques réserves, elle a été consacrée par la nouvelle loi du 5 mars 2007[305]. Cette idée n'était pourtant pas nouvelle. En effet, face aux inquiétudes liées à la solitude du juge d'instruction, l'idée de la collégialité a été plusieurs fois soumise à débats, sans jamais être appliquée. Ainsi, la loi du 10 décembre 1985 prévoyait de créer auprès de chaque Tribunal de grande instance « une ou plusieurs chambres d'instruction composées de trois magistrats du Siège ». Cette loi, qui devait entrer en application le 1er mars 1988, n'est jamais entrée en vigueur car elle a été abrogée par une loi du 30 décembre 1987 qui, elle-même, a été abrogée par la loi du 5 janvier 1993. Cette dernière a institué une « chambre des mises en détention provisoire » composée d'un président et de deux assesseurs. Elle permettait en outre au président du tribunal de désigner, en cas de gravité ou de complexité de l'affaire, un ou plusieurs juges d'instruction qui venaient s'adjoindre au premier désigné soit dès l'ouverture de l'information, soit sur demande du magistrat initialement désigné à tout moment de la procédure. Cette réforme a fait l'objet de manifestations hostiles en raison de l'alourdissement de la charge des tribunaux et de la nécessaire augmentation des effectifs des magistrats qu'elle entraînait. La loi du 24 août 1993 est venue « réformer la réforme » notamment en supprimant les chambres des mises en détention provisoire ; toutefois, la disposition permettant une instruction collégiale n'a pas été abrogée. Il est bon de le rappeler car cet article 83 alinéa 2 du Code de procédure pénale n'a été que rarement mis en œuvre. Toutefois, si la loi du 5 mars 2007 se voulait ambitieuse et réformatrice de la vision traditionnelle de l'instruction, sa mise en œuvre est encore aujourd'hui partiellement inachevée. En effet, si l'instauration de pôles de l'instruction a été progressive (A), la mise en place de la collégialité complète n'a cessé d'être retardée (B).

A. L'instauration progressive de pôles de l'instruction

186. La réforme de l'instruction préparatoire étant délicate, le législateur de 2007 a préféré miser sur la prudence et prévoir « une application dans le temps des mesures destinées à lutter contre la solitude du juge »[306]. Cependant, cette prudence n'a fait que complexifier les choses, en instaurant une mise en place progressive de pôles de l'instruction, étape transitoire indispensable avant l'objet final, à savoir l'instruction collégiale. Afin de ne pas brusquer les choses, il a été prévu que, dans un premier temps, vont cohabiter des magistrats instruisant seuls et des magistrats instruisant au sein des pôles de l'instruction. En effet, le schéma

---

[305] Loi n°2007-291 du 5 mars 2007 tendant à renforcer l'équilibre de la procédure pénale, JO 6 mars 2007, préc.

[306] Coralie Ambroise Castérot, La procédure pénale, édition Gualino, 2007, p. 54.

traditionnel d'une juridiction de premier degré à juge unique a disparu avec la création, par décret[307], de pôles de l'instruction depuis le 1er mars 2008.

187. Un nouvel article 52-1 du Code de procédure pénale dispose que : « dans certains tribunaux de grande instance, les juges d'instruction sont regroupés au sein d'un pôle de l'instruction. Les juges d'instruction composant un pôle de l'instruction sont seuls compétents pour connaître des informations en matière de crime. Ils demeurent compétents en cas de requalification des faits en cours d'information ou lors du règlement de celle-ci. Ils sont également compétents pour connaître des informations donnant lieu à co-saisine conformément aux articles 83-1 et 83-2 ». Les pôles de l'instruction ont un domaine de compétence très large, ce qui nous amène à nous interroger sur l'avenir des tribunaux de grande instance n'ayant qu'un juge d'instruction. Non seulement ils n'instruiront plus d'affaires criminelles mais les affaires délictuelles les plus importantes risquent de leur échapper en raison de l'élargissement du principe de co-saisine. En effet, dès lors qu'un procureur d'une juridiction sans pôle requiert une co-saisine, la procédure doit être délocalisée. La justice pénale devient ainsi l'apanage des grandes villes et les avocats s'éloignent de leurs justiciables ; la création des pôles de l'instruction apparaît contraire à la démocratie en ce sens que les débats criminels n'ont plus lieu au plus proche des gens, victimes, témoins ou présumés coupables[308].

188. S'agissant des dispositions renforçant la co-saisine des magistrats instructeurs, la loi s'inscrit dans la continuité tout en innovant. En effet, la co-saisine n'est pas une idée nouvelle en soi, elle existait déjà dans l'ancien article 83 alinéa 2 et les critères sont toujours ceux de la gravité ou de la complexité de l'affaire, la co-saisine n'est donc pas obligatoire et systématique. Toutefois, il y a amélioration concernant l'initiative de la co-saisine en cours d'instruction. Selon le système ancien prévu à l'article 83 alinéa 2, la co-saisine supposait la demande ou l'accord du juge chargé de l'instruction. Cette disposition a été abrogée et remplacée par le système suivant. D'abord, à tout moment de la procédure, le président du tribunal de grande instance peut adjoindre un ou plusieurs juges au juge initial soit à la demande de celui-ci soit, si ce dernier donne son accord, d'office, à la demande du parquet ou d'une partie[309].Si l'information a été ouverte dans un tribunal où il n'y a pas de pôle de l'instruction, le président du tribunal[310] où se trouve le pôle territorialement compétent désigne le juge d'instruction chargé de l'information ainsi que le ou les juges co-saisis après que le juge d'instruction initialement saisi se soit dessaisi au profit du pôle[311]. Ensuite, si le juge n'a pas donné son accord à la co-saisine ou si le président n'a pas désigné le

[307] Décret n°2008-54 du 16 janvier 2008, JCP G 2008, actualités 106 ; ce décret désigne 91 pôles dont 35 ont un ressort s'arrêtant à l'arrondissement judiciaire tandis que les 56 autres regroupent plusieurs T.G.I.

[308] C. Guéry, La loi du 5 mars 2007 sur l'équilibre de la procédure pénale : premiers commentaires, AJ Pénal Mars 2007 n°3.

[309] Laquelle ne peut renouveler sa demande avant six mois.

[310] Lequel a un mois pour désigner le ou les juges requis dans le cadre de la co-saisine.

[311] Ce dessaisissement prenant effet à la date de désignation des juges du pôle.

ou les juges co-saisis dans le délai d'un mois, la co-saisine peut être ordonnée par le président de la chambre de l'instruction agissant d'office ou à la demande du président du tribunal, sur réquisition du parquet ou sur requête des parties. Le président statue dans le délai d'un mois à compter de la réception de la demande. Quand l'information a été ouverte dans un tribunal sans pôle, le président de la chambre saisit sa chambre aux fins de co-saisine. Dans le mois, cette chambre statue : soit elle estime qu'il n'y a pas lieu à co-saisine et elle renvoie le dossier au magistrat instructeur initialement saisi ; soit elle procède au dessaisissement de celui-ci et à la désignation, aux fins de poursuite de la procédure, de plusieurs juges d'instruction si la co-saisine s'avère « *indispensable à la manifestation de la vérité et à la bonne administration de la justice* ».

189. Deux remarques peuvent ici être soulevées. En premier lieu, la possibilité laissée aux parties de demander la co-saisine peut être utilisée à « mauvais escient », c'est-à-dire être détournée de sa fonction première. En effet, les parties pourront demander l'adjonction d'un ou plusieurs juges lorsque « leur » juge ne satisfera pas leurs intérêts. La demande d'une co-saisine ne servirait donc qu'à mettre toutes les chances de son côté pour obtenir une issue favorable. En second lieu, une réserve peut être émise s'agissant de la possibilité pour le président de la chambre d'instruction d'intervenir en dehors de tout contentieux soulevé devant lui ; quelle étrange disposition qui fait du président d'une juridiction un requérant devant la juridiction du second degré[312]. Il faut soulever la précision opportune, dans l'article 83 -1 du Code de procédure pénale, qui fait des décisions du président du tribunal, du président de la chambre et de la chambre elle-même, des mesures d'administration judiciaire, non susceptibles de recours[313]. Cette disposition est une entrave à l'exercice par les victimes d'une sorte de droit à la co-saisine ou « droit à changer de juge » et, en cela, elle ne peut qu'être approuvée.

190. Reste à connaître le système de répartition des tâches entre les juges co-saisis. Selon l'article 83 tel qu'il résultait de la loi du 15 juin 2000, le juge initialement saisi coordonnait le déroulement de l'information et il avait seul qualité pour saisir le juge des libertés et de la détention, pour ordonner une mise en liberté d'office et pour rendre l'ordonnance de règlement. Ce système était considéré comme défectueux du fait que le juge co-saisi se contentait de suivre de loin la procédure. C'est pourquoi la loi du 5 mars 2007, tout en maintenant ce système d'organisation, pose, dans son nouvel alinéa 2 de l'article 83, le principe d'une co-signature pour un nombre important d'actes tels que la décision de mise en examen, le placement sous contrôle judiciaire ou la mise en liberté d'office. Cette collégialité oblige le juge initialement saisi à consulter ses collègues avant toute décision importante.

---

[312] P. Vouland, Le renforcement de l'équilibre de la procédure pénale : en faveur des droits de la défense ? AJ Pénal, mars 2007, n°3, p. 117.

[313] En qualifiant ces décisions de « mesures d'administration judiciaire » non susceptibles de recours, l'article 83-1 du C.P.P. rejoint à l'évidence un objectif d'efficacité procédurale.

191. Outre les compétences exclusives qu'il avait sous l'empire de la loi du 15 juin 2000, le juge initialement saisi a, conformément au nouvel article 83-2, seul qualité pour rendre l'avis de fin d'information et l'ordonnance de règlement[314]. Une possibilité de co-signature est instaurée pour ces avis. Il ne s'agit point d'une obligation car cela occasionnerait des retards considérables en cas de désaccord de deux juges ; pour autant, la faculté de co-signature est louable en ce qu'elle incite le juge d'instruction chargé initialement de l'information à se concerter avec ses collègues…

192. Ces pôles de l'instruction et co-saisines de juges d'instruction présentent des avantages indéniables : mutualisation des moyens matériels et humains, continuité de la prise en charge des procédures, concertation entre magistrats instructeurs. Cependant, leurs inconvénients n'ont pas tardé à être identifiés : éloignement de la justice des personnes mises en cause et des victimes, désaffection des magistrats pour les postes de juge d'instruction « hors pôles »[315]. L'entrée en vigueur de ces pôles supposait en outre la publication d'un décret d'application[316] fixant la liste des tribunaux de grande instance dans lesquels est constitué un pôle de l'instruction. En tout état de cause, la co-saisine était conçue comme une étape devant conduire à la collégialité de l'instruction qui n'a, pour le moment, pas encore été mise en place.

B. La mise en place difficile de la collégialité complète de l'instruction

193. La création des pôles d'instruction, en facilitant la co-saisine de juges d'âges et d'expériences différents, devait permettre, à terme, de rendre obligatoire, pour toute information judiciaire, la saisine d'un collège de l'instruction. En effet, si la co-saisine était pour l'heure facultative[317], elle serait devenue obligatoire avec l'instauration de l'étape finale de la réforme envisagée par la loi de 2007, à savoir la collégialité. Or, à ce jour, la collégialité n'est toujours pas en vigueur et son application demeure encore lointaine.

194. Initialement, la loi du 5 mars 2007 avait prévu l'instauration, au 1er janvier 2010, de collèges d'instruction composés, à la diligence du président du tribunal de grande instance, de trois juges d'instruction, dont un magistrat du premier grade exerçant les fonctions de juge coordonnateur. L'article premier de la loi avait prévu que ce collège exercerait les pouvoirs de l'actuel juge

[314] Pour autant, la chambre criminelle de la Cour de cassation, dans un arrêt du 3 avril 2002 (D. 2002, IR p. 1809 ; JCP 2002, IV, 1898 ; RSC 2002, p. 843, obs. Commaret), refuse de considérer comme viciée l'ordonnance de non-lieu signée par deux juges et pas seulement par le juge coordonnateur.

[315] Pour une critique de ce dispositif, cf. not. H. Matsopoulou, Pôles de l'instruction et cosaisine : en attendant la collégialité…à propos du décret n°2008-54 du 16 janvier 2008, JCP 2008, Act. p. 106 ; D. Karsenty, Réflexions sur la mise en œuvre des pôles de l'instruction au regard des droits fondamentaux, JCP 2008, I, 121 ; Ch. Guéry, La vie nouvelle (et difficile) de Jésus Padoté, AJ pénal 2008, p. 226.

[316] D. n°2009-313 du 20 mars 2009, JORF du 22 mars 2009.

[317] Selon une précision ministérielle « Pôles d'instruction : précisions du garde des Sceaux », réponse ministérielle n°26093, JO Sénat Q, 5 avril 2007, p. 743 ; Droit pénal 2007, Alertes n°24

d'instruction autres que l'exécution des actes d'administration de la preuve et le placement d'un mis en cause sous statut de témoin assisté, qui pourraient être délégués à l'un des trois juges d'instruction. Toutes les fonctions devraient être déléguées à un des juges composant le collège, à l'exception des décisions les plus graves qui devront toujours être prises par les trois magistrats : mise en examen, octroi du statut de témoin assisté, placement sous contrôle judiciaire, saisine du juge des libertés et de la détention, ordonnances de mises en liberté, ordonnances de règlement et de non-lieu. Cette organisation est celle applicable depuis le 1er mars 2008 en matière de co-saisine ; pourtant, l'utilité d'une instruction automatiquement collective n'a d'intérêt que pour les affaires complexes nécessitant trois juges. A la lecture du projet de collégialité exposé par la loi de 2007, plusieurs questions demeurent : comment jauger de la complexité d'une affaire et sur quels critères ? Qui est le leader de la collégialité : le coordonnateur ou le délégué ?[318] La collégialité s'exercera-t-elle au sein des pôles existants ? Et cette collégialité ne dilue-t-elle pas la responsabilité ? Y a-t-il partage ou cumul de responsabilité ? Les décisions devant être prises de manière collégiale doivent-elles l'être à la majorité ou à l'unanimité[319] ? Autant de questions auxquelles la pratique aurait du répondre…

195. La mise en place de la collégialité portée comme « la volonté d'instituer le plus en amont possible de la procédure pénale un travail d'équipe, pour faire échec le plus tôt possible à tout risque d'erreur »[320] n'était pas sans s'accompagner de moyens financiers importants, c'est pourquoi le législateur, prévoyant, avait prévu que deux ans après l'entrée en vigueur des pôles de l'instruction et de la co-saisine, le gouvernement devrait présenter au Parlement un rapport sur la préparation de la mise en œuvre de la collégialité. Pourtant, force est de constater qu'en pratique ce délai n'a pas suffi puisque l'entrée en vigueur, initialement prévue au 1er janvier 2010, fut repoussée au 1er janvier 2011 par la loi du 12 mai 2009 portant simplification et clarification du droit[321]. Mais le report ne s'arrêta pas là puisque la loi de finances de 2011[322] est venue prévoir à son tour que l'entrée en vigueur de la collégialité serait pour le 1er janvier 2014 ! Afin de légitimer ce nouveau report, le ministère de la Justice avait déclaré à l'époque que « cette évolution nécessiterait d'importants moyens, notamment en personnel,

[318] En cas de divergence d'appréciation entre deux juges co-saisis, qu'est-ce qui permet de les départager ? Le juge coordinateur aura-t-il prééminence ? La pratique actuelle semble adopter cette dernière solution mais le texte n'aurait-il pas dû être plus précis afin d'entériner cette pratique ?

[319] Si la décision juridictionnelle venait à être prise à la majorité, faudrait-il porter sur les ordonnances mention selon laquelle la décision a été prise à la majorité ?

[320] Rapp. AN n°3125, 2006-2007, par G. Geoffroy.

[321] Loi n° 2009-526 du 12 mai 2009 de simplification et de clarification du droit et d'allégement des procédures qui, en son article 136, modifie l'article 30 de la loi du 5 mars 2007 en repoussant l'entrée en vigueur de la collégialité au 1er janvier 2011. Sur ce point, cf. A. Astaux, Le Sénat adopte la proposition de loi pour la simplification du droit, D. 2009, p. 863 ; S. Lavric, Simplification du droit en matière pénale, D. 2009, act. p. 1338 ; J. Buisson, Simplification de la procédure pénale ; une loi destinée à clarifier plus qu'à simplifier le droit ?, procédures 2009, comm. 209.

[322] Loi de finances n°2010-1657 du 29 déc. 2010 dont l'article 163 modifie une fois de plus l'article 30 de la loi de 2007.

ainsi qu'une lourde réorganisation des juridictions, alors que le principe même du juge d'instruction est remis en cause dans le cadre d'une réforme d'ensemble de la procédure pénale. » Il convient de préciser à cet égard que cette précision était intervenue dans un contexte de volonté de refonte totale du Code de procédure pénale, refonte qui a été abandonnée depuis... L'annonce de ce nouveau report suscite en outre une critique : pourquoi le ministère a-t-il fait mention de ce report dans la loi de finances ? N'aurait-il pas fallu, plutôt, le faire par le biais d'une dépêche ministérielle ? Cet acte laisse à penser que la réforme de l'instruction s'inscrit dans une idéologie politique et financière et qu'elle évolue au gré des pouvoirs en place. Un second constat ne peut qu'être mentionné au regard de ces reports constants : celui du nécessaire recours à d'importants moyens financiers pour mettre en place la collégialité de l'instruction. Ainsi, si l'idée d'un collège de magistrats est louable dans le but de lutter contre la solitude du juge et donc d'éviter l'épuisement conduisant à des erreurs judiciaires, encore faudrait-il que le budget de la justice permette la mise en œuvre d'un tel dispositif qui augmente le nombre de juges nécessaires au traitement d'une affaire alors que les juridictions françaises connaissent déjà le problème de l'engorgement des juridictions et de la lenteur des procédures. En effet, pour que cette idée voit effectivement le jour, il faudra d'une part, trouver les moyens financiers pour rémunérer les juges réunis sur une même affaire et, d'autre part, les moyens humains[323]... En effet, l'école nationale de la magistrature (E.N.M.) nous fournira-t-elle l'effectif nécessaire ? Et, même si le numerus clausus augmente, y aura-t-il assez de juges « expérimentés » pour répondre aux exigences de la nouvelle réforme, à savoir un magistrat jeune accompagné de deux autres magistrats ayant plus d'expérience et de maturité ?

196. Une autre remarque mérite d'être soulevée : la mise en place de la collégialité de l'instruction n'était pas, en 2007, à son premier essai. Ainsi, déjà en 1985, il avait été prévu qu'entrerait en vigueur la collégialisation de l'instruction dès 1988. Mais cette disposition a été très vite abrogée, avant même d'être appliquée[324]. Il en a été de même pour la loi du 30 décembre 1987 relative aux garanties individuelles en matière de placement en détention provisoire ou sous contrôle judiciaire et portant modification du Code de procédure pénale qui prévoyait des dispositions quant à une collégialité dans le prononcé de la détention provisoire, collégialité initialement prévue pour le 1er mars 1989 puis reportée au 1er septembre[325] et enfin abrogée par la loi du 6 juillet 1989[326]. Tous les essais de création de collège de l'instruction ont donc été mis à mal par la pratique. Quelles en sont réellement les raisons ? Tout laisse à penser que la mise en place de la collégialité souffre de la pauvreté de la justice : il est indéniable que

---

[323] A cet égard, il est permis de rappeler que le garde des Sceaux avait relevé en 2007 que la collégialité impliquerait la mobilisation d'importantes ressources humaines qu'il a évaluées à 240 magistrats et 400 fonctionnaires de greffe supplémentaires.

[324] C'est en effet une loi du 30 déc. 1987 qui est venue abroger l'entrée en vigueur de la collégialité, initialement prévue pour le 1er mars 1988.

[325] Report décidé par la loi du 13 janv. 1989 portant diverses mesures d'ordre social.

[326] Loi n°89-461 du 6 juill. 1989, JO 8 juill. 1989, p. 8538.

ce nouveau dispositif conduit à la mobilisation de moyens financiers importants. Or, cela n'est pas un secret, la justice pénale française est pauvre et n'a donc pas les moyens d'appuyer financièrement les projets de réforme, aussi louables soient-ils. Ou peut-être est-ce encore la manifestation de la difficile acceptation de changer deux cent ans d'instruction traditionnelle, la peur de la nouveauté et l'abandon de la tradition... En tout état de cause, il semble regrettable que l'efficacité de la justice, la manifestation de la vérité et surtout la protection des droits fondamentaux soient restreints à cause d'un manque de moyens financiers. Ces valeurs ne priment-elles pas sur l'argent ? La bonne marche de la justice semble ici mise à mal par un souci économique et surtout politique… Au final, le report incessant de la collégialité ne démontre t-il pas un réel refus de voir disparaitre le juge d'instruction, tel qu'il a été crée il y a plusieurs décennies ? Ici encore, l'éternel problème est le choix définitif à faire : nous savons ce que nous perdons, nous ne savons pas ce que nous allons trouver dans un système différent…

197. Il serait toutefois louable que le législateur entérine une décision définitive et se tienne à son projet de réforme initial sans quoi il règne une certaine insécurité juridique pour les citoyens, ne sachant pas vers quel mode d'instruction le pays va s'orienter. L'Histoire semble se répéter et il y a fort à parier que la collégialité ne verra pas le jour en 2014 mais sera encore repoussée[327]… La pratique nous le dira…

198. En conséquence, il est donc indéniable que l'instruction traditionnelle ne satisfait plus. L'existence d'un seul juge d'instruction est critiquable, la volonté d'instaurer une instruction à plusieurs est manifeste mais non encore avenue ce qui nous contraint à penser que les législateurs successifs sont quelque peu méfiants et réticents à la disparition pure et dure de l'instruction traditionnelle. La volonté d'une instruction collective semblerait bénéfique mais encore faudrait-il qu'elle soit appliquée et que le gouvernement donne au ministère de la justice les moyens financiers et humains de la réaliser. L'idée de faire disparaitre le juge d'instruction, figure ancestrale du procès pénal français, fait donc mal. C'est sans doute pourquoi le législateur a souhaité créer de nouveaux acteurs de l'instruction, afin de contrebalancer les pleins pouvoirs du juge d'instruction sans aller jusqu'à sa disparition réelle.

[327] Ce propos est à nuancer à ce jour au regard de l'actualité récente. Ainsi, le 5 mars 2013, la garde des Sceaux, Mme Taubira, a renoncé à différer la collégialité de l'instruction qui « entrera en exécution effective au 1er janvier 2014 ». Les conditions de mise en oeuvre de la réforme sont à l'étude. La ministre de la Justice a indiqué que la collégialité ne serait « pas forcément systématique dans l'instruction des dossiers », mais interviendrait « à certains moments de décision, à certains moments de la procédure, lorsqu'il s'agit de prendre des actes particuliers. »

SECTION 2. L'APPARITION INÉLUCTABLE DE NOUVEAUX ACTEURS DE L'INSTRUCTION

199. Au regard des nombreuses lacunes relevées dans l'instruction préparatoire traditionnelle, de nouvelles pistes ont été évoquées afin de concurrencer le juge d'instruction, à défaut de le supprimer. C'est ainsi que le schéma classique de l'instruction, composé du juge d'instruction et de la chambre de l'instruction, s'est vu enrichi d'un nouvel acteur en la personne du juge des libertés et de la détention, dont les compétences sont venues concurrencer celles du juge d'instruction. Le juge des libertés et de la détention est venu s'ériger en véritable contre pouvoir à la pleine puissance du magistrat instructeur et constitue par-là même une sorte de garde fou aux excès éventuels. Pour autant, ce troisième personnage, indépendant et impartial, ne donne pas entière satisfaction et a fait l'objet de vives critiques lors de sa création (§1). Le retrait de prérogatives du juge d'instruction initié par la création du juge des libertés et de la détention n'a toutefois pas suffi. En effet, la procédure pénale est toujours animée par l'idée selon laquelle le juge d'instruction doit disparaitre. A ainsi été proposée la création, par le Comité Léger en 2009, d'un juge nouveau venant remplacer le magistrat instructeur, dénommé le juge de l'enquête et des libertés. Or, comme cela a pu être étudié précédemment, l'idée de bouleverser profondément l'instruction préparatoire dérange et n'est toujours pas ancrée dans les esprits. Dès lors, la création du juge de l'enquête et des libertés n'a pas aujourd'hui abouti. Elle mérite cependant d'être étudiée au titre de pistes éventuelles pour une réforme prochaine (§2).

§1. Le rôle croissant du juge des libertés et de la détention

200. Créé par la loi du 15 juin 2000[328], le juge des libertés et de la détention, plus communément appelé JLD, est une institution originale à trois égards. A titre préliminaire, il convient de souligner le caractère étrange de son appellation « juge **des** libertés et de **la** détention » pouvant laisser présumer qu'il existe dès lors un possible fractionnement de la liberté et une seule et unique détention. Mais un tel raisonnement, trop rapide, est erroné. Ce choix terminologique démontre en réalité la volonté du législateur de mettre en exergue la protection de la personne en prévoyant différentes mesures rendant l'entrave à la liberté possible. Par le choix opportun du pluriel, le législateur de 2000 a entendu souligner que ce nouveau magistrat pouvait connaitre de différentes formes de restrictions et de privations de libertés, physiques ou non. D'autre part, la raison d'être elle-même du JLD semble originale puisqu'il est une institution créée comme un garde-fou à la toute puissance du juge d'instruction mais aussi du parquet. En ce sens, le JLD semble s'ériger en véritable organe régulateur de la procédure pénale (A). Enfin, et c'est sur ce point que la première originalité refait surface, le JLD semble

[328] Loi n°2000-516 du 15 juin 2000 renforçant la protection de la présomption d'innocence et les droits des victimes, JO 16 juin 2000, p. 9038, préc.

s'imposer comme une institution « multifonctions » tant il se retrouve, au fil des réformes, doté de pouvoirs croissants et diversifiés semblant lui conférer une légitimité certaine au stade de la phase préparatoire, somme toute critiquable (B).

A. Un organe régulateur de la procédure

201. Le juge des libertés et de la détention a été institué par la loi du 15 juin 2000 dans un double souci : éradiquer le contentieux fort nourri de la détention provisoire et garantir corrélativement, au mieux, les droits des personnes mises en examen. En effet, jusqu'alors, la matière épineuse du placement en détention provisoire et de sa prolongation relevait de la seule compétence du juge d'instruction. Or, un tel monopole ne pouvait se concevoir compte tenu des critiques formulées à l'encontre du magistrat instructeur et du désir incessant de le voir disparaitre. Le législateur de 2000, incapable pour autant de supprimer la figure ancestrale de l'instruction, trouva donc une sorte de parade afin de mettre fin à ce contentieux : la création d'un nouveau juge s'érigeant en garde-fou du juge d'instruction, en matière de détention provisoire pour la plus grande partie mais également dans d'autres domaines. Les fonctions de ce magistrat du siège ne se limitent en effet pas aux seules détentions provisoires et remises en liberté ; il est également le juge de la légalité en matière de délinquance et de criminalité organisée. C'est ainsi que le juge d'instruction s'est vu doté, par l'article 137-1 du Code de procédure pénale tel qu'issu de la loi sur la présomption d'innocence, de la faculté de saisir un nouvel organe, le juge des libertés et de la détention, pour toutes les demandes concernant les mesures de détention provisoire. Le législateur a voulu ici instaurer le principe d'un double accord selon lequel deux regards éclairés valent mieux qu'un : deux juges vont donc être appelés à estimer du bien fondé ou non d'un placement ou d'une prolongation de la détention provisoire. L'instauration de ce nouveau juge ne peut qu'être louable au regard des droits et libertés de l'individu mis en examen : au monopole du juge d'instruction se substitue une sorte de collégialité, une décision de deux professionnels, ce qui ne fait que renforcer la protection amorcée des droits des personnes au cours de la phase préparatoire du procès pénal. Ce renforcement s'explique aisément par la difficulté inhérente à la matière même : lors d'une décision relative à la détention provisoire, la liberté de l'individu est en jeu, il est donc logique qu'une telle décision ne puisse appartenir à un seul homme.

202. L'objectif de garantie accrue des droits de l'individu est également manifeste par la rédaction de l'article 137-1 du Code de procédure pénale. Ainsi, celui-ci prévoit que le juge des libertés et de la détention est un magistrat du siège ayant rang de président, de premier vice-président ou de vice-président, désigné par le président du tribunal de grande instance. Le texte poursuit en prévoyant que lorsque le tribunal comprend peu de magistrats du siège, le juge des libertés et de la détention ne peut, à peine de nullité, participer à la formation de jugement des

affaires dont il aurait eu connaissance dans ses fonctions de JLD[329]. Ce choix de rédaction et de nomination du JLD appelle deux remarques. D'une part, il est indéniable que le législateur a voulu que ce nouveau juge soit un homme d'expérience, hiérarchiquement au-dessus du juge d'instruction. Le JLD est dès lors positionné comme l'organe de contrôle du juge d'instruction en matière de détention provisoire. Ceci conduit néanmoins à réduire l'importance du magistrat instructeur avant même que la collégialité ne soit de nouveau envisagée. D'autre part, le législateur de 2000 semble démontrer l'importance qu'il accorde à la notion d'impartialité en interdisant au JLD de connaitre du jugement des affaires auxquelles il aurait pu apporter une réponse en amont. Le JLD est donc un juge indépendant, impartial et totalement maître de la matière de la détention provisoire. Pour autant, ce juge régulateur de la procédure de détention provisoire, n'est pas autonome : il ne peut s'auto-saisir, sa saisine doit obligatoirement être faite par le juge d'instruction, ce qui permet à ce dernier de garder une certaine mainmise sur la procédure. Toutefois, ce monopole de saisine a été atteint par l'article 121 de la loi du 9 mars 2004 venant modifier l'article 137-4 du Code de procédure pénale. Il est désormais ainsi prévu que la saisine du juge des libertés et de la détention peut être faite non plus par le seul juge d'instruction mais par le procureur de la République, s'il l'estime nécessaire. Le législateur a ainsi voulu créer, à coté du double accord sur la détention provisoire, un double regard sur celle-ci. Pour autant, cette saisine offerte au parquet n'est pas absolue puisqu'elle doit répondre à certaines conditions pour être admise. Ces conditions tiennent d'abord à la nature des infractions concernées, la saisine du JLD par le procureur de la République n'étant possible que pour les crimes et les délits punis de dix ans d'emprisonnement. Elles tiennent ensuite à la motivation des réquisitions du procureur de la République de placement en détention provisoire. Cette saisine n'est possible que si le procureur a requis la détention provisoire à titre de mesure de sureté, c'est-à-dire si elle est motivée par le risque de renouvellement des faits ou de fuite de la personne[330] ou par le trouble exceptionnel et persistant à l'ordre public[331]. Ces conditions tiennent en dernier lieu à l'information préalable du juge d'instruction. En effet, lorsqu'il saisit le juge d'instruction, le procureur doit l'avertir qu'il envisage de faire application de ce double regard dans le cas où il ne saisirait pas lui-même le juge des libertés et de la détention. Le magistrat instructeur peut donc décider de saisir lui-même le JLD, s'il estime la détention provisoire justifiée, ou s'abstenir de le faire le cas échéant. Son ordonnance motivée est portée à la connaissance du procureur qui peut décider de saisir ou non le juge des libertés et de la détention. Ce nouveau mode de saisine offert au parquet s'explique aisément par le fait qu'il serait illogique de confier la saisine du JLD au seul juge d'instruction. Pour autant, ce système demeure critiquable en

[329] La chambre criminelle de la Cour de cassation a d'ailleurs pu rappeler ce principe d'impartialité à plusieurs égards not. Crim. 8 déc. 2009, Bull. n° 208, D. 2010, panorama 2261, note. J. Pradel ; AJ pénal 2010, p. 86 ; Crim. 23 sept. 2010, Bull. n° 140, D. 2010, n° 124, obs. C. Lazerges-Cousquer.

[330] Art. 144-2 CPP.

[331] Art. 144-3 CPP.

ce qu'il est astreint à un certain formalisme tendant à une sorte de menace pesant sur le magistrat instructeur : le procureur l'avertit de son souhait de saisir directement le JLD et lui laisse le libre choix de le faire lui-même ou non… avec, comme « menace procédurale » en cas d'inaction de retrouver sa faculté de saisir directement le troisième organe de l'instruction ! En outre, ce système opère une distinction entre la détention sureté, prise par le procureur de la République et la détention provisoire « nécessités de l'instruction », décidée par le seul magistrat instructeur. Dès lors, une hiérarchie de pouvoirs liés à la détention semble se dessiner : le procureur est garant de la sureté de l'Etat alors que le juge d'instruction est garant des nécessités de l'information judiciaire. Or, n'est-il pas réducteur de scinder ainsi la détention provisoire ? Le Conseil constitutionnel n'a pas semblé opter pour ce point de vue car il a validé cette disposition législative en estimant que « la différence de traitement ainsi instituée entre les personnes dont la détention provisoire est requise ne procède donc pas d'une discrimination injustifiée. » et en validant la disposition législative permettant au procureur d'exercer le double regard[332]. En tout état de cause, le rôle du JLD, et notamment son domaine d'action, semblent ici renforcés : le fait qu'il puisse être saisi à la fois par le procureur de la République et le juge d'instruction conduit à accroitre nécessairement ses possibilités d'action. Il ne se contente pas dès lors de n'être qu'un acteur de l'instruction, il est également présent lors de la phase d'enquête et s'érige ainsi en troisième organe de la procédure pénale, entre le magistrat instructeur et le parquet. Il permet de réguler le contentieux relatif à la détention provisoire.

203. Enfin, force est de constater le rôle important également du juge des libertés et de la détention sur les services de police. En effet, jusqu'en 2000, ces derniers devaient attendre l'ouverture d'une information judiciaire pour voir leurs pouvoirs accrus. La création du JLD, véritable organe décisionnaire en matière de criminalité organisée, a participé au développement des pouvoirs exorbitants des enquêteurs en la matière. Ainsi, le juge des libertés et de la détention est seul compétent pour autoriser, en matière de criminalité organisée, l'usage de moyens intrusifs et coercitifs dès le stade de l'enquête[333]. Dès lors, le travail policier ne peut en être que facilité et accéléré. Alors qu'il fallait attendre l'ouverture d'une procédure d'instruction, souvent longue et coûteuse auparavant, de telles méthodes intrusives peuvent aujourd'hui être préconisées dès le stade de l'enquête, sous l'autorisation et le contrôle du juge des libertés et de la détention. En cela encore, sa création ne peut être que louable : elle accompagne un mouvement de renforcement des pouvoirs de police et donc d'une politique pénale sécuritaire.

204. En se positionnant comme contre pouvoir à la toute puissance du parquet et du juge d'instruction et en renforçant les pouvoirs de police, la création du juge des libertés et de la détention a contribué à une certaine régulation de la procédure pénale. Ce juge s'érige aujourd'hui en véritable troisième organe de l'instruction

---

[332] Cons. Const. Décision n° 2004-492 du 2 mars 2004, JORF du 10 mars 2004, p. 4646-4647.

[333] Cf. supra n°58 et suiv.

en particulier et de la procédure toute entière en général. Il en est ainsi un des acteurs incontournables. Ce sentiment se trouve d'autant plus renforcé que les récentes réformes ont contribué à élargir les prérogatives initialement confiées au JLD, même si cet accroissement se révèle critiquable car lacunaire.

B. Des compétences diversifiées

205. Depuis 2004, le juge des libertés et de la détention s'impose à la fois comme le juge de la légalité en matière de délinquance et criminalité organisées, il en est le spécialiste, et comme le juge compétent pour les détentions provisoires et les remises en liberté. Il est donc logique que le législateur ait initialement prévu des compétences larges dans ces domaines. Les pouvoirs accordés au JLD peuvent se regrouper en cinq catégories : la détention provisoire, les perquisitions, visites domiciliaires et saisies, les interceptions téléphoniques, les sonorisations et fixations d'images, la garde à vue et enfin des matières ne concernant pas la procédure pénale à proprement parler mais qui méritent d'être citées.

206. En matière de détention provisoire, selon les articles 137-1 et suivants du Code de procédure pénale, le JLD est saisi par le juge d'instruction ou par le procureur de la République depuis 2004 pour se prononcer sur le bien fondé ou non d'un placement en détention provisoire, celle-ci ne pouvant être « ordonnée ou prolongée » que par ce seul juge. Il statue également sur les demandes de mise en liberté qui lui sont soumises. L'alinéa 1er de l'article 141-2 du même Code rajoute que le JLD peut décerner mandat de dépôt en vue de la détention provisoire de l'individu. Modifié par la loi du 9 mars 2004, l'alinéa second de ce même article vient enrichir le domaine d'action du JLD en prévoyant qu'il peut être saisi par le procureur de la République pour décerner mandat d'arrêt ou d'amener à l'encontre d'une personne s'étant soustraite volontairement aux obligations d'un contrôle judiciaire. L'article 396 du Code prévoit en outre que le pouvoir de mettre en détention s'étend au cas de la comparution immédiate. Le JLD statue après l'organisation d'un débat contradictoire et est assisté d'un greffier (ce qui contribue à asseoir le caractère juridictionnel du JLD). Ce juge a également la faculté de remettre en liberté une personne que le juge d'instruction refuse de libérer. On voit par ce pouvoir toute l'importance que le législateur a confié à l'appellation même du JLD : il est juge de la détention mais aussi de la liberté. Ce pouvoir renforce aussi l'idée selon laquelle le juge d'instruction ne peut pleinement se prononcer sur la liberté d'une personne, une telle décision pouvant faire face à une seconde prise de position, sans doute plus équitable au regard des conditions d'impartialité et d'indépendance du JLD.

207. En matière de perquisitions, de visites domiciliaires et de saisies corrélatives à celles-ci relevant de la criminalité organisée, le juge des libertés et de la détention se voit confier des attributions jusqu'alors exercées par d'autres magistrats. Si dans la loi du 15 juin 2000, il était prévu que le JLD était compétent pour toutes les perquisitions, la loi du 9 mars 2004 est venue limiter le champ d'application de cette attribution à la seule matière de la criminalité organisée, rétablissant par-là même certaines prérogatives au juge d'instruction. Dès lors, le

juge des libertés et de la détention est compétent pour ordonner des perquisitions en dehors des heures légales, en enquête de flagrance [334] et en enquête préliminaire[335] (sans l'assentiment du suspect) relatives à l'une des infractions entrant dans le champ d'application de l'article 706-73 du Code de procédure pénale. La loi Perben 2 a redonné compétence au juge d'instruction pour ordonner les perquisitions relatives à la même matière à condition qu'elles aient lieu hors de locaux d'habitation ou qu'elles soient faites dans l'urgence.

208. En matière de criminalité organisée exclusivement, le législateur a octroyé le pouvoir au JLD de donner l'autorisation au procureur de la République de procéder à des écoutes téléphoniques dans le cadre d'une enquête préliminaire ou d'une enquête de flagrance[336]. Le juge des libertés et de la détention peut également autoriser le juge d'instruction à procéder, dans le cadre d'enquêtes entrant dans le champ de la criminalité organisée, à des sonorisations et fixations d'images qui s'effectuent la nuit et dans un lieu d'habitation[337]. Ces derniers pouvoirs accompagnent manifestement la volonté d'une justice pénale plus répressive et favorisée dans la matière délicate que constitue la criminalité organisée. Tout est mis en œuvre afin d'appréhender efficacement les auteurs d'infractions, même les moyens les plus intrusifs, ici légalisés dans un souci d'efficacité de la justice pénale. Les pouvoirs ici accordés au JLD s'expliquent par le fait que l'atteinte aux libertés constituées par de telles mesures, en phase d'enquête, nécessite le contrôle d'un juge du siège dont les garanties d'impartialité et d'indépendance sont indiscutables.

209. Le domaine dans lequel le juge des libertés et de la détention possède le plus de pouvoirs aujourd'hui est sans conteste celui de la garde à vue, toujours dans le cadre de la criminalité organisée. L'article 62-3 du Code de procédure pénale, tel que réformé par la loi du 14 avril 2011, dispose « La garde à vue s'exécute sous le contrôle du procureur de la République, sans préjudice des prérogatives du juge des libertés et de la détention prévues aux articles 63-4-2 et 706-88, 706-88-1 et 706-88-2 en matière de prolongation de la mesure au-delà de la quarante-huitième heure et de report de l'intervention de l'avocat. » Ainsi, si en droit commun, le principe est le contrôle de la garde à vue par le parquet, il en va différemment en matière de criminalité organisée pour laquelle le contrôle de la garde à vue s'effectue par le juge des libertés et de la détention. Ce changement de contrôle ne peut qu'être louable à cette période durant laquelle le statut d'autorité judiciaire indépendante du parquet fait débat. En effet, l'on ne peut que féliciter le législateur d'avoir confié le contrôle d'une mesure privative de liberté à un magistrat du siège, indépendant du pouvoir exécutif, contrairement au

---

[334] Art. 706-89 CPP.

[335] Art. 706-90 CPP.

[336] Art. 706-95 et 100 et suiv. CPP. Une telle mesure est possible lorsque les nécessités de l'enquête l'exigent. Le JLD pourra alors, sur requête du procureur de la République, autoriser des écoutes téléphoniques pour une durée maximum d'un mois, renouvelable une fois. Le juge du siège, informé sans délai par le procureur des actes accomplis, doit exercer un contrôle effectif sur une telle mesure. Cf. not. chap 1.

[337] Art. 706-96 al. 2. Cf. not. Chap 1.

procureur de la République, placé lui sous l'autorité du ministre de la justice. Ce contrôle offre au juge des libertés et de la détention différentes sortes de pouvoirs selon le moment de la garde à vue auquel on se place. Dans une première hypothèse, il est des cas dans lesquels le JLD intervient en relais du procureur de la République, notamment lorsque le législateur prévoit que ce dernier ne peut plus agir seul. Ainsi, l'article 63-4-2 du Code de procédure pénale prévoit que « Le procureur de la République ne peut différer la présence de l'avocat que pendant une durée maximale de deux heures. Lorsque la personne est gardée à vue pour un crime ou un délit puni d'une peine d'emprisonnement supérieure ou égale à cinq ans, le juge des libertés et de la détention peut, sur requête du procureur de la République, autoriser à différer la présence de l'avocat, au-delà de la douzième heure, jusqu'à la vingt-quatrième heure. » Le fait de pouvoir reporter librement l'intervention de l'avocat ne relève donc plus de la seule décision du procureur de la République ; celui-ci se voit dans l'obligation d'adresser une requête au juge des libertés et de la détention, seul apte à se prononcer sur le caractère nécessaire d'un tel report. Cet octroi de compétences s'inscrit dans l'idée selon laquelle le juge des libertés et de la détention, en ce qu'il est régulateur de la procédure, constitue un contre pouvoir à la pleine puissance du parquet. Ce dernier se voit aussi retirer la possibilité de prolonger la garde à vue. En effet, les articles 706-88 et 706-88-1 du Code de procédure pénale prévoient la possibilité pour le juge des libertés et de la détention de prolonger la garde à vue jusqu'à 96 heures en cas de criminalité organisée et de terrorisme et jusqu'à six jours en matière de terrorisme s'il existe un risque imminent et sérieux de menace terroriste. Dans tous les cas, il incombe au JLD les mêmes prérogatives que celles s'imposant au procureur de la République à savoir le caractère écrit et motivé d'une telle décision, l'obligation de rencontrer la personne gardée à vue et celle de lui indiquer qu'elle a le droit à un nouvel examen médical et à un entretien avec un avocat à chaque renouvellement de la garde à vue. Cette hypothèse érige donc le juge des libertés et de la détention en relais du procureur de la République : il devient indispensable lorsque la mesure présente une gravité telle que la décision ne peut être laissée au seul parquetier.

210. Il est des cas dans lesquels le juge des libertés et de la détention ne se contente pas d'être le relais du procureur de la République mais où il prend littéralement les prérogatives jusqu'alors accordées au parquet. Il en est ainsi des modalités d'exécution du mandat d'amener ou d'arrêt, lorsque la personne recherchée est interpellée à plus de 200 kilomètres du juge mandant. Le mandat d'amener peut se définir comme « l'ordre donné par le juge à la force publique de conduire immédiatement devant lui la personne à l'encontre de laquelle il est décerné. »[338] Le mandat d'arrêt est quant à lui « l'ordre donné à la force publique de rechercher la personne à l'encontre de laquelle il est décerné et de la conduire devant le juge d'instruction, après l'avoir le cas échéant, conduite à la maison d'arrêt indiquée sur le mandat où elle sera reçue et détenue.[339] » L'article 127

[338] Art. 122 al. 4 CPP.
[339] Art. 122 al. 5 CPP.

ancien du Code de procédure pénale prévoyait la possibilité, dans ces deux cas de figure et si la personne recherchée était « trouvée » à plus de deux cent kilomètres du juge d'instruction mandant, pour le procureur de la République de la recevoir et de l'interroger[340]. La loi du 14 avril 2011 portant réforme de la garde à vue est revenue sur l'autorité judiciaire devant laquelle l'individu concerné par un tel mandat devrait être traduit ; il n'est désormais plus fait référence au parquet mais au juge des libertés et de la détention, l'article 127 disposant dès lors que la personne doit être traduite « devant le juge des libertés et de la détention du lieu d'arrestation. » L'article 133 du même Code, relatif aux modalités d'exécution du mandat d'arrêt, reprend la même distinction en prévoyant désormais qu'il appartient au juge des libertés et de la détention, et non plus au procureur de la République, de recevoir l'individu. Un tel changement de compétences affaiblit quelque peu les pouvoirs du parquet et contribue à donner une légitimité certaine au juge des libertés et de la détention. Le législateur semble affirmer par-là même le doute subsistant sur l'indépendance du parquet…Toutefois, si le procureur de la République a perdu certaines compétences au profit du JLD, il est un domaine dans lequel la loi lui a permis de retrouver un pouvoir. Ainsi, la loi du 15 juin 2000 avait permis au JLD de contrôler la durée des enquêtes préliminaire et de flagrance ayant donné lieu à une garde à vue et alors qu'aucune poursuite n'avait été engagée dans les six mois suivant cette mesure. Dans ce cas de figure, toute personne pouvait demander au procureur de la République de l'informer de la suite qu'il entendait donner à l'affaire et si ce dernier ne poursuivait pas ou ne classait pas l'affaire dans un délai d'un mois, il devait saisir le JLD auquel il était donné compétence exclusive pour autoriser ou non la poursuite de l'enquête après un débat contradictoire. Le JLD avait donc récupéré une prérogative jusqu'alors réservée au procureur car lui seul pouvait autoriser une telle poursuite de l'enquête. Le législateur est revenu sur cette compétence avec la loi du 9 septembre 2002, redonnant compétence exclusive au parquet de répondre à une telle demande. Le législateur semble donc osciller entre deux mouvements : renforcer les pouvoirs du JLD d'une part, en amoindrissant la pleine puissance du parquet, tout en revenant d'autre part sur chacune des modifications opérées dans le cadre de nouvelles réformes. Ceci démontre le difficile équilibre inhérent à la matière pénale et devant exister entre chaque institution composant notre système pénal actuel. Le législateur est toujours partagé entre le fait de réformer les rôles traditionnels des deux protagonistes phares du procès, à savoir le parquet et le juge d'instruction, et le fait de ne pas bouleverser profondément des principes ancrés dans notre droit. Enfin, lors de la garde à vue, le juge des libertés et de la détention se voyait conférer, aux termes de l'article 706-88-2 du Code de procédure pénale, la possibilité, en matière de terrorisme et sur saisine du procureur ou de l'officier de police judiciaire, de décider que la personne gardée à

[340] L'ancien art. 128 CPP prévoit ainsi que le magistrat doit interroger la personne sur son identité, recevoir ses déclarations « après l'avoir avertie qu'elle est libre de ne pas en faire », l'interpeller afin de recueillir son consentement sur son transfèrement éventuel ou sur la poursuite des effets du mandat d'amener.

vue sera assistée par un avocat désigné par le Bâtonnier. La réforme finale n'avait pas tenu compte de la solution proposée par les représentants de la profession d'avocat, lors des auditions menées par François Zochetto, rapporteur du projet de loi au Sénat puisque ceux-ci faisaient valoir le respect du principe fondamental du libre choix de l'avocat en proposant que la personne gardée à vue soit assistée par l'avocat de son choix. Mais cette disposition a fait l'objet d'une question prioritaire de constitutionnalité et a été déclarée inconstitutionnelle[341]. Une nouvelle fois, les droits de la défense, et notamment celui de l'assistance de l'avocat, s'étaient trouvé évincés au profit d'une volonté d'efficacité procédurale et de rapidité de la réponse pénale. Le juge des libertés et de la détention se voyait conférer ainsi un rôle important sur l'avenir de l'affaire, aujourd'hui quelque peu amoindri.

211. A coté de ces nombreux pouvoirs relevant du domaine même de la procédure pénale, le législateur a doté le juge des libertés et de la détention de pouvoirs annexes. Ainsi, le JLD peut intervenir notamment en matière d'audition de témoin anonyme[342], en matière d'effacement ou de rectification du fichier national automatisé des auteurs d'infractions sexuelles ou violentes[343] et de fichiers d'empreintes génétiques[344], en matière de mesures conservatoires[345], en matière de contrôle des hospitalisations forcées notamment pour décider du maintien d'un malade dans un hôpital psychiatrique, en matière de saisie d'armes et de munitions détenues par une personne dangereuse. De plus, le juge des libertés et de la détention détient compétence pour autoriser certaines mesures de rétention des étrangers. Ces diverses compétences ne font qu'accentuer l'appellation donnée à ce nouveau juge puisqu'elles entrent bien dans le cadre des libertés individuelles. Néanmoins, une remarque mérite d'être soulevée : la plupart de ces pouvoirs s'exercent sur saisine du procureur de la République, le juge des libertés et de la détention ne pouvant pas s'autosaisir. Cette sorte de filtre

---

[341] Cons. const. déc. n°2012-223-QPC du 17 fév. 2012, D. act. 21 fév. 2012, obs. S. Lavric ; Procédures avr. 2012, n°126, note J. Buisson et A.-S. Chavent-Leclère ; Dr. pénal 2012, comm. n°62, note A. Maron et M. Haas.

[342] Art. 706-58 CPP relatif à la protection des témoins dispose « En cas de procédure portant sur un crime ou sur un délit puni d'au moins trois ans d'emprisonnement, lorsque l'audition d'une personne visée à l'article 706-57 est susceptible de mettre gravement en danger la vie ou l'intégrité physique de cette personne, des membres de sa famille ou de ses proches, le juge des libertés et de la détention, saisi par requête motivée du procureur de la République ou du juge d'instruction, peut, par décision motivée, autoriser que les déclarations de cette personne soient recueillies sans que son identité apparaisse dans le dossier de la procédure. »

[343] Art. 706-53-10 prévoit la possibilité pour toute personne de demander au procureur de la République l'effacement ou la rectification des informations la concernant si celles-ci ne sont pas exactes ou si leur conservation n'apparait plus nécessaire. Si le procureur refuse de faire droit à cette demande, la personne peut saisir à cette fin le juge des libertés et de la détention. Ce dernier peut faire prescrire toutes les mesures qu'il juge utiles (notamment un examen médical) pour faire droit, ou non, à cette demande.

[344] Art. R-53-13-2 à R-53-13-4 CPP.

[345] Art. 706-103 CPP. Le JLD peut, sur requête du procureur de la République, ordonner des mesures conservatoires sur les biens meubles ou immeubles, divis ou indivis, de la personne mise en examen.

conduit à penser que le JLD ne peut exercer pleinement ses prérogatives, une saisine étant au préalable nécessaire à son action.

212. Force est donc de s'interroger sur la réelle efficacité d'un tel juge. En effet, si celui-ci ne peut pas agir seul mais doit toujours le faire sur saisine, comment ne pas penser que son efficacité, son rôle, sont contrôlés ? Il ne peut intervenir que selon le bon vouloir du procureur de la République ou du juge d'instruction. Dès lors, pourquoi le législateur a-t-il voulu créer un nouvel organe ? Tantôt il lui octroie de nombreux pouvoirs, tantôt il tente de maitriser, d'encadrer ces mêmes pouvoirs par des actes accomplis par les deux acteurs traditionnels, mais néanmoins controversés, du procès pénal.... Il semble que là encore le travail législatif ait manqué d'une certaine logique ou peut-être était-il animé d'une volonté de ne pas bouleverser profondément le modèle classique... En tout état de cause, même si la création du juge des libertés et de la détention est louable, elle reste un « trompe l'œil[346] », une sorte de mascarade afin de contenter les crises de « réformite aigue » du législateur et calmer les opposants aux pleines puissances du parquet et du juge d'instruction. Ce sentiment est accentué par les lacunes pratiques inhérentes à la fonction du juge des libertés et de la détention. Ainsi, c'est un juge qui statue souvent dans l'urgence, sans avoir la possibilité de prendre connaissance de l'entier dossier et de participer (comme peut le faire le parquet) à certains actes de la procédure. Il ne peut en effet pas assister aux interrogatoires, aux auditions et confrontations, n'a pas de contact avec la personne mise en examen[347]... Le « double regard » que le législateur voulait donc instaurer sur les questions relatives à la détention provisoire est donc loin d'être atteint ! En outre, le juge des libertés et de la détention ne dispose pas de monopole dans la mise en liberté de la personne détenue, ce pouvoir étant partagé avec le juge d'instruction et la chambre de l'instruction qui dispose quant à elle d'une faculté de réexamen de l'ensemble de la procédure de placement en détention provisoire depuis la loi du 5 mars 2007. Que penser de surcroît de la procédure de référé-détention instituée au profit du procureur de la République par la loi du 9 septembre 2002 ? Le législateur offre ici la possibilité au parquetier de faire appel d'une décision de mise en liberté rendue par le juge contrairement à ses réquisitions. Pendant un délai de quatre heures à compter de la notification de l'ordonnance de mise en liberté au procureur, la personne mise en examen ne peut être remise en liberté sans l'accord de ce dernier. Le parquet dispose alors de la faculté de former un recours contre l'ordonnance de mise en liberté rendue par le JLD en vue de voir prononcée la suspension de l'exécution d'une demande de mise en liberté d'une personne placée en détention provisoire[348]. Quid alors du monopole censé être détenu par le JLD en matière de détention provisoire ? Le juge des libertés et de la détention semble ici mal porter son nom : il n'est pas le

---

346 Selon l'expression de B. De Lamy, Le juge des libertés et de la détention : un trompe l'œil ? Dr pénal 2007, Etudes n° 13. Voir aussi, M. Lemonde, Le JLD, une réelle avancée ? RSC 2001, p. 51.

347 Mise à part lors de la procédure contradictoire qui a lieu devant lui avant le placement en détention provisoire.

348 Art. 148-1-1 et 187-3 CPP.

seul juge des libertés puisque ses décisions peuvent faire l'objet d'un recours. Pourquoi dès lors avoir voulu instituer un juge spécialisé dans la détention provisoire en 2000 si c'est pour « anéantir » ses prérogatives en 2002 ? Ici encore, la confusion législative règne….. Il serait souhaitable, afin d'aboutir à une réelle efficacité de ce nouvel organe, que le législateur revoie les attributions offertes au JLD pour faire de lui un vrai juge de la détention provisoire, avec tous les pouvoirs y afférant. Le JLD, tel qu'il est conçu aujourd'hui, n'est donc qu'un juge « désarmé et isolé[349] » de plus dans la machine judiciaire…..mais n'aurait-on pas pu s'en passer ?

213. Au regard de ces énonciations, on ne peut que constater que si la création du juge des libertés et de la détention s'est révélée opportune sur certains points, elle n'en reste pas moins fort critiquable car lacunaire : le législateur n'a pas poussé la réflexion –et la réforme- assez loin, de sorte que le juge des libertés et de la détention apparaît comme un juge de plus, mais pas un juge révolutionnaire. C'est peut être pour cela que le législateur n'a de cesse de proposer la création de nouveaux juges devant intervenir dans une phase d'instruction dont la réforme ne cesse de se faire attendre.

§2. Les propositions redondantes pour une nouvelle instruction

214. Dans la volonté de réformer la procédure pénale en général et la phase d'instruction en particulier, plusieurs pistes n'ont cessé d'être évoquées pour de nombreuses réformes. Ceci a abouti à la prolifération en tout genre d'idées reprises d'anciennes propositions, parfois mêmes nouvelles, mais jamais consacrées. Dès lors, les propositions redondantes n'ont pas manqué sans pour autant être légalisées et totalement adoptées. La plus récente fut sans conteste celle avancée par le Comité de réflexion sur la justice pénale dit Comité Léger en 2009, selon lequel devrait être institué un juge de l'enquête et des libertés (JEL), nouveau juge d'instruction sans les prérogatives du juge actuel. Aussi innovante et critiquable soit-elle, cette proposition a vite été avortée, faute de poursuite de la réforme par le gouvernement en place (A). La redondance ponctuelle de ces propositions conduit nécessairement à s'interroger sur la viabilité même d'une réforme de la phase d'instruction. En effet, la recherche d'une procédure pénale meilleure, sans instruction problématique, est incessante mais chaque réforme est, dès le début, annoncée comme mort-née et n'aboutit jamais (B).

A. La création avortée d'un juge de l'enquête et des libertés

215. Le comité Léger chargé, par le Président Sarkozy en 2009, de réfléchir à une réforme globale de la phase préparatoire du procès pénal, avait soulevé l'idée, dès sa première proposition, de transformer le juge d'instruction, ne donnant plus satisfaction aujourd'hui, en juge de l'enquête et des libertés « investi exclusi-

[349] Selon H. Matsopoulou, Le juge des libertés et de la détention, acteur de premier ou de second rôle en matière de détention provisoire ?, D. 2008, p. 1494.

vement de fonctions juridictionnelles. » Dès le développement de cette proposition, le ton est donné : ce juge de l'enquête et des libertés, dénommé JEL, disposerait de pouvoirs importants mais ne serait qu'un arbitre de la procédure. Il était question dans le rapport d'accroître les pouvoirs d'enquête du procureur de la République en faisant de lui le seul directeur d'enquête et l'autorité de poursuite par excellence ; mais cet accroissement devait obligatoirement s'accompagner d'un contre-pouvoir et ceci était fait en la personne du JEL. A cette fin, ce dernier devait être doté de pouvoirs importants lui permettant de contrôler les mesures attentatoires aux libertés prises au cours de l'enquête et de s'assurer du respect des droits des parties durant cette phase préparatoire au procès.

216. Ce juge nouveau remplacerait à la fois le juge d'instruction et le juge des libertés et de la détention et serait investi de pouvoirs d'injonction à l'égard du parquet pour que ce dernier effectue des investigations déterminées. Pour autant, le Comité Léger faisait de ce JEL un juge « passif[350] » à l'inverse du juge d'instruction actuel, véritable juge actif dans la procédure. En effet, ce juge de l'enquête et des libertés ne mènerait en aucun cas l'enquête mais serait simplement chargé de statuer sur les demandes d'actes dont il est saisi. Le JEL serait donc chargé d'autoriser les écoutes téléphoniques, les sonorisations, les perquisitions hors les cas de flagrance et sans le consentement de l'intéressé, la prolongation des gardes à vue spéciales au-delà de 48 heures, le placement sous contrôle judiciaire ou en détention provisoire. Il statuerait, en outre, sur les demandes d'actes d'enquête ou de nullité (seulement dans les cas où le mis en cause aurait acquis la qualité de partie à l'enquête) et délivrerait des mandats d'amener ou d'arrêt. En définitive, le JEL proposé par le Comité Léger n'est qu'un condensé du juge d'instruction et du juge des libertés et de la détention déjà en fonction ; seule son appellation changerait. Le JEL serait donc compétent pour autoriser les atteintes les plus graves aux droits et libertés et serait contrôlé dans cette lourde tâche par la Chambre des enquêtes et des libertés (CHEL), issue de l'actuelle chambre de l'instruction. Le juge de l'enquête et des libertés serait donc chargé de contrôler la nécessité et la proportionnalité des atteintes aux libertés individuelles pouvant être décidées au cours de la phase préparatoire du procès pénal. Rien d'innovant donc dans la création de ce juge, simple « avatar[351] » de notre JLD actuel ! Le point demeurant positif est qu'il était prévu que ce juge ne puisse, à peine de nullité, participer au jugement des affaires dont il a eu connaissance au cours de l'enquête (tout comme le juge des libertés et de la détention actuel). Une exception demeure sur ce point regrettable en ce que cette incompatibilité n'était pas prévue quand le juge serait intervenu simplement pour autoriser une perquisition, une prolongation de garde à vue ou une interception de correspondances... Là encore, le respect des droits de la défense pèche !

---

[350] A. Coche, Le comité de réflexion sur la justice pénale ou les droits perdus du justiciable ? D. 2009, p. 2765.

[351] C. Ambroise-Castérot et P. Bonfils, Procédure pénale, op. cit. p. 26.

217. De nombreuses critiques ont pu être avancées sur ce juge de l'enquête et des libertés. En effet, outre le fait que le rapport Léger est incomplet et imprécis[352], il a été mis en exergue l'absence de définition précise des pouvoirs octroyés au JEL, celui-ci pouvant prendre « un certain nombre d'actes » c'est-à-dire, en filigrane, intervenir pour toutes les mesures attentatoires à la liberté des personnes et pour toutes les demandes d'actes refusées par le procureur. Rien n'est précisé en profondeur, le rapport Léger se contentant simplement d'énoncer les grandes lignes de la création de ce nouveau juge. Certains ont même avancé que « les injonctions du JEL pourraient rester lettre morte[353] » puisqu'allant à l'encontre de la volonté première du procureur, le JEL ne disposant alors pas de « l'autorité suffisante[354] » pour s'opposer aux désirs ou souhaits du procureur. En outre, ce magistrat, dont le rang hiérarchique n'était pas précisé dans le rapport, posait problème quant à son statut : il était ainsi prévu qu'il n'entre pas pleinement dans le dossier car ne pouvant pas effectuer d'actes à proprement parler mais qu'il prenne des décisions attentatoires aux libertés. Or, n'est-ce pas déjà les critiques formulées à l'encontre du juge des libertés et de la détention ? Sur ce point encore, aboutir à la création du JEL n'aurait fait que créer un JLD bis ! Vivement décriées, les propositions du rapport Léger, dont les auteurs ont même pu avancer qu'il portait bien son nom, ont vite été abandonnées, de sorte que la création du JEL a avorté, avant même d'avoir pu être pleinement soulevée. Tirant les conséquences de ces fâcheux oublis, les rédacteurs de l'avant-projet de réforme du Code de procédure pénale de 2010 reprirent l'idée de création du JEL en la développant. Il était ainsi prévu que ce juge serait chargé du contrôle de l'enquête menée par le parquet et qu'à cette fin, il reprendrait certaines attributions du juge d'instruction et du JLD Il était également prévu, afin de répondre aux interrogations quant au statut du JEL, que ce dernier serait nommé par décret et qu'il serait compétent pour autoriser, ou non, les actes coercitifs de l'enquête[355].

218. Cet abandon n'est pourtant pas le premier ; en effet, nombreux projets et propositions ont pu être avancés depuis une vingtaine d'années, tous ayant le même objectif : construire une nouvelle instruction, confiée à divers magistrats et ne laissant aucune place à la critique. Aussi ambitieux que soient ces projets, aucun n'a été mené à son terme. Force est donc de s'interroger sur la recherche constante d'une réforme de la procédure pénale, que l'on peut, avant même sa rédaction, annoncée comme « mort-née ».

---

[352] De nombreux écrits existent sur le Comité Léger not. A. Blanc, L'audience pénale, AJ pénal 2009, p. 396 ; Ph. Bonfils, Faut-il changer notre procédure pénale ? D. 2010, point de vue p. 158 ; J. Pradel, Le rapport Léger sur la justice pénale : la grande illusion ? RPDP 2009, p. 531 ; G. Straehli, Les impératifs d'un système d'instruction préparatoire en matière criminelle et pour les affaires complexes : les différentes réponses actuelles, Dr pénal 2009, p. 9 (Dossier spécial sur le rapport Léger).

[353] J-Y. Le Borgne, Le rapport Léger, le poids de l'habitude et la peur de la nouveauté, AJ pénal 2009, p. 400.

[354] B. Bouloc, Que penser des propositions du « comité Léger ? », D. 2009, p. 2264.

[355] Placement en détention provisoire, écoutes et perquisitions.

B. La recherche incessante d'une réforme « mort-née »

219. L'instruction traditionnelle ne donnant plus satisfaction et étant trop souvent décriée (à tort ou à raison), de nombreuses commissions ont été formées afin de voir aboutir le projet (peut être quelque peu utopique) d'une instruction, ou d'une phase secondaire aux poursuites, le mot instruction étant dérangeant, « idéale » et qui ne laisserait aucune place à l'erreur judiciaire. Dès lors, nombre de projets de réformes se sont succédés, aboutissant tous, pour la plupart, à un abandon des plus total. Cependant, certains méritent d'être évoqués afin de dégager des pistes de réflexion pour une éventuelle future réforme. Le rapport Léger ayant été étudié précédemment[356], deux propositions de réforme seront ici étudiées ainsi que la loi du 5 mars 2007.

220. La première proposition méritant une étude approfondie est celle rendue par la Commission Justice et droits de l'Homme, présidée par Mme Delmas-Marty, dont le rapport fut rendu public en 1992[357]. La Commission[358] proposait, à l'époque, de définir strictement le rôle et les prérogatives de chacun des acteurs de la phase préparatoire du procès pénal, qui sont au nombre de trois : le parquet, la défense et « le juge ». Partant des constats accablant la solitude du juge d'instruction, la Commission proposa de délimiter clairement les compétences de ce dernier. Il n'est désormais plus appelé « juge d'instruction » mais seulement « juge ». Il s'agit là de la clé de voûte de la réforme proposée par la Commission s'articulant entre le « juge » et la chambre d'accusation. La Commission proposait de confier au même juge l'ensemble des compétences relatives aux libertés individuelles alors partagées entre le juge d'instruction, le tribunal correctionnel et le président du tribunal de grande instance, y compris le contrôle de certaines mesures administratives privatives de liberté. Le juge s'érigeait alors en juge de la légalité de l'enquête chargé d'exercer un véritable contrôle de la procédure de mise en état de l'affaire. Pour cela, trois prérogatives lui seraient accordées : donner son autorisation pour toute mesure attentatoire aux libertés fondamentales, contrôler la régularité de la procédure de mise en état et prendre des décisions juridictionnelles relatives aux différents stades de la procédure. Ce juge, devant avoir au moins le rang d'un vice-président du tribunal de grande instance, est aussi garant du respect des libertés individuelles. Il ne serait plus doté de pouvoirs d'investigation, essentiellement confiés au parquet, mais verrait ses attributions juridictionnelles renforcées. En effet, le rapport se fonde sur l'incompatibilité entre les fonctions d'investigations et les fonctions

---

[356] Cf. supra n° 215 et suiv.

[357] Commission Justice pénale et droits de l'homme, La mise en état des affaires pénales, rapport, La Doc. fr., 1991, p. 133. V. not. Jean-Luc, Commentaire du rapport préliminaire sur la mise en état des affaires pénales dit « Rapport Delmas-Marty » ou l'enfer pavé de bonnes intentions, Gaz. Pal. 1990.1.Doctr.137 ; J. Pradel, La mise en état des affaires pénales- Propos sceptiques sur le rapport de la Commission justice pénale et droits de l'homme, D. 1990, p. 301.

[358] Cette Commission, présidée par Mme le professeur M. Delmas-Marty, était composée d'avocats de professeurs, d'un procureur, de présidents de section au Conseil d'état, à la chambre criminelle de la Cour de cassation, d'un vice-président de TGI, d'un conseil d'Etat, d'un directeur de l'administration pénitentiaire et du directeur des affaires criminelles et des grâces.

juridictionnelles. Chargé d'organiser et de superviser la recherche des preuves, le juge d'instruction est également investi de pouvoirs juridictionnels, tels que celui de statuer sur la liberté des personnes et les restrictions à y apporter le cas échéant, et surtout, de prendre la décision de renvoyer les prévenus devant la juridiction de jugement ou de rendre une décision de non-lieu. Pour les membres de la commission, ces deux fonctions sont incompatibles : soit le magistrat s'investit dans la recherche des preuves et y perd nécessairement son impartialité, soit il délègue largement ses pouvoirs d'enquêteurs, notamment par le moyen des commissions rogatoires, se fiant entièrement aux résultats de ces dernières pour prendre des décisions sur le fond, au demeurant peu motivées. Le rapport préconisait alors de regrouper les fonctions d'investigation entre les mains du parquet, sous réserve toutefois que ce dernier bénéficie de garanties renforcées, de type statutaire notamment, lui assurant une indépendance, et que la défense bénéficie en parallèle de droits renforcés. Sans oser avancer l'hypothèse d'une rupture des liens hiérarchiques entre le parquet et l'exécutif, la commission appelait de ses vœux un « nouveau ministère public », rappelant par ailleurs que celui-ci était déjà en charge de la mise en état des 92% de procédures pénales, qui ne faisaient pas l'objet d'une ouverture d'information. Ne voulant plus d'un juge isolé, la Commission proposa également l'instauration de la collégialité en accroissant notamment les pouvoirs de la chambre d'accusation.

221. Le rapport de cette Commission a largement été inspiré par la commission Donnedieu de Vabres instituée à la Libération pour réfléchir aux réformes souhaitables en matière pénale. Cette commission remettait un rapport en 1949[359] au terme duquel elle préconisait de répartir les pouvoirs du juge d'instruction entre le parquet, chargé des missions d'investigation, recherche et recueil des preuves, et un magistrat du siège, " juge de l'instruction" appelé à statuer sur le contentieux lié aux investigations et aux mesures de sûreté, au premier rang desquelles la détention provisoire. Cette proposition fut accueillie avec réticence, dans la mesure notamment où elle concentrait entre les mains du parquet les fonctions de poursuite et de recueil des preuves. Elle eut néanmoins le mérite de poser la question de l'utilité du juge d'instruction.

222. Aussi prometteuses soient-elles, les idées avancées par la Commission Delmas-Marty n'ont pourtant pas été suivies d'effets en pratique, inspirant peu le législateur... En revanche, une série de lois allait progressivement limiter les pouvoirs du juge d'instruction, et donc réformer la phase d'instruction, dès les années 2000 et notamment la loi du 15 juin 2000 instituant le juge des libertés et de la détention. La volonté de réforme de la phase d'instruction arriva à son apogée (ce que l'on croyait tout du moins être son apogée) en 2007, avec deux lois : tout d'abord la loi organique du 5 mars 2007[360], dite loi post-Outreau,

[359] Rapport Donnedieu de Vabres, RSC 1949, p. 433.

[360] Loi organique n° 2007-287 du 5 mars 2007, JORF du 6 mars 2007. La Commission d'enquête ouverte après l'affaire d'Outreau avait en effet suggéré que le corps des magistrats se dote d'un code de déontologie et que tout manquement grave aux principes essentiels de la procédure pénale (respect du contradictoire, instruction à charge et à décharge, respect de la présomption d'innocence,

« relative au recrutement, à la formation et à la responsabilité des magistrats », suivie par la loi du 5 mars 2007 tendant à renforcer l'équilibre de la procédure pénale, instaurant les pôles de l'instruction et la collégialité de l'instruction, qui n'est cependant toujours pas mise en place. Cette lacune est regrettable à un moment où la procédure pénale, et plus précisément la procédure d'instruction, est en crise. En effet, pourquoi vouloir créer des projets qui n'aboutissent pas ? Le législateur ne semble pas vouloir réellement accomplir la délicate tâche de la réforme de l'instruction préparatoire dans son entier. Les intitulés des principaux chapitres de cette réforme étaient pourtant évocateurs de l'ambition du législateur : « Dispositions instaurant la collégialité de l'instruction » (Chapitre 1er) ; « Dispositions relatives aux pôles de l'instruction et à la co-saisine des juges d'instruction » (Chapitre 2). Pour autant, ces idées ne sont pas effectives... De plus, on ne peut que regretter qu'aucun bilan officiel d'ensemble n'ait été dressé de l'expérience de la co-saisine des juges d'instruction et de leur regroupement en pôles, même si l'on peut présumer qu'un tel bilan aurait probablement souligné les difficultés d'un tel travail collégial, dont les juges d'instruction ont dû, " sur le terrain" inventer les modalités pratiques. L'association française des magistrats instructeurs, par la voie de sa présidente, Geneviève Giudicelli propose de poursuivre et d'intensifier l'expérience de travail en collégialité des juges d'instruction, dans le cadre d'une « collégialité modulée », réservées aux actes les plus graves de l'instruction[361].

223. Suite aux propositions du Comité Léger, un projet de réforme du Code de procédure pénale fut proposé et les services du ministère de la justice ont préparé, en 2010, un avant-projet de Code de procédure pénale[362]. Cet avant-projet proposait la disparition de l'instruction, au profit d'une enquête menée par le parquet, sous le contrôle d'un juge de l'enquête et des libertés, sorte de successeur, comme on a pu le voir plus haut, du juge des libertés et de la détention actuel. L'idée générale de ce projet était de remplacer le juge d'instruction, considéré comme juge et partie à l'enquête, par un magistrat complètement extérieur à l'enquête, auquel ne seraient confiés que des pouvoirs de contrôle. Cet avant-projet proposait de prolonger le système mis en place par la loi Perben 2 du 9 mars 2004, à savoir destituer le juge d'instruction au profit d'un nouveau juge. Le risque, développé précédemment, était de créer un juge, censé contrôler des actes sur lesquels il n'aurait qu'une information partielle, à l'instar

---

égalité des armes...) soit érigé en faute disciplinaire pouvant entrainer une sanction. Cette loi organique a tenté de suivre cette idée et le Code de déontologie est devenu le « recueil des obligations déontologiques des magistrats » mais les fautes et sanctions disciplinaires pour manquement grave aux principes essentiels de la procédure pénale ont été déclarées non conformes à la Constitution par le Conseil constitutionnel.

[361] G. Giudicelli, Le juge d'instruction évoluera ou disparaîtra, AJ pénal 2009, p. 68.

[362] Un dossier complet fut consacré à ce projet de nouveau Code de procédure pénale, AJ pénal 2010, n° d'avril avec notamment V. Malabat, L'avant-projet du futur code de procédure pénale : refonte, simplification ou confusion des phases de la procédure pénale ?, p. 162 ; M. Alliot-Marie, Pour une refondation de la procédure pénale, interview p. 158 ; H. Leclerc, Le temps de la réflexion est indispensable, interview p. 167.

de la position actuelle du JLD dans les décisions de placement en détention provisoire. L'avant-projet envisageait une piste fort critiquable : il avait ainsi été soulevé que le parquet puisse enquêter à charge et à décharge, à défaut de pouvoir instruire ... Dès lors, pourquoi vouloir remplacer le juge d'instruction par le procureur de la République en lui confiant les mêmes prérogatives et en laissant donc subsister les mêmes ambigüités quant à son impartialité ? En outre, l'avant-projet de Code de procédure pénale prévoyait la suppression de la plainte avec constitution de partie civile de la victime qui permet de déclencher le procès pénal[363], procédant par là même à un accroissement certain des pouvoirs du parquet alors que le statut de ce dernier ne serait pas repensé ! Face aux nombreuses critiques soulevées par ce rapport, et principalement parce que les garanties de remplacement du juge d'instruction n'apparaissaient pas assurées dans des conditions satisfaisantes, la garde des Sceaux de l'époque avait annoncé son intention de reporter la présentation de son rapport en conseil des ministres. La décision rendue par le Conseil constitutionnel le 30 juillet 2010 a, en outre, obligé le gouvernement à réformer en urgence la garde à vue et non la procédure pénale dans son intégralité. Il est vrai aussi que l'élection présidentielle approchait et qu'il n'était peut être pas opportun de procéder à un bouleversement considérable quelque mois avant...Il est sur ce point regrettable que la réforme de la procédure pénale, pourtant nécessaire, soit dépendante de la politique en place et du calendrier des institutions politiques.

224. En tout état de cause, il ressort de ces énonciations que, malgré de nombreuses propositions de réforme, aucune n'a pleinement abouti. Est-ce par peur de la nouveauté ? Du changement ? Ou par simple « envie » de ne pas bousculer l'ordre pénal établi ? Il est regrettable que tous ces travaux restent lettre morte et il y a fort à parier que des travaux futurs subiront la même fin. La réforme de l'instruction traditionnelle semble utopique, elle relève peut être même d'un fantasme des législateurs successifs. Quoiqu'il en soit, le législateur va devoir prendre une décision, l'instruction traditionnelle étant trop décriée et la collégialité de l'instruction très attendue. Il serait également souhaitable que cessent les volontés de retouches hâtives, dénuées de toute réflexion globale, ne faisant que dénaturer le procès pénal en détruisant le fragile équilibre entre les acteurs de la procédure pénale.[364] En définitive, la question de la suppression du juge d'instruction est un « serpent de mer[365] » que le législateur semble avoir renvoyé à une date indéterminée. Si l'avenir de la réforme de la procédure pénale est pour l'heure ajourné, l'avenir du juge d'instruction n'en reste pas moins menacé, principalement parce que les garanties mises en place pour son remplacement ne paraissent pas suffisantes, spécialement en ce qui concerne les garanties d'indépendance des magistrats et le respect du contradictoire. Le

---

[363] Ph. Bonfils, Il faut sauver la jurisprudence Laurent-Atthalin, D. 2010, point de vue p. 1153.

[364] R. Merle et A. Vitu, Traité de droit criminel, procédure pénale, Cujas, 5ème éd. 2001, p. 9.

[365] C. Lazerges, La tentation du bilan 2002-2009 : une politique criminelle du risque au gré des vents, RSC 2009, p. 689.

bouleversement annoncé et tant attendu de la procédure pénale est donc aujourd'hui suspendu, du moins pour l'instant…

225. La limitation progressive de l'instruction préparatoire et le renforcement corrélatif du rôle du ministère public, notamment à travers ses prérogatives prépondérantes dans la phase d'enquête et dans le choix de la réponse pénale, ont conduit à un bouleversement certain de la phase préparatoire du procès pénal. En effet, les différentes réformes adoptées ou non, ces vingt dernières années ont toutes eu le même objectif : concourir à une modification progressive mais pour le moins critiquable du rôle des acteurs institutionnels du procès pénal. Cependant, cette modification ne pouvait s'en tenir là. Ainsi, la procédure pénale en général et la phase préparatoire du procès pénal en particulier ont connu une profonde mutation sous l'influence croissante du droit européen des droits de l'Homme et de la place grandissante de nouvelles sources du droit pénal. Cette mutation a ainsi affecté les fondements même de la procédure pénale mais aussi les protagonistes du procès pénal, qu'ils soient auteurs ou victimes de l'infraction. De sorte que l'on assiste aujourd'hui à une évolution des principes gouvernant la phase préparatoire du procès pénal, évolution qui n'est pas encore achevée et laisse à penser que la procédure pénale est une matière en plein essor et en plein bouleversement.

PARTIE II

Le rééquilibrage entre les droits des protagonistes au procès pénal

226. La modification progressive du rôle des acteurs institutionnels du procès pénal ne pouvait pas être sans conséquences sur les fondements même du procès pénal. Ainsi, le fait de modifier les compétences et attributions à la fois du procureur de la République et du juge d'instruction et de procéder à la création de nouvelles juridictions, a conduit le législateur à modifier profondément les principes gouvernant jusque là la phase préparatoire du procès pénal. Cette modification s'est en outre trouvée renforcée par l'apparition de nouvelles sources influençant la justice pénale.

227. Face à l'essor de l'Union européenne et à la force croissante de la Convention européenne des droits de l'Homme en droit interne, la législation pénale a été contrainte d'évoluer pour essayer de tendre à une quasi-perfection, une meilleure conformité avec les standards européens. Ainsi, l'étude des principes gouvernant la phase préparatoire du procès pénal, et plus largement la procédure pénale en son entier, ne peut se limiter à une seule prise en compte de l'encadrement législatif interne ; elle doit s'étudier à l'aune de la jurisprudence européenne et communautaire mais aussi, depuis peu et cela va être renforcé dans les années à venir, à l'aune de la jurisprudence constitutionnelle. Ce constat étant fait, le procès pénal français est contraint d'évoluer sous l'idée directrice selon laquelle va émerger un modèle universel de procès, commun à tous les Etats membres de l'Union, basé sur les exigences du procès équitable et du contradictoire. Les règles fondamentales applicables à la phase préparatoire du procès pénal ne sont donc plus les mêmes et se modifient au fil des réformes (**Chapitre 1**).

228. Par ailleurs, un tel changement des règles applicables à la phase préparatoire ne pouvait avoir qu'un corollaire : le renforcement consécutif des droits des parties au procès (**Chapitre 2**). Les parties, qu'elles soient suspects ou victimes, voient donc leur droits s'accroitre parallèlement. En effet, le législateur ne pouvait faire évoluer la matière pénale qu'en procédant à un accroissement des droits des parties privées afin de ne pas rompre le délicat équilibre exigé dans la procédure pénale. Dès lors, la personne suspectée ou poursuivie se voit octroyer

des garanties supplémentaires, tant lors de la garde à vue que lors de la détention provisoire. De la même façon, la victime, jusqu'alors grande oubliée de la justice pénale, arrive sur le devant de la scène, grandie des nombreuses réformes lui accordant un véritable statut de partie à la procédure.

CHAPITRE I

L'influence des principes directeurs sur l'évolution de la phase préparatoire du procès

229. La finalité de la procédure pénale est de garantir à la fois la fiabilité du procès pénal et la sanction qui en résultera. En effet, la procédure pénale mettant en jeu deux intérêts antagonistes (la protection de la société d'une part et celle de l'individu d'autre part), chacune des parties doit trouver une satisfaction dans le déroulement du procès même, mais aussi en amont c'est-à-dire durant les phases d'enquête et d'instruction.

230. Afin de trouver un juste équilibre, parfois difficile à maintenir, la prise en compte de standards d'une procédure démocratique, respectueuse des libertés et droits fondamentaux, a semblé s'imposer. Ainsi, la matière pénale étant fortement attentatoire aux droits et libertés individuels, il était logique de prendre en compte la protection des droits fondamentaux afin que l'individu soit le moins affaibli, déstabilisé, possible. C'est pourquoi le législateur français a été inspiré, peut être contraint par période, des principes élaborés par le droit européen, afin de rendre le procès pénal le plus respectueux, efficace et équitable possible. Dès lors, l'étude de l'apparition de nouvelles sources de la procédure pénale s'avère inévitable car modifiant de manière fondamentale le déroulement de la phase préparatoire et du procès qui va en résulter (**Section 1**). Mais cette nouvelle influence ne pouvait pas être sans conséquence sur les acteurs principaux du procès pénal. Ainsi, fort de protéger au mieux les individus, tant le suspect que la victime, le législateur a procédé, au regard des nouvelles exigences européennes, à un renforcement certain des droits des parties privées par le biais du principe du contradictoire, bien que ce renforcement soit à parfaire sur certains points (**Section 2**).

SECTION 1. LE RENOUVEAU DES SOURCES DE LA PROCÉDURE PÉNALE

231. Si, classiquement, la Constitution et la loi peuvent être considérées comme les sources premières de la procédure pénale, une étude approfondie de

ces vingt dernières années laisse apparaître une profonde mutation des sources de la matière pénale en général, de la procédure pénale en particulier.

232. Ainsi, matière en pleine expansion et toujours plus médiatique, la procédure pénale ne peut être résumée aux seules Constitution et lois françaises. Dans une matière dans laquelle l'équilibre entre deux intérêts antagonistes doit être constamment respecté, il semble indéniable que d'autres influences, d'autres sources d'évolution doivent être prises en considération. Dès lors, la procédure pénale française, telle qu'elle est conçue aujourd'hui, doit être étudiée à l'aune du droit européen des droits de l'Homme. En effet, le législateur français a dû composer avec de nouvelles jurisprudences émergeant au niveau européen et communautaire, mais aussi, depuis peu au niveau interne, avec la montée en puissance des contrôles offerts au Conseil constitutionnel. Le législateur, dans sa recherche de perfection de la loi au travers de multiples réformes, se doit donc de prendre en compte l'existence de moyens juridiques nouveaux (§1). Cette multiplicité de nouvelles sources de la procédure pénale a fait naître l'idée d'un procès qui serait parfait, commun à tous les pays membres de l'Union européenne, dans lequel des principes directeurs devraient être respectés, dans un souci de protectionnisme accru de l'individu poursuivi, mais aussi des parties. Ainsi, la consécration de la présomption d'innocence et le respect de l'exigence d'un procès équitable concourent à l'idée selon laquelle un modèle universel de procès, tendant à la perfection, est en train de faire son apparition sur la scène pénale (§2).

§1. La prise en compte de moyens juridiques nouveaux

233. Face à l'internationalisation du droit, la procédure pénale ne peut plus se contenter de n'être que française et législative, la jurisprudence de la Cour de cassation ne constitue ainsi plus la seule source de la procédure pénale. Ainsi, étudier la procédure pénale, et plus spécifiquement le procès pénal, ne doit plus se limiter à la prise en compte des seules règles du Code de procédure pénale. En effet, les articles des traités internationaux, la jurisprudence de la Cour européenne des droits de l'Homme et celle de la Cour de justice de l'Union européenne ainsi que les directives que donne régulièrement le Conseil constitutionnel constituent à ce jour des sources impératives et non négligeables que le juge pénal doit prendre en considération. Force est donc de constater que l'émergence d'une jurisprudence pénale européenne (A) et d'une jurisprudence pénale constitutionnelle (B) sont des lignes directrices pour le juge et le législateur pénal.

A. L'émergence d'une jurisprudence pénale européenne

234. Au rang des sources supra-législatives du droit pénal français, se trouve principalement la Convention européenne des droits de l'Homme dont l'application est contrôlée par la Cour européenne des droits de l'Homme

(CEDH), source d'évolution constante du droit français (a). De plus, il faut constater la communautarisation du droit pénal, certes plus lente et progressive. Cette influence est caractérisée par la prise en compte de la jurisprudence de la Cour de justice de l'Union européenne (b).

a. L'influence dominante des « décisions » de la CEDH

235. La Convention européenne des droits de l'Homme, signée à Rome le 4 novembre 1950 et ratifiée par la France le 3 mai 1974, fonde la protection européenne des droits de l'Homme et fournit aujourd'hui le modèle le plus perfectionné de garantie effective des droits de l'Homme proclamés sur le plan international. Ce texte important a pris son essor en raison de l'existence d'un organe supra-national, la Cour européenne des droits de l'Homme, chargée de vérifier si les Etats signataires de la Convention respectent leurs engagements. Ainsi, la Cour, qui siège à Strasbourg, a très vite considéré que les droits qui sont protégés par le texte ne sont pas simplement des droits théoriques, mais sont au contraire des droits concrets et qui doivent être effectifs[366]. Elle s'est reconnue le droit d'imposer aux Etats parties des obligations positives. Ainsi, la réalisation de nombreux droits prévus par la Convention européenne des droits de l'Homme fait peser, selon la Cour, à la charge des Etats une obligation d'adopter des mesures positives. A titre d'exemple, on peut citer l'arrêt Selmouni contre France dans lequel la Cour a imposé à l'Etat l'obligation de procéder à une enquête effective en vue de l'identification et de la punition des responsables en cas de traitements contraires à l'article 3 de la CESDH, commis par des officiers de police judiciaire[367]. La Cour désire par là-même assurer la garantie du droit invoqué, même quand ce droit est susceptible de limitations autorisées par le texte européen, étant entendu que ces limitations doivent faire l'objet d'une interprétation restrictive.

236. Cependant, la Convention fixe des normes internationales à respecter par les Etats contractants dans leurs rapports avec les individus et confie à chacun des Etats le soin d'assurer la jouissance des droits et libertés qu'elle consacre. La Convention a donc un caractère second par rapport au droit interne ; elle ne vise pas à le supplanter, mais simplement à le compléter, voir à corriger ses éventuelles défaillances. Le droit national garde donc une certaine autonomie, ce qui explique que les Etats gardent une « marge d'appréciation » quant à l'application de la Convention. Pour autant, cette marge d'appréciation n'est pas absolue car elle est sous le contrôle de la Cour ; c'est elle en effet qui fixe les limites du pouvoir discrétionnaire des Etats. Voilà, en théorie, l'influence de la Convention et de la Cour européenne sur le droit interne ; il en est tout autre en pratique…

---

[366] CEDH, arrêt Airey 9 oct. 1979.

[367] CEDH, arrêt Selmouni c/ France, 28 juill. 1999, JCP 1999, II, 10193, note F. Sudre ; RTD Civ. 1999, p. 911, obs. J-M. Marguénaud ; RSC 1999, p. 891, obs. F. Massias ; D. 2000, Somm. p. 31, obs. Y. Mayaud et p. 179, obs. J-F. Renucci ;RTDH 2000, p. 123, obs. P. Lambert.

237. Comme tout acte juridictionnel, l'arrêt rendu par la Cour de Strasbourg a autorité de chose jugée : il est donc définitif et obligatoire, l'article 46 de la Convention imposant aux états signataires de « se conformer aux décisions de la Cour dans les litiges auxquels [ils] sont parties. » L'on comprend donc à la lecture de ce texte que l'autorité réelle des arrêts de la Cour européenne est bien différente : elle est ainsi beaucoup plus large que sa stricte portée juridique. Pourtant, cette autorité de la chose jugée était, jusqu'à présent, relative et les arrêts rendus par la Cour n'avaient pas d'effet direct en droit interne. Mais le législateur de 2000, considérant que l'influence de la Cour de Strasbourg ne devait pas être négligée, a modifié quelque peu cette réalité. A cet effet, la loi du 15 juin 2000 est venue insérer en droit français la possibilité, en droit pénal, par le biais des articles 626-1 et suivants du Code de procédure pénale, pour le justiciable d'avoir recours à une procédure de réexamen. Ainsi, celui qui a obtenu une décision de condamnation de la France devant la CEDH peut saisir une commission de la Cour de cassation appelée Commission de réexamen, qui décidera du sort à donner à l'affaire, celle-ci pouvant être rejugée. Il est indéniable que cette procédure renforce l'influence des décisions de la Cour européenne, en matière pénale.

238. Les arrêts de violation ont une incontestable efficacité coercitive : ils influencent fortement les Etats à adopter des mesures destinées à rendre la législation interne compatible avec la Convention ou favorisent un ajustement des jurisprudences nationales à la jurisprudence européenne.

Les modifications législatives et les revirements jurisprudentiels français en sont de parfaits exemples. Ainsi, c'est à la suite des deux arrêts Kruslin et Huvig du 24 avril 1990[368] que la France a modifié sa législation en matière d'écoutes téléphoniques, alors même que jusqu'alors, la chambre criminelle admettait sans encadrement précis ni réserve le placement sur écoute d'une ligne téléphonique[369]. Désormais, l'interception des correspondances émises par la voie des télécommunications est soumise aux articles 100 à 100-7 du Code de procédure pénale, issus de la loi du 10 juillet 1991[370]. De même, la France a du revoir toute sa procédure de contumace par le biais de la loi du 9 mars 2004, suite à une condamnation en 2001 pour l'absence de recours contre la décision de la Cour d'assises refusant d'entendre, au fond, les avocats de l'accusé non comparant[371]. En outre, suite à l'arrêt Ben Naceur du 3 octobre 2006[372], la

[368] CEDH 24 avr. 1990, Kruslin et Huvig c/ France, D. 1990, p. 353, note J. Pradel ; RSC 1990, p. 615, obs. pettiti.

[369] Crim. 12 juin 1952, Bull. n°153 ; Crim. 9 oct. 1980, Bull. n°255.

[370] Loi n° 91-646 du 10 juill. 1991, JO 13 juill. p. 9167 ; J. Pradel, Un exemple de restauration de la légalité criminelle : le régime des interceptions de correspondances émises par la voie des télécommunications (commentaire de la loi n°91-646 du 10 juillet 1991) D. 1992, p. 49 ; P. Chambon, Analyse et commentaire de la loi du 10 juillet 1991 relative au secret des correspondances émises par la voie des télécommunications, ALD 1991, p. 173.

[371] CEDH Krombach c/ France, 13 févr. 2001.

[372] CEDH, 3 oct. 2006, Ben Naceur c/ France, D. 2007, p. 979, obs. J. Pradel ; JCP 2006, I, 106, n° 5, obs. F. Sudre, RSC 2008, p. 153, obs. D. Roets.

chambre criminelle a écarté l'article 505 du Code de procédure pénale qui accorde au procureur général un délai d'appel plus long que celui accordé aux autres parties, l'exigence de procès équitable étant par là-même atteinte[373]. Le législateur va entériner cette jurisprudence dans la loi du 24 novembre 2009, dite loi pénitentiaire, et modifier l'article 505 du Code qui prévoit désormais que le procureur général dispose d'un délai de 20 jours (au lieu d'un mois) et que les autres parties ont un délai de 5 jours pour interjeter appel à titre incident.

239. Mais l'influence la plus incontestable est constituée par les arrêts Medevedyev[374] et Moulin[375] dans lesquels la Cour de Strasbourg a pu affirmer que le ministère public français n'est pas une autorité judiciaire, au sens de l'article 5 de la CESDH. Elle considère en effet que les membres du ministère public en France ne remplissent pas les exigences d'indépendance à l'égard de l'exécutif qui impliquent l'impartialité au titre de garantie relative à la notion de magistrat, il est exclu que l'autorité judiciaire au sens de l'article 5 paragraphe 3 puisse agir par la suite contre le requérant dans la procédure pénale. La Cour de cassation a pu s'aligner sur cette jurisprudence, le Conseil constitutionnel, quant à lui, s'en écarte. Cette décision a contraint le législateur à revoir la question de la garde à vue, sous l'angle des pouvoirs du parquet et de la présence de l'avocat[376].

240. Cette influence est d'autant plus importante depuis la loi du 15 juin 2000 qui a prévu la création d'un pourvoi dans l'intérêt des droits de l'Homme. Ce pourvoi permet au requérant, à l'origine d'un arrêt de condamnation de la France par la Cour européenne, en matière pénale, de bénéficier des conséquences de cet arrêt en demandant aux juridictions françaises d'effacer les conséquences de la décision définitive, rendue en violation de la Convention. Cette procédure ad hoc est prévue aux articles 626-1 à 626-7 du Code de procédure pénale.

241. Toutes ces affaires démontrent bien la vocation de la jurisprudence européenne à être un instrument d'harmonisation des régimes juridiques des droits de l'Homme dans les Etats contractants. En dépit de l'autorité relative de la chose jugée de ses décisions, « la Cour, par des méthodes d'interprétation qui européanisent sa jurisprudence et lui donnent sa cohérence et son autorité, dégage un droit commun européen des droits et libertés. »[377] Il est en outre incontestable que la jurisprudence européenne est dotée d'une certaine autorité persuasive,

---

[373] Crim. 17 sept. 2008, Dr. pénal 2008, n° 161, obs. Maron et Haas.

[374] CEDH 10 juill. 2008, Medvedyev c/ France, D. 2008, p. 3055, note. P. Hennion-Jacquet ; D. 2009, p. 600, note J-F. Renucci ; AJ pénal 2008, p. 460, obs. C. Saas ; RSC 2009, p. 176, obs. J-P. Marguénaud ; Dr. Pénal 2009, chron. 4, obs., E. Dreyer, et 8. Obs. V. Lesclous ; CEDH, 29 mars 2010, Medvedyev c/France, §124, D. 2010, p. 898, note S. Lavric, p. 1386, note J.-F. Renucci ; p. 1390, note Hennion-Jacquet ; RSC 2010, chron. p. 685, obs. Marguénaud ; AJDA 2010, p. 648, note Brondel ; CEDH 23 nov. 2010, Moulin c/ France, D. 2010, act. 2276, note S. Lavric, D. 2011, Point de vue n°26, obs. F. Fourment ; p. 227, obs. J.-F.. Renucci, p. 338, obs. J. Pradel ; RSC 2011, crhon. p. 208, obs. D. Roets.

[375] CEDH, 23 nov. 2010, Moulin c/ France, D. 2010, p. 2276, obs., S. Lavric ; p. 2761, édito F. Rome D. 2011, p. 277, note J-F Renucci ; p. 26, point de vue F. Fourment.

[376] Sur ces points, cf. Chap 2.

[377] Selon l'expression de F. Sudre, La Convention européenne des droits de l'Homme, Que sais-je ?, PUF, 8eme éd. 2010.

orientant ainsi la jurisprudence et la législation nationales. En effet, s'il ne veut pas être condamné, le juge français doit appliquer strictement la décision européenne et le législateur doit procéder à la mise en conformité des normes nationales avec les normes européennes. La jurisprudence européenne est constructive et équilibrée, en ce qu'elle fournit un exemple réaliste entre deux impératifs contradictoires : la garantie des droits individuels et la défense de la société. Elle constitue en cela le socle d'un véritable droit commun européen des droits de l'Homme[378].

242. La prise en compte majeure des droits de l'Homme et de la jurisprudence qui en découle est donc un facteur d'évolution de la phase préparatoire du procès pénal qui, sous cette influence, devient plus protectrice. Mais la Cour européenne ne constitue pas le seul mode d'évolution du droit français, celui-ci étant aussi influencé, bien que plus modérément, par les décisions rendues par la Cour de justice de l'Union européenne.

b. L'apport grandissant des décisions de la Cour de justice de l'Union européenne

243. L'Union européenne (UE) forme un partenariat politique et économique sans équivalent dans le monde entre 27 pays couvrant une bonne partie du continent européen et est fondée sur l'Etat de droit. Cela signifie que toute action entreprise repose sur les traités européens, auxquels tous les États membres adhèrent démocratiquement et de leur plein gré. Ces traités définissent les objectifs de l'UE dans de nombreux domaines.

244. Un de ces objectifs est de promouvoir les droits humains, aussi bien dans l'Union européenne que dans le reste du monde. Les valeurs fondamentales de l'Union sont la dignité humaine, la liberté, la démocratie, l'égalité, l'état de droit et les droits humains. Depuis la signature du traité de Lisbonne en 2009[379], tous ces droits sont réunis dans un même document : la Charte des droits fondamentaux. Les institutions européennes ont l'obligation légale de la respecter, de même que les États membres, dès lors qu'ils appliquent la législation européenne. La Cour de justice de l'Union européenne (CJUE), autrefois Cour de justice des communautés européennes (CJCE) est une institution de l'Union, chargée d'interpréter la législation européenne de manière à garantir une application uniforme du droit dans tous les pays de l'Union et de statuer sur les différends entre les gouvernements des Etats membres et les institutions de l'Union. La Cour peut être saisie par les particuliers qui estiment qu'une

---

378 Selon l'expression de F. Sudre, La Convention européenne des droits de l'Homme, op. cit. p. 121.

379 Traité de Lisbonne, signé le 13 déc. 2007, entré en vigueur le 1er déc. 2009 prévoit notamment une « Europe plus démocratique et plus transparente » (accès à la justice facilité pour les citoyens, rôle du Parlement européen renforcé), une « Europe plus efficace » (avec notamment un droit processuel plus stable) et enfin une « Europe des droits et des valeurs, de la liberté, de la solidarité et de la sécurité » (intégration de la Charte des droits fondamentaux dans le droit primaire, meilleure garantie des citoyens européens…).

institution de l'Union européenne n'a pas respecté leurs droits. Cinq types d'affaires peuvent être soumis à la Cour de justice.

245. Elle peut, en premier lieu, être saisie d'une demande en renvoi préjudiciel lorsque les juridictions nationales l'interrogent sur l'interprétation d'un point du droit européen. Ce recours a été créé afin d'éviter les situations dans lesquelles le droit européen peut varier d'un pays à l'autre. En second lieu, la Cour peut être saisie pour un recours en manquement introduit à l'encontre des gouvernements des Etats membres qui ne s'acquittent pas des obligations imposées par la législation européenne. En cas de responsabilité démontrée du pays en question, celui-ci doit se conformer sans délai à la décision, sous peine d'amende. Un recours en annulation peut également saisir la Cour et ce, à l'encontre d'actes législatifs européens qui sont en violation des traités de l'Union ou des droits fondamentaux. Le quatrième recours ouvert devant la Cour de justice est un recours en carence, à l'encontre des institutions de l'Union européenne qui ne se conforment pas à l'obligation de prendre certaines décisions. Enfin, un recours en action directe peut être invoqué par les particuliers victimes d'un dommage à la suite d'une action ou d'une inaction des institutions ou d'un membre de leur personnel.

246. A travers ces recours, la Cour de justice a construit une jurisprudence qui a fait du droit communautaire issu des traités une véritable source de droit processuel. La Cour a ainsi appliqué les droits fondamentaux de la Convention européenne des droits de l'Homme au titre des principes généraux du droit communautaire qui, selon la Cour, découlent des traditions constitutionnelles des Etats membres. L'on assiste ainsi à une certaine communautarisation du droit pénal, initiée par la Chambre criminelle de la Cour de cassation il y a quarante ans[380], et qui connait un développement lent et progressif, et concerne beaucoup plus le droit pénal général et le droit pénal spécial. Pour autant, la procédure pénale n'est pas oubliée car la Cour de justice ne cesse de rappeler que : « S'il est exact qu'en principe la législation pénale et les règles de procédure pénale relèvent de la compétence des Etats membres, il ne peut en être déduit que ce domaine du droit ne peut pas être affecté par le droit communautaire.[381] » Ainsi, il existe des exemples d'interférences, même timides, du droit communautaire sur la procédure pénale. En effet, le juge national doit s'interroger, au moment d'élaborer sa sentence, sur l'existence même de l'incrimination ou de la légalité de la sanction nationale par rapport au droit de l'Union. La Cour de justice a ainsi admis que les poursuites pénales ne peuvent être engagées « du fait d'un comportement dont le caractère répréhensible ne résulte pas clairement de la loi.[382] » Le parquet doit donc s'assurer de cette conformité avant d'engager de quelconques poursuites. Le droit national est en quelque sorte saisi par le droit

[380] Crim. 22 oct. 1970, D. 1971, p. 221, rapp. J. Mazard et note J. Rideau ; J. Pradel et A. Varinard, Les grands arrêts du droit pénal général, Dalloz, 6è éd., 2007, n°4 p. 47.
[381] CJCE 14 déc. 1995, C-387/95, Rec. I-4663 ; RSC 1997, p. 182, obs. L. Idot ; 16 juin 1998, J-. Lemmens, C-226/97, Rec. I-3711.
[382] CJCE, 16 déc. 1996, Europe, févr. 1997, n°30, obs. A. Rigaud et D. Simon.

communautaire qui encadre sa compétence. La Cour de cassation a elle-même affirmé qu' « il appartient au juge pénal d'écarter l'application d'un texte d'incrimination de droit interne lorsqu'il méconnaitrait une disposition du traité des Communautés européennes ou d'un texte pris pour son application.[383] »

247. Le juge de l'Union européenne a dégagé, au fil des années, des principes fondamentaux de procédure trouvant à s'appliquer, en raison de la suprématie du droit européen, aux normes nationales. Cet essor s'est accentué avec l'adoption de la Charte des droits fondamentaux qui consacre l'intégralité des droits fondamentaux de l'Homme dans le droit de l'Union européenne. Le droit pénal est ainsi asservi en vertu du droit communautaire au respect des droits fondamentaux. De plus, la validité d'une règle de procédure pénale est appréciée au regard de principes fondateurs des traités.

248. Cette influence du droit communautaire sur la procédure pénale française se voit intensifiée par la politique de coopération judiciaire dans l'Union européenne. Ainsi, afin de lutter au mieux contre la nouvelle forme de délinquance qu'est la criminalité organisée, les forces nationales n'étant plus aptes à agir seules face à celle-ci, les Etats membres de l'Union européenne ont procédé à la mise en place de nouveaux outils sur la base d'une réelle coopération. Cette coopération a d'abord été mise en place par la création d'un mandat d'arrêt européen (et non plus international) par la loi Perben 2 du 9 mars 2004 (suite à la décision-cadre du Conseil de l'Union européenne du 13 juin 2002) dont les mises en œuvre sont aujourd'hui simplifiées afin d'appréhender au mieux la criminalité organisée et favoriser les échanges entre les Etats[384]. L'efficacité de ce mandat est renforcée par l'institution d'un Eurojust[385], nouvel organe de l'Union européenne, destiné à renforcer la coopération entre les Etats membres dans leur lutte contre la criminalité organisée. Cette autorité, qui permet une meilleure efficacité de la justice pénale en mettant en commun le savoir et les moyens des Etats membres, vient de voir ses pouvoirs et possibilités d'action renforcés par la loi du 5 août 2013[386]. Ainsi, Eurojust pourra désormais accéder dans des conditions identiques à celles des autorités judiciaires aux informations contenues dans les fichiers judiciaires, les fichiers de police judiciaire ou tout autre fichier contenant des informations nécessaires à l'accomplissement de ses missions. Tout est donc mis en place au niveau communautaire afin de renforcer la collaboration entre les pays et espérer éradiquer le crime organisé.

---

[383] Crim. 5 mai 1986 ; Crim. 21 fév. 1994, n°92-81.421, bull n°74 p. 159.

[384] Art. 695 -11 du CPP « Le mandat d'arrêt européen est une décision judiciaire émise par un Etat membre de l'Union européenne en vue de l'arrestation et de la remise par un autre Etat membre d'une personne recherchée dans l'exercice de poursuites pénales ou pour l'exécution d'une peine ou d'une mesure privative de liberté. » Les modalités d'application du mandat sont prévues par les art. 695-12 et suiv. du CPP.

[385] Dont l'existence a été consacrée par le Traité de Nice du 13 mars 2001, inséré à l'art 31 du TUE, transposée en droit interne par la loi Perben 2 du 9 mars 2004.

[386] Loi n°2013-711 du 5 aout 2013 portant diverses dispositions d'adaptation dans le domaine de la justice en application du droit de l'Union européenne et des engagements internationaux de la France.

249. L'influence des décisions rendues par la CJUE a trouvé un écho très récent dans notre législation pénale. Ainsi, prenant acte des arrêts rendus par la Cour en 2011[387], le législateur français a modifié, par la loi du 31 décembre 2012[388], l'article L. 621-1 du Code de l'entrée et du séjour des étrangers et du droit d'asile (Ceseda)[389] et supprimé, par la même occasion, le délit de séjour irrégulier d'un étranger sur le territoire français. Cette réforme intervient suite aux arrêts de la Cour de justice ayant fortement influencé les juridictions françaises qui ont posé en 2012 le principe selon lequel un étranger ne peut être placé en garde à vue lorsqu'il est uniquement poursuivi pour entrée ou séjour irrégulier sur le fondement de l'article L. 621-1 du Ceseda[390]. Deux précisions méritent toutefois d'être apportées ici : certes, le séjour irrégulier ne constitue plus une infraction et ne peut plus justifier, à lui seul, un placement en garde à vue. Néanmoins, si une autre infraction est constituée, et notamment à titre principal, la garde à vue sera régulière. De plus, la loi de 2012 crée un régime à mi-chemin entre l'audition libre et la garde à vue, appelé la retenue pour vérification du droit de séjour et prévu par l'article L. 611-1-1 I nouveau du Ceseda[391]. En outre, le Conseil constitutionnel participe également à cet essor grandissant de la CJUE en la saisissant, pour la première fois d'une question préjudicielle, suite à une demande de QPC. A l'occasion d'une question prioritaire de constitutionnalité soumise à son examen, le Conseil constitutionnel pose pour la première fois une

---

[387] CJUE 28 avr. 2011, n° C-61/11, El Dridi ; AJ pén. 2011 p. 362, note S. Slama et M-L. Basilien-Gainche ; AJDA 2011, p. 878 et p. 1614 chron. M. Aubert, E. Broussy et F. Donnat ; D. 2011, p. 1880, note G. Poissonnier ; p. 1400 entretien S. Slama ; D. 2012 p. 390, obss. O. Boskovic, S. Corneloup, F. Jault-Seseke, N. Joubert et K. Parrot ; CJUE 6 déc. 2011, n° C-329/11, Achughbadian ; D. 2012, p. 333, note G. Poissonnier ; D. 2012, p. 390, obs. O. Boskovic, S. Corneloup, F. Jault-Seseke, N. Joubert et K. parrot ; AJDA 2011, p. 2384 ; AJDA 2012 ? p. 306, chron. M. Aubert, E. Broussy et F. Donnat.

[388] Loi n°2012-1560 du 31 déc. 2012, JO 1er janv. 2013 ; R. Parizot ; Loi relative à la retenue pour vérification du droit au séjour *versus* avis de la CNCDH : quel bilan ?, AJ pén. 2013, p. 8

[389] Dans sa rédaction antérieure à la loi du 31 décembre 2012, cet article prévoyait une peine d'emprisonnement de un an et une amende de 3750 euros pour tout étranger qui séjournait en France sans respecter les conditions légales fixées par la loi ou qui s'était maintenu sur le territoire français au-delà de la durée autorisée par son visa.

[390] 1ere civ. 5 juill. 2012, n°11-19.250, D. 2012, p. 2001, note S. Slama ; RSC 2012 p. 621, obs. J. Danet ; 1ere civ. 5 juill. 2012, n°11-30.371, AJDA 2012, p. 1372 ; D. 2012 p. 2011 Note S. Slama ; RSC 2012 p. 621, obs J. Danet.

[391] Créé par l'art. 2 de la loi n°2012-1560 du 31 déc. 2012, ce nouvel article prévoit que « Si, à l'occasion d'un contrôle effectué en application de l'article L. 611-1 du présent code, des articles 78-1, 78-2, 78-2-1 et 78-2-2 du code de procédure pénale ou de l'article 67 quater du code des douanes, il apparaît qu'un étranger n'est pas en mesure de justifier de son droit de circuler ou de séjourner en France, il peut être conduit dans un local de police ou de gendarmerie et y être retenu par un officier de police judiciaire de la police nationale ou de la gendarmerie nationale aux fins de vérification de son droit de circulation ou de séjour sur le territoire français. Dans ce cas, l'officier de police judiciaire ou, sous le contrôle de celui-ci, un agent de police judiciaire met l'étranger en mesure de fournir par tout moyen les pièces et documents requis et procède, s'il y a lieu, aux opérations de vérification nécessaires. Le procureur de la République est informé dès le début de la retenue. » Cette retenue doit bien entendu s'accompagner de droits pour la personne, tels que le droit d'être assisté par un interprète, un avocat, d'être examiné par un médecin, de prévenir à tout moment un membre de sa famille ou une autorité consulaire.

question préjudicielle à la CJUE[392]. La question renvoyée par la Chambre criminelle de la Cour de cassation[393] porte sur la conformité de l'article 495-56 du Code de procédure pénale à la Constitution.

Cette disposition relative au mandat d'arrêt européen, prévoit que la chambre de l'instruction statue dans un délai de trente jours sans recours, sur une demande aux fins, soit d'étendre les effets de ce mandat à d'autres infractions, soit d'autoriser la remise de la personne à un État tiers.

Cette absence de recours porte-t-elle atteinte au droit à un recours ?

Le Conseil constitutionnel rappelle que « la loi fixe les règles relatives au mandat d'arrêt européen en application des actes pris par les institutions de l'Union européenne[394] » Pour exercer son contrôle, le Conseil doit donc se référer à la décision-cadre du Conseil de l'Europe du 13 juin 2002 relative au mandat d'arrêt et aux procédures de remises entre Etats membres[395]. Selon lui, les termes de cette décision-cadre nécessitent une interprétation, relevant du seul pouvoir de la CJUE et lui demande donc de se prononcer selon une procédure d'urgence.

250. L'influence des décisions de la CJUE, même si elle demeure pour l'instant timide à l'égard de la procédure pénale, promet de s'accroitre dans les années à venir. En outre, la prise en compte croissante et essentielle des décisions de la jurisprudence européenne contribue à modifier, à faire évoluer la matière pénale en général, les phases du procès pénal en particulier. Cependant, les jurisprudences européennes ne sont pas les seules sources d'évolution de la procédure pénale. En effet, la matière doit désormais être étudiée sous l'impulsion de l'émergence d'une véritable jurisprudence pénale rendue par le Conseil constitutionnel.

B. L'émergence d'une jurisprudence pénale constitutionnelle

251. On assiste, depuis peu, à une constitutionnalisation du droit pénal. En effet, le Conseil constitutionnel a développé une jurisprudence certaine en droit pénal car il a dégagé, comme la Cour européenne des droits de l'Homme, ses propres concepts, telles que l'affirmation et la protection de la présomption d'innocence, les garanties d'indépendance des juridictions.. Cela, combiné à l'existence d'un contrôle *a priori*, lui a octroyé un rôle directeur au sein des sources de la procédure pénale (a). Ce rôle va avoir vocation à se développer avec l'instauration de la QPC, question prioritaire de constitutionnalité (b).

a. Le rôle directeur du Conseil constitutionnel

252. La procédure pénale est gouvernée par certains principes contenus dans la Constitution du 4 octobre 1958 et dans le bloc de constitutionnalité composé

[392] Cons. const., déc. 4 avr. 2013, n° 2013-314P QPC.
[393] Crim., 19 févr. 2013, n° 13-80.491.
[394] Const. 4 oct. 1958, art. 88-2.
[395] Décision-cadre n° 2002/584/JAI du Conseil de l'Europe du 13 juin 2002 relative au mandat d'arrêt et aux procédures de remises entre Etats membres.

notamment du préambule de 1946 et de la Déclaration des droits de l'Homme et du citoyen du 26 août 1789[396]. Il est donc normal que le Conseil constitutionnel ait à se prononcer en matière pénale. Ainsi, la procédure pénale étant particulièrement liée aux droits et libertés fondamentaux, il est logique que le Conseil des sages veille à la conformité des règles qui lui sont soumises au texte même de la Constitution et à l'ensemble du bloc de constitutionnalité.

253. Pour légitimer ce droit de regard du Conseil constitutionnel, la Constitution de la Vème République a institué un mécanisme appelé contrôle *a priori* qui est un contrôle par voie d'action, abstrait et préalable. La justice constitutionnelle est ainsi perçue comme un garde-fou qui protège la Constitution contre les éventuels abus du législateur et du pouvoir exécutif. Ce contrôle *a priori* de la loi est effectué par le Conseil constitutionnel sur saisine d'une des autorités citées à l'article 61 alinéa 2 de la Constitution. Il revient au président de la République, au Premier ministre, au Président de l'Assemblée Nationale ou du Sénat, ou à soixante députés ou soixante sénateurs de saisir le Conseil constitutionnel de la constitutionnalité d'une loi non encore promulguée. Cette saisine ne peut être effectuée qu'après le vote de la loi par les deux Assemblées dans les mêmes termes et avant que le texte ne soit promulgué. Le Conseil a un mois pour prendre sa décision qui est insusceptible d'être remise en cause.

254. Ce contrôle a pour avantage d'éviter la naissance de tout grief lié à l'inconstitutionnalité d'une loi, les éléments contraires à la Constitution étant supprimés avant même d'avoir pu porter atteinte à un justiciable : l'éventuelle inconstitutionnalité est alors neutralisée. Ce contrôle a, en outre, un double effet. Il est doté, d'une part, d'un effet immédiat pour la loi en question qui sera validée totalement ou partiellement, le Conseil constitutionnel rend, par là-même, opératoire le respect de la Constitution par le Parlement : ce dernier n'est pas libre de faire ce qu'il veut, son action doit être conforme à l'esprit de la Constitution. D'autre part, la décision prise au cours d'un contrôle *a priori* peut avoir un effet pour l'avenir. En effet, les décisions du Conseil s'imposent aux pouvoirs publics et à toutes les autorités administratives et judiciaires[397] ; elles sont ainsi dotées d'un effet *erga omnes*. En outre, lorsque le Conseil émet des réserves d'interprétation, le législateur doit en tenir compte dans l'élaboration des lois et le juge dans le rendu de ses décisions. Le contrôle *a priori* permet donc aux sages de la rue Montpensier d'indiquer des voies à suivre au législateur.

255. Au titre de ce contrôle *a priori*, le Conseil constitutionnel est souvent amené à se prononcer sur de nombreuses lois de procédure. Ainsi, de nombreuses décisions de conformité de nouvelles lois de procédure pénale ont été rendues par le Conseil constitutionnel ces trente dernières années. Parmi ces décisions, le

---

[396] La Déclaration des droits de l'Homme et du citoyen forme le premier socle des sources constitutionnelles de la procédure pénale et est une norme de référence dont la violation, par le législateur, peut être sanctionnée par le Conseil constitutionnel, tel qu'à pu le décider le Conseil d'Etat dans un arrêt du 27 déc. 1973, Déc. n°73-51, RJC, Liec, I, 28 ; JCP 1974, II, 17691, note N. Quoc Vinh ; D. 1974, chron. P. 83, L. Hamon.

[397] Art. 62 al 2 de la Constitution de 1958.

Conseil a eu à se prononcer sur le caractère constitutionnel des droits de la défense[398], le droit à la présomption d'innocence[399], la protection constitutionnelle du rôle primordial de l'avocat dans l'assistance des parties[400], l'exigence de garanties particulières en matière de garde à vue et de détention provisoire...Mais le Conseil des sages peut également décider de censurer une loi, ce fut notamment le cas dans une décision du 2 février 1995, dans laquelle le Conseil déclare inconstitutionnelle la loi relative à l'injonction pénale par le biais de laquelle le législateur voulait créer un nouveau mode alternatif aux poursuites pénales[401].

256. A l'inverse, la loi du 18 mars 2003 pour la sécurité intérieure[402] a été jugée entièrement conforme à la Constitution et a permis aux sages de définir notamment la notion de « prélèvements externes » dans la recherche des preuves, qui avait été occultée par le législateur. Le Conseil avait en outre émis des réserves d'interprétation concernant le cadre légal à l'intérieur duquel les forces de l'ordre pourraient procéder à des visites de véhicule, les fichiers de police et la création de nouvelles infractions[403]. La décision qui semble être la plus importante en matière de procédure pénale demeure sans conteste celle rendue sur la conformité de la loi Perben II le 2 mars 2004[404]. Cette décision permet au Conseil d'affirmer que l'allongement de la durée de la garde à vue en matière de criminalité organisée ne porte pas une atteinte excessive aux libertés individuelles, la gravité des faits et les investigations complexes à accomplir pouvant justifier cette durée excessive et de poser en principe la publicité de l'audience d'homologation dans le cadre de la comparution sur reconnaissance préalable de culpabilité. Le Conseil s'est également beaucoup prononcé sur la justice pénale des mineurs[405]. Plus récemment encore, le Conseil a validé la quasi-totalité de la loi du 10 août 2011 qui introduit les citoyens assesseurs de certaines juridictions et réforme la justice des mineurs[406].

257. Le Conseil constitutionnel détient donc un rôle directeur, qui fut croissant, en matière de procédure pénale : il en est une véritable source et lui permet d'évoluer. L'existence d'un contrôle *a priori* se comprend aisément car la loi doit être lavée de tout soupçon d'inconstitutionnalité, elle doit pouvoir s'imposer sans que l'on puisse douter de sa légitimité ou de sa validité. Pourtant,

---

398 Not. Déc. n° 76-70, 2 déc. 1976 ; Déc. n° 77-83, 20 juill. 1977.

399 Not. Déc. n° 79-109, 9 janv. 1980.

400 Not. Déc. n° 80-127, 19 et 20 janv. 1981, « Sécurité et liberté » ; déc. n°93-334, 20 janv. 1994.

401 Déc. n°95-360, 2 fév. 1995, J. Volff Un coup pour rien ! L'injonction pénale et le Conseil constitutionnel, D. 1995, p. 201 ; J. Pradel, D'une loi avortée à un projet nouveau sur l'injonction pénale, D. 1995, p. 171 ; K. Medjaoui L'injonction pénale et la médiation pénale, tableau comparatif, RSC 1996, p. 823.

402 Loi n°2003-239 du 18 mars 2003 relative à la sécurité intérieure.

403 Déc. n° 2003-467, 13 mars 2003.

404 Déc. n ° 2004-492, 2 mars 2004, JCP 2004, II, 10048, note J-C. Zarka.

405 Not. Sur loi du 13 mars 2003 sur la sécurité intérieure, loi du 2 mars 2004 portant adaptation de la justice aux évolutions de la criminalité organisée, loi du 3 mars 2007 sur la prévention de la délinquance.. Pour une étude approfondie, voir. J-F. de Montgolfier, Le Conseil constitutionnel et la justice pénale des mineurs, nouveaux cahiers du Conseil constitutionnel 2011, p. 195.

406 Déc. n°2011-635, 4 août 2011.

il n'est pas toujours permis au Conseil constitutionnel de se prononcer sur la conformité d'une loi avant son entrée en vigueur, ce qui peut être préjudiciable tant pour le législateur que pour le justiciable. Pour remédier à cette lacune, la loi constitutionnelle du 23 juillet 2008 est venue insérer un nouvel article dans la Constitution permettant ainsi au Conseil constitutionnel de vérifier la conformité d'une loi après l'entrée en vigueur de celle-ci. Il s'agit de la question prioritaire de constitutionnalité, par le biais de laquelle la jurisprudence constitutionnelle va acquérir une place croissante.

b. La question prioritaire de constitutionnalité, nouvelle arme procédurale du justiciable

258. La loi constitutionnelle du 23 juillet 2008 est venue introduire un nouvel article dans la Constitution, l'article 61-1 qui prévoit que : « lorsque à l'occasion d'une instance en cours devant une juridiction, il est soutenu qu'une disposition législative porte atteinte aux droits et libertés que la Constitution garantit, le Conseil constitutionnel peut être saisi de cette question sur renvoi du Conseil d'Etat ou de la Cour de cassation qui se prononce dans un délai déterminé. » C'est ensuite la loi organique du 10 décembre 2009[407] qui a fixé les modalités pour contester la constitutionnalité d'un texte de loi. Il faut d'emblée noter que cette idée n'est pas nouvelle. Elle avait déjà été amorcée en avril 1990 dans un projet de révision de la Constitution instaurant un contrôle de constitutionnalité des lois en vigueur[408], reprise en 1992 par le Comité Vedel[409] puis en 2007 par le Comité Balladur[410] qui s'était à l'époque interrogé sur la forme que devait revêtir ce contrôle. Ce contrôle existait également déjà chez nos voisins étrangers. Ainsi, l'Italie connait la question préjudicielle posée par le juge ou par le justiciable[411], l'Allemagne prévoit un recours direct par toute personne contre tout acte public[412], le Portugal avait opté pour un contrôle de constitutionnalité diffus[413] et

[407] Loi organique n°2009-1523 du 10 déc. 2009 ; J-B. Perrier, Loi organique du 10 décembre 2009 relative à l'application de l'article 61-1 de la Constitution, RSC 2010, p. 454.

[408] Evoqué par Michel Rocard, premier ministre de l'époque, lors de son intervention à l'Assemblée Nationale le 24 avril 1990, sur le projet de révision de la Constitution instaurant un contrôle de constitutionnalité des lois en vigueur.

[409] Projet de loi constitutionnelle déposé par le président de l'époque, François Mitterrand, mais qui ne fut pas repris par le gouvernement.

[410] Comité créé par Nicolas Sarkozy sur Décret du 18 juillet 2007, présidé par Edouard Balladur et composé de treize membres. Le Président de l'époque avait alors mandaté le comité d'examiner les conditions dans lesquelles le Conseil constitutionnel pourrait être amené à statuer, à la demande des citoyens, sur la constitutionnalité des lois existantes. Tous les membres étaient d'accord sur le principe de la création d'un tel contrôle mais avaient débattu sur sa forme, hésitant entre un contrôle diffus (contrôle que tout juge est en mesure d'exercer sous le contrôle des juridictions supérieures puis en dernière instance du juge constitutionnel) et un contrôle concentré (contrôle selon lequel seul le Conseil constitutionnel est habilité à déclarer une loi contraire à la Constitution), le choix se portant sur ce dernier.

[411] Contrôle prévu par la Constitution du 27 déc. 1947 puis par la Loi constitutionnelle n°1 du 9 févr. 1948 et n° 87 du 11 mars 1953.

[412] Loi du 23 mai 1949.

la Belgique prévoyait la possibilité d'un recours direct en annulation[414]. La France était donc quelque peu en retard et se devait de s'aligner sur ce point, c'est chose faite avec l'entrée en vigueur de la question prioritaire de constitutionnalité, contrôle concret, *a posteriori* et ouvert au justiciable, le 1er mars 2010.

259. La question prioritaire de constitutionnalité constitue donc un nouveau pouvoir pour le Conseil constitutionnel : celui de contrôler une loi après sa promulgation, de vérifier sa conformité à la Constitution, c'est pourquoi ce contrôle est dit *a posteriori*. Ce recours est un droit reconnu à toute personne qui est partie à un procès ou une instance de soutenir qu'une disposition législative[415] porte atteinte aux droits et libertés que la Constitution garantit[416]. Si les conditions de recevabilité de la question sont réunies, il appartient au Conseil constitutionnel, saisi sur renvoi par le Conseil d'Etat ou la Cour de cassation, de se prononcer et d'abroger, éventuellement, la disposition législative. Les deux juridictions sont ici considérées comme des filtres, destinés à ne transmettre que les questions « nécessaires », le Conseil n'ayant pas à s'attarder sur des questions secondaires.

260. Ce recours présente une novation du système constitutionnel français en ce qu'il purge l'ordre législatif de toutes les lois ayant échappé au contrôle *a priori*. Il était attendu par beaucoup de juristes car il n'est désormais plus besoin d'aller devant la Cour européenne des droits de l'Homme pour purger l'ordre législatif, tout se fait maintenant au niveau interne. En ce sens, l'entrée en vigueur de la QPC permet de réaffirmer le caractère suprême de la Constitution et également du Conseil constitutionnel (tous deux quelque peu mis à mal par l'influence croissante des droits européen et communautaire), qui se caractérise comme la norme de référence au niveau interne. En outre, le fait que la question puisse être posée par « tout justiciable » présente un avantage indéniable en ce que la purge peut être plus rapide. Or, une critique peut d'ores et déjà être faite, à la seule lecture du nouvel article de la Constitution et réside dans l'existence d'un « filtre » : en effet, la question doit d'abord être soulevée devant le Conseil d'Etat et la Cour de cassation qui jugeront, ou non, de l'opportunité de la transmettre au Conseil des sages. Or, ces deux juridictions poursuivant des objectifs différents et ayant des visions différentes, il est à craindre que des inégalités puissent naître, notamment en raison d'appréciations différentes du caractère opportun de la transmission de la question. Néanmoins, l'existence de ce filtre est nécessaire en ce qu'il évite que le Conseil constitutionnel soit saisi directement par le justiciable, peut être pour une question qui n'est pas d'un intérêt supérieur. C'est aussi pour éviter que le Conseil constitutionnel soit engorgé de demandes sans fondement précis que le constituant a prévu des critères de recevabilité auxquels se doit de répondre une question prioritaire de constitutionnalité.

---

[413] Constitution du 2 avr. 1976.

[414] Constitution du 17 févr. 1994.

[415] Le terme « disposition législative » désigne un texte adopté par l'autorité détenant le pouvoir législatif, c'est donc essentiellement un texte voté par le Parlement (loi, loi organique ou ordonnance).

[416] Les droits et libertés visés ici sont ceux figurant dans la Constitution du 4 oct. 1958 et dans le bloc de constitutionnalité.

261. Ainsi, le premier critère de recevabilité d'une QPC est l'exigence d'un lien entre la question et l'instance en cours. La disposition législative critiquée doit être applicable au litige ou à la procédure en cours, ou constituer le fondement des poursuites[417]. De plus, et cela constitue le second critère, la disposition législative en question ne doit pas avoir déjà été déclarée conforme à la Constitution par le Conseil constitutionnel. Enfin, la question doit être nouvelle ou présenter un caractère sérieux. A cet égard, la Cour de cassation transmet la question si « un doute raisonnable »[418] existe sur la constitutionnalité d'une disposition.

262. Comme le précise le texte, la QPC est une question prioritaire, c'est-à-dire qu'elle doit être examinée dans les délais dès lors qu'elle est posée devant une juridiction. Cela signifie en filigrane que lorsqu'une juridiction est saisie à la fois des moyens qui contestent, d'une part, la constitutionnalité de la loi et, d'autre part, le défaut de conformité de cette loi aux engagements internationaux de la France, la juridiction ainsi saisie doit d'abord examiner la constitutionnalité c'est-à-dire la QPC. C'est sur cet aspect que portent de nombreuses difficultés. En effet, ni le Conseil d'Etat ni la Cour de cassation n'ont vu d'un œil favorable l'instauration de la QPC, y voyant une sorte de menace et de censure du Conseil constitutionnel de nouveau affirmé comme « Cour suprême ». Dès lors, de nombreuses dissensions dans l'appréhension du caractère sérieux de la question posée, et donc de la saisine du Conseil, sont apparues. Si le Conseil d'Etat a accepté assez tôt de jouer le jeu, il en va différemment pour la Cour de cassation qui a commencé à mettre en doute la conformité de la loi organique au droit communautaire et n'a pas hésité à saisir la Cour de justice de l'Union européenne. En effet, la Cour de cassation a été saisie, le 16 avril 2010, d'une QPC portant sur l'article 78-2 alinéa 4 du code de procédure pénale qui reconnaît le droit à la France de procéder à des contrôles d'identité aux frontières de la France, alors que le traité de Lisbonne institue lui l'absence de contrôle aux frontières intérieures des Etats de l'Union. La question est alors la suivante : doit-on privilégier le contrôle de conventionnalité ou le contrôle de constitutionnalité ? La Cour de cassation décide de privilégier le premier et de renvoyer la QPC par une question préjudicielle à la CJUE au lieu de saisir le Conseil constitutionnel. Cet arrêt est appréhendé comme une véritable attaque à l'encontre du législateur car la loi organique de 2009, en son article 23-5 prévoit que la Cour de cassation doit saisir le Conseil constitutionnel lorsqu'elle est elle-même saisie d'une QPC contestant la constitutionnalité d'une disposition législative et la conformité de celle-ci aux engagements internationaux. Le législateur avait donc donné la priorité au contrôle de constitutionnalité, et donc à la saisine du Conseil

---

[417] Il faut noter que l'appréciation de ce premier critère est fonction du pays. En effet, en Italie, par exemple, la question doit commander l'issue du litige. A l'inverse, en Belgique, le requérant doit simplement justifier d'un intérêt à agir.

[418] D. Guérin, Le traitement des questions prioritaires de constitutionnalité par la Chambre criminelle, Actes du Colloque « La QPC et la matière pénale : deux ans d'application », (sous la dir. De Ch. Courtin), ed. Bruylant, 2013, p. 15 et s.

constitutionnel, même en cas de contestation pour non-conformité au droit international. Le juge judiciaire va à l'encontre totale de ce mécanisme jugeant que cette priorité n'a pas lieu d'être.

263. Cette prise de position de la Cour de cassation lui a valu de nombreuses critiques doctrinales[419]. Or, il apparaît à l'analyse qu'en choisissant de se tourner d'abord vers la CJUE, la Cour de cassation avait pris la précaution d'interroger la CJUE sur la conformité de la QPC au traité de l'Union européenne dans la mesure où cette QPC comportait un problème de conformité aux droits de l'Union. La décision rendue par la CJUE va mettre fin aux critiques. Ainsi, le 22 juin 2010, la Cour de justice va juger que le dispositif qui consiste à transmettre en priorité la question au Conseil constitutionnel est tout à fait compatible avec le droit de l'Union. Elle observe en effet que, d'une part, celui-ci n'enregistrerait pas le moindre retard et, d'autre part, que tout juge qui l'estime opportun pourrait lui poser une question préjudicielle en même temps que serait transmise ou renvoyée une question de constitutionnalité. Ainsi, la procédure de saisine prioritaire du Conseil constitutionnel, par le biais de la QPC, peut être admise à la condition qu'elle n'empêche pas les juridictions nationales de saisir la CJUE d'une question préjudicielle. La situation est donc parfaitement claire. Si les deux contrôles sont simultanément déclenchés, la conventionnalité sera traitée en son temps tandis que la constitutionnalité sera traitée aussitôt. Informé de ce délai existant, le justiciable pourra agir en toute connaissance de cause. En outre, l'instauration de la QPC ne porte pas atteinte à la suprématie du droit européen. En effet, soit le justiciable aura obtenu satisfaction grâce au contrôle de constitutionnalité et donc la loi qu'il contestait sera abrogée de sorte qu'elle ne pourra plus être contraire au droit européen, soit, au contraire la QPC est rejetée, et le contrôle de conventionnalité aura alors vocation à s'imposer normalement.

264. Une fois cette précision apportée, le Conseil constitutionnel a pu exercer librement le nouveau contrôle qui lui est offert. Dès lors, il a été amené à examiner de nombreuses QPC dans tous les domaines, et plus largement en procédure pénale. Cette affluence de la QPC dans la matière se conçoit aisément en ce que la procédure pénale poursuit deux intérêts antagonistes, ce qui conduit nécessairement à une atteinte aux droits et libertés fondamentaux. Le Conseil a ainsi pu rendre de nombreuses questions intéressant le procès pénal.

265. Ainsi, par une décision du 23 juillet 2010[420], le Conseil a déclaré contraire à la Constitution l'article 575 du Code de procédure pénale qui prévoyait qu'en principe la partie civile ne peut se pourvoir en cassation contre un

---

[419] Notamment, pour une série de commentaires négatifs, G. Carcassonne et N. Molfessis, La cour de cassation à l'assaut de la question prioritaire de constitutionnalité, Le Monde, 23 avr. 2010 ; D. Rousseau et D. Lévy, La Cour de cassation et la QPC : pourquoi tant de méfiance ?, Gaz. Pal. 25-27 avr. 2010 ; B. Mathieu, La Cour de cassation tente de faire invalider la question prioritaire de constitutionnalité par la Cour de Luxembourg, JCP G 2010, 464 p. 20. Pour des analyses favorables à la position retenue par les juges judiciaires : P. Cassia et E. Saulnier Cassia, Imbroglio autour de la QPC, Dalloz 27 mai 2010, chron 20, A. Levade, Renvoi préjudiciel versus QPC : la Cour de cassation cherche le conflit !, D. 2010 note 1254.

[420] Cons. Const. 23 juill. 2010, n°2010-15/ 23 QPC.

arrêt de la chambre de l'instruction en l'absence de pourvoi du parquet. De même, et cette décision constitue un tournant dans la procédure pénale, le Conseil a déclaré, le 30 juillet 2010, que le régime de droit commun de garde à vue était contraire à la Constitution, les dispositions n'assurant pas suffisamment une conciliation équilibrée entre, d'une part, la recherche des auteurs d'infractions et, d'autre part, l'exercice des libertés constitutionnellement garanties. Il reporta cependant au 1er juillet 2011 l'invalidité prononcée, laissant le temps au législateur de réformer complètement la garde à vue par la loi du 14 avril 2011[421]. Une autre décision du 17 décembre 2010[422] a permis au Conseil de juger que l'article 148 du Code de procédure pénale est conforme à la Constitution sous réserve que le juge des libertés et de la détention qui se prononce sur une demande de mise en liberté d'une personne placée en détention provisoire, ne puisse rejeter cette demande sans que le demandeur ou son avocat ait pu avoir communication de l'avis du juge d'instruction et des réquisitions du ministère public. De même, dans une décision du 6 mai 2011[423], le Conseil juge conforme à la Constitution l'article 803-2 du Code en ce qu'il permet que la personne déférée à l'issue d'une garde à vue soit présentée le jour même à un magistrat du parquet. Cependant, une réserve d'interprétation est émise concernant l'article 393 qui permet au procureur de notifier à la personne poursuivie la décision prise sur la mise en œuvre de l'action publique et de l'informer sur la suite de la procédure. Le Conseil estime en effet que si cette disposition permet au parquet de recueillir les déclarations de la personne déférée, elle ne saurait permettre que soient recueillies les déclarations de la personne sur les faits, objet de la poursuite. La même réserve est appliquée pour l'article 186 fixant la liste des ordonnances et décisions pour lesquelles une personne mise en examen peut faire appel[424]. Le Conseil a également pu juger de la conformité des articles 146[425] et 475-1[426] du Code de procédure pénale. Le Conseil a eu à réexaminer les nouvelles mesures de la garde à vue, après la réforme d'avril 2011, et a pu juger que les articles 63-3-1 et 63-4-1 à 63-4-5 étaient conformes à la Constitution. Cependant, une réserve a été soulevée concernant l'article 62 alinéa 2 prévoyant l'audition libre de la personne gardée en vue en matière de flagrance[427]. Cette décision plonge une

---

421 La réforme de la garde à vue fait l'objet d'un paragraphe dans le chapitre suivant.

422 Cons. Const. 17 déc. 2010, n° 2010-62 QPC.

423 Cons. Const. 6 mai 2011, n°2011-125 QPC, Gaz. pal. 24 mai 2011, S. Detraz.

424 Cons. Const. 13 juill. 2011, n°2011-153 QPC.

425 Cons. Const. 30 sept. 2011, D. 2011, p. 2340 ; Procédures 2011, n°II, p. 24, note. Buisson. Le Conseil a estimé conforme à la Constitution le maintien en détention lors de la correctionnalisation en cours d'instruction.

426 Cons. Const. 21 oct. 2011, n°2011-190 QPC, D. 2011, p. 2544 ; Procédures 2012, n°1, p. 27. Dans cette décision, le Conseil a pu estimer conforme à la constitution l'art. 475-1 prévoyant les frais irrépetibles et non conforme l'art. 800-2 pour atteinte à l'équilibre du droit des parties dans le procès pénal.

427 Cons. const. 18 nov. 2011, n° 2011-191/194/195/197 QPC, Dallloz act ; 24 nov. 2011, obs. Girault ; D. 2011, p. 2793 et p. 3034, note H. Matsopoulou ; JCP 2011, p. 2564, note J. Pradel ; AJ penal 2012, p. 102, obs. Perrier ; Gaz. Pal 2011, n°324-326, p. 18, note Bachelet ; ibid. 2012, n°13-14, p. 46, note F. Fourment ; Droit pénal 2012, n°1, p. 22, note Leroy.

nouvelle fois le législateur français dans la tourmente car une réforme nouvelle, de moins de six mois, soulève de nouveau une réserve d'interprétation.. le législateur va peut-être être contraint de revoir sa copie d'ici quelque temps…Tout comme il va devoir le faire concernant le régime dérogatoire de la garde à vue car le Conseil a estimé, le 17 février 2012[428], que l'article 706-88-2 du Code de procédure pénale, tel qu'il résulte de la loi du 14 avril 2011, n'encadre pas le pouvoir donné au juge de priver la personne gardée à vue du libre choix de son avocat. L'article est donc en non-conformité totale avec la Constitution avec effet à compter de la publication de la décision. C'est également le cas des septièmes alinéas des articles 64-1 et 116-1 du Code de procédure pénale prévoyant l'exclusion de l'enregistrement audiovisuel des interrogatoires du suspect lorsque les faits reprochés relèvent de la criminalité organisée. Le Conseil constitutionnel a en effet estimé que ces articles sont contraires à la Constitution[429]. La loi du 14 avril 2011 semble donc fort lacunaire, peut-être le législateur a-t-il travaillé trop vite….Cette loi précipitée semble donc perfectible sur de nombreux points.

266. En tout état de cause, le constituant poursuivait un triple objectif à travers l'instauration de la QPC. Le premier objectif était de conférer au citoyen un droit nouveau, et il semble être rempli. En effet, depuis le 1er mars 2010, le droit constitutionnel semble être ouvert à tous, alors qu'il était réservé à certains praticiens auparavant. Le justiciable possède désormais une nouvelle arme procédurale, et d'un intérêt certain pour l'évolution du droit et surtout, des droits de l'individu. Le second objectif poursuivi par le constituant était la purge de l'ordre juridique : il semble atteint également, en témoigne la loi portant réforme de la garde à vue. La QPC étant à traiter en priorité, cette purge va très vite et l'on assiste à de nombreuses réformes textuelles. Enfin, le dernier objectif était d'assurer la prééminence de la Constitution dans l'ordre juridique interne. C'est chose faite également, le texte semblant être de nouveau érigé au premier rang des sources du droit en général, de la procédure pénale en particulier. Deux années ont donc d'ores et déjà suffi pour que la question prioritaire de constitutionnalité change assez profondément le monde juridique.

267. L'émergence des jurisprudences européenne et constitutionnelle ont conduit nécessairement à une modification des sources de la procédure pénale et donc du fonctionnement du procès. Le législateur, au fil des réformes, se doit de prendre en compte les positions des juridictions nationales et supra-nationales. Cette influence considérable a fait émerger l'idée d'un procès « parfait », dont le modèle serait universel et commun à tous les pays, respectant les standards européens.

---

[428] Cons. const. 17 févr. 2012, n°2012-223, D. 2012, p. 504 ; JCP 2012, n°9, p. 418.

[429] Cons. const., décision n°2012-228/229-QPC du 6 avr. 2012, D. 2012, p. 1376, note Ch. Courtin.

§2. L'apparition d'un modèle universel de procès

268. En raison de l'influence toujours croissante du droit européen des droits de l'Homme, la procédure pénale a du peu à peu se transformer afin de respecter les exigences conventionnelles. Ainsi, le législateur français a, par la loi du 15 juin 2000, édicté les nouveaux principes directeurs du procès pénal parmi lesquels se dégagent la consécration du principe de la présomption d'innocence (A) et l'exigence d'une certaine équité procédurale (B).

A. La consécration du principe de la présomption d'innocence

269. Admis depuis le XIIIème siècle dans la procédure inquisitoire, le principe de la présomption d'innocence est demeuré latent sous l'Ancien droit et dans le Code d'instruction criminelle. Prévu par l'article 9 de la Déclaration des droits de l'Homme et du citoyen du 26 août 1789[430] et par l'article 6 §1 de la Convention européenne des droits de l'Homme[431], ce principe ne faisait pourtant pas l'objet d'une disposition législative française. Il fit son entrée dans le Code civil[432], en son article 9-1 qui dispose « Chacun à droit au respect de la présomption d'innocence » et dans le Code de procédure pénale, en son article préliminaire, par la loi du 15 juin 2000. Ce principe, désormais solennellement intégré dans le Code de procédure pénale, est incontestablement un des principes directeurs de la procédure pénale les plus importants et aussi les plus connus. Ainsi, l'article préliminaire dispose désormais « Toute personne suspectée ou poursuivie est présumée innocente tant que sa culpabilité n'a pas été établie. Les atteintes à sa présomption d'innocence sont prévenues, réparées et réprimées dans les conditions prévues par la loi. »

270. La présomption d'innocence constitue une règle d'attribution de la charge de la preuve : en vertu de ce principe, la charge de la preuve incombe au Ministère public. Il ne revient dès lors pas à la personne poursuivie de démontrer qu'elle est innocente ; il revient, en revanche, à l'accusation de prouver sa culpabilité avec une force que l'idée de présomption induit : renverser la présomption d'innocence. L'accusateur est classiquement le Ministère public mais aujourd'hui, il s'agit aussi de la victime, véritable partie au procès pénal. Ce sont donc à ces deux protagonistes qu'il revient de prouver la culpabilité du suspect. En revanche, le suspect n'a pas à rapporter la preuve de son innocence : lorsqu'il invoque des éléments, ce n'est pas à lui de les prouver, mais bien à l'accusateur de démontrer leur absence. En ce sens, la présomption d'innocence vient rééquilibrer quelque peu la répartition de la charge de la preuve, dans une matière où le déséquilibre est inévitable car d'un coté se trouve la partie publique,

[430] Art 9. DDHC « Tout homme est présumé innocent jusqu'à ce qu'il ait été déclaré coupable »
[431] Art 6 §2 CESDH « Toute personne accusée d'une infraction est présumée innocente jusqu'à ce que sa culpabilité ait été légalement établie ».
[432] Loi du 4 janv. 1993.

dotée de moyens coercitifs et de l'autre la partie privée, parfois placée en détention et sans moyen de se défendre[433].

271. Il est de plus admis qu'en l'existence d'un doute, il doit profiter à l'accusé et ce selon l'adage *in dubio pro reo.* La force du principe de la présomption d'innocence trouve ici tout son sens et toute sa force : puisque le doute profite à l'accusé, le ministère public doit rapporter la preuve complète de la culpabilité de l'individu. A défaut de certitude, le juge doit s'abstenir de prononcer une quelconque condamnation. En ce sens, une simple présomption de culpabilité est insuffisante car trop attentatoire à la liberté de l'individu et susceptible d'entraîner une erreur judiciaire. Ce principe connait également deux corollaires constitués par le droit de se taire et le droit de ne pas contribuer à sa propre incrimination, droits également consacrés par la Convention européenne des droits de l'Homme et par la Cour européenne[434].

272. Pour autant, ce principe de la présomption d'innocence connait une certaine relativité en raison de l'existence de présomptions de responsabilité. Ainsi, le législateur peut ériger des mécanismes de présomptions de responsabilité pénale, lesquels ne sont d'ailleurs pas prohibés par la Convention européenne des droits de l'Homme. En effet, dans un arrêt Salabiaku contre France, la Cour a pu juger que « tout système juridique connait des présomptions de fait ou de droit » et que la Convention oblige les Etats à ne pas dépasser un certain seuil afin de les « enserrer dans des limites raisonnables prenant en compte la gravité de l'enjeu et préserver les droits de la défense.[435] » Le Conseil constitutionnel adopte le même raisonnement en rappelant que par principe « le législateur ne saurait instituer de présomptions de culpabilité en matière répressive » mais que, par exception « de telles présomptions peuvent être établies, notamment en matière contraventionnelle, dès lors qu'elles ne revêtent pas de caractère irréfragable, qu'est assuré le respect des droits de la défense et que les faits induisent raisonnablement la vraisemblance de l'imputabilité.[436] » Cette relativité est accentuée par le fait que la présomption d'innocence reste quelque peu illusoire[437] puisqu'elle est en quelque sorte une fiction : l'individu concerné n'est jamais présumé innocent mais plutôt présumé coupable, tant dans l'esprit des autorités judiciaires (enquêteurs, parquet, juges) que dans celui des citoyens (et notamment à travers l'image véhiculée par les médias). Cela conduit à penser que la présomption d'innocence est davantage une fiction plutôt qu'un véritable principe fondamental.

273. La relativité de la présomption d'innocence réside également dans le fait que des atteintes peuvent être portées à cette dernière. En effet, le législateur, dans

---

433 C. Ambroise-Castérot, P. Bonfils, Procédure pénale, Thémis droit, coll. PUF, 1ere ed. 2011, p. 183.

434 Cf. sur ce point, infra n°381.

435 CEDH 7 oct. 1988, Salabiaku c/ France.

436 Cons. Const., décision n° 99-411 du 16 juin 1999 rendue sur le projet de loi portant diverses mesures relatives à la sécurité routière.

437 P. Conte, Pour en finir avec une présentation caricaturale de la présomption d'innocence, Gaz. Pal. 2-3 juin 1995, p. 22.

l'article préliminaire, a prévu ce cas de figure en énonçant que de telles atteintes sont « prévenues, réparées et réprimées ». Le législateur a tenté de prévenir ces atteintes par le biais de trois mécanismes. Le premier mécanisme mis en place est celui du référé-présomption d'innocence. L'article 9-1 alinéa 2 du Code civil[438] prévoit en effet que le juge peut prescrire en référé toutes mesures afin de faire cesser une atteinte à la présomption d'innocence, et ce aux frais de la personne responsable de cette atteinte. L'atteinte se conçoit ici comme le fait de présenter publiquement une personne comme coupable de faits donnant lieu à une enquête ou une information judiciaire, alors qu'elle n'a subi aucune condamnation. Le second mécanisme est l'encadrement du port des menottes et entraves. Ce dernier est réservé à l'individu dangereux, pour autrui ou pour lui-même, ou susceptible de prendre la fuite[439]. En outre, et ce afin de renforcer la protection du principe de la présomption d'innocence, les enquêteurs doivent prendre toutes mesures utiles pour éviter qu'une personne menottée ou entravée soit photographiée ou fasse l'objet d'un enregistrement audiovisuel[440]. Enfin, afin de protéger au mieux l'individu, le législateur a légalisé, par la loi du 15 juin 2000, une mesure que la pratique avait déjà dégagée : les « fenêtres d'information ». Ce mécanisme consiste, pour le procureur, à rendre public des éléments objectifs tirés de la procédure et a pour finalité d'éviter la propagation d'informations inexactes, que le secret de l'enquête et de l'instruction rendent nombreuses. Ce mécanisme connait cependant une limite : la fenêtre d'information ne doit comporter aucune appréciation sur le bien-fondé des charges retenues contre les personnes mises en cause.

274. Si, toutefois, une atteinte était portée à la présomption d'innocence malgré ces encadrements, le législateur a prévu une réparation, à la fois pécuniaire et morale. Deux dispositions de réparation pécuniaire ont ainsi été introduites par la loi du 15 juin 2000 : d'une part, l'article 149 du Code de procédure pénale prévoit l'indemnisation d'une personne ayant fait l'objet d'une détention provisoire au cours d'une procédure terminée par une décision de non-lieu, de relaxe ou d'acquittement. D'autre part, l'article 800-2 du Code de procédure pénale consacre l'indemnisation d'une personne ayant fait l'objet d'une poursuite se terminant de la même façon.[441] Concernant l'aspect moral de la réparation, et sans doute le plus important pour la personne accusée « à tort », les articles 177-1 et 212-1 du Code de procédure pénale prévoient la possibilité pour la personne concernée par un non-lieu d'obtenir de la juridiction d'instruction qu'elle ordonne la publication de sa décision ou d'un communiqué informant le grand public de ses motifs.

---

[438] Loi du 4 janv. 1993, modifié par la loi du 24 août 1993 puis remis dans sa version d'origine par la loi du 15 juin 2000.

[439] Art. 803 al 1. CPP.

[440] Art. 803 al 2 CPP ajouté par la loi du 15 juin 2000.

[441] Il faut tout de même noter à cet égard que la loi du 15 juin 2000 n'avait pas modifié le régime d'indemnisation des condamnés reconnus innocents après la révision de leur procès. La loi du 30 décembre 2000 est venue réparer cet « oubli » en unifiant le régime des condamnés reconnus innocents et celui des victimes de détention provisoire injuste.

275. Le législateur est enfin venu prévoir la répression des atteintes pouvant être portées à la présomption d'innocence. En effet, ces atteintes viennent le plus souvent de la presse, véritable source de propagation d'informations (souvent erronées) tenant aux arrestations et aux procédures en cours. La loi du 15 juin 2000 a donc introduit des dispositions tendant à réprimer des formes d'atteinte à la présomption d'innocence afin de protéger au mieux la personne. L'article 35 *ter* de la loi du 29 juillet 1881 relative à la liberté de la presse[442] érige désormais en délit puni de 15 000 euros d'amende le fait de :

- Diffuser, par quelque moyen que ce soit et quel qu'en soit le support, sans l'accord de l'intéressé, l'image d'une personne identifiée ou identifiable mise en cause à l'occasion d'une procédure pénale mais n'ayant pas fait l'objet d'un jugement de condamnation et faisant apparaître soit que cette personne porte des menottes ou entraves, soit qu'elle est placée en détention provisoire ;
- Réaliser, publier ou commenter un sondage d'opinion, ou toute autre consultation, portant sur la culpabilité d'une personne mise en cause à l'occasion d'une procédure pénale ou sur la peine susceptible d'être prononcée à son encontre ou publier des indications permettant d'avoir accès à ces documents.

276. Une critique demeure tout de même sur cet élargissement du principe de la présomption d'innocence. En faisant mention dans le Code civil d'un tel principe et en créant des mécanismes de protection de la présomption d'innocence, le législateur a voulu marquer sa volonté de protéger la personne suspectée mais n'avait pas prévu un autre effet : celui de la création d'un droit subjectif extrapatrimonial[443]. En effet, l'article 9-1 du Code civil fait de la présomption d'innocence un droit à ne pas voir sa réputation entachée, salie : la présomption d'innocence n'est donc plus ici un principe directeur du procès pénal et de toutes ses phases, mais bien un réel droit subjectif reconnu à la personne. La présomption d'innocence est en fait un statut protecteur, tant pour la personne lors d'une procédure pénale, que pour son droit à l'image, à l'honneur et au respect de sa vie privée.

277. Quelle que soit la façon dont elle s'exprime, la présomption d'innocence n'en demeure pas moins une garantie essentielle pour la personne poursuivie ; elle est aujourd'hui devenue incontournable. Son intégration à l'ouverture du Code de procédure pénale en a fait un principe directeur pour toutes les phases du procès pénal. Elle constitue ainsi l'élément central du second principe directeur de la procédure pénale, à savoir le procès équitable.

B. L'exigence d'une équité procédurale

278. L'exigence du respect du principe du procès équitable, impulsée par les principes du droit européen, tendrait normalement à s'appliquer lors de la phase

---

[442] Art. modifié par l'art. 92 de la loi du 15 juin 2000.
[443] C. Ambroise-Castérot et P. Bonfils, procédure pénale, op. cit. p. 276.

de jugement. Or, en l'insérant, par la loi du 15 juin 2000, à l'article préliminaire du Code de procédure pénale, le législateur a fait de cette exigence un principe devant être respecté à tous les stades de la procédure. Il est désormais reconnu que pour être équitable, l'institution judiciaire doit assurer au procès pénal certaines qualités, notamment la célérité (a) et la garantie d'une impartialité et d'une indépendance certaines des organes judiciaires (b).

a. L'exigence de célérité de la procédure

279. Le droit à être jugé dans un délai raisonnable est une exigence posée par la Convention européenne des droits de l'Homme, en son article 6 §1 qui prévoit que toute personne a droit à ce que sa cause soit entendue « dans un délai raisonnable ». La célérité de la procédure est très surveillée, et sévèrement appréciée par la Cour européenne, à tel point que la doctrine a pu parler d' « obsession »[444]. Pour être en conformité avec les exigences européennes, et ainsi éviter de trop nombreuses condamnations, le législateur de 2000 a inscrit ce principe à l'article préliminaire du Code de procédure pénale qui dispose « Il doit être définitivement statué sur l'accusation dont cette personne fait l'objet dans un délai raisonnable. » A première vue, l'on pourrait considérer que cette exigence ne trouve à s'appliquer que lors de la phase décisoire, au stade du jugement. Or, les principes européens irradient indiscutablement toutes les phases du procès pénal et ainsi donc, l'exigence de célérité a toute sa place lors de la phase préparatoire du procès pénal. Cette exigence s'explique par le fait que la justice pénale met en cause à la fois l'honneur des citoyens et leur liberté, lorsque des mesures privatives de liberté sont prononcées : il faut donc agir vite afin de porter atteinte le moins longtemps possible aux droits de l'individu.

280. A cet égard, la Convention européenne a contraint, de manière implicite, à travers son article 5, le législateur français à respecter la célérité des mesures d'arrestation ou de mise en détention. L'article 5 de la Convention prévoit en effet qu'un individu arrêté ou détenu « doit être aussitôt traduit devant un juge ou un autre magistrat » et « jugé dans un délai raisonnable ». Le droit européen renforce cette idée de célérité en prévoyant que la personne arrêtée doit être informée « dans le plus court délai » des raisons de son arrestation. Par ces dispositions, la Cour européenne contraint les Etats membres à prévoir des mesures afin que la célérité soit automatiquement respectée et laisse aux juges une certaine marge d'appréciation du délai raisonnable, tout en l'encadrant cependant. Ainsi, dans un arrêt Brogan contre Royaume-Uni, la Cour européenne a pu juger qu'une garde à vue de quatre jours et six heures ne respectait pas l'exigence de célérité des mesures d'arrestation[445], même en matière de criminalité organisée. Cette solution semble avoir été assouplie avec les arrêts Medvedyev contre France des 10 juillet

---

[444] G. Lucazeau, Le délai raisonnable est-il bien raisonnable ? JCP 2009, I, 103.
[445] CEDH 29 nov. 1988, Brogan c/ Royaume-Uni, n°145-B.

2008[446] et 29 mars 2010[447] car la Cour ne condamne pas la France pour violation de l'article 5 §3, en dépit d'une mesure de garde à vue de 8 heures sans l'intervention d'un magistrat, qui était, en l'espèce justifiée par des « circonstances exceptionnelles. »

281. Mais l'exigence de célérité, de rapidité de la procédure, est plus épineuse concernant le domaine de la détention provisoire. En effet, si cette méthode se révèle utile en ce qu'elle facilite la recherche des preuves en évitant que le suspect les fasse disparaitre et permet de tenir ce dernier à la disposition de la justice, elle n'en est pas moins attentatoire à la liberté et à la présomption d'innocence. Cette atteinte est confortée par l'idée selon laquelle la justice française, et notamment les juges d'instruction, a utilisé le maintien en détention provisoire de façon pernicieuse : ce dernier permettait de faire pression sur l'individu dans le but d'obtenir des aveux et permettait aussi, dans une moindre mesure, de faire des mois de détention une avance sur la peine[448], une sorte de provision comme a pu l'écrire un certain auteur. Pour pallier à cette situation, la Cour européenne des droits de l'Homme est venue contrôler la mesure de détention provisoire en l'encadrant dans un « délai raisonnable », incitant par là même le législateur français à prendre les mesures adéquates afin d'éviter une éventuelle sanction. Ainsi, dès 1968, les juges européens avaient estimé que « c'est essentiellement en fonction de l'état de détention de la personne poursuivie que les tribunaux nationaux doivent apprécier si le délai écoulé, pour quelque cause que ce soit, avant le jugement de l'accusé a dépassé à un moment donné les limites raisonnables, c'est-à-dire celles du sacrifice, qui, dans les circonstances de la cause, pouvait raisonnablement être infligé à une personne présumée innocente. »[449] De cette définition, la Cour a pu déduire le *dies a quo*, le point de départ de la période de détention, qui court à compter de l'arrestation de l'individu et le *dies ad quem*, le terme final de la détention qui a posé davantage de problèmes. En effet, les juges européens adoptent deux positions quant à l'appréciation du *dies ad quem*. Selon une première conception, le dernier jour de la détention est le jour où le tribunal a statué, pour la première fois, au fond sur le bien-fondé de l'accusation portée contre le détenu. Cette conception se révèle assez favorable au détenu. La seconde conception est celle qui consiste à prendre le jugement clôturant la première instance comme point final de la détention provisoire. La Cour européenne a ainsi posé comme principe dans l'arrêt

---

[446] CEDH 10 juill. 2008, Medevdyev c/ France, D. 2008, p. 3055, note. P. Hennion-Jacquet ; D. 2009, p. 600, note J-F. Renucci ; AJ pénal 2008, p. 460, obs. C. Saas ; RSC 2009, p. 176, obs. J-P. Marguénaud ; Dr. Pénal 2009, chron. 4, obs., E. Dreyer, et 8. Obs. V. Lesclous.

[447] CEDH, 29 mars 2010, Medvedyev c/France, §124, D. 2010, p. 898, note S. Lavric, p. 1386, note J.-F. Renucci ; p. 1390, note Hennion-Jacquet ; RSC 2010, chron. p. 685, obs. Marguénaud ; AJDA 2010, p. 648, note Brondel ; CEDH 23 nov. 2010, Moulin c/ France, D. 2010, act. 2276, note S. Lavric, D. 2011, Point de vue n°26, obs. F. Fourment ; p. 227, obs. J.-F.. Renucci, p. 338, obs. J. Pradel ; RSC 2011, crhon. p. 208, obs. D. Roets.

[448] S. Guinchard, Menaces sur la justice des droits de l'Homme et les droits fondamentaux de procédure, Mélange Normand, Litec, 2003, p. 209.

[449] CEDH 27 juin 1968, Wemhoff c/ Allemagne.

Wemhoff que sont exclues du calcul de la période les instances d'appel et de cassation. Afin de compléter cette conception, la chambre criminelle de la Cour de cassation a pu considérer que la détention de l'individu pendant l'instance du pourvoi en cassation n'est pas une détention provisoire, excluant ainsi l'application de l'article 5 §3 de la Convention européenne[450].Il est en outre admis que l'appréciation du délai raisonnable de la détention provisoire se fera *in concreto*, en tenant compte des circonstances de la cause. A cet égard, la Cour européenne exige que les tribunaux français contrôlent les motifs invoqués pour justifier une détention provisoire[451] en admettant que des raisons exceptionnelles puissent justifier un irrespect de la célérité. De plus, la Cour contrôle les raisons du maintien en détention, celui-ci devant être nécessaire[452] et pertinent[453].

282. Le principe de célérité du procès pénal s'est trouvé consolidé par la loi du 5 mars 2007[454] par laquelle le législateur est venu prévoir des dispositions tendant à accélérer la phase d'information judiciaire. Afin de répondre au mieux au besoin de célérité des informations judiciaires, le législateur de 2007 a entendu restreindre le champ d'application du principe selon lequel « le criminel tient le civil en l'état ». Ainsi, l'article 20 de la réforme a procédé à la réécriture de l'article 4 du code de procédure pénale : celui-ci maintient la possibilité d'exercer une action civile devant les juridictions civiles séparément d'une action publique devant le juge pénal mais limite l'application du principe de l'autorité du pénal sur le civil aux seules actions civiles exercées en réparation du dommage causé par l'infraction. L'article 4 établit donc une distinction entre les actions civiles exercées à fin de réparation et les autres actions exercées devant les juridictions civiles.

283. Concernant les premières, elles sont visées par l'article 2 du code de procédure pénale ; il est sursis à leurs jugements tant qu'une décision définitive n'a pas été rendue sur l'action publique si cette dernière a été mise en mouvement. L'alinéa 2 de l'article 4 du Code de procédure pénale ne fait ainsi plus référence à *« l'action »* mais à *« l'action civile en réparation du dommage causé par l'infraction prévue par l'article 2 [...] »*. L'alinéa 2 demeure inchangé si ce n'est que le texte ne parle plus d' « action exercée devant la juridiction civile » (expression qui englobait toutes les actions sans distinction aucune) mais renvoie directement à l'action dont il est question dans l'alinéa 1.

284. Concernant les secondes, la loi a institué un nouvel alinéa 3 qui précise que la mise en mouvement de l'action publique *« n'impose pas la suspension du*

---

[450] Crim. 18 nov. 1998, Bull. n° 306, Procédures, mars 1999, n° 72, obs. Buisson ; D. 1999, p 97, note. J. Pradel.

[451] CEDH 25 sept. 2006, Bernard c/France, Annonces de la Seine, 28 déc. 2006, p. 8, note R. Auteville.

[452] CEDH 26 juin 1991, Letellier c/France, RSC 1991, p. 805, obs. Pettiti ; D. 1992, somm. 382, obs. J-F. Renucci.

[453] CEDH 9 nov. 1999, Debboud c/ France ; D. 2000, somm. 180, obs. J-F. Renucci ; RSC 2000, p. 239, obs. F. Massias.

[454] Loi n°2007-291 du 5 mars 2007 tendant à renforcer l'équilibre de la procédure pénale, JO 6 mars 2007.

jugement les concernant ». Et cela concerne toutes les autres affaires, *« de quelque nature qu'elles soient »*. Il faut souligner ici que la suspension du jugement civil est laissée à la libre appréciation du juge : il s'agit pour lui d'une simple faculté, d'une possibilité et, en aucun cas, d'une obligation. Le juge civil est donc libre de juger immédiatement ou d'attendre la décision de son collègue pénal, à lui d'évaluer si la gravité, la particularité ou la complexité de l'affaire requiert de recourir à la pratique du sursis à statuer. Il ne faudrait pas qu'à l'avenir le juge agisse comme auparavant, c'est-à-dire en ignorant la nouvelle rédaction de l'article 4 du Code de procédure pénale, et qu'il généralise et systématise le sursis à statuer ; l'utilité de la réécriture s'en trouverait fortement réduite. Pourquoi faire dépendre du bon vouloir du juge la force de la règle de l'autorité du criminel sur le civil ? Celle-ci ne va-t-elle pas s'en trouver encore affaiblie ?

285. Cette liberté du juge, que certains pourraient trouver louable, peut être appréhendée avec beaucoup de méfiance et de réserve du fait qu'elle est très étendue ; le juge pouvant décider de statuer immédiatement *« même si la décision à intervenir au pénal est susceptible d'exercer, directement ou indirectement, une influence sur la solution du procès civil »*. Ce texte contient en germe une insécurité juridique, la rédaction n'étant ni précise ni claire…bien au contraire. Faut-il y voir une certaine imprécision du législateur ? Ou, au contraire, une rédaction hâtive et donc lacunaire ? Il semble fort que cette rédaction, si imprécise soit-elle, laisse une large marge d'appréciation au juge et aboutisse donc à un certain arbitraire…

286. Il faut souligner en outre que la loi du 15 juin 2000 a multiplié les dispositions de célérité en appliquant, notamment, des délais butoirs par lesquels le législateur enferme les diligences des autorités dans des délais stricts, tant pendant l'enquête que pendant l'instruction[455]. Ainsi, deux réformes ont été entreprises en 2000 quant aux investigations menées par la police judiciaire pendant l'enquête. La première résulte de l'article 77-2 du Code de procédure pénale qui offre la possibilité à la personne gardée à vue qui n'a pas fait l'objet de poursuites dans les six mois d'interroger le procureur sur la suite envisagée de la procédure. Cette demande, faite par courrier avec accusé de réception, doit être suivie d'une réponse du procureur dans le délai d'un mois. Le procureur doit alors informer l'individu des suites qu'il envisage, à savoir l'engagement des poursuites, le prononcé d'une mesure alternative aux poursuites, un classement sans suite ou une poursuite de la procédure d'enquête qui sera appréciée par le juge des libertés et de la détention. Ce nouvel article impose donc un contrôle du temps de l'enquête, lorsqu'une mesure de garde à vue a été exécutée. Si cette disposition s'avère favorable à l'individu, en ce qu'elle lui permet de pouvoir contrôler le temps de la procédure, elle n'en est pas pour le moins critiquable du coté de la justice elle-même. En effet, n'est-il pas utopique de penser qu'un individu qui a été placé en garde à vue et qui n'a pas eu de nouvelles de l'autorité judiciaire, va, de lui-même, recontacter cette dernière pour connaitre

[455] Sur ce point, cf. J. Pradel, Les personnes suspectées ou poursuivies après la loi du 15 juin 2000 : évolution ou révolution ?, D. 2001, p. 1039.

l'avancement du dossier ? Le législateur semble sur ce point avoir manqué de lucidité en pensant qu'un individu, suspect, va contribuer lui-même à une éventuelle poursuite ! En outre, n'est-ce pas non plus utopique d'impartir un délai pour la phase d'enquête que l'on sait, par nature, longue ? De plus, le contrôle offert au juge des libertés et de la détention prévu lorsque l'enquête doit être poursuivie ne contribue t-il pas à dénaturer le rôle classique dévolu au parquet, à savoir le contrôle de la phase d'enquête ? Force est de noter ici un certain recul des pouvoirs du parquet au profit du juge des libertés et de la détention.

287. La seconde réforme tenant au délai imparti de l'enquête est prévue par les articles 75-1 et 75-2 du Code de procédure pénale qui instaurent un contrôle de l'autorité judiciaire sur les enquêtes ; il revient ici au procureur de contrôler le temps de l'enquête et donc la célérité de la procédure. Ainsi, l'article 75-1 prévoit deux situations : lorsque l'enquête est ordonnée par le procureur, celui-ci doit fixer son délai de réalisation, en prévoyant, le cas échéant, une dérogation à la durée initiale. L'enquête est donc en quelque sorte limitée dans le temps, la police judiciaire doit s'y conformer. Lorsque, à l'inverse, l'enquête est décidée par l'officier de police judiciaire, celui-ci doit informer le procureur si l'enquête a commencé depuis plus de six mois. Cette dernière disposition est critiquable au regard de la célérité et de l'information car durant six mois, voire davantage, le procureur n'est pas informé. Qu'en est-il alors de la protection de l'individu ? Encore une imprécision du législateur, critiquable eu égard aux droits fondamentaux ! L'article 75-2 prévoit quant à lui qu'en cas d'enquête préliminaire, l'information du procureur doit être faite dès l'identification de la personne. Cependant, la chambre criminelle a posé une limite à ce respect du temps par l'officier de police judicaire en admettant que l'obligation d'informer le procureur n'est pas prescrite à peine de nullité et que par conséquent, la méconnaissance de cette obligation n'affecte en rien la validité de l'audition de l'individu[456]. Dès lors, une telle prise de position affecte l'exigence de célérité de la procédure au stade de la mise en état de l'affaire et constitue une certaine atteinte au respect des droits fondamentaux de l'individu et donc, plus largement, à l'exigence européenne du procès équitable.

288. Cette exigence de célérité se retrouve aussi au stade de l'instruction. Ainsi, l'article 175-2 du Code de procédure pénale dispose que « la durée de l'instruction ne peut excéder un délai raisonnable au regard de la gravité des faits reprochés à la personne mise en examen, de la complexité des investigations nécessaires à la manifestation de la vérité et de l'exercice des droits de la défense. » Il semble donc clair, à la lecture de ce texte, que la phase d'instruction, et donc le juge d'instruction, doivent satisfaire à l'exigence de rapidité de la procédure afin de porter le moins longtemps atteinte à la dignité, à la liberté et aux droits de l'individu. L'exigence du respect du temps se poursuit à l'alinéa 2 du même article qui prévoit que « si, à l'issue d'un délai de deux ans à compter de l'ouverture de l'information, celle-ci n'est pas terminée, le juge d'instruction rend

[456] Crim. 23 août 2005, Bull. n° 209, D. 2006, panorama 621, obs. J. Pradel.

une ordonnance motivée expliquant les raisons de la durée de la procédure, comportant les indications qui justifient la poursuite de l'information et précisant les perspectives de règlement. » Toutefois, comme en matière d'enquête, cette obligation de respect du temps, et donc de la rédaction de l'ordonnance, n'est pas susceptible de recours et ne peut donc affecter la validité de la procédure[457].

289. En tout état de cause, il ressort de ces énonciations que le principe de célérité irradie la phase préparatoire du procès pénal. Mais cette nouvelle influence ne s'arrête pas là, l'exigence du respect du procès équitable mettant en avant un second principe : celui du droit à un tribunal impartial et indépendant.

b. Les garanties d'indépendance et d'impartialité des autorités judiciaires

290. Cette garantie est posée par l'article 6 §1 de la Convention européenne des droits de l'Homme qui dispose « toute personne a droit à ce que sa cause soit entendue équitablement [....] par un tribunal indépendant et impartial. » Constituant un véritable principe directeur du procès pénal, le législateur a pu la réaffirmer par la loi du 15 juin 2000, au fronton du Code de procédure pénale, l'article préliminaire posant le principe selon lequel la procédure pénale doit « garantir la séparation des autorités chargées de l'action publique et des autorités de jugement. » Le législateur a ici repris un principe dégagé par le Conseil constitutionnel en 1995 et selon lequel « en matière de délits et de crimes, la séparation des autorités chargées de l'action publique et des autorités de jugement concourt à la sauvegarde de la liberté individuelle[458]. » De ces multiples consécrations ressortent deux idées principales : l'autorité judiciaire doit être indépendante et impartiale. Cette double garantie trouverait d'ordinaire à s'appliquer seulement lors de la phase de jugement. Cependant, sa consécration à l'ouverture du Code de procédure pénale en fait une garantie découlant du principe du procès équitable, véritable fondement du procès pénal actuel. Dès lors, cette garantie tend à s'appliquer durant toute la procédure et donc pendant la phase préparatoire, tant durant l'enquête que durant l'instruction.

291. L'exigence d'indépendance de l'autorité judiciaire, magistrat ou tribunal[459], signifie que celle-ci ne doit pas pouvoir être l'objet de pressions, soit du pouvoir politique (et cela est garanti par le principe de la séparation des pouvoirs), soit des parties au procès. La Cour européenne a ainsi pu donner certains critères afin de respecter l'indépendance des magistrats, notamment sur la durée de leur mandat et leur mode de désignation. En outre, le principe

---

[457] Paris, ch. d'instr. 20 déc. 2002, D. 2003, chron. P. 2511, note Morvan ; Crim. 15 janv. 2008, Bull. N°7, D. 2008, Act. 418, note. S. Lavric ; AJ penal 2008, p. 145, note S. Lavric ; Droit pénal 2009, chron. 1, obs. Guérin.

[458] Cons. Const. n° 95-360 DC, 2 févr. 1995, JO du 7 févr. 1995, p. 2097, D. 1995, p. 171, note. J. Pradel.

[459] Il faut préciser qu'au sens de l'article 6 §1, le « tribunal » n'est pas nécessairement une juridiction de type classique. La Cour a pu estimer que ce tribunal se caractérise, sur le plan matériel, par sa fonction juridictionnelle, CEDH 22 oct. 1984, Sramek c/ Autriche, §36, RSC 1984, p. 142, obs. Pettiti.

d'inamovibilité de la magistrature assure cette indépendance. L'indépendance du magistrat ne pose pas réellement de problème en pratique. Cependant, l'affirmation récente par les juges strasbourgeois selon laquelle le parquet français ne constituerait pas une autorité judiciaire au sens de l'article 5 §1 de la Convention européenne[460], eu égard à son manque d'indépendance vis-à-vis du pouvoir exécutif, pourrait tout remettre en cause et contraindre le législateur à revoir sa copie. En effet, si le ministère public français ne satisfait pas à la condition d'indépendance (ni même à celle d'impartialité puisqu'il est à la fois juge et partie), il en résulterait une remise en cause totale de la notion de procès équitable et donc de la conformité du procès pénal français aux standards européens. Or, une telle conception va à l'encontre de l'idée de construire un procès « parfait » et le risque est que la France se trouve, une fois de plus, condamnée par la Cour européenne[461].

292. La seconde garantie, à savoir l'impartialité de l'autorité judiciaire, est quant à elle beaucoup plus problématique. L'impartialité est consacrée par l'article 111-5 du Code de l'organisation judiciaire et postule que le juge doit être neutre au regard du litige, il ne doit pas avoir d'avis arrêté sur le litige, ne pas être influencé tant par les autres autorités que par les parties. Il ne doit avoir aucun lien avec l'affaire et les parties. En d'autres termes, il est admis que le cumul des fonctions de poursuite et de jugement est impossible. La Convention européenne ne définissant pas clairement la notion d'impartialité (elle se contente juste de mentionner le droit à un tribunal impartial), il est revenu aux juges européens de définir cette notion en deux temps.

293. Dans un arrêt De Cubber contre Belgique du 26 octobre 1984[462], la Cour avait pu estimer qu'un magistrat ayant pu se former « une opinion à l'avance » et risquant « de peser lourd dans la balance au moment de la décision » manquait d'impartialité. Mais cette décision, quelque peu maladroite et mal formulée, ne fournit que très peu de pistes pour définir clairement l'impartialité. A cette fin, il faut se pencher sur l'arrêt Piersack contre Belgique du 1er octobre 1982[463]. La Cour y donne une définition plus claire de l'impartialité, estimant que celle-ci doit s'apprécier « selon une démarche subjective, essayant de déterminer la conviction personnelle de tel juge à telle occasion, et aussi une démarche objective amenant à s'assurer qu'il offrait les garanties suffisantes pour exclure à cet égard tout doute légitime ». A la lecture de ce considérant, deux types d'impartialité sont

---

[460] CEDH, 29 mars 2010, Medvedyev c/France, §124, D. 2010, p. 898, note S. Lavric, p. 1386, note J.-F. Renucci ; p. 1390, note Hennion-Jacquet ; RSC 2010, chron. p. 685, obs. Marguénaud ; AJDA 2010, p. 648, note Brondel ; CEDH 23 nov. 2010, Moulin c/ France, D. 2010, act. 2276, note S. Lavric, D. 2011, Point de vue n°26, obs. F. Fourment ; p. 227, obs. J.-F.. Renucci, p. 338, obs. J. Pradel ; RSC 2011, crhon. p. 208, obs. D. Roets.

[461] Une nuance peut être toutefois apportée ici au regard de la récente actualité législative et du projet de loi relatif aux attributions du garde des sceaux et des magistrats du ministère public en matière de politique pénale et d'action publique déposé le 27 mars 2013. Pour une étude approfondie, cf. infra n° 576 et suiv.

[462] CEDH 26 oct. 1984, De Cubber c/ Belgique.

[463] CEDH 1er oct. 1982, Piersack c/ Belgique.

donc à distinguer. D'une part, l'impartialité subjective (ou encore dite personnelle) pour laquelle on va s'assurer que le juge, dans son for intérieur, n'a eu aucune raison de favoriser ou défavoriser tel ou tel plaideur. Cette impartialité est présumée exister jusqu'à preuve contraire[464]. D'autre part, l'impartialité objective (ou fonctionnelle) selon laquelle une attention particulière va être apportée aux apparences, aux rôles fonctionnels qu'un même magistrat a tenu successivement dans une même affaire, le juge ne doit pas risquer d'être partial en fonction de son travail. A cet égard, la Cour de cassation a pu interdire à un juge de siéger deux fois dans la même affaire[465].

294. La Cour européenne a étendu récemment cette exigence d'impartialité au juge d'instruction en estimant que « les exigences du droit à un procès équitable au sens large impliquent nécessairement que le juge d'instruction soit impartial. »[466] Les juges français avaient déjà pu adopter la même position en considérant que « le magistrat qui a accompli des actes d'instruction dans une procédure ayant abouti à une condamnation ne peut siéger à la chambre d'accusation saisie d'une demande de confusion de peines parmi lesquelles figure celle prononcée par ladite condamnation.[467] » Ce principe séparatiste connait une limite en ce que la chambre criminelle a pu juger que « n'est pas contraire à l'article 6 §1 le fait que le juge d'instruction qui constate un manquement à l'obligation de témoigner devant lui soit habilité par la loi à le sanctionner, dès lors que sa décision est susceptible de recours.[468] » Le principe de séparation des fonctions connait donc une exception qui est elle-même limitée en ce que la décision rendue en présence d'un cumul de fonctions doit être susceptible de recours et donc non définitive. Cette limite tend à protéger la personne poursuivie car le juge d'instruction peut cumuler des fonctions mais il n'a pas le dernier mot, sa décision pouvant être contestée. La Chambre criminelle a pu reconnaitre en outre que l'impartialité fonctionnelle trouvait à s'appliquer à l'égard du juge des libertés et de la détention. Ainsi, dans un arrêt du 30 mars 2011, la Cour de cassation a considéré que le magistrat qui a prononcé une condamnation par défaut et décerné un mandat d'arrêt ne peut, en qualité de juge des libertés et de la détention, statuer sur les suites données au mandat d'arrêt sans qu'il soit porté atteinte à l'exigence d'impartialité[469].

295. Cette garantie d'impartialité trouve à s'appliquer également à l'égard des enquêteurs. En effet, la chambre criminelle a considéré que le défaut d'impartialité d'un enquêteur peut constituer une cause de nullité de la procédure si ce grief a eu pour effet de porter atteinte au caractère équitable et contradictoire

---

[464] CEDH 23 avril 1996, Remli c/ France, req n°16839/90.

[465] Crim. 26 sept. 1996, Bull n° 333.

[466] CEDH 6 janv. 2010, Fernandez-Huidobro c/ Espagne, JCP 2010, n°5, p. 234, obs. F. Sudre.

[467] Crim. 21 sept. 1989, Bull. n°325, RSC 1990, p. 593, obs. Braunschweig. Dans le même sens, Crim. 15 déc. 2004, Bull. n°324, D. 2005, panorama 684, obs. J. Pradel ; JCP 2005, IV, 1298 ; Crim. 27 mars 1990, Bull. n°134, D. 1990, Somm. 376, obs. J. Pradel ; RSC 1991, p. 118, obs. Braunschweig.

[468] Crim. 28 janv. 1992, Bull. n° 31.

[469] Crim. 30 mars 2011, pourvoi n° 10-86.140.

de la procédure ou de compromettre l'équilibre des droits des parties[470]. Tout est donc mis en œuvre, même au stade de l'enquête, afin de protéger la personne suspectée et de garantir une application sans faille de l'exigence européenne du procès équitable.

296. Une nuance est à noter cependant : la garantie d'impartialité ne s'applique pas à l'encontre du magistrat du parquet, ce dernier ne décidant pas du bien-fondé de l'accusation en matière pénale[471]. Il en est de même pour le juge délégué aux victimes à propos duquel la Cour de cassation a estimé que les risques de partialité n'étaient pas démontrés[472]. Une évolution est en outre en marche concernant le juge des enfants. Classiquement, il était admis qu'après avoir instruit l'affaire, ce même juge pouvait la juger en qualité de président du Tribunal pour enfants[473]. Or, une décision du Conseil constitutionnel, rendue sur QPC le 8 juillet 2011[474] vient remettre en cause ce postulat. Le Conseil a ainsi admis que ce cumul de fonctions était contraire au principe d'impartialité lorsque la juridiction de jugement avait la possibilité de prononcer des peines. Prévoyant l'entrée en vigueur de l'inconstitutionnalité au 1er janvier 2013, le Conseil constitutionnel contraint une nouvelle fois le législateur à procéder à une réforme du droit des mineurs, dans une urgence toute relative… Ici encore, l'influence et le poids de la QPC sont incontestables !

Lorsque, malgré les principes établis, une suspicion de partialité de l'autorité judiciaire demeure, le justiciable peut agir selon deux voies qui lui sont offertes par le législateur : le renvoi pour cause de suspicion légitime[475] et la récusation[476].

297. Les exigences de célérité, d'indépendance et d'impartialité constituent donc les principales composantes de l'équité procédurale et tendent à équilibrer au mieux le procès pénal. Mêlés à la consécration de la présomption d'innocence, ces principes fondent le modèle universel du procès équitable, un procès qui serait commun à tous les pays membres de l'Union européenne et tendrait, de manière utopique, à la perfection. Ce modèle universel de procès ainsi que les émergences de nouvelles jurisprudences, tant européenne que constitutionnelle, s'imposent

---

[470] Crim. 14 mai 2008, Bull. n°115 ; RSC 2008, p. 631, obs. A. Giudicelli ; AJ pénal 2008, p. 328, obs. Roussel.

[471] Crim. 6 janv. 1998, Procédures 1998, comm. n° 96, obs. Buisson. Dans le meme sens : Crim. 6 mai 1996, Bull. n°187 ; LPA 1997, 102, p. 8, note Josserand : Crim. 10 déc. 1986, Bull. n°370 ; D. 1987, somm. 85, obs. J. Pradel.

[472] Crim. 20 juin 2008, D. 2008, p. 1902, obs. Léna ; droit pénal 2008, comm. 120, obs. A. Maron et C. Haas.

[473] Crim. 7 avril 1993, Bull. n°152, D. 1993, p. 153, note J. Pradel ; RSC 1994, p. 67, obs. Huyette et p. 75, obs. C. Lazerge ; D. 1994, p. 37, note. Becquerelle.

[474] Cons. const. Déc. n°2011-147/ QPC du 8 juill. 2011.

[475] Cette procédure est prévue par l'article 662 du CCP et permet le renvoi d'un tribunal à un autre. La requête appartient au ministère public ou aux parties et doit être présentée à la chambre criminelle de la Cour de cassation. Le doute d'impartialité doit normalement peser sur le tribunal ou la cour en son entier.

[476] La récusation est prévue à l'art. 668 du CCP et permet de récuser tout juge ou conseiller pour des causes personnelles. Ce mécanisme intervient en amont du procès, garantissant ainsi une meilleure protection contre une éventuelle partialité. La récusation ne peut être demandée qu'à l'encontre des magistrats du siège, le ministère public étant une partie à la procédure.

aujourd'hui comme les nouvelles sources de la procédure pénale, faisant évoluer par-là même les règles fondamentales de la phase préparatoire du procès pénal. Mais cette évolution ne s'arrête pas là car un autre principe directeur, reconnu au niveau européen et national, tend à faire évoluer le procès et à renforcer, en parallèle, les droits des parties et de la défense ; il s'agit du principe du contradictoire.

SECTION 2. UN RENFORCEMENT DU PRINCIPE DU CONTRADICTOIRE

298. Le principe du contradictoire est un principe essentiel, directeur du procès pénal car commandant toutes les procédures, consacré par l'article préliminaire du Code de procédure pénale qui dispose « la procédure pénale doit être équitable et contradictoire et préserver l'équilibre des droits des parties. » Ce principe implique la liberté pour chacune des parties de faire connaitre tout ce qui est nécessaire au succès de sa demande ou de sa défense. Il impose que toute démarche, toute présentation au juge d'une pièce, d'un document, d'une preuve par l'adversaire soit portée à la connaissance de l'autre partie et librement discutée à l'audience[477]. Le respect du principe du contradictoire est la condition indispensable de la liberté de la défense.

299. Ce principe pourrait ne trouver à s'appliquer qu'au stade du jugement, la discussion des preuves étant la base même de cette phase. Or, sa consécration à l'ouverture du Code de procédure pénale, tout comme le principe de la présomption d'innocence et du procès équitable, impose son respect durant toutes les phases du procès pénal. Partant de ce constat, le respect du principe du contradictoire emporte deux conséquences lors de la phase préparatoire du procès pénal. En effet, dans une première optique, le renforcement et la consécration de ce principe aboutissent nécessairement à un renforcement du droit à l'information des parties (§1). Il est logique que pour bien se défendre les parties, ou à défaut leurs conseils, doivent être correctement informés des éléments constitutifs du dossier. En outre, et cette seconde conséquence est le corollaire de la première, le contradictoire a permis un renforcement certain du droit à la discussion (§2), qui se comprend aisément par le fait qu'une fois informées, les parties se trouvent en mesure de discuter, à niveau égal avec le Parquet, des éléments de la procédure.

§1. Un renforcement du droit à l'information

300. Le renforcement du droit à l'information est une première conséquence de la stricte application du principe du contradictoire. Généralement admis lors de la phase de jugement, le droit à l'information des parties a trouvé à s'appliquer, depuis plusieurs années, lors de la phase préparatoire du procès. Ce phénomène

---

[477] Définition donnée par le Lexique des termes juridiques, 13 éme éd. Dalloz.

trouve deux applications principales en la consécration, lente mais certaine, des droits de la défense (A) et en l'exigence d'une certaine transparence, d'une certaine publicité, de la phase préparatoire du procès pénal (B).

A. La consécration des droits de la défense

301. Il convient de souligner, à titre préliminaire, que la présente étude se bornera majoritairement à analyser les droits d'information accordés à la personne suspectée ou poursuivie, ces mêmes droits accordés à la victime (qu'elle se soit ou non constituée partie civile) faisant l'objet d'une étude dans le chapitre suivant. Seront donc ici étudiés ce que l'on appelle communément les droits de la défense.

302. Le respect des droits de la défense s'est imposé en tant que tel pour la phase de jugement ; il est aisé de concevoir que c'est à ce stade que l'individu est le plus apte à se défendre et à être informé du déroulement de la procédure. C'est pourquoi ces droits ont été appréhendés difficilement pendant la phase préparatoire du procès pénal. Il a ainsi fallu attendre la loi Constans du 8 décembre 1897 pour voir amorcer une garantie des droits de la défense au stade de l'instruction préparatoire par une véritable mise en place des premiers droits reconnus à l'inculpé (désormais appelé mis en examen)[478]. Aujourd'hui, le respect des droits de la défense est reconnu comme un principe général du droit par le Conseil d'Etat[479], doté d'une valeur constitutionnelle[480], c'est un véritable droit fondamental au niveau interne[481].

303. Les droits de la défense, encadrés tant au niveau européen qu'au niveau législatif interne, ne connaissent pas cependant de définition claire et précise, la Convention européenne restant muette à ce sujet et se contentant simplement d'énumérer ces droits. On pourrait penser que les droits de la défense constituent un moyen de tenir en échec l'exercice de l'action publique et sont, en ce sens, une entrave potentielle à la répression. Dès lors, on pourrait les définir comme « les droits que possède toute personne pour se protéger contre la menace que constitue pour elle un procès.[482] » Cette conception, bien que critiquable du coté de la justice pénale, est pleinement justifiée par l'intérêt de chaque citoyen, qui peut se trouver injustement accusé. En faisant « prédominer le droit individuel de la défense sur le droit social de la répression[483] », la loi protège les intérêts bien compris de la société : éviter à ses membres une condamnation injuste. Ceci

---

[478] A cet égard, J. Pradel a pu étudier plus amplement la Loi Constans, centenaire de la loi du 8 décembre 1897 sur la défense avant jugement pénal : essai d'un bilan, D. 1997, p. 375.

[479] CE, 5 mai 1944, Dame Veuve Trompier-Gravier, Rec. Lebon, p. 133.

[480] Tel qu'a pu l'affirmer le Conseil constitutionnel le 2 déc. 1976, déc. 76-70.

[481] Cass. Ass. Plén. 39 juin 1995, Bull. n° 4 ; JCP 1995, II, 22478, concl. Jeol et note Perdriau ; D. 1995, p. 513 ? concl. Jeol et note Drago.

[482] T. Garé, Les droits de la défense en procédure pénale, dans R. Cabrillac, M-A Frison-Roche et T. Revet, Libertés et droits fondamentaux, 14 eme. Ed. Dalloz, 2008, n° 674.

[483] R. Garraud, Traité théorique et pratique d'instruction criminelle et de procédure pénale, 3ème éd. Sirey, 1912, t. 3, n°793.

explique que les prérogatives augmentent en fonction des charges qui pèsent contre la personne concernée : presque inexistants durant l'enquête où de simples indices sont recueillis contre celui qui n'est que suspect, les droits de la défense apparaissent réellement pendant l'instruction préparatoire pour se consolider lors de la phase de jugement. Sont ainsi accordés des droits spécifiques de la défense à toute personne arrêtée (selon l'article 5 §2 de la CESDH) et à toute personne contre laquelle une accusation pénale est portée (article 6 §3).

304. En premier lieu, l'article 5 §2 de la Convention européenne garantit à la personne arrêtée le droit d'être informée des raisons de cette arrestation et de toute autre accusation et ce « dans le plus court délai », l'exigence de célérité trouvant ici à s'appliquer. Cette exigence a été reprise par le législateur de 2000 puisque l'article préliminaire du Code de procédure pénale prévoit que toute personne suspecte ou poursuivie a le droit d'être informée des charges retenues contre elle. Mais sur quoi doit se baser cette information ? La Cour européenne estime que cette information doit être complète en fait et en droit[484], elle doit comporter en détail les raisons de l'arrestation. Il est admis que l'information complète ne puisse être donnée immédiatement, pour des raisons évidentes de constitution du dossier et de recherche de preuves, mais l'information donnée doit tout de même garantir un minimum de renseignements pour permettre à l'individu d'organiser au mieux sa défense. Cette information doit, en outre, être intelligible pour la personne concernée, ce qui signifie donc qu'elle doit être donnée dans une langue que le suspect comprend, à défaut l'intervention d'un interprète sera exigée. Cette exigence d'information lors de la garde à vue notamment s'est trouvée renforcée par la loi du 14 avril 2011 réformant la garde à vue notamment par l'obligation d'un entretien avec un avocat dès les trente premières minutes d'une telle mesure[485].

305. En second lieu, les droits de la défense sont garantis par l'article 6 §3 de la Convention qui en dresse une liste non limitative. Cette garantie est renforcée par l'article 47 alinéa 2 de la Charte des droits fondamentaux de l'Union européenne qui dispose que « toute personne a la possibilité de se faire conseiller, défendre et représenter » ainsi que par l'article 48 qui prévoit la garantie du respect des droits de la défense à tout accusé. Ces droits sont assez nombreux et trouvent à s'appliquer à toutes les phases de la procédure pénale. Le premier de ces droits est le droit, pour la personne poursuivie, d'être informée de la nature et de la cause de l'accusation portée, et est tiré directement de la Convention européenne. Il est ainsi reconnu que l'information, afin d'être complète, doit porter sur la nature et la cause de l'accusation c'est-à-dire sur sa qualification juridique et sur son fondement. Le droit français est aujourd'hui en conformité avec les standards européens sur ce point en garantissant une telle information lors de la citation directe ou de la comparution immédiate. Cette information doit, en outre, être donnée, elle aussi, dans une langue que l'accusé comprend.

---

[484] CEDH, 30 août 1990, Fox, Campbell et Hartley c/ Royaume-Uni.

[485] Sur ce point, cf. infra n° 35à et 378 et suiv.

306. L'exigence d'une information claire et précise fait peser une obligation à la charge de l'Etat : il doit tout mettre en œuvre pour une telle notification, sous peine d'une condamnation européenne pour violation des droits de la défense. Les droits de la défense participent donc à la recherche d'une certaine équité procédurale à tous les stades, et cela est contrôlé par les juges européens. En témoigne ainsi une condamnation de la France pour la condamnation par défaut d'un aliéné mental, sans que soit notifié à son curateur l'ensemble de la procédure[486]. La Cour a ainsi pu estimer que « une bonne administration de la justice eut exigé que les autorités nationales accomplissent des diligences supplémentaires » en invitant l'individu poursuivi, ou son représentant, à participer activement à la procédure. Les juges rajoutent que le fait de comprendre la procédure et d'être informé de la nature et de la cause de l'accusation participent à l'assurance de « l'équité du procès. » Tirant les conclusions de cette condamnation, et pour en éviter une autre, le législateur français a introduit, par la loi du 5 mars 2007, un titre XXVII dans le Livre IV du Code de procédure pénale intitulé « la poursuite, l'instruction et le jugement des infractions commises par des majeurs protégés[487] ». Par ces nouvelles dispositions, le législateur aligne l'information du majeur protégé sur celle du majeur non protégé en faisant une large place à la personne désignée comme assistant légal du majeur aliéné prévoyant les mêmes conditions d'accès au dossier à leur égard qu'à l'égard de la personne poursuivie[488]. Le majeur protégé est désormais également soumis à une expertise médicale dans le but d'établir ou non sa responsabilité pénale au moment des faits[489] et doit être assisté par un avocat, même en matière de contraventions. En outre, la chambre criminelle de la Cour de cassation veille au strict respect d'une information claire et précise du tuteur ou curateur avant la réalisation de tout acte d'instruction ou de jugement[490]. Ces nouveaux textes contribuent à un renforcement des droits de la défense mais il est cependant regrettable qu'il faille encore une condamnation européenne pour que le législateur revoit les imperfections de la loi. Ce renforcement trouve également sa

---

[486] CEDH, 30 janv. 2001, Vaudelle c/ France, D. 2001 p. 676, Procédures avr. 2011, n°85, obs. N. Fricero, droit de la famille, juin 2001, n°66, obs. T. Fossier ; RTD civ. 2001, p. 330, obs. J. Hauser et p. 439, obs. J-P. Marguénaud ; JCP 2001, I, 342, obs. F. Sudre.

[487] Les procédures sont prévues aux arts. 706-112 à 706-118 du CPP.

[488] La chambre criminelle a ainsi pu censurer un arrêt qui avait déclaré irrecevable, pour cause de tardiveté, un appel formé par un majeur sous tutelle, sans que la mesure de protection n'apparaisse dans l'acte de renvoi devant la juridiction correctionnelle et sans que la décision de condamnation n'ait été signifiée au tuteur, Crim. 16 janv. 2008, RSC 2008, p. 366, obs. R. Finietz.

[489] Art. 706-115 CPP. La chambre criminelle a juger que si l'altération des facultés mentales est telle que la personne mise en examen se trouve dans l'impossibilité absolue d'assurer effectivement sa défense, même avec l'assistance d'un avocat, il doit être sursis à son renvoi devant la juridiction de jugement, Crim. 11 juill. 2007, n°07-83.056, Dr. pén. oct. 2007, chron. A Maron, p. 43.

[490] Cf. not. Crim. 3 mai 2012, n°11-88.275 ; Crim. 3 juin 2012, n°11-88.725 ; pour un commentaire commun cf. D. act. 21 juin 2012, obs. C. Girault ; Crim. 27 nov. 2012, n°11-88.678, AJ famille 2013 p. 62, obs. T. Verheyde ; AJ pénal 2013, p. 169, note J.-B. Perrier (Dans cet arrêt la Cour exige une information répétée du tuteur ou du curateur afin d'assurer une protection optimale du majeur protégé) ; Crim. 29 janv. 2013, n°12-82.100, D. 2013, p. 366

force dans la rédaction de l'article préliminaire du Code de procédure pénale énonçant que « toute personne suspectée ou poursuivie a le droit d'être informée des charges retenues contre elle. » Cette formulation, très large, permet de faire bénéficier du droit à l'information la personne qui fait l'objet d'une poursuite mais aussi celle qui est seulement impliquée dans le cadre d'une enquête de police ou de diverses investigations judiciaires.

307. Le second dispositif tendant à la consécration des droits de la défense est sans conteste le droit de disposer du temps et des facilités nécessaires à la préparation de sa défense. Ce droit est reconnu par l'article 14 §3 du Pacte international relatif aux droits civils et politiques et par l'article 6 §3 de la Convention européenne. Il doit s'apprécier *in concreto*, au regard des circonstances et de la complexité de l'affaire. Cependant, une certaine obligation de moyens est mise à la charge des Etats qui doivent tout mettre en œuvre pour tendre à une bonne application de la défense, notamment en accordant les facilités nécessaires à son exercice. L'individu doit être en mesure pleine et entière de se défendre, et de bien, entendu, préparer cette défense ; pour cela l'avocat, et la partie, doivent avoir accès au dossier. Si cet accès ne pose pas réellement de problème au stade du jugement, une réforme a été opérée par le législateur français afin que notre droit soit en conformité avec les exigences européennes. Ainsi, pendant l'instruction, jusqu'en 1996, seul l'avocat pouvait avoir accès au dossier, à ses frais, et pour son usage exclusif, interdiction lui étant faite de communiquer quelque pièce que ce soit à son client. Cette interdiction était d'ailleurs très contrôlée par la chambre criminelle de la Cour de cassation[491]. Cette vision de l'accès au dossier était critiquable au regard du respect des droits de la défense ; il n'était pas concevable que l'individu suspecté, poursuivi, ne puisse connaitre les charges retenues contre lui. Un déséquilibre était alors flagrant entre l'information complète du parquet et l'information lacunaire de la défense. En outre, il est difficile de penser que l'accès au dossier doive être aux frais exclusifs de l'avocat ! Il est aberrant de constater que la défense doive payer pour être effective !

308. Le législateur a pris en compte ces différences de traitement et a prévu, par la loi du 30 décembre 1996, la libre transmission d'une reproduction des pièces du dossier par l'avocat à son client (qu'il soit l'accusé ou la partie civile). Cet accès au dossier est cependant limité car il est soumis à l'accord du juge d'instruction, que l'avocat devra au préalable avoir reçu. Le juge a cinq jours pour faire droit à une telle demande et doit, le cas échéant, motiver son refus « spécialement au regard des risques de pression sur les victimes, les personnes mises en examen, leurs avocats, les témoins, les enquêteurs, les experts ou toute autre personne concourant à la procédure. » S'il refuse, l'avocat et son client conservent la possibilité d'interjeter appel devant le président de la chambre de l'instruction qui a également cinq jours pour se prononcer. Cet accès au dossier est bien entendu prévu pour les seules parties, les tiers à la procédure ne devant

[491] Cass. Ass. Plen. 30 juin 1996 ; JCP 1996, II, 22479, note Chambon ; D. 1995, p. 417, note J. Pradel ; RSC 1995, p. 833, obs. Dintilhac.

pas en avoir connaissance. Par la loi de 1996, une réelle avancée est apportée à l'accès au dossier de l'individu et donc aux droits de la défense. Cependant, cette avancée est encore limitée par le contrôle du juge d'instruction. Pour autant, ce contrôle se justifie au regard de l'efficacité de la justice pénale et de la protection des personnes concourant à la procédure. Deux intérêts sont ici en conflit : l'efficacité de la justice pénale et le respect de la défense ; cette dualité est coutume en la matière et il se comprend aisément que, malgré la recherche d'un équilibre certain, ce dernier ne puisse être à son paroxysme[492].

309. A coté de ces deux premiers droits, l'individu suspecté ou poursuivi se voit octroyer un troisième droit, et non des moindres : le droit de se défendre soi-même ou avec l'assistance d'un avocat. L'individu a effectivement le droit de se défendre lui-même et donc de ne pas faire appel à un avocat. Cette disposition trouve à s'appliquer surtout durant la phase de jugement et fait peser une obligation à la charge de l'Etat : procurer à la personne toutes les facilités nécessaires à l'exercice de sa défense, c'est-à-dire la notification des actes de procédure et un accès effectif au dossier, une autorisation de prise de parole à l'audience. La personne étant son propre avocat, elle doit pouvoir bénéficier de toutes les prérogatives de cet auxiliaire de justice. Une telle situation est rare en pratique, la tendance étant aujourd'hui à un recours massif aux professionnels du droit. Ce refus du droit à un avocat à son propre profit est difficilement envisageable lors de la phase préparatoire du procès pénal tant, on le sait désormais, elle est le fondement même du procès à venir : c'est durant cette période que tout le dossier en amont va être constitué, la présence de l'avocat est alors indispensable quant aux garanties de l'application des droits fondamentaux. C'est pourquoi le rôle de l'avocat a été accru, au fil des réformes, à ce stade et que ce dernier est considéré désormais comme un acteur incontournable de la phase préparatoire[493].

310. Par conséquent, le constat ne peut être nié : les droits de la défense, quasi-inexistants lors de la phase préparatoire il y a quelques années, sont aujourd'hui en pleine expansion. Ce mouvement a été accru récemment avec l'introduction, à l'article préliminaire du Code de procédure pénale, de l'obligation de traduction et du droit à l'interprétation[494]. Cette consécration participe ainsi au renforcement du droit à l'information des parties au procès et donc à une meilleure application du principe du contradictoire. Mais celui-ci se trouve renforcé également par

[492] Sur l'accès restreint au dossier au cours de la garde à vue cf. infra n°350.

[493] Cf. infra n°345 et suiv.

[494] La loi n° 2013-711 du 5 aout 2013 portant diverses dispositions d'adaptation dans le domaine de la justice en application du droit de l'Union européenne et des engagements internationaux de la France est ainsi venue ajouter un alinéa III à l'article préliminaire du CPP qui dispose désormais que la personne ne comprenant pas la langue française « a droit, dans une langue qu'elle comprend et jusqu'au terme de la procédure, à l'assistance d'un interprète, y compris pour les entretiens avec son avocat ayant un lien direct avec tout interrogatoire ou toute audience, et, sauf renonciation expresse et éclairée de sa part, à la traduction des pièces essentielles à l'exercice de sa défense et à la garantie du caractère équitable du procès qui doivent, à ce titre, lui être remises ou notifiées en application du présent code. »

l'idée, toujours plus présente car renforçant l'image de la justice, d'une publicité certaine de la procédure.

B. L'exigence d'une certaine transparence de la phase préparatoire

311. La publicité de la procédure est une exigence indispensable dans le procès pénal, garantie à la fois par l'article 6 §1 de la Convention européenne[495] et par le Conseil constitutionnel[496]. La publicité trouve à s'appliquer lors des débats et lors du jugement, mais seule la première situation sera ici envisagée. La publicité des débats s'impose comme une garantie permettant de préserver la confiance des justiciables dans l'institution judiciaire en ne leur cachant rien. En effet, l'idée d'une justice secrète fait peur et est source d'arbitraire et de malentendus au sein de l'opinion publique. Cette publicité marque aussi le respect du droit au procès équitable et, bien sûr, du contradictoire. Pour autant, le domaine de la publicité des débats est circonscrit à l'examen du bien-fondé de l'accusation et ne concerne donc pas la phase d'enquête et d'instruction. En effet, l'article 11 du Code de procédure pénale prévoit que « Sauf les cas où la loi en dispose autrement et sans préjudice des droits de la défense, la procédure au cours de l'enquête et de l'instruction est secrète. »

312. Or, c'est principalement lors de ces phases que la publicité devrait trouver toute sa place et sa force et ce dans un double objectif : redonner confiance aux justiciables en la justice pénale[497] et garantir le respect strict des droits fondamentaux de l'individu suspecté. Soucieux de cette lacune portant atteinte à la bonne marche de la justice, le législateur de 2000[498] avait créé un droit pour la personne mise en examen de demander, seule ou par l'intermédiaire de son avocat, que le débat contradictoire organisé en vue d'une décision sur sa mise en détention provisoire soit public, tant devant le juge des libertés et de la détention[499] que devant la chambre de l'instruction[500]. Mais la publicité, la transparence de l'information judiciaire reste ici une option, elle n'est pas automatique car elle découle d'une demande du mis en examen. Ce manque de publicité est-il normal dans une procédure pénale qui se veut respectueuse des droits fondamentaux ? Le secret du débat contradictoire est-il toujours justifié à ce stade de la procédure ? La réponse semble être négative eu égard aux dispositions prévues par la loi du 5 mars 2007. En effet, suite à l'affaire d'Outreau, qui donna

---

[495] « Toute personne a droit à ce que sa cause soit entendue publiquement. »

[496] Cons. Const. 2 mars 2004, déc. n° 2004-492 DC « Il résulte des articles 6, 8, 9 et 16 de la Déclaration des droits de l'homme que le jugement d'une affaire pénale pouvant conduire à une privation de liberté doit, sauf circonstances particulières permettant le huis clos, faire l'objet d'une audience publique. »

[497] Confiance bien trop souvent malmenée par des erreurs judiciaires et notamment par l'affaire d'Outreau.

[498] Il faut noter que la loi du 6 juillet 1989 avait d'abord prévu, en matière de détention provisoire, en cas de comparution personnelle et sur demande de l'intéressé ou de son avocat, que les débats puissent avoir lieu en audience publique devant la chambre de l'instruction.

[499] Art. 145 CPP.

[500] Art. 199 CPP.

lieu, entre 2004 et 2005, à un véritable scandale judiciaire, mettant l'accent sur les pouvoirs exorbitants et coercitifs du juge d'instruction, le manque de transparence de la procédure et le manque de fiabilité de la justice pénale, le législateur a été contraint de réagir pour combattre la réaction de défiance s'élevant à l'encontre de la justice pénale. La transparence s'imposa alors comme la garantie d'une bonne justice et deux dispositions nouvelles, deux « remèdes » furent insérés dans le Code de procédure pénale. Le premier consiste en l'instauration d'une publicité de principe pour des décisions particulièrement graves ou importantes, le second consacre le régime de l'enregistrement audiovisuel des interrogatoires du suspect majeur, exigence déjà prévue à l'encontre des mineurs[501].

313. La question du secret de l'instruction a toujours fait l'objet de controverses, renforcées par le scandale d'Outreau ; tantôt celui-ci est décrié parce qu'une justice cachée est une justice suspecte, tantôt celui-ci est salué parce qu'il est le dernier rempart de la dignité des personnes mises en examen et des parties civiles mais aussi le corollaire nécessaire de la présomption d'innocence. C'est pourquoi, le législateur de 2007 a repensé la place de la publicité lors de la phase d'instruction : désormais, la publicité est le principe, qui connait toutefois certaines exceptions. Cette transparence se retrouve à deux niveaux : lors de la décision de placement en détention provisoire et lors de l'examen de l'ensemble de la procédure d'instruction.

314. La décision du placement en détention provisoire est, grâce à la présence effective de l'avocat au cours du débat, contradictoire ; en outre, elle est publique et ce, uniquement pour les majeurs mis en examen. Si le principe était la tenue des débats à l'audience d'un cabinet ou en chambre du conseil avec possibilité pour les parties de solliciter la publicité des débats avant chaque audience, la tendance est inversée depuis la loi du 5 mars 2007. La publicité des audiences relatives à la détention provisoire est un apport de la réforme, apport favorable aux droits de la personne mise en examen puisque cette publicité constitue une garantie indéniable afin d'éviter toute *« suspicion de tractations occultes avec le juge, de pressions et de propos malséants »*[502]. Cependant, cette publicité doit être conciliée avec le principe du secret de l'instruction et ne doit pas porter atteinte à la présomption d'innocence, ce qui explique que le législateur ait posé des exceptions au principe de publicité. En effet, le huis clos peut être demandé par le ministère public, le mis en examen ou son avocat pour l'une des raisons évoquées aux articles 137-1 et 199 du Code de procédure pénale[503]. Aussi, une opposition à la publicité de l'audience peut être invoquée lorsque la publicité est de nature à entraver les investigations spécifiques nécessitées par l'instruction, à porter atteinte à la sérénité des débats ou à nuire à la dignité de la personne ou aux intérêts d'un tiers. En revanche, devant la chambre de l'instruction, le huis clos est

[501] Cf. infra n°433 et suiv.

[502] P. Edmond-Mariette, B. Lavielle, Des maux aux actes, Outreau et puis…rien ? AJ Pén. 2006. p 159.

[503] Les infractions relevant de la criminalité organisée sont ainsi exclues de l'exigence de publicité, dans un souci évident d'efficacité de la justice pénale.

de droit si la partie civile le demande lorsque les poursuites sont exercées pour viol et actes de torture ou de barbarie accompagnés d'agressions sexuelles. Le juge des libertés et de la détention ou la chambre de l'instruction statue sur cette demande de huis clos après avoir entendu le parquet et les parties et après avoir lu l'avis du juge d'instruction.

315. S'il est louable que la publicité devienne le principe, il est davantage estimable que le huis clos soit maintenu, ne serait-ce qu'à titre d'exception, afin de préserver le secret d'une instruction sur des faits particulièrement graves ou mettant en jeu des intérêts majeurs tel que celui de la Nation. Pour autant, dans ces cas particuliers, une publicité constitue-t-elle réellement une entrave à la recherche de la vérité ? N'est-elle pas à l'inverse un moyen efficace de découvrir la réalité des faits ? Certains auteurs pensent que les exceptions prévues sont nombreuses et entendues largement, ce qui entamerait et viderait de tout son contenu le nouveau principe de publicité[504]; d'autres à l'inverse font confiance aux juges et considèrent qu'ils respecteront l'esprit de la loi et, à cette fin, limiteront les exceptions. Toutefois, la position de la chambre criminelle de la Cour de cassation constitue, elle aussi, une limite à ce principe de transparence de l'information judiciaire. En effet, elle réduit grandement la portée de ce nouveau principe en prévoyant que son inobservation n'ouvre droit à cassation que s'il en résulte une atteinte aux intérêts de la partie concernée ; la nullité ne saurait être prononcée sans la preuve d'un grief. Afin de donner toute sa force au principe de publicité des débats, le législateur n'aurait-il pas dû adopter un régime de nullité textuelle au lieu d'un régime de nullité virtuelle ? Il demeure ici encore un oubli qui peut être fort préjudiciable à l'individu suspecté et qui ne se veut pas pleinement respectueux des droits fondamentaux et du procès équitable.

316. L'exigence de publicité est également de rigueur, depuis la loi du 5 mars 2007, lors de la mise en état de l'instruction préparatoire et ce en vertu de l'article 221-3 du Code de procédure pénale. En effet, lorsqu'une ou plusieurs personnes mises en examen sont placées en détention provisoire, la loi a prévu la faculté d'organiser un débat tendant à l'examen de l'ensemble de la procédure d'instruction. L'objet d'un tel examen est de vérifier la pertinence des indices recueillis et de s'assurer qu'ils sont, à terme, susceptibles de constituer des charges suffisantes pour un éventuel renvoi devant une juridiction de jugement. Cet objet explique les droits accordés aux parties[505] et le régime procédural d'un tel examen notamment le respect de la règle de la publicité.

317. En effet, lorsqu'un débat a été instauré aux fins d'examen de l'ensemble de la procédure, l'audience est régie par la règle de la publicité dès lors que la ou les personnes mises en examen sont majeures et ce, sous deux réserves. Ainsi, l'article 221-3 alinéa 3 pose deux exceptions au rang desquelles se trouve l'opposition avant l'ouverture des débats du ministère public ou de l'une des parties ou bien de leurs avocats, excluant donc le ou les témoins assistés. La voie

---

[504] M. Nord-Wagner, La détention provisoire : un équilibre renforcé ? AJ Pén. Mars 2007. 113.

[505] Not. la faculté de formuler une demande de mise en liberté, des requêtes en annulation ou en constatation de prescription de l'action publique.

de l'opposition de l'une des parties, publique ou privée, connaît le même régime procédural que celle qui existe dans le contentieux de la détention provisoire. Il faut là encore souligner que la règle de la chambre du conseil retrouve son empire si son application est sollicitée par la partie civile dans les cas légaux lui permettant de demander le huis clos devant la Cour d'assises au cas de mise en accusation pour viol, tortures et actes de barbarie accompagnés d'agressions sexuelles[506]. Constitue également une exception à la règle de la publicité, la décision du président de la chambre qui peut ordonner d'office l'application de la règle de la chambre du Conseil sous des conditions de fond et de forme précises[507].

318. L'article 11 du Code de procédure pénale prévoit en outre « Sauf les cas où la loi en dispose autrement, et sans préjudice des droits de la défense, la procédure au cours de l'enquête est secrète. » A la lecture de ce texte, le principe semble acquis : tout comme la phase d'instruction, la phase d'enquête demeure secrète. Or, là encore, quelques aménagements ont été prévus par le législateur. Ainsi, la loi du 15 juin 2000 est venue ajouter un troisième alinéa à cet article en prévoyant la possibilité pour le procureur d'avoir recours à des « fenêtres d'information », destinées à rendre public des éléments objectifs tirés de la procédure. Ces fenêtres ont donc vocation à rendre transparentes certaines données de la phase d'enquête dans un souci d'éviter la propagation de fausses informations mais aussi, dans certains cas, de rassurer l'opinion publique et de faire cesser le doute pesant sur la phase policière. La transparence de l'enquête renforce ici l'idée selon laquelle une justice publique est une bonne justice, une justice en laquelle le citoyen peut avoir pleinement confiance. De plus, dans certains dossiers sensibles, afin de rassurer les familles de la victime, le parquet peut être autorisé à leur communiquer des données relatives à l'évolution des investigations. Cette publicité renforce ici les droits des victimes au sens large puisqu'elle offre une information aux proches de la victime immédiate de l'infraction.

319. Il convient de souligner à cet égard que le Comité de réflexion sur la justice pénale, comité Léger[508], préconisait, en sa troisième proposition, que le débat devant le juge de l'enquête pour les demandes d'actes des parties soit

---

[506] art. 306 du C.P.P.

[507] Sur le fond, sa décision doit être fondée soit sur une entrave possible aux investigations rendues nécessaires par l'instruction, soit sur une atteinte à la dignité de la personne ou aux intérêts d'un tiers. Curieusement, les infractions de criminalité organisée prévues à l'article 706-73 du code de procédure pénale ne peuvent fonder une telle décision de dérogation au principe de publicité. Quant à la forme, le président de la chambre de l'instruction doit suivre une procédure précise, il doit d'une part, recueillir les observations du ministère public et des parties, et, d'autre part, il doit prononcer sa décision par ordonnance qui, rendue en chambre du conseil, est susceptible de pourvoi simultanément à l'arrêt rendu sur le fond.

[508] Rapport du Comité de réflexion sur la justice pénale remis le 1er sept. 2009 au Président de la République. Dans sa troisième proposition « Instituer un juge de l'enquête et des libertés disposant de pouvoirs importants », le Comité avait énoncé que le caractère public du débat devant le juge constituera une « garantie supplémentaire », voire même un « aiguillon pour le ministère public. » (Rapport Léger, p. 13, la Doc. Fr. sept. 2009)

public. En outre, dans sa septième proposition, le comité se prononçait, à l'unanimité, pour la suppression du secret de l'enquête, ce dernier ne se justifiant plus, d'une part, dans une procédure se voulant respectueuse des droits fondamentaux, et d'autre part, par l'existence d'une certaine publicité de principe.

320. Il est cependant regrettable que ce projet de réforme ait été abandonné, notamment sur le point de la publicité. En effet, dans une procédure qui est celle « d'un glissement progressif de l'inquisitoire au contradictoire, du secret de cabinet au débat en audience publique[509] », comment légitimer le fait que la publicité n'ait pas sa place pleine et entière à tous les stades de la procédure ? Comment une procédure qui veut tendre à la perfection en termes d'équité, de contradictoire et d'équilibre entre les parties peut elle se passer de l'exigence de publicité et de transparence ? Le refus du législateur de reconnaitre la publicité de la phase préparatoire du procès pénal en véritable principe s'explique peut être par le fait qu'il aurait fallu, pour cela, encadrer, renforcer, au mieux les enquêtes de police. En effet, une publicité demanderait que le travail des enquêteurs soit minutieux, précis et non approximatif… Or, dans une période où ces derniers manquent de temps et de moyens pour atteindre un tel objectif, la transparence en tant que principe ne peut être admise. Elle est donc condamnée à ne rester qu'exceptionnelle, tout du moins pendant la phase d'enquête. Il serait louable que le législateur se penche sur ce point dans les années à venir mais la difficulté résidera dans le fait qu'un tel changement ne pourra intervenir sans une refonte totale de la procédure pénale française actuelle. Une telle refonte s'impose comme un principe, notamment sur la question du secret de l'instruction. En effet, ce secret n'existe plus véritablement aujourd'hui et il serait urgent que le législateur en fasse lui-même le constat : le secret de l'instruction est devenu une pure fiction, il n'existe plus parce que plus personne ne le respecte et que la société elle-même ne désire plus qu'il existe, l'opinion publique étant favorable à une transparence totale de la justice pénale. Cette idée de fiction du secret de l'instruction se trouve en outre, et c'est là qu'est tout le paradoxe, appuyé par le législateur lui-même qui prévoit, dans l'article 11 du Code de procédure pénale que la procédure doit être secrète « sans préjudice des droits de la défense ». L'ouverture est donc inscrite dans la loi, créée par le législateur en personne qui autorise toute publicité des éléments du dossier à partir du moment où celle-ci se fait dans le cadre des intérêts de l'individu mis en cause. La publicité de l'instruction est donc devenue une réalité de sorte que les avocats et la doctrine qualifient le secret de l'instruction de « secret de Polichinelle.[510] »

321. En tout état de cause, la transparence semble donc, même si cela est encore lacunaire car ponctuelle, s'imposer tout au long de la phase préparatoire du procès pénal. Le respect de cette nouvelle publicité a des répercussions certaines

---

[509] B. Lavielle et P. Lemonnier, Polichinelle et son secret : pour en finir avec l'article 11 du Code de procédure pénale, AJ pénal 2009, p. 153.

[510] Not. H. Leclerc qui reprend cette formule dans un chapitre intitulé « Secrets de Polichinelle » faisant partie de son ouvrage Les médias et la justice. Liberté de la presse et respect du droit. Ed. du CFPJ, 1996, p. 19.

sur le principe du contradictoire en ce qu'il contribue à un renforcement des droits de la défense et, plus largement, du droit à l'information des parties. Or, ce renforcement ne pouvait avoir qu'un corollaire : le renforcement du droit à la discussion.

§2. Un renforcement du droit à la discussion

322. Le droit à la discussion, trouvant sa place légitime et normale lors de la phase de jugement car c'est à ce moment que toutes les parties s'expriment et peuvent discuter loyalement des preuves et de l'entier dossier, ne pouvait rester étranger à la phase préparatoire du procès pénal, eu égard à l'influence croissante du droit européen. Ce renforcement se traduit à ce niveau procédural sur deux points : une application facilitée du principe de l'égalité des armes (A) et un accroissement considérable, au fil des réformes, du rôle de l'avocat (B).

A. Une égalité des armes favorisée

324. Le rééquilibrage entre les droits des parties au procès est un objectif majeur du contentieux pénal[511] ; les parties doivent ainsi bénéficier de « l'égalité des armes »[512] ou d'un « équilibre »[513] de leurs droits. Le principe de l'égalité des armes n'a pas été textuellement consacré par la Convention européenne mais il a été dégagé par la Cour de Strasbourg dans l'affaire Szwabowicz contre Suède[514] dans lequel la Cour estime que « Toute partie à une action doit avoir une possibilité raisonnable d'exposer sa cause au tribunal dans des conditions qui ne la désavantagent pas d'une manière appréciable par rapport à la partie adverse ». L'égalité des armes est ensuite reprise dans un arrêt Neumeister contre Autriche[515] dans lequel les juges européens ont précisé que la notion d'égalité des armes est une garantie de l'équité du procès pénal, puis dans l'arrêt Ben Naceur contre France en 2006[516].

325. Avant même que la loi du 15 juin 2000 introduise, dans l'article préliminaire du code de procédure pénale, la notion d'équilibre des droits des parties, celle-ci avait été employée par le Conseil constitutionnel dans une

[511] Le législateur de 1993 avait déjà associé davantage les parties privées au déroulement de la procédure d'information en leur permettant de demander que des actes d'enquête soient effectués, ou bien de soulever des exceptions tirées de la nullité de la procédure, ou bien encore de réclamer que les affaires où elles sont en cause soient jugées dans un délai raisonnable.

[512] Cette expression est consacrée par la Cour de Strasbourg.

[513] Tel est rédigé l'article préliminaire du C.P.P.

[514] CEDH, Szwabowicz c/ Suède, req. 434/58, 30 juin 1959.

[515] CEDH., Neumeister c/ Autriche, 27 juin 1968.

[516] CEDH Ben Naceur c/ France, 10 oct. 2006. La Cour estime que le principe d'égalité des armes implique qu'une partie ne soit pas placée dans une situation de net désavantage par rapport à une autre. En ce sens également, CEDH, Gacon c/ France, 22 mai 2008.

décision de 1999[517] et par la chambre criminelle de la Cour de cassation en 1997[518].

326. L'idée d'égalité parait antinomique avec le procès pénal au cours duquel le représentant de l'Etat, agissant au nom de la société, défend l'intérêt public face à l'auteur présumé du trouble social. L'expression « égalité des armes » paraît, sinon inadaptée, du moins excessive lorsqu'elle s'applique au procès pénal. L'objectif est plus modestement de rétablir un « juste équilibre » entre, d'une part, les droits des parties privées, accusé et partie civile, et, d'autre part, les pouvoirs exorbitants du parquet. A cette fin, la Cour européenne a pu estimer qu'il n'est pas demandé que les Etats établissent une stricte égalité procédurale entre les parties mais seulement que celles-ci bénéficient d'une situation raisonnablement égalitaire. Ce qui importe c'est qu'aucune partie ne se voie conférer une position privilégiée, y compris s'il s'agit de l'Etat ou d'un service public tel que le ministère public[519].

327. Pour certains[520], le principe de l'égalité des armes est un principe ancré dans l'Histoire. Ainsi, les ordalies qui se traduisaient par des épreuves dont l'issue tenait lieu de jugement, étaient minutieusement codifiées afin d'assurer une parfaite égalité entre les adversaires. Cessant d'être l'arbitre d'affrontements physiques, le juge doit aujourd'hui apprécier la pertinence respective des éléments de fait et des arguments de droit présentés par chacune des parties. Si, classiquement, la Cour européenne a admis que l'égalité des armes s'applique assurément à la phase de jugement[521], elle trouve aussi toute sa place lors de l'information judiciaire et de l'enquête[522]. Cela se comprend aisément au regard du caractère attentatoire à l'individu qui est attaché à la phase d'instruction. Ainsi, il est logique que la personne poursuivie soit d'égal à égal avec les autorités judiciaires, mais aussi avec les autres parties privées, l'égalité des armes devant s'appliquer entre tous les acteurs de la procédure.

328. Tout le problème réside alors dans le fait de définir la notion d'égalité des armes. C'est un concept qui reste assez flou, même pour la Cour européenne des droits de l'Homme qui a opté pour la définition suivante : « L'égalité des armes implique que chaque partie doit se voir offrir la possibilité raisonnable de présenter sa cause dans des conditions qui ne la placent pas dans une situation de net désavantage par rapport à son adversaire[523]. » Or le mot « égalité » semble

---

[517] Cons. Const. décision, 22 janvier 1999, JO 1999, p. 1317, décision relative au traité portant sur le statut de la cour pénale internationale.

[518] Crim. 6 mai 1997, Bull. n° 170. Le principe d'égalité des armes y est énoncé très clairement même si l'expression figure entre guillemets, marquant ainsi qu'elle n'appartenait pas au vocabulaire usuel de la Cour : *"Attendu que le principe de "l' égalité des armes" tel qu'il résulte de l'exigence d'un procès équitable, au sens de l'article 6 de la Convention européenne* des *droits de l'homme, impose que les parties au procès disposent* des *mêmes droits ; qu'il doit en être ainsi, spécialement, du droit à l'exercice* des *voies de recours..."*

[519] CEDH, Hentrich c/ France, 22 septembre 1994.

[520] Cf. not. B. Oppetit, Philosophie du droit, D. 1999, p. 117.

[521] Not. CEDH 24 nov. 19993, Imbrioscia c/ Suisse, req. n°13972/88.

[522] CEDH 8 févr. 1996, John Murray c/ Royaume-Uni, req. n°18731/91.

[523] CEDH 27 oct. 1993, Dombo Beheer BV c/ Pays bas, req. n°14448/88.

peu approprié, eu égard aux fondements même du procès pénal dans lequel l'égalité reste une utopie. En effet, par nature, l'autorité judiciaire est toujours plus forte que la personne poursuivie, affaiblie de par sa position. Ce qui peut justifier que le législateur de 2000 ait préféré l'expression « équilibre des droits des parties », semblant plus appropriée au domaine pénal. Afin que cet équilibre soit renforcé, la loi du 5 mars 2007 a introduit deux nouvelles mesures tendant au renforcement du contradictoire au cours de la phase d'instruction : l'expertise contradictoire et le règlement contradictoire de l'instruction.

329. L'expertise est un acte de l'instruction préparatoire qui joue un rôle important en tant que moyen de preuve. Prévue initialement par l'Ordonnance du 4 juin 1960[524], codifiée aux articles 156 et suivants du Code de procédure pénale, l'expertise a fait l'objet de diverses modifications pour enfin devenir contradictoire en 2007. Le recours à l'expertise est de plus en plus fréquent du fait des innovations majeures en matière de technologies et de techniques d'expertise. Ces avancées permettent une recherche efficace de la vérité en ce qu'elles apportent des éléments de preuve et des informations supplémentaires. Le développement du recours à cette expertise, favorable à l'efficacité de la Justice, ne devait pas l'être au détriment des parties qui demeuraient en retrait. C'est pourquoi, au cours de l'expertise, se développe une tendance au contradictoire et aux droits de la défense.

330. Ainsi depuis la loi du 5 mars 2007[525], les parties sont désormais véritablement associées à l'expertise ; non seulement elles sont informées de l'ouverture d'une expertise, de la nomination de l'expert, de l'étendue de sa mission et du contenu de ses conclusions, mais elles peuvent également participer activement à cette expertise et ce, à tous les stades. En effet, elles bénéficient d'un droit de regard tant sur la mission de l'expert que sur ses conclusions.

331. Une des premières nouveautés instaurées par la loi du 5 mars 2007 concerne le moment où le juge d'instruction ordonne une expertise. Auparavant, nul n'en avait connaissance et la mission était rédigée dans le secret du cabinet. Désormais, l'article 161-1 du Code de procédure pénale dispose que « copie de la décision ordonnant une expertise est adressée sans délai au procureur de la république et aux avocats des parties qui disposent d'un délai de dix jours pour demander au juge d'instruction [...] de modifier ou compléter les questions posées à l'expert ou d'adjoindre à l'expert ou aux experts déjà désignés, un expert de leur choix figurant sur une des listes mentionnées à l'article 157 ». S'agissant d'abord de la mission de l'expert, les parties ont la faculté de la discuter et de modifier son étendue. Si des observations lui sont transmises, le juge d'instruction a le choix. Soit il les refuse et tranche par voie d'ordonnance susceptible d'appel ; en effet, les parties ont dix jours pour interjeter appel auprès du président de la chambre de l'instruction qui statue par décision motivée non susceptible de recours. Soit il les accepte et, dans ce cas, il modifie la mission. Il faut souligner

[524] Ord. n°60-529 du 4 juin 1960.

[525] G. Casile-Geneviève, Nouvelles orientations de la loi du 5 mars 2007 tendant à renforcer l'équilibre de la procédure pénale, RPDP, 1er oct. 2007, n°4, p. 803.

que la contestation par les parties de la mission de l'expert peut se fonder sur des motifs de fond ou sur des motifs de forme. Les experts doivent ainsi, sur la forme, respecter certaines modalités dans la conduite de leur mission ; à titre d'exemple, certaines auditions par l'expert de personnes mises en examen ou de témoins nécessitent l'autorisation d'un magistrat instructeur (autorisation prescrite à peine de nullité d'ordre public depuis un arrêt de 2006[526]). Sur le fond, peut être formée une contestation, en particulier sur le non-respect de la procédure équitable ou par la mise en cause de l'impartialité de l'expert sur la base de l'article 6 §1 de la Convention européenne. S'agissant ensuite de la faculté pour les parties de demander l'adjonction d'un expert, le caractère contradictoire est davantage renforcé qu'en matière de procédure civile où seul le juge peut influer sur ce point ; les parties ont ici un vrai rôle et leurs opinions sont réellement prises en compte. Une critique pourrait être émise, celle de l'éventuelle partialité de l'expert qui serait tenté « d'épouser fidèlement la cause »[527] de la partie qui l'a choisi. Cependant, le système mis en place s'écarte largement du modèle procédural américain dans lequel les experts sont payés et choisis par les parties, celles-ci pouvant tout mettre en œuvre pour arriver à une issue favorable, à leur sens, du procès.

332. A coté d'un droit à la discussion quant à la mission d'expertise, le législateur a prévu un véritable droit de regard des parties sur les conclusions de l'expert. Une fois sa mission réalisée, l'expert est tenu de rédiger un rapport apportant son opinion au regard des actes réalisés. La loi a prévu, afin de faciliter l'égalité des armes et renforcer le principe du contradictoire, deux sortes de pré-rapports au rapport définitif. Le premier, appelé rapport d'étape est prévu par l'article 161-2 du Code de procédure pénale[528], et concerne essentiellement les cas où le juge d'instruction prévoirait d'accorder à l'expert un délai supérieur à un an pour l'exécution de sa mission, notamment dans des affaires d'une grande complexité, nécessitant des temps de recherche très longs. Il est cependant louable que le législateur ait inclus une faculté pour les parties d'être informées et de pouvoir présenter des observations pour un tel rapport, favorisant ainsi un renforcement certain du contradictoire. Cela renforce aussi la position de la victime d'une infraction peut être grave laquelle, au lieu d'attendre un rapport tardant à venir, est active au stade de la procédure.

---

[526] Crim. 17 janv. 2006, AJ pénal 2006, p. 175, obs. C. Girault. En l'espèce, dans une information portant sur des abus de biens sociaux, abus de confiance et escroquerie, l'expert avait auditionné la partie civile sans autorisation préalable du magistrat instructeur. Le mis en examen n'ayant pas été entendu avait demandé l'annulation de l'expertise, ce qui avait été refusé par la chambre de l'instruction au motif que « seule la personne entendue pourrait requérir la nullité si elle estimait avoir subi un grief ». La décision est cassée par la Cour considérant que l'autorisation donnée par le juge à l'expert d'auditionner une des parties constitue une règle touchant à l'organisation judiciaire, donc d'ordre public.

[527] J. Pradel, Les suites législatives de l'affaire dite d'Outreau, JCP G, 2007, Doctrine I.138.

[528] Art. 162-1 CPP dispose « si le délai [...] excède un an, le juge d'instruction peut demander que soit auparavant déposé un rapport d'étape qui est notifié aux parties [...]. Les parties peuvent alors adresser en même temps à l'expert et au juge leurs observations en vue du rapport définitif.

333. Le second pré-rapport pouvant être établi par l'expert est le rapport provisoire. Ce rapport est prévu par l'article 167-2 du Code de procédure pénale qui énonce que « le juge d'instruction peut demander à l'expert de déposer un rapport provisoire avant son rapport définitif. Le ministère public et les parties disposent alors d'un délai fixé par le juge d'instruction qui ne saurait être inférieur à quinze jours ou, s'il s'agit d'une expertise comptable ou financière, à un mois, pour adresser en même temps à l'expert et au juge les observations écrites qu'appelle de leur part ce rapport provisoire. Au vu de ces observations, l'expert dépose son rapport définitif. Si aucune observation n'est faite, le rapport provisoire est considéré comme le rapport définitif ». Le rapport provisoire est un rapport achevé, ouvert à la discussion ; les parties sont ainsi associées au déroulement mais aussi aux conclusions de l'expert. La preuve en est qu'un délai spécial est imparti aux parties pour faire connaître leurs observations, que l'expert a pour obligation de prendre en compte ces observations en vue de la rédaction du rapport définitif et que ce n'est qu'en l'absence d'observations écrites des parties que le rapport provisoire devient définitif. Il est à noter que ce rapport provisoire peut également être demandé par les parties lorsqu'elles sont informées de la décision ordonnant l'expertise en application de l'article 167-1. Le dépôt d'un rapport provisoire est alors obligatoire... Le pouvoir des parties est réel ! Il est ainsi possible aux avocats, dés l'information de la mission d'expertise, de demander le dépôt d'un rapport provisoire afin de faire valoir leurs observations avant le dépôt d'un rapport définitif.

334. Le progrès est palpable du point de vue du contradictoire ; la justice pénale, en s'inspirant de la justice civile, se modernise et consacre ainsi les grands principes fondateurs de la procédure. Cette modernisation est renforcée par l'article 166-4 du Code de procédure pénale qui autorise l'expert, avec l'accord du juge d'instruction, à communiquer les conclusions de son rapport au ministère public et aux parties, et non plus seulement aux officiers de police judiciaire chargés de l'exécution d'une commission rogatoire. L'information des parties est renforcée, l'égalité des armes est assurée, la procédure pénale ne peut dès lors que mieux s'en porter. De surcroît, cette information se trouve accentuée par un arrêt de la chambre criminelle du 11 mai 2010 se prononçant en faveur du droit, pour l'avocat, d'assister à l'audition d'un expert effectué sur réquisitions du procureur dans un but de strict respect de l'égalité des armes[529].

335. La seconde mesure favorisant l'égalité des armes est l'instauration, par le législateur de 2007, d'un règlement contradictoire de l'instruction avant sa clôture qui constitue une innovation majeure. L'idée maitresse est ici d'instaurer un renforcement des droits de la défense en offrant au mis en examen des droits

[529] Crim. 11 mai 2010, n° 10-80.953. Au visa des articles 6 de la Convention européenne des droits de l'homme et préliminaire du Code de procédure pénale, la Haute cour énonce ainsi que « le principe de "l'égalité des armes" tel qu'il résulte de l'exigence d'une procédure équitable et contradictoire, impose que les parties au procès pénal disposent des mêmes droits ; qu'il doit en être ainsi, spécialement, du droit pour l'avocat d'une partie d'assister à l'audition d'un expert effectuée sur réquisitions du procureur de la République ».

d'information et d'action au cours de l'instruction. Si cette nouvelle mesure est louable au regard des droits de la défense et de l'égalité des armes, elle n'en demeure pas moins critiquable sur certains points et notamment sur sa conséquence première : l'allongement du délai de l'instruction.

336. Afin de donner aux parties une place équivalente à celle du ministère public et d'établir une égalité des armes dans la phase précédent la clôture de l'instruction, l'article 19-1 de la loi du 5 mars 2007 a réécrit entièrement l'article 175 du Code de procédure pénale.

337. D'abord, lorsque le juge envisage de clore l'information, il communique le dossier au procureur de la République et en avise concomitamment les parties et leurs avocats verbalement avec émargement au dossier ou par lettre recommandée. Ensuite, le ministère public et les parties disposent d'un délai d'un mois si une personne mise en examen est détenue ou de trois mois dans les autres cas pour adresser ses réquisitions motivées au juge d'instruction pour le premier et pour adresser des observations écrites au juge d'instruction pour les secondes. Le caractère contradictoire implique qu'une copie des réquisitions sera transmise aux parties par lettre recommandée en même temps que la communication au juge. Aussi, une copie des observations écrites des parties, s'il y en a, sera transmise au ministère public et ce, en même temps que l'envoi au juge d'instruction. Une information réciproque est ainsi assurée sur les différentes positions au regard des intentions du juge d'instruction.

338. A l'issue du délai d'un ou trois mois, la loi accorde au procureur de la République et aux parties, un nouveau délai d'un mois si la personne mise en examen est détenue et de dix jours dans les autres cas afin de leur permettre de présenter au magistrat instructeur des réquisitions ou des observations complémentaires au vu des observations et réquisitions qui leur ont été communiquées[530]. Ce système contradictoire rappelle étrangement l'article 15 du nouveau Code de procédure civile qui dispose : « Les parties doivent se faire connaître mutuellement en temps utile les moyens de fait sur lesquels elles fondent leurs prétentions, les éléments de preuve qu'elles produisent et les moyens de droit qu'elles invoquent, afin que chacun soi à même d'organiser sa défense ». Pendant que court le délai de dix jours ou d'un mois, les parties peuvent présenter des demandes d'actes complémentaires[531] ou des requêtes en nullité, étant observé qu'à l'issue de ce délai, elles ne sont plus recevables à formuler de telles demandes. En outre, ce n'est qu'à l'expiration de ce délai de dix jours ou d'un mois que le juge d'instruction peut rendre son ordonnance de règlement y compris s'il n'a pas reçu de réquisitions ou d'observations.

---

[530] C. Guéry (la fin de l'instruction, AJ pénal 2007, p. 319) déclare que : « le moment où le procureur rend son réquisitoire définitif est déterminant, il conditionne l'ampleur des droits des parties. » En effet, si le Procureur de la République rédige son réquisitoire rapidement, les parties privées pourront présenter des demandes d'actes ; s'il le rédige à l'expiration du délai d'un mois, le délai de dix jours qui se met à courir, ne permet à ces parties que de présenter des observations sommaires »

[531] Art. 116 al. 7 C.P.P.

339. A la lecture de ces nouvelles dispositions, le constat ne peut être que négatif : la phase d'instruction ne peut être que rallongée au regard des délais légaux prévus. Ainsi, auparavant, lorsque le ministère public réglait rapidement le dossier, le juge d'instruction pouvait rendre l'ordonnance de règlement immédiatement. Or, avec l'application du nouveau texte, le juge devra, dans tous les cas, attendre l'expiration du délai initial puis du délai complémentaire : l'exigence de célérité de la phase préparatoire se trouve donc atteinte au profit du respect du contradictoire et de l'égalité des armes…

340. En outre, la réforme de 2007 a prévu un nouveau dispositif répondant à l'impératif d'égalité des armes. Cette nouvelle rédaction a pour but de favoriser les échanges entre les différentes parties au procès, de leur permettre de communiquer et de s'exprimer, et, par conséquent, de renforcer le principe fondamental du contradictoire.

341. Ainsi, il est à noter que c'est en toute indépendance et en toute impartialité, avec du recul par rapport au « dialogue » instauré entre les parties et le parquet, que le juge d'instruction doit prendre l'ordonnance de clôture. La pratique ayant révélé que, le plus souvent, l'ordonnance n'était que le reflet du réquisitoire définitif du procureur de la république, l'article 184 du Code de procédure pénale a été complété ; il indique désormais que « les ordonnances de règlement sont prises au regard des réquisitions du ministère public et des observations des parties en précisant les éléments à charge et à décharge concernant chacune des personnes mises en examen ». La mention obligatoire des éléments à décharge incite le juge à mettre en évidence et à faire la balance entre les éléments en faveur d'un non-lieu et ceux en faveur d'un renvoi devant une juridiction de jugement. Cette démarche intellectuelle permettrait de parvenir à une « pré-vérité »[532]. Ces nouvelles dispositions établissent un « règlement » parfaitement contradictoire et répondant à l'exigence d'égalité des armes. Toutefois, développer le contradictoire pour favoriser la recherche de la vérité peut aller à l'encontre d'un principe fondamental, celui de célérité de la procédure.

342. En effet, intégrer de nouvelles dispositions signifie intégrer des délais supplémentaires afin de pouvoir mettre en pratique celles-ci. L'obligation pour le juge d'attendre l'expiration du délai de dix jours ou d'un mois pour rendre son ordonnance en est la preuve. Aussi, le temps requis pour rédiger l'ordonnance de clôture de l'instruction est plus long puisque le juge doit réaliser une réelle démarche juridique en déterminant les éléments à charge et à décharge. Certes, ce n'est pas la mise en œuvre de cette dernière disposition qui allonge considérablement la durée de l'instruction ; il ne s'agit en réalité que d'une pierre à l'édifice, c'est-à-dire au dispositif permettant un règlement contradictoire de l'instruction. Or, ce nouveau dispositif a pour conséquence que l'on s'éternise dans la phase d'instruction. Le législateur semble avoir établi sa préférence : celle de favoriser l'égalité des armes sur la célérité. Peut-être est-ce là le prix à payer

---

[532] J. Pradel, Les suites législatives de l'affaire dite d'Outreau, JCP G 2007.I.138, p. 13.

pour aboutir à une efficacité accrue de la procédure et au respect « quasi-parfait » des droits de la défense… la pratique, mais aussi une nouvelle réforme, plus globale de la procédure pénale (qui optera pour la pérennité ou le changement de ces dispositions) nous le diront !

344. En tout état de cause, le contradictoire est amélioré dans la phase préalable au jugement et ce, au plus grand bénéfice des parties. En effet, la partie civile et la personne poursuivie voient leurs droits progresser en même temps et en parallèle. Mais ce renforcement du contradictoire et de l'égalité des armes ne pouvait pas être sans conséquence sur le rôle de l'avocat. En effet, ce dernier se positionne de plus en plus en acteur incontournable de la phase préparatoire.

B. Une consécration perfectible du rôle de l'avocat dans la phase préparatoire

345. L'avocat peut se définir comme un auxiliaire de justice exerçant l'ensemble des attributions antérieurement dévolues à des professions supprimées [533]. L'avocat cumule actuellement des fonctions de conseil, de mandataire et de défenseur des plaideurs[534]. Si sa fonction dans les procès civils, commerciaux et prud'homaux est indispensable, elle l'est encore plus durant le procès pénal. En effet, celui-ci met en jeu la liberté d'un individu, l'exercice d'une défense est donc plus que nécessaire. Si traditionnellement, la place de l'avocat est cantonnée au procès lui-même, au jugement, il n'en demeure pas moins que cet auxiliaire de justice mérite une place de choix lors de la phase préparatoire du procès pénal durant laquelle la liberté peut être entravée et des mesures diverses peuvent être prononcées. Il est donc logique, dans une procédure se voulant respectueuse de l'individu et des droits fondamentaux, fortement influencée par les normes européennes, que l'avocat soit présent, aux cotés des parties privées –tant la personne suspectée ou poursuivie que la victime-, à tous les stades de la procédure pénale. Il constitue ainsi une sorte de contre-pied au monopole de l'autorité judiciaire, parquet ou juge d'instruction. Si l'avocat est aujourd'hui un réel acteur de la phase préparatoire du procès pénal, son rôle étant reconnu au niveau constitutionnel[535] et au niveau européen[536], il n'en a pas toujours été ainsi.

346. En effet, dans le Code d'instruction criminelle de 1808, l'avocat était inexistant : il n'avait pas le droit d'accéder au dossier ni de réclamer des investigations. La procédure étant très inquisitoire, les droits de la défense ne trouvaient nullement à s'appliquer et étaient même « réduits à l'état de squelette

---

[533] En 1971, celle d'avoué près le tribunal de grande instance ; en 1991 celle de conseil juridique.

[534] Telle est la définition donnée par le lexique des termes juridiques.

[535] La première décision qui constitutionnalise le rôle de l'avocat est la décision rendue par le Conseil constitutionnel les 19 et 20 janvier 1981, décision reprise le 11 aout 1993 dans laquelle le Conseil estime « le droit de la personne à s'entretenir avec un avocat au cours de la garde à vue constitue un droit de la défense qui s'exerce durant la phase d'enquête de la procédure pénale » ; déc. n°93-326, 11 aout 1993, garde à vue.

[536] Art. 6 §3 CESDH.

lors de la phase préparatoire du procès pénal. »[537] Il fallut attendre la loi Constans du 8 décembre 1897 pour permettre à l'inculpé d'être assisté d'un avocat lors de ses interrogatoires devant le juge d'instruction, avec le droit, pour ce dernier, de consulter le dossier la veille de chaque interrogatoire. Même si l'introduction du rôle de l'avocat est louable dans une procédure développant peu à peu la contradiction, l'état de germe est critiquable : comment penser que la défense puisse être effective avec la consultation du dossier la veille de l'interrogatoire ? Le système mis en place est archaïque. Cette conception est renforcée par le fait, d'une part, que ce texte a mis dix-neuf ans à être adopté, de nombreuses personnes étant fortement opposées à l'intervention de l'avocat et, d'autre part, par l'extrême hostilité de la Cour de cassation à appliquer favorablement cette loi. En effet, les juges étaient très sévères quant à l'appréciation de l'utilité du conseil de l'inculpé et limitaient fortement ce nouveau droit d'accès au dossier.

347. C'est la loi du 10 juin 1983[538] qui va permettre un accroissement réel du rôle de l'avocat car l'article 118 du Code de procédure pénale va lui conférer un accès au dossier d'instruction « deux jours ouvrables au plus tard avant chaque interrogatoire. » Cet accès au dossier va être renforcé par la loi du 9 juillet 1984[539] qui va instaurer le débat contradictoire lorsque le juge d'instruction est chargé de statuer sur le placement en détention de l'individu. Ainsi, en deux ans, en deux lois très rapprochées, l'avocat se voit accorder deux prérogatives nouvelles : l'idée selon laquelle le conseil doit avoir sa place durant la phase préparatoire du procès pénal semble naître, mais elle est encore à l'état embryonnaire.

348. C'est l'entrée de l'avocat en garde à vue qui va constituer un énorme progrès et une réelle avancée dans la prise en compte des droits de la défense lors de la phase préparatoire. Ce droit, nouveau pour l'avocat et la personne suspectée, a été consacré par les lois du 4 janvier et du 24 août 1993 qui prévoient expressément l'entretien, pour le gardé à vue, avec son avocat à partir de la vingtième heure de contrainte. Si l'avancée peut paraître relative, car l'avocat n'intervient qu'après vingt heures de garde à vue et seulement pour un entretien de trente minutes, elle constitue néanmoins une réelle introduction de l'avocat dans le mécanisme pénal. C'est alors la loi du 31 décembre 1996 qui va parfaire sur un point cette entrée de l'avocat dans la phase préparatoire du procès pénal en lui donnant la possibilité, sur le fondement des articles 114 et suivants du Code de procédure pénale, de donner copie du dossier à son client.

349. Le rôle de l'avocat sera véritablement consacré par la loi du 15 juin 2000 insérant deux nouvelles dispositions tendant à un tel renforcement dans le Code

---

[537] J. Pradel, Centenaire de la loi du 8 décembre 1897 sur la défense avant jugement pénal : essai d'un bilan, D. 1997, p. 375.

[538] Loi n° 83-466 du 10 juin 1983 portant abrogation ou révision de certaines dispositions de la loi n° 81-82 du 2 février 1981 et complétant certaines dispositions du code pénal et du code de procédure pénale.

[539] Loi n° 84-576 du 9 juill. 1984. Cf. not. J. Pradel, La loi du 9 juillet 1984 sur le recul de la détention provisoire : un pas en avant utile ?, D. 1985, chron. p. 7 ; P. Chambon, Analyse et réflexions sur la loi n°85-576 du 9 juillet 1984, JCP 1985, I, p. 3174 ; V. Turcey, La crise de l'instruction, Gaz. Pal. 21 mars 1989, Libres propos, p. 20.

de procédure pénale : d'abord par l'article préliminaire, consacrant à l'ouverture du Code l'assistance d'un défenseur à tous les stades de la procédure, ensuite par la possibilité pour l'avocat d'avoir un contact avec le gardé à vue dès le début de la mesure. Mais c'est incontestablement par la loi du 14 avril 2011[540], sous l'impulsion des jurisprudences européenne et constitutionnelle, que l'avocat s'est vu reconnaître un rôle primordial au cours de la garde à vue. En effet, la loi nouvelle prévoit une réelle assistance de l'avocat, alors que les anciens textes faisaient mention d'une simple « présence ». Cette évolution législative s'est faite sous la contrainte européenne et constitutionnelle puisque ces deux institutions ont en quelque sorte contraint le législateur à mettre en conformité le régime de garde à vue avec les standards européens. En effet, le législateur a du octroyer un rôle actif à l'avocat tout au long de la procédure. En effet, le respect nécessaire du droit à l'assistance de l'avocat a été maintes fois repris et souligné par les juges européens comme étant un des éléments du procès équitable. Les arrêts Salduz[541] et Dayanan[542] pointaient du doigt le rôle passif de l'avocat qui n'avait la possibilité de s'entretenir avec son client seulement pour une durée de trente minutes, sans avoir accès au dossier. Mais ces décisions étant rendues à l'encontre de la Turquie, la France n'y prêta pas une attention particulière. C'est l'arrêt Brusco contre France[543] et la décision du Conseil constitutionnel du 30 juillet 2010[544] qui changèrent véritablement la donne. La Cour européenne estima en effet que « la personne placée en garde à vue a le droit d'être assistée d'un avocat dès le début de la mesure ainsi que pendant les interrogatoires. » Le Conseil constitutionnel, quant à lui, déclara le régime de la garde à vue contraire à la Constitution et donc fortement attentatoire aux droits de l'individu. Le législateur devait donc revoir sa conception du rôle de l'avocat durant la garde à vue.

350. La place de l'avocat au cours de la garde à vue a donc été considérablement révisée par les articles 63-4-1 à 63-4-3 prévoyant le déroulement de l'audition. L'avocat peut d'abord consulter divers documents, énumérés par la loi tels que le procès-verbal de notification de placement en garde à vue, le certificat médical et les procès-verbaux d'audition de son client. Il ne peut cependant, et c'est ici une faille du nouveau système, en demander ou en réaliser une copie : il est contraint de prendre des notes[545]. Au-delà de cette

---

[540] Loi n°2011-392 du 14 avr. 2011, JO 15 avr. 2011. Pour une étude approfondie, cf. infra n° 365 et suiv.

[541] CEDH, Salduz c/ Turquie, 27 nov. 2008.

[542] CEDH, Dayanan c/ Turquie, 13 oct. 2009.

[543] CEDH, Brusco c/ France, 14 oct. 2010, Cf. not. C. Mauro, Réflexion sur la garde à vue à propos de l'arrêt Brusco contre France, Dr. pénal 2010, étude n°29 ; G. Roujou de Boubée, Garde à vue et exigences européennes, D. 2010, p. 72 ; F. Sudre, Incompatibilité de la garde à vue avec le droit de garder le silence et le droit à l'assistance d'un avocat, JCP 2010, p. 2006.

[544] Cons. const. 30 juill. 2010, n°14/22, QPC.

[545] Le Conseil constitutionnel, saisi d'une QPC, a d'ailleurs eu à se prononcer sur ce point. Il a notamment reconnu que les évolutions de la procédure pénale ont renforcé l'importance de la phase d'enquête policière dans la constitution des éléments sur le fondement desquels une personne mise en cause est jugée. Il est ensuite fait référence à la durée de la garde à vue, limitée à 48 heures, pour justifier l'absence de certaines prérogatives reconnues à l'avocat. Le Conseil entend par là justifier

énumération, l'avocat n'a pas d'accès au dossier : sont ainsi exclus les procès-verbaux de perquisition et l'accès au dossier du mis en cause par l'avocat de la victime. L'avocat a donc accès à un dossier inconsistant, qui ne lui apprend rien de plus que la bouche de son client[546]. Une telle restriction s'avère critiquable au regard des objectifs poursuivis par le législateur, à savoir renforcer la protection de l'individu durant la garde à vue et donner une place de choix à l'avocat. Pourquoi alors un tel refus ? N'aurait-il pas été logique de laisser à l'avocat la possibilité de réaliser une copie du dossier afin d'avoir une connaissance complète de son contenu ? Cet accès restreint au dossier semble porter atteinte à l'égalité des armes : le parquet a une information complète sur le dossier, le conseil lui, ne peut que prendre des notes. Quid d'une défense « effective » tel que l'affirmait le législateur ? Suite à la consultation de ces documents, l'avocat aura le droit de s'entretenir trente minutes avec son client puis d'assister aux auditions. Ici encore, une lacune législative peut être relevée dans la rédaction de l'article 63-4-3 du Code de procédure pénale.

351. Cet article dispose en effet que « l'audition ou la confrontation est menée sous la direction de l'officier de police judiciaire qui peut à tout moment, en cas de difficulté, y mettre un terme », le texte poursuivant en prévoyant la désignation d'un autre avocat. Ce dernier a le droit, à l'issue de l'audition ou de la confrontation, de « poser des questions » auxquelles l'officier de police judiciaire peut s'opposer si elles sont de nature à « nuire au bon déroulement de l'enquête ». Si le principe posé par cet article est clair, l'avocat a le droit de poser des questions, il n'en demeure pas moins limité et ce très fortement. En effet, le pouvoir d'intervention de l'avocat semble soumis au bon vouloir de l'officier de police judiciaire contrôlant le déroulement de l'audition. Officier de police judiciaire qui se voit même doté d'un pouvoir exorbitant : la possibilité de désignation d'un autre avocat. De plus, l'enquêteur peut également refuser à l'avocat certaines questions, s'il estime qu'elles peuvent nuire au bon déroulement de l'enquête. Or, le texte ne dit rien quant à l'appréciation de cette nuisance qui semble donc être laissée à la libre discrétion des enquêteurs, seuls aptes à juger de la pertinence de telle ou telle question... Lorsque l'on sait que ces

---

les limites apportées à l'accès au dossier par le législateur de 2011 : comment pourrait-il accéder à l'entier dossier dès lors qu'il n'intervient qu'au cours du placement en garde à vue ? Lui permettre de prendre connaissance du dossier serait amputer d'autant le temps consacré à la mesure de garde à vue. Cons. const. 18 nov. 2011, n°2010-/191/194/195/196/197, QPC ; D. 2011, p. 3034, note H. Matsopoulou.

[546] Dans deux arrêts récents, la chambre criminelle a également refusé l'accès au dossier intégral par l'avocat. Cf. Crim. 19 sept. 2012, n° 11-88.111, estimant que : « L'article 63-4-1 du code de procédure pénale, qui énumère limitativement les pièces que peut consulter l'avocat assistant une personne gardée à vue n'est pas incompatible avec l'article 6, §3, de la Convention européenne des droits de l'homme, l'absence de communication de l'ensemble des pièces du dossier, à ce stade de la procédure, n'étant pas de nature à priver la personne d'un droit effectif et concret à un procès équitable, dès lors que l'accès à ces pièces est garanti devant les juridictions d'instruction et de jugement » ; D. 2012, p. 2246 obs. C. Girault et p. 2640, obs. F. Desprez ; RSC 2013, p. 887, note X. Salvat. Dans le même sens, Crim. 18 déc. 2012, n°12-85.735, D. 2013, p. 90 et p. 136 obs. T. Wickers.

derniers n'ont qu'un seul objectif, la découverte de la vérité et donc la poursuite du gardé à vue, cette conception ne peut être que critiquable et, dans un certain sens, attentatoire au libre exercice des droits de la défense, défense qui doit être, rappelons le « effective » ! L'effectivité de la défense devrait en théorie conduire l'avocat à interrompre l'officier de police judiciaire, à poser des questions au fur et à mesure de l'audition et devrait exclure la possibilité pour l'enquêteur de s'opposer à ces mêmes questions. Il n'en est rien en pratique ! Et pourtant, ces limitations ont été validées par le Conseil constitutionnel le 18 novembre 2011[547].

352. De surcroît, en matière de criminalité organisée, la présence de l'avocat pouvait être différée pour des « raisons impérieuses » et il existait une restriction à la liberté de choix de l'avocat puisqu'en matière de terrorisme, c'est le juge qui décidait du conseil[548]. Sur ces points, la nature inquisitoire de la procédure refaisait surface. Ceci pouvait s'expliquer aisément, d'une part, au regard de la gravité et de la complexité des affaires de criminalité organisée et, d'autre part, par le fait que ces infractions relèvent d'un régime dérogatoire prévoyant des règles spécifiques. Or, en dépit de la nature de l'infraction, les droits de la défense ne devraient-ils pas être les mêmes pour tous ? Qui plus est en fonction de la gravité des faits : un individu soupçonné d'une telle infraction ne devrait-il pas, comme un individu soupçonné d'une infraction de droit commun, bénéficier d'une véritable assistance d'un auxiliaire de justice ? C'est pour cette raison que le Conseil constitutionnel est venu censurer une telle disposition dans une décision du 17 février 2012[549] en déclarant inconstitutionnelle la limitation apportée au libre choix de l'avocat. Le rôle de l'avocat au stade de la garde à vue, bien qu'il soit consacré assez largement en théorie, se révèle lacunaire en pratique et le législateur devrait donc intervenir prochainement pour encadrer les modalités de l'assistance de l'avocat en la matière. Il en va de même au stade de l'instruction.

353. Au stade de l'instruction, l'avocat a été aussi, pendant longtemps, le grand oublié du législateur. Ainsi, le Code de procédure pénale, issu de la rédaction de 1958, a principalement eu pour fonction de redéfinir les rôles du juge d'instruction et du parquet, l'avocat n'apparaissant que de manière subsidiaire. L'article 80-1 du Code prévoit que le juge d'instruction ne peut procéder à une mise en examen qu'après avoir entendu les observations de la personne concernée ou l'avoir mise en demeure de les faire, en présence d'un avocat. L'article 80-2 poursuit en prévoyant que la personne doit être informée qu'elle a le droit de choisir un avocat. Le silence des textes est de rigueur concernant les prérogatives éventuelles accordées à l'avocat : rien n'est mentionné ! Il faudra de surcroît attendre la loi du 15 juin 2000 pour que soit inséré officiellement un nouvel article 81 faisant obligation au juge d'instruire « à charge et à décharge ».

---

[547] Cons. const. 18 nov. 2011, n°2010-/191/194/195/196/197, QPC ; D. 2011, p. 3034, note H. Matsopoulou.

[548] Art. 706-88-2 CPP.

[549] Cons. const. 17 févr. 2012, n°2012-223, QPC, Dr. pén. 2012, comm. n°62, note A. Maron et M. Haas.

L'avocat n'avait donc qu'un rôle passif, ne pouvant demander aucun acte ni poser aucune question durant les interrogatoires. Ce rôle était limité à un soutien psychologique, une présence rassurante auprès du mis en examen. Fort heureusement, depuis une dizaine d'années, la tendance tend à s'inverser : désormais l'avocat peut saisir le juge d'instruction d'une demande écrite et motivée afin qu'il procède à des diligences complémentaires mais cette demande peut être refusée par le juge. Se creuse alors, de nouveau, un fossé entre les parties : l'avocat doit faire une demande écrite et motivée ; or, la protection et la liberté de la personne ne sont-elles pas une motivation d'office ? Pourquoi une telle demande doit être expressément motivée ? L'exigence d'une telle motivation pour de simples diligences ne s'applique d'ailleurs qu'à l'égard de l'avocat : l'article 82 du Code prévoit en effet que le parquet peut demander au juge de procéder « à toutes mesures utiles », auxquels ce dernier doit accéder alors qu'il a la faculté de les refuser à l'avocat. Un déséquilibre entre les parties est ici manifeste et conduit à s'interroger sur l'effectivité du procès équitable et de l'égalité des armes.

354. Le déroulement de l'interrogatoire d'instruction est aussi réglementé, encadrant strictement la possibilité d'intervention de l'avocat. Ainsi, les lois du 15 juin 2000 et du 9 mars 2004 ont placé la conduite de l'interrogatoire sous le contrôle du juge d'instruction, le parquet et l'avocat pouvant poser des questions ou présenter de « brèves observations ». A la lecture de ce premier alinéa, une critique se profile déjà quant au choix des vocables « brèves observations » : ces observations semblent devoir être courtes et peu détaillées...Le texte poursuit en offrant la possibilité au juge d'instruction de mettre un terme à l'interrogatoire lorsqu'il l'estime nécessaire et de s'opposer aux questions de nature à « nuire au bon déroulement de l'information ». Ici encore, si l'avocat se voit accorder un certain rôle, un certain pouvoir, au stade de l'interrogatoire d'instruction, ce dernier semble de nouveau limité, dénaturé, par la faculté offerte au magistrat du siège. L'avocat ne constituerait-il alors qu'un simple soutien, juridique et moral pour la personne poursuivie ? Ces nombreuses limites laissent à le penser…

355. De plus, le caractère obligatoire, pour certaines infractions, de l'enregistrement audiovisuel des interrogatoires du suspect[550] laisse à penser que le législateur voudrait reléguer le rôle de l'avocat au second plan. En effet, par le biais des nouvelles technologies, les droits du suspect ne peuvent connaitre d'atteintes : tout est enregistré, et cet enregistrement limite les pratiques abusives pouvant émaner des enquêteurs et du juge d'instruction. Dès lors, quid de la place de l'avocat ? Si un tel développement ne peut être que source de garanties supplémentaires pour l'individu, il n'en demeure pas moins qu'il ne faut pas oublier la présence si importante de l'avocat, véritable garde-fou des déviances éventuelles des autorités policière et judiciaire.

356. Deux points méritent, enfin, d'être ici soulignés. D'une part, il ne peut être nié le fait que le rôle croissant de l'avocat au stade du procès pénal est du à la médiatisation. En effet, les avocats se sont faits, au fil du temps, beaucoup plus

[550] Cf. infra n°433.

présents dans les médias, répondant aux questions des journalistes qui n'hésitent plus à les mettre sur le devant de la scène juridique et journalistique. Le fait que les avocats se sentent de moins en moins tenus au secret de l'article 11 du Code de procédure pénale a renforcé cette nouvelle « collaboration ». La médiatisation de la procédure judiciaire se veut de plus en plus grandissante de sorte que l'avocat a un véritable rôle à jouer, une véritable stratégie à mener en la matière. Ainsi, la composante médiatique est devenue une forme d'obligation professionnelle pour l'avocat de la défense et des parties civiles, au nom de la défense des intérêts de ses clients[551]. Ce phénomène s'étend à toute la procédure, en témoigne le nombre d'affaires très médiatiques, démontrant par là-même que l'avocat a une certaine nécessité de communiquer, notamment l'avocat pénaliste. Mais cette coopération avec les journalistes est-elle bonne ? N'est-elle pas néfaste au bon déroulement du procès pénal ? Certes, la publicité tend à redonner confiance en la justice pénale mais une médiatisation exacerbée peut être nuisible, le monde journalistique et le monde judiciaire ne poursuivant pas les mêmes objectifs…

357. D'autre part, il apparaît que le rôle de l'avocat n'est pas, à ce jour, figé. L'entrée en vigueur de la question prioritaire de constitutionnalité et le grand nombre de saisines du Conseil constitutionnel déjà réalisées laissent à penser que la place de l'avocat au sein de la procédure pénale va être de plus en plus importante. Cet auxiliaire de justice va avoir un rôle important à jouer via la QPC sur deux points : la protection de l'individu qu'il représente et l'évolution du droit. En effet, c'est par le biais de la QPC que les avocats vont peut-être voir la procédure pénale réformée en leur faveur, avec l'objectif de leur accorder une véritable place dans le procès pénal.

358. En conclusion, le constat est clair : la procédure pénale tend à être de plus en plus contradictoire, tant par le renforcement du droit à la discussion que par celui du droit à l'information. Ces renforcements successifs sont apparus sous l'influence croissante et directrice des principes européens, appuyés par celles du droit communautaire et du droit constitutionnel. L'étude du procès pénal doit désormais s'effectuer à l'aune du droit européen, elle n'est plus cantonnée au seul droit national, les sources de la matière étant en constante évolution. Mais le fait de procéder à une modification profonde des règles fondamentales applicables à la phase préparatoire du procès pénal ne pouvait pas être sans conséquences. L'évolution a contribué à l'octroi de nouveaux rôles et de nouvelles places pour les acteurs institutionnels du procès. En parallèle cependant se sont créés de nouveaux droits, et ceci est parfaitement légitime, pour les parties privées, qui se voient aujourd'hui doublement protégées.

---

[551] Selon l'expression empruntée à Messieurs J-M. Charon et C. Furet, Un secret si bien violé. La loi, le juge et le journaliste, éd. Du Seuil, oct. 2000, p. 176.

CHAPITRE II

Le renforcement consécutif des droits des parties privées

359. Les règles fondamentales concernant la phase la plus importante du procès pénal ont été contraintes d'évoluer, tant sous la plume volontaire du législateur que sous l'influence croissante de la jurisprudence de la Cour européenne des droits de l'Homme. Le renforcement du principe du contradictoire, notamment par le développement des droits à l'information et à la discussion, ainsi que l'apparition nouvelle mais constante d'un modèle universel de procès, basé sur les exigences de célérité et d'équité, ont conduit nécessairement à un renforcement très significatif, qui n'en demeure pas moins critiquable, des droits des parties au procès pénal.

360. C'est tout d'abord le suspect, personnage central du procès, qui s'est vu octroyer de nouveaux droits (mais aussi de prérogatives) au cours de la phase préparatoire. En effet, au vu des condamnations nombreuses de notre pays par la Cour de Strasbourg mais aussi récemment de la jurisprudence de la Cour de cassation et du Conseil constitutionnel, le législateur a du faire en sorte de protéger au mieux la personne suspectée, considérée comme particulièrement vulnérable au cours de cette période. C'est ainsi que les droits du suspect ont été particulièrement accrus au fil des réformes, notamment depuis la loi du 15 juin 2000, aboutissant à une protection se voulant maximale, bien que demeurant parfois encore lacunaire (**Section 1**).

361. La seconde partie, elle aussi vulnérable et méritant donc une protection accrue, est bien entendu la victime. Devenue depuis ces dix dernières années un véritable acteur du procès pénal, avec une place centrale créant la polémique, la victime s'est vue, au même titre et parallèlement au suspect, octroyer de nouveaux droits, élargis au fil des réformes. Jusqu'alors simple partie civile au procès pénal, la victime s'est vue accorder de nouveaux droits *es qualités* et non plus comme partie civile, afin d'assurer sa protection dès la commission de l'infraction. Effectivement, indépendamment de sa constitution de partie civile, la victime dispose donc d'un certain nombre de droits tendant toujours à se renforcer (**Section 2**).

SECTION 1. UN RENFORCEMENT PERFECTIBLE DES DROITS DU SUSPECT

362. Face aux évolutions de la société et à l'impact croissant de la jurisprudence de la Cour européenne des droits de l'Homme, le législateur français, au fil de différentes réformes, s'est vu contraint d'instaurer un renforcement certain des droits de la personne suspectée. Tout est ainsi mis en œuvre pour octroyer davantage de droits au suspect tout en maintenant l'équilibre essentiel entre les parties au procès pénal, et éviter notamment d'éventuelles condamnations de la France par la Cour européenne. La phase préparatoire du procès pénal est une étape cruciale pour la personne suspectée : c'est durant cette phase que vont se dessiner les contours d'une éventuelle poursuite et d'un potentiel jugement. Il est donc logique que le suspect se voit accorder une protection certaine durant tous les actes constituant cette phase.

363. Dès lors, force est de constater que la détention avant jugement a largement évolué ces vingt dernières années tant lors du placement en garde à vue, aujourd'hui strictement encadré, que du recours à la détention provisoire. Il en va de même du statut du suspect, qui diffère selon la phase du procès dans laquelle se trouve la personne. Ainsi, au cours de l'enquête, le suspect gardé à vue se voit octroyer des garanties tenant à sa qualité, qu'il soit mineur ou majeur (§1) ; au cours de l'instruction, le suspect peut être soit témoin assisté, soit mis en examen (§2).

§1. Le statut du suspect au cours de l'enquête

364. La détention étant par définition une mesure coercitive privative de liberté et donc, par là même, attentatoire aux droits fondamentaux garantis par la Convention européenne de sauvegarde des droits de l'Homme, la plus grande précaution est nécessaire en la matière. Afin d'éviter tout abus des autorités policières ou judiciaires, le législateur a strictement encadré, au travers de nombreuses réformes, les mesures de détention pouvant intervenir au stade de l'enquête et notamment sa mesure phare, la garde à vue (A). La phase d'enquête permettant de rechercher des preuves de la culpabilité avérée de l'individu, le législateur a donc dû accompagner la garde à vue de mesures protectrices des droits de l'individu (B).

A. Une mesure de garde à vue réformée

365. La loi du 14 avril 2011, modifiant les dispositions du Code de procédure pénale en matière de garde à vue, est venue répondre à un double objectif : accéder, d'une part, à la volonté de mettre en conformité la législation française en matière de garde à vue avec les exigences européennes (a) et renforcer, d'autre part, les moyens de protection mis à la disposition de la personne suspectée (b). Toutefois, malgré les efforts certains du législateur, un doute subsiste quant à la

personne détentrice du pouvoir de placer un individu en garde à vue, à savoir le ministère public, son statut faisant aujourd'hui couler beaucoup d'encre (c).

a. Une nécessaire adaptation aux exigences européennes

366. Au regard d'une analyse de législation comparée effectuée en 2009 entre la France et plusieurs pays d'Europe sur des conditions de mise en œuvre et d'application de la garde à vue[552], force était de constater que notre pays était en retard. En effet, l'examen des dispositions législatives des pays retenus pour cette étude (à savoir l'Allemagne, l'Angleterre, la Belgique, le Danemark, l'Espagne et l'Italie) démontre d'une part, que la plupart des textes subordonnent le placement en garde à vue à l'existence d'une infraction d'une certaine gravité et, d'autre part, que, dans tous ces pays, sauf en Belgique, les personnes placées en garde à vue peuvent bénéficier de l'assistance effective d'un avocat dès qu'elle sont privées de liberté. La France, en revanche, se trouvait, avant la réforme, complètement en décalé avec cette étude car le placement en garde à vue était autorisé pour toute infraction, même très mineure, et ne conférait qu'une intervention très limitée à l'avocat. Il est à penser que se retrouve, dans cette application de la garde à vue française, une certaine conception du droit pénal, selon laquelle l'efficacité de la répression nécessite une altération, plus ou moins marquée, des garanties fondamentales du justiciable. Conception qui, après un siècle et demi d'évolution basée sur le contradictoire et les droits de la défense, est en quelque sorte balayée par la Convention européenne des droits de l'Homme qui reconnait, en son article 6 §3, le droit pour toute personne poursuivie ou suspectée à « l'assistance d'un défenseur de son choix. » C'est précisément ce droit que va remettre en exergue la Cour de Strasbourg[553] et qui va contraindre le législateur français à revoir sa conception classique de la garde à vue.

367. Afin d'aligner sa conception de la garde à vue sur celle de nos voisins européens, le Président de la République avait chargé, en octobre 2008, un comité de réflexion, présidé par Philippe Léger et portant dès lors son nom, d'élaborer des mesures redonnant au Code de procédure pénale une certaine cohérence au niveau européen. Rendu au président de la République le 1er septembre 2009, ce rapport prévoyait, notamment, d'accroitre la place de l'avocat tout en préservant l'efficacité de l'enquête[554], de restreindre les cas de placement en garde à vue[555],

---

[552] Etude remise dans un document du 31 décembre 2009 par le service des études juridiques du Sénat.

[553] La Cour européenne considère déjà, aux termes d'une jurisprudence bien établie, que les garanties du procès équitable doivent s'appliquer tant lors de la phase préparatoire que lors du jugement, voir not. CEDH 24 nov. 1993, Imbrioscia c/ Suisse, JCP 1994, I, 3742, chron. F. Sudre.

[554] Sur ce point, il est à noter que certains membres étaient favorables à la présence de l'avocat dès la première heure de garde à vue et à l'ensemble des auditions du gardé à vue, et ce dans un souci de protection efficace des droits du gardé à vue. Cependant, la majorité des membres s'y sont opposés considérant qu'il convient « de préserver l'efficacité de l'enquête et que les premières investigations se révèlent souvent déterminantes pour la découverte de la vérité », Rapport du comité de réflexion sur la justice pénale, Chapitre 1er, 5ème proposition.

et de créer une « retenue » judiciaire pour les majeurs. C'est dans ce contexte de réflexion et de modification en attente de la justice pénale qu'interviennent alors des décisions rendues par la Cour européenne des droits de l'Homme qui vont être de véritables « coups de semonce[556] » pour le législateur français.

368. C'est en effet, l'arrêt Salduz contre Turquie[557], rendu le 27 novembre 2008, qui va le premier semer le trouble. En l'espèce, un kurde, incarcéré depuis 1999 suite à sa participation à une manifestation en soutien à un chef d'un parti terroriste, est déclaré coupable sur le seul fondement de ses déclarations en garde à vue, faites sans la présence d'un avocat, déclarations qu'il avait par la suite rétractées. La Cour donne droit à sa requête, après avoir rappelé les principes fondamentaux du procès et l'indubitable vulnérabilité de l'individu placé en garde à vue. Les juges européens estiment alors « que, pour que le droit à un procès équitable consacré par l'article 6 §1 demeure suffisamment « concret et effectif », il faut, en règle générale, que l'accès à un avocat soit consenti dès le premier interrogatoire d'un suspect par la police, sauf à démontrer, à la lumière des circonstances particulières de l'espèce, qu'il existe des raisons impérieuses de restreindre ce droit. (….). Il est en principe porté une atteinte irrémédiable aux droits de la défense lorsque des déclarations incriminantes faites lors d'un interrogatoire de police subi sans assistance possible d'un avocat, sont utilisées pour fonder une condamnation. » Cette décision ne peut être plus claire : le gardé à vue a droit à l'assistance d'un avocat, en l'absence duquel il y a violation des droits fondamentaux de l'individu. Cette décision ouvre sans conteste la voie à un véritable exercice de la défense pénale en garde à vue, voie déjà entre-ouverte en 1996[558] par la même juridiction. Pour autant, cet arrêt reste peu pris en compte, les interprétations qui en sont faites divergeant fortement : à quel moment l'avocat doit-il intervenir, afin que cette assistance soit « concrète et effective » comme l'exigent les juges ? A l'égard de quel type de garde à vue cette exigence trouve t- elle à s'appliquer ? (le requérant étant mineur au moment des faits, fallait-il considérer que cette position n'était applicable seulement à l'encontre des gardés à vue mineurs ?). Autant d'incertitudes et de questions qui vont être

---

[555] Le comité avait ainsi prévu qu'il serait opportun de préciser que la garde à vue n'était possible que pour des infractions pour lesquelles une peine de prison est encourue. Dans un souci de protection de l'individu, le Comité avait estimé en outre que la mesure coercitive que constitue la garde à vue n'a vocation à s'appliquer à des délits faiblement réprimés. Dès lors, le comité avait proposé « d'interdire le placement en garde à vue d'une personne soupçonnée de faits pour lesquels une peine d'emprisonnement inférieure à un an est encourue ».

[556] Selon l'expression employée par MM. C. Ayela, J-C. Kross et D. Many, *La garde à vue, Mode d'emploi,* Coll. Lamy Axe Droit, 2011, p. 31.

[557] CEDH 27 nov. 2008, Salduz c/ Turquie, req. n° 36391/02 ; JCP G 2009, I, 104, obs. F. Sudre.

[558] CEDH 8 févr. 1996, John Murray C/ Royaume-Uni, req. N° 18731/91 dans lequel la Cour pose le principe de l'assistance d'un avocat dès le premier interrogatoire. Principe réaffirmé dans CEDH 16 oct. 2001, Brennan c/ Royaume-Uni, req. N°39846/98 ; CEDH 2 aout 2005, Kolu c/ Turquie, req n°35811/97 ; CEDH 28 févr. 2008, Demeboukov c/ Bulgarie, req n°68020/01. CEDH 24 sept. 2009, Pishchalnikovc/ Russie, req. n°7025/04.

résolues par le second arrêt rendu en la matière par la Cour de Strasbourg le 13 octobre 2009 dans une décision Dayanan contre Turquie[559].

369. Dans cet arrêt Dayanan, le requérant avait été arrêté et placé en garde à vue, dans le cadre d'une opération menée contre le Hezbollah. Dans ce type de garde à vue, considérée comme dérogatoire au droit commun dans le pays, l'assistance de l'avocat n'était prévue qu'à l'issue de la garde à vue. Gardant le silence pendant son placement, l'individu fut placé en détention provisoire, puis mis en examen, avant d'être condamné à une peine d'emprisonnement pour appartenance à une organisation illégale. La Cour de Strasbourg retient, à l'encontre de cette condamnation, une violation combinée des articles 6 §1 et 6 §3, en raison du fait que le requérant n'a pu se faire assister d'un avocat pendant sa garde à vue. Cette décision est fondamentale en ce qu'elle constitue une avancée remarquable des droits du gardé à vue et une reconnaissance de l'effectivité des droits de la défense, renforcées par le fait que la législation en vigueur ne prévoyait nullement l'intervention immédiate de l'avocat. Sur ce point, la Cour a même pu rajouter qu' « une telle restriction systématique sur la base des dispositions légales pertinentes suffit à conclure à un manquement aux exigences de l'article 6 de la Convention. » c'est dire que les dispositions françaises applicables à la criminalité organisée (prévoyant le report de l'assistance d'un avocat lors de la garde à vue) sont peut être contraires aux droits fondamentaux garantis par la Convention !

370. Qu'en est-il, au même moment, devant les juridictions françaises ? Certaines ont, sous l'influence de ces deux décisions européennes, revu leur position et adopté immédiatement les nouvelles directives données par les juges strasbourgeois[560]. D'autres n'ont pas suivi cette tendance[561]... Ceci n'est pas pour autant critiquable car les arrêts rendus par la Cour européenne des droits de l'Homme ne permettent ni d'annuler, ni de modifier les décisions prises par les juridictions nationales ; ils donnent simplement une ligne directrice, avec un caractère déclaratoire renforcé, aux Etats qui se sont engagés à s'y conformer. Par ailleurs, ces décisions étant rendues à l'encontre de la Turquie, et la France étant en train de réfléchir à une refonte de la procédure pénale, nul ne pensait que la question de la présence effective de l'avocat pouvait avoir des répercussions certaines sur notre législation[562]. Et pourtant la France va se voir condamnée le 14

---

[559] CEDH, 13 oct. 2009, Dayanan c/ Turquie, req. n°7377/03, D. 2009, p. 2897, note J-F. Renucci.

[560] T. Corr. Bobigny, 30 nov. 2009, n° 2568/09, qui prononce une nullité de la garde à vue en se fondant sur l'article 6 de la CESDH ; TGI paris, 28 janv. 2010, annule cinq gardes à vue sur le même fondement.

[561] CA Paris, Pôle 7, Ch. 5, 9 févr. 2010, qui continue d'appliquer le report de l'intervention de l'avocat en matière de criminalité organisée, comme le prévoient les dispositions en vigueur. Cf. D. act. 16 fév. 2010, note S. Lavric.

[562] A cet égard, le porte- parole du ministère de la justice déclarait même en 2009 « La CEDH condamne la Turquie qui n'a pas le même système judiciaire que le notre. L'avocat est présent dès la première heure de la garde à vue en France. La CEDH évoque l'assistance et l'accès à un avocat, elle n'exige pas sa présence permanente pendant les interrogatoires. », Propos recueillis par le quotidien Le Monde.fr, les avocats contestent la légalité de la garde à vue, 18 nov. 2009

octobre 2010, dans un arrêt Brusco[563]. En effet, dans cet arrêt, la Cour estime que la personne placée en garde à vue a le droit d'être assistée d'un avocat dès le début de cette mesure, ainsi que pendant les interrogatoires et ce d'autant plus si elle n'a pas été informée de son droit de se taire. Les juges considèrent ainsi que « le droit français ne répond pas aux exigences du procès équitable » car le requérant n'a pas été informé de son droit de se taire et n'a pas été assisté d'un avocat ce qui, par là-même, conduit ce dernier à l'impossibilité d'informer son client de son droit de garder le silence et de ne pas s'auto-incriminer. Le droit français est donc attentatoire aux libertés et droits fondamentaux de l'individu, il ne répond pas aux exigences du procès équitable et de l'article 6 de la Convention européenne, cela ne fait plus aucun doute… Sanctionnée au niveau européen, la législation française est donc contrainte d'évoluer et ce, le plus rapidement possible.

371. Affaibli par la création de la QPC[564], par la décision rendue le 30 juillet 2010 par le Conseil constitutionnel déclarant la garde à vue actuelle contraire aux droits fondamentaux et ainsi non conforme à la Constitution[565] et par trois arrêts[566] rendus par la chambre criminelle de la Cour de cassation, le droit français de la garde à vue se devait d'évoluer. C'est dans un contexte d'urgence (la date butoir de déclaration d'inconstitutionnalité étant fixée au 1er juillet 2011 par le Conseil constitutionnel) et de contrainte (à la fois européenne et interne), que fut proposée et adoptée la loi du 14 avril 2011 portant réforme de la garde à vue[567]. Ce nouveau texte, très attendu et déjà vivement critiqué, est venu répondre à un double impératif : diminuer quantitativement le nombre de gardes à vue (en excluant les infractions les moins graves de son champ d'application et en conditionnant leur mise en œuvre à des conditions plus strictes et mieux encadrées) et améliorer qualitativement les conditions de garde à vue afin que celles-ci soient en adéquation totale avec la législation européenne, et en particulier avec l'article 6 de la Convention. En outre, cette loi tend également à

---

[563] CEDH 14 oct. 2010, Brusco c/ France, req. n°1466/07, JCP G 2010, act. 1064, obs. F. Sudre ; C. Mauro, Réflexions sur la garde à vue à propos de l'arrêt Brusco c/ France de la Cour européenne des droits de l'Homme du 14 oct. 2010, Dr. pén. 2010, étude n°29.

[564] Cf. supra n°258.

[565] Cons. const. 30 juill. 2010, n° 14/22, QPC. Dans cette décision, le Conseil estime que « les articles 62, 63, 63-1, 63-4 alinéas 1 et 6, et 77 du CPP n'instituent pas les garanties appropriées à l'utilisation qui est faite de la garde à vue compte tenu des évolutions (…) et que, par suite, ces dispositions méconnaissent les articles 9 et 16 de la déclaration de 1789 et doivent être déclarées contraires à la Constitution. » V. not D. 2010, p. 1949, Point de vue P. cassia ; p. 2259, obs. J. Pradel.

[566] Crim. 19 oct. 2010, n° 10-82.902 ; 10-82.306 ; 10-82.051. V. à propos de ces arrêts : H. Matsopoulou, garde à vue : la Cour de cassation partagée entre conventionnalité et constitutionnalité, JCP G 2010, act. 1164 ; J. Pradel, Vers une métamorphose de la garde à vue. Après la « décision pilote » du Conseil constitutionnel du 30 juill. 2010 et les arrêts de la chambre criminelle du 19 oct. 2010, D. 2010, p. 2783 ; A. Maron, Troisième mesure de requiem pour la garde à vue, Dr. pén. 2010, dossier spécial sur « la garde à vue sous contrôle judiciaire », n°11.

[567] Loi n°2011-392, 14 avr. 2011, JO 15 avr. 2011, préc.

renforcer corrélativement les droits des victimes, en offrant aux avocats de ces dernières davantage de champ d'action.

372. Cette loi précipitée va connaitre cependant une entrée en vigueur prématurée[568]. En effet, dès le lendemain de son vote, soit le 15 avril 2011, l'Assemblée plénière de la Cour de cassation va être amenée à rendre quatre arrêts[569] sur la question de la régularité des gardes à vue au regard de l'article 6 §1 de la Convention. Ces arrêts énoncent alors que « pour que le droit à un procès équitable soit effectif et concret, il faut, en règle générale, que la personne placée en garde à vue puisse bénéficier de l'assistance d'un avocat dès le début de la mesure et pendant ses interrogatoires. » Les juges poursuivent en ajoutant « les Etats adhérents à la CESDH sont tenus de respecter les décisions de la Cour européenne des droits de l'Homme, sans attendre d'être attaqués devant elle ni d'avoir modifié leur législation ». Dès lors, le message est clair : la loi nouvelle est applicable immédiatement aux instances en cours, faute de quoi l'Etat français serait, de nouveau, condamnable par la Cour strasbourgeoise ! La protection des droits de l'individu n'attend pas, elle doit être immédiate...La chambre criminelle va elle aussi suivre cette position et annuler, dans un arrêt du 31 mai 2011[570], les décisions rendues sur des gardes à vue durant lesquelles l'assistance de l'avocat faisait défaut et l'individu n'avait pas été informé de son droit de garder le silence. Les juges français optent donc pour une application immédiate des exigences de la Cour européenne pour des actes qui se sont déroulés sous la législation en vigueur, à savoir l'ancienne, faisant ainsi primer le contrôle de conventionnalité.

373. Pour autant, aussi précipitée et soudaine soit-elle, cette loi a le mérite, en théorie diront certains, d'avoir institué des moyens de protection renforcés pour l'individu placé en garde à vue.

b. Des moyens de protection du gardé à vue renforcés

374. La loi du 14 avril 2011 a comme premier mérite, il faut le reconnaitre, d'avoir donné une définition de la garde à vue. En effet, depuis sa création en 1957[571], aucune définition précise n'avait été donnée de cette mesure. L'article 63 de l'époque prévoyait seulement « Si, pour les nécessités de l'enquête, l'officier de police judiciaire est amené, à garder à sa disposition une ou plusieurs personnes, il ne peut les retenir plus de 24 heures ». Cette définition, qui n'en est pas une, semble aberrante de nos jours au regard des exigences du droit européen,

---

[568] Le législateur avait prévu une entrée en vigueur au 1er juin de cette année.

[569] Cass. Ass. Plén. 15 avr. 2011, n° 10-17.049, n°10-30.242, n°10-30.313, n°10-30.316. V. not : O. Bachelet, Garde à vue et champ temporel des droits de la défense : la palinodie de la chambre criminelle, Gaz. Pal. 7 juin 2011, n°158, p. 7.

[570] Crim. 31 mai 2011, n°10-80.034, n°11-81.412, n°10-88.293 et n°10-88.809, D. 2011, p. 1563 ; RSC 2011, p. 412, obs. A. Giudicelli ; AJ pénal 2011 p. 370, obs. C. Mauro ; JCP G 2011, n°756, note J. Pradel ; H. Matsopoulou, Garde à vue : primauté de la jurisprudence européenne sur les règles constitutionnelles, D. 2011, p. 2084.

[571] Loi n°57-1426 du 31 déc. 1957 portant institution d'un Code de procédure pénale.

lorsque l'on sait que la suite de l'affaire va dépendre du déroulement de la garde à vue. Les multiples réformes postérieures[572], si elles sont venues compléter les conditions et garanties afférentes à ce type de mesures, n'en ont pas pour autant donné une définition. La loi de 2011 vient donc, pour la première fois, définir la garde à vue, à l'article 62-2 du Code de procédure pénale comme « Une mesure de contrainte décidée par un officier de police judiciaire, sous le contrôle de l'autorité judiciaire, par laquelle une personne à l'encontre de laquelle il existe une ou plusieurs raisons plausibles de soupçonner qu'elle a commis ou tenté de commettre un crime ou un délit puni d'une peine d'emprisonnement, est maintenue à la disposition des enquêteurs. » Il était temps de définir enfin la garde à vue, surtout lorsque l'on sait que cette mesure est souvent soumise à un certain arbitraire et sujette à de multiples contentieux, notamment sur la question de l'extorsion de l'aveu et des violences policières.

375. Cependant, bien que le législateur se soit efforcé d'être le plus précis possible, la nouvelle définition de la garde à vue reste pour autant lacunaire. Ainsi, si les précisions concernant « la mesure de contrainte, décidée par un officier de police judiciaire », offrent des garanties certaines à l'individu, notamment sur la reconnaissance officielle de la notion de contrainte (et donc des garanties nécessaires qui en sont son corollaire) et sur la qualité de la personne pouvant placer en garde à vue (il ne s'agit pas de n'importe qui, mais d'un enquêteur), il en va différemment des autres précisions. En effet, le texte précise que la décision de placer en garde à vue une personne se fait « sous le contrôle de l'autorité judiciaire », et, le plus souvent, sous le contrôle du procureur. Or, aujourd'hui, son statut, et notamment son impartialité, sont remis en question[573]… Quid alors de la garantie de la personne contre l'arbitraire ? Cette disposition n'est-elle pas, en un sens, attentatoire à la personne ? Cette idée peut être renforcée lorsque l'on sait que la notion d' « autorité judiciaire » est assez large car elle comprend le Procureur, le juge des libertés et de la détention, le juge d'instruction et la chambre d'instruction…Le législateur aurait peut être du être plus précis sur ce point. Il en va de même pour l'utilisation du vocable « personne », qui désigne tout le monde et personne en particulier.. Un enfant en bas âge, est une personne, peut-il dès lors faire l'objet d'une garde à vue ? Les parlementaires et le président de la République sont également des personnes, pourtant ils bénéficient d'une immunité…La même réflexion est possible sur la référence à des « raisons plausibles » de soupçonner une personne : quelles sont ces raisons, et comment mesurer leur caractère plausible ou non ? La charge en revient ici à l'OPJ, sous le contrôle de l'autorité judiciaire, de manière arbitraire,

---

[572] Not. Loi n°93-2 du 4 janv. 1993 portant réforme de la procédure pénale ; Loi n°93-1013 du 24 aout 1993 portant réforme de la procédure pénale ; Loi n°94-89 du 1er févr. 1994 ; Loi n° 2000-516 du 15 juin 2000 ; Loi n°2002-307 du 4 mars 2002 ; Loi n°2003-239 du 18 mars 2003 ; Loi n°2004-204 du 9 mars 2004 dite Perben II ; Loi n°2006-64 du 23 janv. 2006 ; Loi n°2007-291 du 5 mars 2007.

[573] Voir infra n°384 et suiv.

sans aucune place pour le débat contradictoire[574]... Est-ce par souci de préserver l'efficacité de l'enquête que le législateur de 2011 a adopté une rédaction si floue, au détriment des garanties, soi-disant offertes, à l'individu ?

376. Malgré ces critiques, il n'en demeure pas moins que la loi de 2011 constitue une révolution, du moins en théorie, pour les droits de la défense puisqu'elle consacre officiellement l'assistance de l'avocat et la notification du droit de se taire.

377. Outre les garanties et droits « communs » offerts au gardé à vue, qui seront exposés plus loin dans ces travaux[575] et qui ont été réaffirmés par la loi nouvelle, le législateur est venu créer une place de choix à l'avocat, sous l'impulsion de la jurisprudence européenne. Ainsi, l'article 63-3 du Code dispose désormais « Dès le début de la garde à vue, la personne peut demander à être assistée par un avocat. » Ce dernier, choisi ou commis d'office, devra être informé de ce besoin d'assistance « par tous moyens et sans délai ». Ce texte constitue une révolution car jusqu'à présent, le gardé à vue n'avait qu'un droit à l'entretien, prévu par la loi de 1993 et aménagé en 2000 ; aujourd'hui, c'est un droit à une véritable présence de l'avocat. Ce droit, édicté par la loi comme un principe, est fondamental à l'égard des gardés à vue mineurs et ne souffre dès lors aucune exception[576]. Cela se comprend aisément au regard de la vulnérabilité du gardé à vue. Il en va tout autrement lorsque le gardé à vue est majeur, ce qui rend critiquable la portée de cette loi.

378. La présence et le rôle de l'avocat sont précisés aux articles 63-4 à 63-4-4 du Code de procédure pénale. Il est ainsi prévu que l'avocat, désigné par le gardé à vue ou commis d'office, dispose d'un délai de deux heures pour se rendre sur les lieux de la garde à vue. Pendant ce délai, les officiers de police judiciaire ne peuvent procéder à un interrogatoire du gardé à vue, sauf pour un simple interrogatoire destiné à vérifier son identité. Une fois sur place, l'avocat peut avoir accès aux procès-verbaux de notification de placement en garde à vue, d'audition de la personne et au certificat médical, qu'il peut, à défaut d'avoir le droit de faire des photocopies, prendre en note. A la lecture de ce texte, se profilent déjà de nombreuses critiques : l'avocat a un accès restreint aux documents, un accès même inconsistant pour certains jugeant que « le procès-

---

[574] Dans la seule limite cependant de respecter l'un des six objectifs édictés par le législateur prévoyant que la mesure de garde à vue doit constituer l'unique moyen de permettre l'exécution des investigations impliquant la présence ou la participation de la personne ; garantir la présentation de la personne devant le procureur de la République afin que ce magistrat puisse apprécier la suite à donner à l'enquête ; empêcher que la personne ne modifie les preuves ou les indices matériels qui peuvent encore être recueillis ; empêcher que la personne ne fasse pression sur les témoins ou les victimes ainsi que sur leur famille ou leurs proches ; empêcher que la personne ne se concerte avec d'autres personnes, susceptibles d'être des coauteurs ou complices ; garantir la mise en œuvre des mesures destinées à faire cesser le crime ou le délit.

[575] Voir infra n°419 et suiv.

[576] Art. 4 Ord. du 2 fév. 1945.

verbal d'audition n'apprend rien de plus que la bouche du client[577] ». Qu'en est-il alors des procès-verbaux de perquisitions, d'audition de témoins ? L'avocat n'y a pas accès et nul doute qu'il ne puisse être pleinement efficace dans ces conditions. En outre, l'avocat ne peut pas poser de questions au cours de l'audition et des confrontations ; il a droit à la parole à l'issue seulement de celles-ci et à condition que l'officier de police judiciaire ne s'y oppose pas, sous prétexte qu'elles nuiraient au bon déroulement de l'enquête. Ces restrictions conduisent à penser que les droits de la défense « restent à l'état embryonnaire[578] » puisque l'avocat n'a qu'une « vue fragmentée » des investigations, ce qui rend le système de défense quelque peu bancal. Cette réforme est donc considérée comme une réforme en trompe l'œil, l'avocat n'assistant pas en garde à vue mais à la garde à vue. Enfin, il est prévu des cas dans lesquels la présence de l'avocat peut être reportée, notamment lorsque ce report apparaît indispensable pour des raisons impérieuses tenant aux circonstances de l'enquête, pour permettre le bon déroulement d'investigations urgentes tendant au recueil de preuves ou dans un but préventif d'atteinte imminente aux personnes[579].

379. Saisie de ces problèmes par le biais de plusieurs questions prioritaires de constitutionnalité par des avocats pour lesquels la loi du 14 avril 2011 ne répondait pas aux exigences de la Cour de Strasbourg, la Cour de cassation[580] décida de s'en référer au Conseil constitutionnel. Reprenant point par point les articles attaqués, le Conseil, dans une décision du 18 novembre 2011[581], considère que l'ensemble des textes relatifs à la nouvelle garde à vue assure parfaitement l'équilibre des droits des parties et affirme ainsi que « les dispositions de l'article 63-4-1 qui limitent l'accès de l'avocat aux seules pièces relatives à la procédure de garde à vue et aux auditions antérieures de la personne gardée à vue assurent, entre les respect des droits de la défense et l'objectif de valeur constitutionnelle de recherche des auteurs d'infractions, une conciliation qui n'est pas déséquilibrée. » De plus, le Conseil estime que les dispositions prévoyant le report de l'assistance de l'avocat, ne constituent pas non plus un déséquilibre et une atteinte aux droits de la défense. Le Conseil va même plus loin en légalisant le procédé de l'audition libre. Prévue par le projet de réforme de la garde à vue, en son article 62-2, l'audition libre permet à un individu, dès lors qu'il s'est rendu librement dans les locaux de police de manière spontanée, suite à une convocation ou à une arrestation consentie, d'être entendu sans être placé en garde à vue, l'audition

---

[577] Selon C. Porteron, « Les limites de la réforme » Actes du Colloque sur La réforme de la garde à vue, sous la dir. de Ch. Courtin, éd. L'Harmattan, coll. Droit privé et sciences criminelles, p. 47 et suiv.

[578] J Leroy, La décision du Conseil constitutionnel sur la nouvelle garde à vue : une décision dérangeante, Dr. pénal janv. 2012, p. 22 et suiv.

[579] Art. 63-4-2 CPP.

[580] Crim. 6 sept 2011, n°11-90.068, Bull. n°171 ; n°11-90.071, Bull. n°170 ; n°11-90.072, Bull. n°172 ; n°11-90.073, Bull. n°173. Pour un commentaire commun, cf. RSC 2012, p. 185.

[581] Cons. Const. 18 nov. 2011, n°2011-191/194/195/196/197 QPC, JO 19 nov. 2011, p. 19480, D. act. 24 nov. 2011, obs. C. Girault ; D. 2011, p. 3034, note H. Matsopoulou ; AJ penal 2012, p. 102, obs J.-B. Perrier.

étant consentie. Bien que constituant une atteinte évidente à la présomption d'innocence et à l'article 6 de la Convention européenne des droits de l'Homme, cette audition libre va pourtant être légalisée et officialisée par le Conseil. En effet, celui-ci estime que les enquêteurs peuvent entendre une personne soupçonnée à partir du moment où elle consent à être entendue librement. Une telle audition répond en outre au respect des droits de la défense lorsque la personne concernée a été informée de la nature et de la date de l'infraction ainsi que de son droit de quitter à tout moment les locaux de la police. Cette introduction de la notion d'audition libre parait aberrante et fort critiquable eu égard aux droits de l'individu et à sa liberté : comment, en effet, imaginer qu'un individu soupçonné puisse consentir librement à être interrogé, en dehors de toute assistance de son avocat et de notification de son droit de se taire ? Et, encore pire, comment imaginer qu'il puisse quitter, à tout moment, les bâtiments de police, en arguant exercer son droit de partir ? Pourtant, le Conseil constitutionnel réitère sa position[582] en faisant bénéficier des mêmes droits la personne suspectée dans le cadre d'une enquête préliminaire et entendue sous le régime de l'article 78 du Code de procédure pénale. Cette consécration constitutionnelle de l'audition libre laisse à penser qu'à l'avenir, les enquêteurs seront encouragés à y recourir afin d'éviter les lourdes formalités qui accompagnent une mesure de garde à vue mais aussi, et surtout, la présence de l'avocat qui pourrait se révéler nuisible à la manifestation de la vérité. Pourtant, la pratique de l'audition libre se trouve condamnée par la directive du Parlement européen et du Conseil de l'Europe du 22 mai 2012 relative au droit à l'information dans le cadre des procédures pénales[583] qui tend en particulier à faire bénéficier toute personne soupçonnée, privée ou non de liberté, de l'assistance d'un avocat. Nul doute que la notion d'audition libre va donc faire couler beaucoup d'encre et nourrir nombre de contentieux.

380. Les sages optent donc pour la constitutionnalité du dispositif actuel d'assistance par un avocat au cours de la garde à vue. Cette position s'explique largement par l'impératif constant de conciliation entre la protection des droits de l'individu et la lutte contre la criminalité imposant aux enquêteurs la mise à disposition de moyens nécessaires dans la constitution de preuves. Dans cette optique, il est normal de restreindre l'accès au dossier à l'avocat, un accès illimité pouvant entraver la bonne marche de l'enquête. Pour autant, cette décision est critiquable au regard des exigences de la Cour européenne des droits de l'Homme, posées dans l'arrêt Dayanan. En effet, la Cour avait considéré que pour que la défense soit « effective », « l'équité de la procédure requiert que l'accusé puisse obtenir toute la vaste gamme d'interventions qui sont propres au conseil. A cet égard, la discussion de l'affaire, l'organisation de la défense, la recherche des preuves favorables à l'accusé, la préparation des interrogatoires, le soutien de

---

[582] Cons. Const. déc. n°2012-257-QPC du 18 juin 2012.

[583] Directive 2012/13/UE du 22 mai 2012 relative au droit à l'information dans le cadre des procédures pénales à laquelle les Etats membres doivent se conformer au plus tard le 2 juin 2014. Cf. not. H. Matsopoulou, JCP G 2011, n°524, p. 910.

l'accusé en détresse et le contrôle des conditions de détention sont des éléments fondamentaux de la défense que l'avocat doit librement exercer » A la lecture de cet attendu, force est de constater que, bien que réformée, la garde à vue française, validée par le Conseil constitutionnel, est loin de répondre aux exigences européennes, l'intervention de l'avocat étant dans notre pays quelque peu neutralisée. Ces insuffisances législatives conduiront peut être la France à une nouvelle condamnation de la Cour européenne…

381. La seconde innovation apportée à la garde à vue par la loi du 14 avril 2011 est sans conteste la notification à l'individu de son droit de se taire. Ainsi, l'article 63 du Code de procédure pénale prévoit désormais, dans son 3° paragraphe, que l'officier de police judiciaire doit informer le gardé à vue qu'il bénéficie du « droit, lors des auditions, de faire des déclarations, de répondre aux questions qui lui sont posées ou de se taire ».Ce droit au silence n'est pas inscrit dans la Convention européenne des droits de l'Homme mais est prévu dans l'article 14 du Pacte international relatif aux droit civils et politiques[584] disposant « Toute personne accusée d'une infraction pénale a droit, en pleine égalité (…) à ne pas être forcée de témoigner contre elle-même ou de s'avouer coupable ». Pour autant, cette notification du droit de se taire a connu en France une évolution mouvementée. Ainsi, jusqu'en 1993, il était établi que les personnes qui étaient interrogées avaient l'obligation de répondre aux questions des enquêteurs. Dans un souci de protection de l'individu et de respect des droits de la défense, la loi du 4 janvier 1993 est venue supprimer cette obligation, sans pour autant que celle-ci ait à être notifiée. La notification à la personne de son droit de se taire sera prévue par la loi du 15 juin 2000, instaurant le principe selon lequel la personne doit se voir notifier son droit de ne pas répondre aux questions posées et de se taire, principe complété par la loi du 4 mars 2002, laquelle vient détailler le contenu de ce droit et laisser un choix au gardé à vue : faire des déclarations, répondre aux questions ou se taire. Pourtant, et cela marque un recul certain dans la prise en compte de l'individu gardé à vue, la loi du 18 mars 2003[585] vient supprimer la notification de ce droit de se taire. Cette loi, revenue à l'ancien système en matière de notification, semblait être la marque de la prééminence en France de la culture de l'aveu. Sous l'influence de la Cour européenne[586] et du Conseil constitutionnel[587], le législateur de 2011 remet en avant cette notification et l'érige en véritable obligation pour l'officier de police judiciaire. Ce droit au silence a, en outre, un corollaire : le droit de ne pas s'auto-incriminer, contenu dans l'article préliminaire du Code[588]. Dès lors, il est interdit de fonder une condamnation sur

[584] Pacte international relatif aux droits civils et politiques signé à New York le 19 déc. 1966.

[585] Loi n°2003-29 du 18 mars 2003 sur la sécurité intérieure, JO 19 mars 2003, p. 4761.

[586] Not. CEDH, 8 févr. 1996, John Murray C/ Royaume-Uni ; CEDH, 2 mai 2000, Condron c/ Royaume-Uni ; CEDH, 14 oct. 2010, Brusco c/ france, op. cit.

[587] Cons. Const. Déc. 30 juill. 2010, préc.

[588] L'art. préliminaire du CPP prévoit, dans son dernier alinéa « En matière criminelle et correctionnelle, aucune condamnation ne peut être prononcée contre une personne sur le seul fondement de déclarations qu'elle a faites sans avoir pu s'entretenir avec un avocat et être assistée par lui ».

une auto-incrimination faite sans l'assistance d'un avocat. Ce principe a été rappelé, et c'est ce qui a inspiré le législateur de 2011, par les juges strasbourgeois dans l'arrêt Salduz du 27 novembre 2008[589].

382. Pour autant, cette notification au gardé à vue de son droit au silence suscite quelques réflexions. En effet, quid des questions que les enquêteurs doivent/ veulent poser : faut-il quand même les poser alors que la personne ne veut pas parler ?ou les enquêteurs doivent-ils, au contraire, ne rien dire ? Il est difficile d'imaginer que ces derniers vont s'abstenir de poser des questions alors que leur but premier est la recherche des preuves utiles à une éventuelle condamnation. En outre, il est fort à penser que le droit au silence va avoir une incidence sur la personnalisation de la peine, puisque le risque encouru est de condamner davantage une personne qui ne coopère pas. Autant dire que l'affirmation de ce nouveau droit de se taire n'a pas fini de nourrir certains contentieux dans les locaux de garde à vue.

383. Si la réforme de la garde à vue était nécessaire quant au respect des droits de l'individu, il n'en demeure pas moins qu'elle a jeté le trouble qui existait déjà auparavant sur l'autorité chargée de la contrôler. En effet, parce qu'il est doté d'importantes prérogatives et d'un statut aux contours flous, le rôle et les pouvoirs accordés au Ministère public ont été remis en cause progressivement.

c. Une remise en cause progressive du statut du parquet

384. Le statut du parquet est aujourd'hui au cœur du débat sur la réforme de la procédure pénale et la réforme de la garde à vue est venue accentuer cette polémique. Ainsi, de nombreuses idées divergent quant à ses attributions et son rôle central au sein du système répressif. Est-il, ou non, une autorité judiciaire ? Si la Cour européenne a un avis tranché sur le statut actuel du parquet (1), les juridictions nationales semblent, elles, avoir une position beaucoup plus tempérée (2). Pour autant, se dessine derrière ces opinions divergentes la volonté certaine d'uniformiser le ministère public français avec les standards européens (3).

1. La position radicale de la Cour européenne des droits de l'Homme

385. L'article 5 §3 de la Convention européenne des droits de l'Homme dispose « toute personne arrêtée ou détenue, dans les conditions prévues au paragraphe 1 c du présent article (« en vue d'être conduite devant l'autorité judiciaire compétente lorsqu'il y a des raisons plausibles de soupçonner qu'elle a commis une infraction ou qu'il y a des motifs raisonnables de croire à la nécessité

---

[589] La CEDH rappelle en effet dans cet arrêt qu' « un accusé se trouve souvent dans une situation particulièrement vulnérable à ce stade de la procédure, effet qui se trouve amplifié par le fait que la législation en matière de procédure pénale tend à devenir de plus en plus complexe, notamment en ce qui concerne les règles régissant la collecte et l'utilisation des preuves. Dans la plupart des cas, cette vulnérabilité particulière ne peut être compensée de manière adéquate que par l'assistance d'un avocat, dont la tache consiste à faire en sorte que soit respecté le droit de tout accusé de ne pas s'incriminer lui-même. »

de l'empêcher de commettre une infraction ou de s'enfuir après l'accomplissement de celle-ci ») doit être aussitôt traduite devant un juge ou un autre magistrat habilité par la loi à exercer des fonctions judiciaires. » Le principe est clair : afin d'assurer le respect des droits de la défense, du procès équitable et du contradictoire, l'individu faisant l'objet d'une garde à vue doit être traduit devant une autorité judiciaire. Pour autant, que faut-il entendre par « autorité judiciaire » et par « autre magistrat » ? La Cour de Strasbourg a eu à clarifier et expliquer ces notions dans ses décisions. Ainsi, pour définir la personne appelée « autre magistrat », la Cour a jugé que, pour respecter les principes fondamentaux du procès pénal, ce magistrat doit être à la fois indépendant à l'égard du pouvoir exécutif et impartial à l'égard des parties. Le magistrat du parquet répond donc ainsi aux exigences de l'article 6 §1 de la CESDH qui prévoit l'audition de la personne devant un « tribunal indépendant et impartial ». A ce titre, il est intéressant de se pencher sur la jurisprudence strasbourgeoise afin d'examiner comment sont appréhendées ces exigences d'indépendance et d'impartialité pour caractériser l'autorité judiciaire elle-même.

386. En 1979, dans un arrêt Schiesser contre Suisse[590], la CEDH semble opter pour une appréciation *in concreto* de l'indépendance et de l'impartialité du ministère public, en vérifiant si ce dernier n'avait pas reçu d'instructions de la part du pouvoir exécutif et n'était pas partie poursuivante dans la même affaire. Ceci permet à la Cour d'établir comme principe que, pour être magistrat au sens de l'article 5 de la CESDH, le parquetier doit être indépendant vis-à-vis de l'exécutif et des parties, ce qui fait que le magistrat ne se confond pas avec le juge, « ce dernier, à la différence du premier remplissant des conditions constituant autant de garanties pour la personne arrêtée ». Cette vision a conduit également la Cour à reconnaitre, dans un arrêt Duinhof et Duijf contre Pays-Bas[591], qu'un auditeur militaire qui statue sur la liberté et qui exerce la poursuite ne peut être considéré comme indépendant à l'égard des parties car « il est l'un d'elles ». Puis, dès 1990, la Cour change de vision et s'oriente vers une conception *in abstracto*, centrée sur les apparences d'impartialité et d'indépendance. Elle reconnait ainsi que la simple possibilité d'une intervention du magistrat dans la procédure pénale ultérieure suffit à le disqualifier au sens l'article 5 §3 et à lui retirer la qualité d'autorité judiciaire. En effet, la Cour estime dans un arrêt Huber contre Suisse du 23 octobre 1990[592], que du seul fait qu'il puisse exercer des poursuites, l'impartialité du procureur peut paraître « sujette à caution ». De même, concernant l'indépendance, la Cour a pu considérer que le parquet ne remplit pas la condition

---

[590] CEDH, Schiesser C/ Suisses, 4 déc. 1979, CDE 1980, p. 467, obs. G. Cohen-jonathan ; AFDI 1980, p. 325, obs. Pelloux ; JDI 1982, p. 195 obs. P. Rolland.

[591] CEDH Duinhof et Duijf C/ Pays-Bas, 22 mai 1984, CDE 1986, p. 206, obs. G. Cohen-Jonathan ; AFDI 1985, p. 414, obs. V. Coussirat-Coustère ; RSC 1985, p. 141, obs. L-E Pettiti.

[592] CEDH, Huber c/ Suisse, 23 oct. 1990, AFDI 1991, p. 587, obs. V. Coussirat-Coustère.

d'indépendance dès lors qu'il est tenu par un lien de subordination hiérarchique[593].

387. Cependant, ces décisions, toutes rendues au regard de droits étrangers, n'avaient pas eu d'influence directe sur le droit français. Il en va tout autrement concernant l'arrêt Medvedyev du 10 juillet 2008[594] qui va venir semer le trouble sur le statut du procureur français. En effet, la Cour affirme dans cet arrêt que, « force est cependant de constater que le procureur de la République n'est pas une autorité judiciaire au sens que la jurisprudence de la Cour donne à cette notion ; il lui manque en particulier l'indépendance à l'égard du pouvoir exécutif pour pouvoir être ainsi qualifié ». Cette position va être réitérée, toujours contre notre pays, dans l'arrêt Moulin du 23 novembre 2010[595] qui permet à la Cour d'affirmer, de nouveau et après un examen en détail du statut du parquet français, que « les membres du ministère public, en France, ne remplissent pas l'exigence d'indépendance à l'égard de l'exécutif », ajoutant même qu'ils manquent aussi d'impartialité. Il ressort donc de cet arrêt que notre Procureur français ne peut pas être considéré comme l' « autre magistrat » dont parle l'article 5 §3 de la Convention. Cet arrêt est, ainsi qu'a pu l'écrire un auteur, « une consécration éclatante du caractère non indépendant et non impartial du parquet français[596] ». Il faut en déduire que le procureur français n'est donc pas apte à assurer le contrôle juridictionnel de la garde à vue, qui devrait dès lors, être dévolu à un juge.

388. Pour autant, cette solution est à nuancer. Ainsi, comme a pu le souligner un auteur, « la Cour ne condamne pas le statut du parquet notamment en ce qu'elle souligne qu'il ne lui appartient pas de prendre position sur le débat concernant la dépendance effective entre le ministre de la justice et le ministère public[597] », cette tâche appartenant aux autorités françaises. N'est donc condamnée qu'une seule prérogative du parquet, à savoir la possibilité d'ordonner des mesures attentatoires aux libertés, en ce qu'il est à la fois juge et partie dans la même procédure pénale.

389. La seconde nuance réside dans le fait que ce n'est pas l'entière intervention du parquet lors de la garde à vue qui est remise en cause par ces arrêts européens. En effet, l'article 5 §3 n'a vocation à s'appliquer qu'après trois ou quatre jours de garde à vue en droit européen, deux jours en droit français. Le contrôle judiciaire du parquet peut donc trouver valablement à s'appliquer

---

[593] CEDH 22 mai 1998, Vasilescu c/ Roumanie, Rec. CEDH 1998-III ; CEDH 3 juin 2003, Pantea C/ Roumanie, D. 2003, p. 2268, obs. J-F Renucci ; RSC 2004, p. 441, obs. F. Massias ; CEDH 4 juill. 2000, Niedbala c/ Pologne, JCP 2001, I, 191, n° 13, obs. F. Sudre.

[594] CEDH 10 juill. 2008, Medvedyev c/ France, D. 2008, p. 3055, note. P. Hennion-Jacquet ; D. 2009, p. 600, note J-F. Renucci ; AJ pénal 2008, p. 460, obs. C. Saas ; RSC 2009, p. 176, obs. J-P. Marguénaud ; Dr. Pénal 2009, chron. 4, obs., E. Dreyer, et 8. Obs. V. Lesclous.

[595] CEDH, 23 nov. 2010, Moulin c/ France, D. 2010, p. 2276, obs., S. Lavric ; p. 2761, édito F. Rome D. 2011, p. 277, note J-F Renucci ; p. 26, point de vue F. Fourment.

[596] J. Pradel, Quel(s) magistrat(s) pour contrôler et prolonger la garde à vue ? Vers une convergence entre la Cour de Strasbourg et la chambre criminelle de la Cour de cassation, D. 2011, p. 339.

[597] J-F. Renucci, La Cour européenne persiste et signe : le procureur français n'est pas un magistrat au sens de l'article 5 de la Convention, D. 2011, note p. 277.

pendant ces deux jours, sans atteinte à l'article 5 §3. Il n'y aura violation de ce dernier que si l'intéressé n'a pas été présenté à un juge, tel qu'entendu par la Cour, à l'issue de ce délai.

390. Pourtant, si la Cour européenne semble claire et ferme sur la question du statut du parquetier français, il en va différemment pour les juridictions nationales. En effet, celles-ci ne trouvent pas à s'accorder sur ce point épineux.

2. La position tempérée des juridictions nationales

391. L'on assiste, depuis de nombreuses années, à une montée en puissance certaine du parquet au nom de l'efficacité procédurale[598], montée en puissance qui s'est révélée paradoxale avec la loi du 9 mars 2004. En effet, la loi de 2004 marque clairement l'entrée du ministre de la justice dans le Code de procédure pénale, et ce dans un souci d'harmoniser l'exercice de l'action publique. Ainsi, l'article 30 du Code prévoit désormais « Le ministre de la justice conduit la politique d'action publique déterminée par le Gouvernement. Il veille à la cohérence de son application sur le territoire de la République. A cette fin, il adresse aux magistrats du ministère public des instructions générales d'action publique ». Le garde des sceaux est désormais positionné dans le procès pénal. A la lecture de ce nouveau texte apparait déjà en filigrane une réflexion[599] : comment assurer l'impartialité et l'indépendance de l'autorité judiciaire qu'est, normalement, le parquet alors que ce dernier est placé sous le contrôle du ministre de la justice ? Quid du principe de la séparation des pouvoirs ? Saisi sur ce point, le Conseil constitutionnel a déclaré que l'article 30 était conforme à la Constitution, en précisant « qu'en vertu de l'article 20 de la Constitution, le gouvernement détermine et conduit la politique de la nation, notamment dans le domaine de l'action publique ; que l'article 5 de l'Ordonnance du 22 décembre 1958 portant loi organique relative au statut de la magistrature, place les magistrats sous l'autorité du ministre de la justice, que l'article 30 ne méconnait ni la conception française de la séparation des pouvoirs, ni le principe selon lequel l'autorité judiciaire comprend à la fois les magistrats du siège et ceux du parquet, ni aucun autre principe ou règle de valeur constitutionnelle ».[600] Cette décision paraît critiquable au regard de l'exigence d'indépendance du parquet : afin de garantir l'individu contre tout arbitraire, l'article 66 de la Constitution exige que le magistrat soit indépendant, c'est-à-dire qu'il ne doit pas recevoir d'ordre de la part du pouvoir exécutif[601]. Or, comment parler d'indépendance si le parquet agit sous la direction du ministre de la justice ? La question qui se pose à la lecture de cette nouvelle disposition est la suivante : le parquet constitue t-il toujours une autorité judiciaire, au sens de la Constitution du 4 octobre 1958 et, plus largement, de la Convention européenne des droits de l'Homme ? Il semble *à*

---

598 Sur ce point, cf. supra, Partie 1, chap. 1, n°23 et suiv.

599 Sur ce point, voir J-E. Schoettl, Les attributions du ministre de la Justice (décision n°2004-492 DC du 2 mars 2004 du Conseil constitutionnel), D. 2004, p. 1387.

600 Cons. Const., 2 mars 2004, déc. n°2004-492.

601 Cette définition d'indépendance a été précisée par la CEDH, 4 déc. 1979, Schiesser c/Suisse.

priori que le Conseil constitutionnel, en adoptant une telle position, soit en contradiction certaine avec les exigences européennes.

392. La position de 2004 reprend celle déjà adoptée par le comité des sages dans deux décisions des 5[602] et 11[603] août 1993, qui avait estimé que « l'autorité judiciaire qui, en vertu de l'article 66 de la Constitution, assure le respect de la liberté individuelle, comprend à la fois les magistrats du siège et ceux du parquet ; que si l'intervention d'un magistrat du siège peut être requise pour certaines prolongations de la garde à vue, l'intervention du procureur de la République dans les conditions prévues par la loi déférée ne méconnait pas les exigences de l'article 66 de la Constitution. » Le Conseil constitutionnel était ici très clair : le parquet est une autorité judiciaire. Cette solution sera réaffirmée peu après et, malgré les décisions rendues par la Cour européenne des droits de l'Homme en 2008 et 2010, le Conseil ne change pas d'opinion puisqu'il réitère sa position le 30 juillet 2010[604]. Cette dernière décision lui permet ainsi d'affirmer de nouveau le statut d'autorité judiciaire du parquet, légitimant le fait qu'il doit être informé dès le début de la garde à vue pour pouvoir décider du maintien et de la prolongation éventuelle de la mesure. La doctrine, suite aux arrêts de Strasbourg, attendait un revirement de la part de la Haute Instance, qui n'est pas venu puisque cette dernière a pu réaffirmer, en 2011, que « l'autorité judiciaire comprend à la fois les magistrats du siège et du parquet »[605].

393. Cette position inchangée du Conseil constitutionnel, pourtant très claire, amène tout de même une réflexion : bien que considérant le magistrat du parquet comme une autorité judiciaire, les juges constitutionnels rappellent sans cesse la présence du magistrat du siège, comme une sorte d'équilibre, de garantie de l'autorité judiciaire. Or, si le parquet est réellement une autorité judiciaire au sens de la Constitution, pourquoi y aurait-il besoin d'un contrôle du magistrat du siège ? Il demeure ici une certaine ambigüité qu'il serait bon que le Conseil lève une fois pour toute.

394. Si le Conseil constitutionnel a toujours été constant sur sa position concernant le statut du parquet, il en va différemment pour la Cour de cassation. Classiquement, la chambre criminelle de la Cour de cassation, en ce qu'elle précise que « la garde à vue relève d'une faculté que l'officier de police judiciaire tient de la loi et qu'il exerce sous le seul contrôle du procureur de la République, ou le cas échéant, du juge d'instruction[606] », reconnait le parquet comme une véritable autorité judiciaire au sens de la Constitution. Pourtant, sous l'influence de la jurisprudence européenne, la Cour va abandonner cette conception et

---

[602] Cons. Const. 5 aout 1993, n°93323, JO 7 aout, Rec. Cons. Const. 1993, p. 213.

[603] Cons. Const. 11 aout 1993, n°93326, JO 15 aout, Rec. Cons. Const. 1993, p. 217 ; D. 1993, p. 299, note J. Pradel ; JCP 1993 ; n03720, note F. Le Gunehec ; LPA 5 janv. 1994, chron. B. Mathieu et M. verpeaux, RFDC 1993. P. 848, note T. Renoux.

[604] Cons. Const. n°2010-14/22-QPC, 30 juill. 2010, D. 2010, p. 1928, entretien C. Charrière-Bournazel ; p. 1949 Point de vue, P. Cassia ; p. 2254, obs. J. Pradel ; p. 2696, entretien Y. Mayaud ; p. 2783, chron. J. Pradel.

[605] Cons. Const. n° 2011-125 QPC, 6 mai 2011, JO 7 mai 2011, p. 7850.

[606] Crim. 4 janv. 2005, Bull. n°3.

affirmer, dans un arrêt du 15 décembre 2010[607] que « c'est à tort que la chambre de l'instruction a retenu que le ministère public est une autorité judiciaire au sens de l'article 5, paragraphe 3 de la Convention européenne des droits de l'Homme, alors qu'il ne présente pas les garanties d'indépendance et d'impartialité requises par ce texte et qu'il est partie poursuivante. » Il ressort de cet arrêt une véritable dénégation du statut d'autorité judiciaire au ministère public. Il est indéniable que le parquet vient décider, notamment lors de la garde à vue, d'un certain nombre de mesures venant limiter l'exercice des droits de la défense. Or, il apparaît, de par ce pouvoir, qu'il y a un manquement manifeste à l'égalité des armes et au principe de la procédure équitable, le parquet étant une partie « poursuivante » au procès pénal. La chambre criminelle semble avoir confirmé sa position puisqu'un arrêt de 2011[608] remet sur le devant de la scène le problème de la capacité du ministère public, tel que conçu par notre tradition juridique, à contrôler valablement les mesures de garde à vue au sens de l'article 5 §3 de la CESDH.

395. Ces positions divergentes entre les hautes juridictions nationales et européennes constituent un exemple troublant du pluralisme juridique. En effet, les Sages considèrent que le parquet est une autorité judiciaire alors que ni la Cour de cassation, ni la Cour européenne ne l'admettent. Que va-t-il alors advenir de la jurisprudence du Conseil constitutionnel ? Va-t-il devoir revoir sa position, et reconnaitre que le parquet n'est pas une autorité judiciaire ou va-t-il continuer de proclamer ce qu'il a toujours affirmé ? La chambre criminelle, avec cet arrêt de 2010, désire peut-être faire évoluer la jurisprudence constitutionnelle et la contraindre à se conformer aux exigences européennes.

396. Quid alors du devenir du parquet français ? Quelles pistes envisager pour une réforme, ou du moins, une évolution semblant nécessaire pour une adéquation de notre législation avec le droit européen ? La question du statut du parquet conduit nécessairement à l'idée d'une refonte totale de la procédure pénale car il est au cœur de celle-ci, notamment en ce qu'il contrôle l'enquête et la garde à vue. Or, s'il n'est plus considéré comme une autorité judiciaire, il ne doit plus être en mesure de contrôler des mesures attentatoires aux libertés individuelles comme il le fait aujourd'hui. Plutôt qu'une réforme du statut du parquet qui conduirait à une refonte totale du Code semblant « compliquée et inopportune »[609] ainsi qu'à une remise en cause de l'unité du corps de la magistrature[610], il conviendrait de placer la phase d'enquête sous le contrôle d'un juge du siège, comme cela avait été proposé par la Commission justice pénale et droits de l'Homme de 1990 et le rapport Léger en 2009. Le parquet ne serait ainsi plus amené à intervenir pour contrôler les privations de liberté et le fait qu'il soit à la fois juge et partie ne pourrait plus être avancé, l'égalité des armes serait donc respectée.

---

[607] Crim. 15 déc. 2010, n°10-83.674.

[608] Crim. 18 janv. 2011, n° 10-84.980, AJ pénal 2011, p. 198, note L. Ascensi.

[609] Voir en ce sens, J-F. Renucci, La Cour européenne persiste et signe : le procureur français n'est pas un magistrat au sens de l'article 5 de la Convention, chron. préc.

[610] Voir en ce sens J. Pradel, Quel(s) magistrat(s) pour contrôler et prolonger la garde à vue ? Vers une convergence entre la Cour de Strasbourg et la chambre criminelle de la Cour de cassation, chron. prec.

397. La question du statut du parquet français est aujourd'hui en suspens. Mais peut être va-t-elle être contrainte d'évoluer sous l'influence à la fois d'un parquet européen qui va peut être émerger du Traité de Lisbonne, d'une étude comparative avec les autres pays européens mais aussi et surtout du projet de loi déposé fin mars 2013 relatif aux attributions du garde des sceaux et des magistrats du ministère public en matière de politique pénale et d'action publique[611].

3. La volonté certaine d'uniformisation européenne

398. Un bref regard sur les droits étrangers permet de constater que le ministère public français est une entité particulière. Ainsi, l'observation des droits étrangers contribue à renouveler le regard que l'on porte sur notre institution et émettre certaines critiques. Plusieurs Etats ont renoncé à l'information judiciaire, supprimant donc le juge d'instruction et plaçant la mise en état des affaires pénales sous la responsabilité du ministère public. Ce schéma tend à devenir la norme en Europe : la recherche des preuves serait donc diligentée sous la seule responsabilité du ministère public. Ce schéma procédural est également celui qui se dessine au sein de l'Union européenne avec le projet de créer un procureur européen.

399. L'Allemagne et l'Italie constituent des exemples de modèle pour la France. L'Allemagne a le système procédural le plus proche du notre : la phase préparatoire est placée sous la haute main du parquet, il en est le « maître ». Le ministère public est composé de fonctionnaires qui ne font pas partie du pouvoir judiciaire mais dépendent de l'exécutif ; l'autorité politique est donc en mesure de donner au ministère public des instructions générales et individuelles. Cependant, le procureur allemand est un organe autonome de l'administration de la justice : il n'est pas partie au procès pénal, il y remplit seulement une fonction objective, dans l'intérêt de la société dans son ensemble et il est ainsi soumis au principe de la légalité des poursuites. Le ministère public Italien, quant à lui, est composé de tous les magistrats du parquet soumis à la direction et au contrôle du procureur de la République. Il dispose d'un pouvoir de direction de l'enquête mais ce pouvoir n'est pas exclusif, les pouvoirs d'investigation étant partagés avec la police judiciaire. Les procureurs allemand et italien ne disposent, en outre, d'aucun pouvoir juridique pendant la phase d'enquête. Le ministère public anglais est, quant à lui, cantonné à l'accusation durant l'audience. Il ne dispose donc d'aucun pouvoir d'enquête et n'est pas non plus partie à la phase préparatoire du procès. Enfin, la différence majeure entre notre pays et les pays voisins (notamment le Portugal, l'Italie, la Belgique et l'Allemagne) est que ces derniers ont posé comme principe que toute autorité ayant des pouvoirs juridictionnels doit être indépendante du pouvoir exécutif. Nos voisins semblent donc avoir tiré les leçons (et surtout entendu) des exigences de la Convention européenne et de la jurisprudence de la Cour européenne…

---

[611] Sur ce point cf. infra n°575 et suiv.

400. Le procureur français est donc celui qui possède le plus large champ d'intervention en ce qu'il dispose d'une part, d'un triple rôle au sein de la procédure car il est à la fois investigateur, garant des libertés individuelles et partie poursuivante et d'autre part, de pouvoirs exorbitants durant l'enquête préliminaire. De plus, il est l'autorité qui connait le plus d'interactions avec les élus et les administrations. Cette multiplicité des missions dévolues au ministère public français explique son caractère hybride. Mais ce caractère va peut être devoir évoluer sous l'influence du parquet européen.

401. En effet, l'Assemblée Nationale a saisi, en mai 2010, le Conseil d'Etat pour une étude relative à l'institution d'un parquet européen et aux implications de sa création sur le droit français. Pourtant, le parquet européen est un simple projet, né en 1997 et délaissé depuis. La possibilité d'instituer un tel acteur est envisagée dans le Traité de Lisbonne, l'article 86 du TFUE ouvrant ainsi la possibilité de sa création pour « rechercher, poursuivre et renvoyer en jugement les auteurs et complices d'une infraction portant atteinte aux intérêts financiers de l'Union européenne. » Ce parquet serait donc compétent pour exercer l'action publique relative à ces infractions devant les juridictions compétentes. Cependant, là aussi la même question posée à l'égard du ministère public français demeure : comment garantir l'indépendance d'un parquet européen, tant à l'égard de toute autorité nationale qu'à l'égard des autres autorités européennes ? Il semble que l'indépendance verticale soit nécessaire pour garantir l'efficacité des enquêtes en matière d'atteinte aux intérêts financiers de l'Union. Les membres du parquet européen auraient donc une compétence exclusive, ne dépendant ainsi pas des autres autorités nationales. Quant à l'indépendance horizontale, elle est une condition nécessaire pour établir une légitimité démocratique, le parquet européen ne devant recevoir aucune instruction d'une autre autorité européenne. La difficulté inhérente à la création d'un parquet européen réside également dans le fait de trouver un compromis entre des modèles nationaux différents et de définir un contrôle juridictionnel, le choix de base déterminant le choix des règles procédurales et la langue du procès… La création d'un parquet européen semble donc bien problématique et peut se révéler source de conflits, voire d'inégalités entre les pays membres et surtout les parties[612].

402. En tout état de cause, il semble indéniable que le statut du parquet français doit être réformé, mais cette réforme doit s'inscrire dans une refonte totale de la procédure pénale actuelle, prenant les meilleurs points de chaque législation étrangère.

403. Ces réformes de la garde à vue, nécessaires dans une société démocratique et respectueuse des droits de l'Homme, ont permis une meilleure prise en considération de la personne du suspect. Ainsi, ce dernier a vu, au fil des années, ses droits s'accroitre considérablement.

---

[612] Pour une étude plus approfondie, voir C. Mauro, Procureur de la république et Procureur européen : mêmes enjeux, AJ pénal 2011, p. 119.

B. Un accroissement des droits du gardé à vue

404. La garde à vue, réformée en profondeur par la loi du 14 avril 2011, est la mesure coercitive par excellence. Mesure privative de liberté pour un temps déterminé, il était nécessaire, durant cette période, que certaines garanties soient respectées, notamment quant à la qualité de l'individu concerné (a), individu qui, de plus, se voit garantir l'octroi de nombreux droits (b)

a. Les garanties tenant à la personne du suspect

405. Deux catégories de personnes sont susceptibles de commettre une infraction, et donc d'être, un jour, placées en garde à vue. Cette mesure peut en effet concerner à la fois une personne majeure (1) et un mineur délinquant (2)

1. La garde à vue du majeur

406. Afin de réduire le nombre de gardes à vue, parfois quelque peu abusives et trop hâtives, le législateur, par la loi du 14 avril 2011, est venu définir clairement ce qu'est la garde à vue ainsi que ses conditions de mise en œuvre et de durée. Ainsi, selon l'article 62-2 alinéa 1 du Code de procédure pénale, la garde à vue est une mesure de contrainte décidée par un officier de police judiciaire, sous le contrôle de l'autorité judiciaire, par laquelle une personne est maintenue à la disposition des enquêteurs. Cette définition met, pour la première fois, l'accent sur la notion de contrainte, inhérente à la garde à vue, car la personne est maintenue « contre » son gré dans les locaux de police judiciaire. La notion de contrainte étant désormais clairement évoquée, le législateur a du poser des conditions pour pouvoir placer un individu en garde à vue, conditions inexistantes jusqu'en 2011 car un simple soupçon pouvait suffire à justifier le placement en garde à vue.

407. Désormais, afin de protéger l'individu, et dans la recherche d'une certaine clarté et cohérence de la loi pénale, le placement en garde à vue doit répondre à certaines nécessités pour être justifié. Il faut, d'une part, que la personne ait commis, ou tenté de commettre, soit un crime, soit un délit puni d'une peine d'emprisonnement. Cette dernière devient en quelque sorte la condition *sine qua none* du placement en garde à vue : si une peine d'emprisonnement n'est pas prévue pour l'infraction commise, la garde à vue n'a pas lieu d'être. D'autre part, cette mesure de contrainte doit, au sens du texte légal, constituer « l'unique moyen » pour parvenir à l'un des six objectifs fixés par la loi, à savoir :

- permettre l'exécution des investigations impliquant la présence ou la participation de la personne ;
- garantir la présentation de la personne devant le procureur de la République afin que ce magistrat puisse apprécier la suite à donner à l'enquête ;
- empêcher que la personne ne modifie les preuves ou les indices matériels qui peuvent encore être recueillis ;

- empêcher que la personne ne fasse pression sur les témoins ou les victimes ainsi que sur leur famille ou leurs proches ;
- empêcher que la personne ne se concerte avec d'autres personnes, susceptibles d'être des coauteurs ou complices ;
- garantir la mise en œuvre des mesures destinées à faire cesser le crime ou le délit.

408. Une précision doit être apportée ici : le législateur, dans la nouvelle rédaction, ne fait aucunement mention de la décision de placement en garde à vue à des fins de simple audition de la personne alors que cette mesure était jusqu'alors considérée comme telle. Ceci laisse donc à penser que le législateur souhaite désormais que la garde à vue soit strictement nécessaire et non plus considérée comme le seul moyen d'auditionner la personne. Nul doute que cet oubli volontaire a été le fruit des multiples condamnations de notre pays par la CEDH en raison de trop nombreuses gardes à vue abusives. Un recul certain des pouvoirs accordés aux OPJ est ici à noter, leur marge d'appréciation quant à l'opportunité d'un placement en garde à vue étant désormais encadrée légalement.

409. L'article 62-2 du Code prévoit en outre que la mesure de contrainte qu'est la garde à vue est décidée par un officier de police judiciaire, toujours sous le contrôle de l'autorité judiciaire, à savoir ici le Ministère public. Ce dernier peut être informé du placement de l'individu par tout moyen, à condition que cette information mentionne expressément les faits, qualifiés juridiquement, pour lesquels un tel placement a été ordonné, ainsi que la preuve que ce placement constitue le seul et unique moyen de parvenir à l'objectif poursuivi[613]. Il revient au procureur d'apprécier la nécessité et la proportionnalité d'une telle mesure, en l'absence desquelles il devra y mettre fin. Cette faculté suscite la critique : comment apprécier ces deux mesures ? Sur quels critères doit se baser le procureur, lui aussi dans une situation critiquable eu égard aux principes énoncés par la Cour de Strasbourg et le Conseil constitutionnel ? Il faut noter ici une lacune certaine de la loi d'avril 2011, dans laquelle le législateur aurait du donner des pistes de réflexion, voire même un certain modèle au procureur. Qui plus est, le ministère public doit veiller à ce que les droits garantis[614] à la personne soient respectés et peut, à cette fin, convoquer à tout moment le gardé à vue. Cette information complète du procureur demeure logique et utile. En effet, le législateur pose, à l'article 62 du Code, le principe selon lequel la garde à vue s'effectue « sous le contrôle de l'autorité judiciaire », principe complété par l'article 62-3 précisant ce que recouvre véritablement la notion d'autorité judiciaire[615]. Le législateur, par cette rédaction, impose la reconnaissance du procureur comme une autorité judiciaire, c'est-à-dire une autorité garante des

---

[613] Art. 63-1 du CPP.

[614] Cf. infra n°419 et suiv.

[615] Selon ce texte, le procureur apprécie si le maintien de la personne en garde à vue et, le cas échéant, la prolongation de cette mesure, sont nécessaires à l'enquête, et, proportionnées à la gravité des faits que la personne est soupçonnée d'avoir commis ou tenté de commettre. Il assure la sauvegarde des droits reconnus par la loi à la personne gardée à vue. Il peut ordonner à tout moment que la personne gardée à vue soit présentée devant lui ou remise en liberté ».

libertés publiques. Il est donc logique, de ce fait, que ce dernier soit informé, prévenu, dès le début, du placement en garde à vue, afin de garantir l'effectivité et la légitimité de cette autorité.

410. Quant à la durée de la mesure de garde à vue, la loi nouvelle a repris les positions de la loi ancienne et de la jurisprudence, et ce notamment pour le calcul des délais. Il est donc admis que le point de départ de la garde à vue demeure le moment où la personne est appréhendée par les forces de l'ordre. Concernant la durée à proprement parler, la garde à vue de droit commun ne peut excéder 24 heures[616]. La mesure peut être prolongée de 24 heures de plus, selon deux conditions cumulatives, ajoutées par la loi nouvelle : d'une part, l'infraction pour laquelle la garde à vue a été nécessaire doit être un crime ou un délit puni d'une peine d'emprisonnement supérieure ou égale à un an et d'autre part, la prolongation doit constituer l'unique moyen de parvenir à l'un des objectifs fixés par la loi. Cette prolongation doit, en outre, faire l'objet d'une autorisation écrite et motivée du procureur de la République. La prolongation suppose en principe la présentation de la personne gardée à vue au procureur, présentation qui pourra se faire par un moyen de télécommunication audiovisuelle, à savoir la visio-conférence. Tout est donc ici mis en œuvre de façon à protéger au mieux le gardé à vue. Une exception textuelle demeure cependant : il est prévu, à titre exceptionnel, que la prolongation puisse être accordée par décision écrite et motivée, sans présentation préalable. Mais le législateur a encore omis de définir les situations dans lesquelles un tel caractère exceptionnel pourra être reconnu. Cet oubli laisse ici un réel vide juridique, offrant aux enquêteurs et au procureur un large pouvoir d'appréciation quant à la nécessité d'une prolongation de la garde à vue. Nul doute que cet oubli, peut être volontaire, et pouvant donner lieu à des contestations de la part des avocats, fasse l'objet d'une QPC dans les années à venir.

411. Concernant les gardes à vue intervenant dans les procédures dérogatoires pour les infractions prévues à l'article 706-73 du Code de procédure pénale, il est admis, depuis la loi Perben II du 9 mars 2004, que la mesure de contrainte peut durer jusqu'à 96 heures, par tranches de renouvellement. La loi du 14 avril 2011 a conservé le même régime que précédemment : les premières 48 heures de garde à vue, en matière de criminalité organisée, sont sous le contrôle du procureur, les prolongations ultérieures demeurent sous le contrôle du JLD. La principale innovation de la loi nouvelle relève de l'octroi de droits nouveaux pour le gardé à vue soupçonné de crime organisé[617].

412. Que ce soit tant sur les conditions que sur la durée du placement, le majeur placé en garde à vue bénéficie d'une certaine garantie quant à la mesure prononcée. Il en va de même pour les mineurs.

---

616 Art. 63-II, §1 CPP.
617 Cf. infra n°438.

2. La garde à vue du mineur

413. La garde à vue d'un mineur délinquant est régie par l'article 4 de l'ordonnance du 2 février 1945 sur l'enfance délinquante, modifiée par les lois Perben I du 9 septembre 2002 et Perben II du 4 mars 2004. La loi du 14 avril 2011 portant réforme de la garde à vue n'a pas modifié de manière substantielle les dispositions relatives à la garde à vue des mineurs. Il faut noter cependant que certains parlementaires avaient souhaité, au cours des débats, que soit empêchée la garde à vue des mineurs, mais ils n'ont pas été suivis. Les conditions et la durée de la mesure vont être fonction de l'âge du mineur au moment de la commission de l'infraction. Le mot « garde à vue » n'est d'ailleurs pas bien adapté car pour les moins de 13 ans, l'on parle désormais de « retenue judiciaire ».

414. Il convient de noter, au préalable, qu'aucune mesure de rétention ou de garde à vue ne peut être prise avant l'âge de dix ans et ce quelle que soit l'infraction commise. Le mineur peut seulement être entendu dans les locaux de police, sans mesure de contrainte.

415. Entre 10 et 13 ans, un mineur ne peut pas être placé en garde à vue, mais il peut faire l'objet d'une retenue, dans un local de police ou de gendarmerie, à titre exceptionnel. Cette retenue judiciaire est possible lorsque le mineur est soupçonné d'avoir commis une infraction punie d'une peine d'emprisonnement d'au moins cinq ans. Cette mesure doit être décidée et contrôlée par un magistrat et ne peut excéder 12 heures, renouvelables une fois, soit 24 heures au maximum. Lorsqu'un tel mineur est retenu, il doit être examiné par un médecin et bénéficier de l'assistance d'un avocat sans délai. Ses parents doivent, en outre, en être avisés immédiatement.

416. De 13 à 18 ans, la garde à vue devient possible en raison d'au moins un des critères prévus par l'article 62-2 du Code de procédure pénale, pour 24 heures renouvelables une fois, soit 48 heures au maximum[618]. Là encore, la décision de placement en garde à vue appartient à l'officier de police judiciaire qui est tenu d'en informer le procureur dès le début de la mesure. Afin de respecter les droits de la défense, la décision de prolongation ne peut intervenir qu'après présentation à un magistrat.

417. Comme pour les majeurs délinquants, un régime dérogatoire a été prévu pour les mineurs en matière de criminalité organisée, mais seulement pour les 16/18 ans. C'est ici le régime dérogatoire applicable aux majeurs qui s'applique si et seulement si il existe une ou plusieurs raisons de soupçonner que des personnes majeures ont participé, comme auteur ou complice, à la commission de l'infraction. Dès lors, si les faits sont avérés, le mineur pourra être placé en garde à vue, pour une durée maximale de 96 heures. A noter toutefois que, dans un but protecteur, le législateur a apporté une nuance à cette applicabilité de la loi aux mineurs puisque les trois derniers alinéas de l'article 706-88 du Code ne trouvent pas à s'appliquer au mineur délinquant. Ainsi, il ne peut en aucun cas être

---

618 Une prolongation n'est possible que si la peine encourue est au moins égale à cinq ans d'emprisonnement.

possible de retarder l'intervention d'un avocat, le mineur ayant droit à l'assistance de l'avocat dès le début de sa garde à vue, et tout au long de celle-ci. Le procureur est ici encore bien entendu informé dès le début de la mesure.

418. Le législateur, en définissant clairement les conditions de placement en garde à vue en fonction de la personne du suspect, a donc tenté de protéger au mieux l'individu, qu'il soit majeur ou mineur. Cette volonté protectionniste va plus loin puisque le législateur a octroyé la garantie de certains droits au gardé à vue.

b. Des droits du gardé à vue garantis

419. Afin de protéger au mieux la personne gardée à vue, et ce qu'elle soit mineure ou majeure, le législateur et la jurisprudence ont institué, au fil des années, deux sortes de garanties protectrices de l'individu : des garanties de fond (1) et des garanties de forme (2).

1. Les garanties de fond de la garde à vue

420. Au-delà du droit de ne pas subir de brutalités en cours d'interrogatoire[619], le gardé à vue se voit octroyer des garanties de fond à double détente : il est en premier lieu informé de ses droits qu'il pourra, par la suite, exercer au cours de la mesure.

421. L'article 63-1 du Code de procédure pénale indique à l'officier de police judiciaire la marche à suivre afin que le droit d'information du gardé à vue majeur soit effectif. Ainsi, l'enquêteur doit informer le gardé à vue sur :

- les garanties qu'il tient des articles 63-2 à 63-4 du Code de procédure pénale ;
- de la nature et de la date présumée de l'infraction ;
- des dispositions relatives à la durée de la garde à vue.

Il faut tout de même noter que la loi du 4 mars 2002 a supprimé une information du gardé à vue : celle sur les dispositions de l'article 77-2 du Code relatives à la durée de l'enquête. En effet, le législateur a estimé que cette information était quelque peu prématurée à ce stade de la procédure et a donc préféré la différer en fin de garde à vue mais seulement lorsque la personne est remise en liberté sans que le ministère public ait déclenché l'action publique. A première vue critiquable car attentatoire aux droits de l'individu, cette information différée et conditionnée s'explique aisément compte tenu de la complexité des règles de durée de l'enquête préliminaire.

---

[619] Droit octroyé par le Convention Européenne des droits de l'homme, art. 3 et contrôlé par la CEDH. Sur ce contrôle, et les sanctions en découlant, cf. not. CEDH, 27 nov. 1992, Tomasi c/ France ; CEDH, 28 juill. 1999, Selmouni c/ France ; CEDH. 4 nov. 2010, req. n°34588/07, Darraj c/ France (mineur de seize ans interpellé dans le cadre d'un contrôle d'identité à l'encontre duquel ont été crées des sentiments de peur, d'angoisse et d'infériorité propres à humilier et briser sa résistance mentale et physique).

422. L'article 63-1 prévoit en outre que cette information du gardé à vue doit avoir lieu « immédiatement » c'est-à-dire concomitamment au placement en garde à vue ; c'est un « devoir » pour l'officier de police judiciaire, tout retard portant « nécessairement atteinte aux intérêts de la personne concernée »[620]. La jurisprudence est à ce titre assez sévère car elle sanctionne automatiquement l'information tardive du gardé à vue faite sans justifications[621]. Toutefois, cette exigence de célérité de l'information doit être nuancée, la jurisprudence admettant des cas dans lesquels le défaut d'information peut être justifié par des circonstances insurmontables telles que l'état d'ébriété du gardé à vue[622], la garde à vue d'un étranger ayant besoin d'un interprète[623], le commissariat assiégé par des manifestants[624].

423. Ces dispositions de l'article 63-1 sont inspirées par l'article 5 §2 de la Convention européenne des droits de l'Homme qui prévoit que « toute personne arrêtée doit être informée, dans le plus court délai et dans une langue qu'elle comprend, des raisons de son arrestation et de toute accusation portée contre elle. ». Ces obligations informatives se rapprochent également de celles offertes par le droit américain[625].

424. Une fois informé, le gardé à vue va pouvoir exercer ses droits, ce qui ne suspend en rien les opérations d'enquête. Le gardé à vue majeur a ainsi le droit de faire prévenir un proche, ce droit n'est pas automatique et doit être demandé par l'intéressé. Ce sera alors à l'officier de police judiciaire de contacter le proche désigné, dans un délai de trois heures. Par « proche », on entend soit une personne avec laquelle le gardé à vue vit habituellement, soit un parent, soit un frère ou une sœur, une autorité consulaire si l'individu est un majeur incapable et désormais un employeur. L'OPJ ne peut refuser de prévenir la personne désignée, sauf en cas de nécessité ou de doute existant sur le proche en question. Une autorisation du procureur sera alors nécessaire afin de justifier ce refus ou de différer son information.

425. Le second droit accordé au gardé à vue est le droit de demander un examen médical, que le gardé à vue peut solliciter toutes les vingt-quatre heures

---

620 Crim. 2 mai 2002, pourvoi n° 01-.88.453.

621 Par exemple, Crim. 30 avr. 1996, bull n° 182, RSC 1996 p. 879, obs. Dintilhac ; Crim. 3 déc. 1996, bull. n°443, Procedures 1 997, comm. 68, obs. Buisson ; Crim. 10 mai 2000 Bull n°182 ; Crim. 11 oct. 2000, Bull. n° 296, Dr. penal 2001, comm. 13, obs. Maron.

622 Crim. 3 avril 1995, Bull n°140, Dr. pénal 2001, chron n°23, obs. Rassat ; Crim. 4 janv 2005, Bull n°3, D. 2005, p. 761, note Lennon ; Dr penal 2005, Comm n°49, obs. Maron ; AJ pénal 2005, p. 160, obs. Leblois-Happe ; JCP 2005, IV, 1380.

623 Paris, 7 oct. 1997, Dr penal 1998, comm. 138, note Maron.

624 Crim. 10 avril 1996, Gaz. Pal. 1996, 2, p. 136.

625 Arret de la Cour suprême des Etats Unis du 13 juin 1966, affaire Miranda contre Arizona, dont l'attendu a été repris par M. Le juge De Meyer dans son "Opinion Dissidente" sous CEDH 24 nov. 1993, Imbrioscia c/ Suisse. La cour Suprême disposait affirmait alors « Avant tout interrogatoire, l'intéressé doit être informé qu'il a le droit de garder le silence, qu'il a le doit à l'assistance d'un avocat (…….). Mais si et tant que l'accusation n'a pas démontré qu'il a bien été informé de ces droits et y a renoncé, aucune preuve recueillie grâce à un interrogatoire ne pourra être retenue contre lui. »

de garde à vue. Cet entretien peut être demandé par le gardé à vue lui-même ou être ordonné, à tout moment, par l'OPJ ou le procureur, et par un membre de la famille, le cas échéant. Dans tous les cas, le médecin, choisi par l'OPJ ou le procureur, établit un certificat médical dont le contenu est libre mais qui doit apprécier l'aptitude du gardé à vue à pouvoir poursuivre la mesure prise à son égard[626] et procéder à « toutes constatations utiles »[627]. Le législateur de 2011 a rajouté que, sauf décision contraire du médecin, l'examen médical doit être pratiqué « seul à seul » entre le médecin et le gardé à vue, et ce dans un double souci : le respect de la dignité de la personne et la préservation du secret professionnel. Il est indéniable de constater que la loi de 2011 est venue renforcer le droit à être examiné par un médecin et ce sur trois points : l'exigence d'un délai imposé aux OPJ pour contacter un médecin, l'examen approfondi du gardé à vue par le médecin qui est désormais en mesure de prononcer « toutes constatations utiles » et non plus seulement se prononcer sur l'aptitude du maintien en garde à vue de la personne, l'exigence d'intimité quant à l'entretien, qui doit, sauf décision contraire du médecin (notamment en cas de dangerosité avérée du gardé à vue), avoir lieu en tête à tête. Un manquement du législateur mérite quand même une critique : l'examen médical est un droit mais ne devrait-il pas être obligatoire et systématique ? Et ce en raison de la protection de la personne ? L'examen médical doit, pour être pleinement effectif, intervenir pendant les trois premières heures de garde à vue et cela dans un but de conformité totale de la mesure de garde à vue avec les exigences européennes. A ce jour, rien n'étant prévu expressement par le législateur, si l'état de santé d'une personne est incompatible avec la mesure de contrainte, cela n'est révélé qu'au bout d'un délai de trois heures, ce qui laisse donc l'individu en garde à vue en attendant l'arrivée du médecin… Quid de la dignité de la personne et du respect des droits de l'Homme ? Le législateur aurait dû pousser plus loin sa volonté protectionniste des droits fondamentaux…La Cour de cassation est venue, afin de corriger cette carence, imposer une obligation à la charge de l'officier de police judiciaire de mettre tout en œuvre afin que l'individu reçoive la visite d'un médecin et la production de soins spécifiques si son état le nécessite. Il appartient dès lors à l'OPJ de rendre effectif l'examen médical sollicité[628].

426. Un régime dérogatoire de ce droit est institué en matière de stupéfiants : l'examen médical du gardé à vue est systématique dès le début de la mesure et toutes les vingt-quatre heures. Ce régime met ici l'accent sur un droit renforcé de l'individu, bien qu'il soit effectué ici en raison des nécessités de l'enquête et de la gravité des faits, puisque la personne n'a pas à demander l'accès à un professionnel de santé.

---

[626] P. Chariot et C. Borand, L'intervention du médecin en garde à vue : le chemin sinueux vers une harmonisation des pratiques, AJ Pénal 2008, p. 265. Sur le même thème, cf. également P. Chariot, H. Briffa, A. Lepresle, Intervention du médecin en garde à vue : contenu du certificat médical et de ses à-côtés, AJ pénal 2012, p. 521.

[627] Art. 63-3 du CPP.

[628] Cf. not. Civ. 1ère. 10 oct. 2012, n°10-30.131, AJ pénal 2013, p. 107, obs. C. Renaud- Duparc ; D. 2012, p. 2453, obs. M. Léna.

Mais le droit le plus important offert au gardé à vue est sans conteste l'entretien, devenu depuis la loi du 14 avril 2011 l'assistance d'un avocat, dès le début de la mesure[629].

427. Le mineur, quant à lui, est également protégé par les mêmes garanties sur le fond. L'information de la mesure de garde à vue et des droits y afférant doit être faite immédiatement, par l'OPJ, aux parents, au tuteur ou au service auxquels l'enfant est confié. Exceptionnellement, le procureur peut décider de refuser d'informer ce proche, pour une durée inférieure à vingt-quatre heures, ou inférieure à douze heures quand la garde à vue ne peut pas faire l'objet d'une prolongation. Les représentants légaux de l'enfant doivent, en outre, être avisés sans délai du placement en garde à vue. Cet avis est une faculté pour le gardé à vue majeur, une obligation lorsqu'il s'agit d'un mineur.

428. Tout comme le majeur, le mineur a droit à un examen médical. Il est admis que le mineur de seize ans bénéficie d'un examen médical systématique dès le début de la garde à vue. Là encore, la protection est accrue, compte tenu de l'état de vulnérabilité du gardé à vue, le but étant de s'assurer de la compatibilité de l'état de santé avec la mesure. L'article 4 de l'ordonnance de 1945 ne prévoit rien pour les mineurs de plus de seize ans, c'est donc le droit commun de la garde à vue, soit l'article 63-1, qui aura vocation à s'appliquer. Et bien sur, là encore le droit le plus important, le mineur bénéficie d'un avocat dès le début de la garde à vue, à l'exception des gardés à vue âgés de seize à dix-huit ans en matière de criminalité organisée.

429. Qu'il soit majeur ou mineur, le gardé à vue bénéfice d'importantes garanties quant au déroulement, sur le fond, de la mesure de contrainte à laquelle il est soumis. Pour parfaire sa protection, le législateur a encadré la garde à vue par des garanties de forme.

2. Les garanties de forme de la garde à vue

430. La nullité des procès verbaux de garde à vue constitue la première garantie formelle offerte au gardé à vue (2.1). Dans un souci de protectionnisme accru, le législateur a créé une seconde garantie de forme : l'enregistrement audiovisuel des interrogatoires, d'abord réservé aux mineurs puis étendu aux majeurs (2.2).

2.1. La nullité des procès-verbaux de garde à vue

431. Il est classique d'affirmer que la procédure pénale est écrite, la rédaction de procès-verbaux à l'occasion des mesures de garde à vue en est la démonstration parfaite. Dès lors, ce sont ces documents qui vont permettre à la défense de pouvoir agir en nullité, s'il s'avère que les droits du gardé à vue ont été atteints. Tout comme l'ensemble de la procédure pénale, la question de la nullité des procès-verbaux, et surtout celle de son fondement, a été soumise au

---

[629] Sur ce point cf. supra n°349 et n°377 et suiv.

législateur. Ainsi, jusqu'en 1993, les formalités de la garde à vue obéissaient au régime des nullités substantielles accompagnées de l'existence d'un grief. Cela signifiait donc que la nullité pouvait être prononcée sans qu'aucun texte ne la prévoit expressément : la nullité était encourue dès lors que la méconnaissance d'une règle procédurale portait atteinte aux intérêts de la personne. Parallèlement, la chambre criminelle était très sévère dans l'appréciation du grief, exigeant notamment que « la recherche et l'établissement de la vérité se soient trouvés viciés[630] » par l'inobservation de la formalité de la garde à vue que constitue le procès-verbal. Cette sévérité conduisait à un nombre très faible de déclarations de nullité, la jurisprudence allant même jusqu'à rajouter un degré dans la sévérité en admettant que cette recherche de la vérité devait être « fondamentalement viciée »[631]. Ceci laissait donc peu de place aux droits de la défense, ce qui inspira au législateur la loi du 4 janvier 1993. Les auteurs de ce texte, voulant renforcer les droits de la défense et changer la nature de la nullité du procès-verbal de garde à vue, ont suggéré la mise en œuvre d'une nullité non plus substantielle mais textuelle non soumise à l'existence d'un grief. Ce texte, qui n'a jamais été appliqué, aurait conduit à l'annulation de tous les actes de la garde à vue dès lors qu'une nullité textuelle aurait pu être constatée. Face à cette erreur législative, une nouvelle loi a été adoptée le 24 août 1993 permettant de revenir au système antérieur : les causes de nullité de la garde à vue sont substantielles et soumises à l'exigence d'un grief. Toutefois, dans un souci de protectionnisme accru de la personne et de la prise en compte de la consécration des droits de la défense au cours de la garde à vue, la jurisprudence apprécie largement le grief. Ainsi, la Haute juridiction a considéré que tout manquement aux règles régissant les droits de la défense porte nécessairement grief aux droits de la personne concernée, qu'il s'agisse de la méconnaissance des normes relatives à la présence de l'avocat ou au contrôle du procureur[632]. Certains auteurs ont pu juger que par le biais de cette atteinte nécessaire aux intérêts de la personne, « la Cour paraît avoir jugé que sont d'ordre public les normes qui prévoient les droits du gardé à vue »[633]. Dès lors, deux points méritent d'être soulevés : il apparaît d'une part que, d'un point de vue formel, la nullité de la garde à vue relève des nullités substantielles, l'exigence d'un grief étant nécessaire. D'autre part, d'un point de vue matériel, il est indéniable que cette nullité obéit au régime des nullités d'ordre public ; il existe donc une certaine dualité de la nullité de la garde à vue. Il faut noter cependant que la protection de l'individu par le biais de la nullité n'est pas absolue. En effet, la Haute juridiction ne prononce pas la nullité de l'entière procédure dont la garde à vue a été affectée d'une illégalité : afin que celle-ci soit prononcée, l'acte entaché de nullité doit en être le « support nécessaire ». Par le biais de ce critère,

---

[630] Crim. 27 déc. 1960, n°1331/ AM ; Bull. n°662 ; Crim. 21 oct. 1980, D. 1981, p. 104, note Mayer.
[631] Crim. 26 fev. 1991, n°90-87.295, Bull. n°97.
[632] Crim. 30 avril 1996, n095-82.217, Bull. n°182, RSC 1996, p. 879, obs. Dintilhac ; Crim. 29 fev. 2000, Bull. N°92 ; Crim. 19 déc. 2000, Bull n°383, Crim. 10 mai 2001, bull. n°119 ; Crim. 2 fev. 2005, Juris-Data n° 2005-027069.
[633] Guinchard et Buisson, Procédure pénale, op. cit. p. 689.

la chambre criminelle semble vouloir encadrer strictement les annulations des procédures et se montre très restrictive quant aux marges d'appréciation de ce critère par les juridictions inférieures. Elle a ainsi pu juger qu'une chambre d'accusation pouvait refuser d'annuler une perquisition exécutée pendant la garde à vue, en considérant que celle-ci n'en est pas le support nécessaire (alors qu'elle avait été accomplie pendant ladite garde à vue). Ainsi, « la chambre d'accusation a souverainement analysé les pièces de la procédure pour en déduire qu'aucune d'entre elles n'avait été affectée par l'irrégularité initiale de la garde à vue »[634]. Cette jurisprudence est très stricte mais s'explique par la dualité même de la procédure pénale, à savoir la conciliation entre les intérêts de l'individu et ceux de la société. Si les intérêts de l'individu sont protégés largement par le législateur, les juges sont en quelque sorte « obligés » de rétablir l'équilibre en protégeant au mieux les intérêts de la société, lésés par la commission de l'infraction.

432. Sur le point de la nullité, tout est donc mis en œuvre par le législateur afin de protéger au mieux les intérêts de la personne gardée à vue. Toutefois, cette protection se voit renforcée par l'instauration d'une garantie formelle particulière, l'enregistrement audiovisuel des interrogatoires.

2.2. L'enregistrement audiovisuel des interrogatoires du gardé à vue

433. Créé par la loi du 17 juin 1998 relative à la prévention et à la répression des infractions sexuelles ainsi qu'à la protection des mineurs[635], l'enregistrement audiovisuel des interrogatoires avait d'abord vocation à s'appliquer lors des auditions des mineurs victimes d'agressions sexuelles et ce dans le but d'éviter la répétition douloureuse mais malheureusement inévitable, des violences subies. La loi du 15 juin 2000, dans un souci de protection des individus gardés à vue, est venue élargir ce dispositif aux mineurs délinquants dans un double souci : leur offrir, d'une part, une garantie contre les abus de pouvoirs des enquêteurs, souvent évoqués en la matière, et éviter, d'autre part, le contentieux, fort nourri, des éventuelles brutalités policières à des fins d'aveux extorqués. Cet enregistrement s'applique pour tout type d'infractions.

434. Cependant, offrir une telle garantie formelle aux mineurs, d'abord victimes, puis délinquants, creusa une inégalité dans le traitement des individus gardés à vue ; c'est pourquoi la loi du 5 mars 2007 tendant à renforcer l'équilibre de la procédure pénale, a mis en place la possibilité d'enregistrer les interrogatoires des majeurs placés en garde à vue et devant le juge d'instruction, en matière criminelle[636]. Cette nouvelle garantie amène immédiatement deux remarques : l'enregistrement audiovisuel des interrogatoires du suspect s'applique pendant la garde à vue ainsi que dans le cabinet du juge d'instruction, de façon obligatoire, mais concerne seulement la matière criminelle, à l'exclusion, à cette époque, de la criminalité organisée.

---

[634] Crim. 22 juin 2000, Procédures, dec. 2000, obs. Buisson.
[635] Insérée à l'art. 706-52 du CPP.
[636] Art. 64-1 et 116-1 du CPP.

435. Deux critiques sont ici d'ores et déjà possibles : à la lecture des textes, force est de constater que le législateur est resté vague quant au domaine d'application de cet enregistrement (1) et n'a, en outre, rien prévu quant au régime de nullité attaché au défaut de cette obligation procédurale (2). Quid alors de la protection de l'individu ? Dans le silence du législateur, la réponse revient à la chambre criminelle de la Cour de cassation qui a du se prononcer sur ces deux points.

2.2.1. Le domaine de l'enregistrement des interrogatoires du suspect

436. La question du domaine d'application de l'enregistrement des interrogatoires du suspect s'est posée dès l'entrée en vigueur de la loi du 5 mars 2007 rendant cette garantie procédurale obligatoire à l'égard des majeurs criminels. En effet, en insérant l'article 64-1 dans le Code de procédure pénale rendant l'enregistrement obligatoire pour les « crimes », le législateur français s'est contredit lui-même car il n'a pas modifié l'article 67 du même Code qui prévoyait que « les dispositions des articles 54 à 66 sont applicables au délit flagrant dans tous les cas où la loi prévoit une peine d'emprisonnement. » Cela signifiait donc que l'enregistrement audiovisuel avait vocation à s'appliquer lors de gardes à vue pour des délits flagrants ; or, ce n'était pas là la volonté du législateur...Cela démontre, une fois, encore, que la prolifération des textes, promulgués dans la rapidité, ne fait pas bon ménage avec la sécurité juridique....et conduit à s'interroger sur la qualité des lois adoptées alors même que certaines d'entre elles se contredisent !.

437. Face à cet oubli regrettable, de nombreuses requêtes en nullité pour défaut d'enregistrement d'interrogatoires lors de garde à vue délictuelle ont vu le jour, conduisant les juges à annuler les procédures. Face à ce chaos, à la fois législatif et jurisprudentiel, la Chancellerie, par le biais d'une dépêche ministérielle du 2 février 2009, va demander aux procureurs généraux de veiller à ce que leurs procureurs de la République « défendent la validité de procédures délictuelles qui feraient l'objet de ce type de contestations ». La volonté du législateur est donc ici réaffirmée : l'enregistrement ne doit valoir que pour la matière criminelle. Il ressort ainsi de cette dépêche que « l'application stricte de la loi pénale et l'application du principe *lex specialis* sont mises en avant »[637]. Pour en finir officiellement avec les incertitudes, le législateur va, par la loi du 12 mai 2009[638], modifier l'article 67 du Code qui dispose aujourd'hui que « les dispositions des articles 54 à 66, à l'exception de celles de l'article 64-1, sont applicables au cas de délit flagrant, dans tous les cas où la loi prévoit une peine d'emprisonnement ». La lacune législative est donc réparée (par une loi sur la simplification et clarification du droit !), et entérinée aussi par la Cour de

[637] S. Lavric, Obligation d'enregistrement des gardes à vue : quelle étendue ?, D. 2009, p. 620

[638] Loi n°2009-526 du 12 mai 2009 de simplification et de clarification du droit et d'allègement des procédures, JO 13 mai 2009, p. 7920.

cassation qui, dans un arrêt du 2 décembre 2009[639], est très claire en affirmant que l'enregistrement des interrogatoires d'une personne placée en garde à vue n'est applicable qu'en matière criminelle et ne peut être étendu aux délits flagrants. Il faut noter tout de même une nuance au cantonnement de l'enregistrement audiovisuel à la seule matière criminelle. En effet, la loi du 5 mars 2007 a donné au procureur, par le biais de l'article 64-1 alinéa 7, la faculté d'ordonner l'exécution d'un enregistrement audiovisuel de l'interrogatoire d'une personne mise en cause pour un ou plusieurs crimes qui sont exclus du champ d'application de cette obligation. Mais ici encore, cela confère un certain pouvoir au procureur, pouvoir critiquable lorsqu'on sait que sa légitimité est aujourd'hui remise en question…

438. Le cantonnement de l'obligation d'enregistrement des interrogatoires du suspect à la seule matière criminelle excluait également la matière toute particulière de la criminalité organisée. Pour autant, cette exclusion, qui peut être refusée par le Procureur, s'explique aisément par le fait que la criminalité organisée fait l'objet d'une procédure dérogatoire au droit commun. Toutefois, cette exclusion a disparu suite à une décision du 6 avril 2012[640], rendue sur QPC, par le Conseil constitutionnel. Ainsi, dans cette décision, le Conseil des sages estime que le défaut d'enregistrement des interrogatoires en matière de criminalité organisée constitue une rupture d'égalité injustifiée, car entrainant une différence de traitements entre les gardés à vue en matière criminelle. Dès lors, le Conseil déclare inconstitutionnels les articles 64-1 et 116-1 du Code de procédure pénale et procède par là-même, à compter du jour de publication de sa décision, à l'extension de l'obligation d'enregistrement audiovisuel des interrogatoires à toute la matière criminelle[641].

439. Cette première question, laissant un flou procédural certain, n'est malheureusement pas la seule à laquelle la Cour a du répondre. En effet, dans « sa crise de réformite aigue »[642], le législateur a également oublié de préciser un élément. L'on sait, par l'article 116-1 du Code de procédure pénale, que l'enregistrement de tous les interrogatoires, y compris celui de première comparution au terme duquel la mise en examen peut être notifiée, est obligatoire dans le cabinet du juge d'instruction mais qu'entend-t-on par « cabinet du juge d'instruction » ?

440. L'arrêt rendu le 1er avril 2009[643] par la chambre criminelle de la Cour de cassation apporte une réponse à cette interrogation. En l'espèce, un homme est

---

639 Crim. 2 déc. 2009, n°09-85.103, D. 2010, p. 211, obs. C. Girault ; AJ pénal 2010, p. 200, obs. C. Duparc.

640 Cons. Const, décision rendue sur QPC, 6 avril 2012, n°2012-228/229, D. 2012, p. 1376, note Ch. Courtin.

641 Sur ce point, voir Ch. Courtin, Inconstitutionnalité du défaut d'enregistrement des interrogatoires en matière de criminalité organisée, D. 2012, p. 1376.

642 C. Ambroise-Castérot, Procédure pénale, op. cit.

643 Crim. 1er avril 2009, n°08-88.549 ; AJ pénal 2009, p. 271, obs. C. Duparc ; D. 2009, Pan. p. 2338, n°3, obs. J. Pradel ; Dr. penal juill. 2009, comm.. 101, obs. A. Maron et M. Haas ; Procédures juin 2009, comm.. 207, J. Buisson.

arrêté et, en raison de son état de santé, son interrogatoire de première comparution a lieu dans un hôpital, sans faire l'objet d'un enregistrement audiovisuel. Présentant à la chambre de l'instruction une requête aux fins d'annulation de son interrogatoire et des actes subséquents, l'individu invoque la violation de l'article 116-1 du Code, soutenant qu'il avait été procédé à cet interrogatoire sans enregistrement. La défense semble ici faire une application très extensive de la notion de « cabinet du juge d'instruction » voulant faire entrer la justice à l'hôpital ! La Cour de cassation rejette cette requête, et donc cette interprétation très large, en faisant une application stricte du texte, et ainsi de la volonté du législateur. Elle rappelle en effet que « les dispositions de l'article 116-1 du Code de procédure pénale n'imposent l'enregistrement audiovisuel des interrogatoires des personnes mises en examen en matière criminelle, que lorsqu'ils sont réalisés dans le cabinet du juge d'instruction ». Cette décision peut s'avérer critiquable au regard des droits de la défense car elle ne permet pas à un individu malade, interrogé en matière criminelle, de bénéficier d'une garantie procédurale supplémentaire. Pour autant, cette position s'aligne parfaitement sur la volonté du législateur qui, s'il avait voulu élargir la notion de « cabinet du juge d'instruction » l'aurait mentionné expressément dans le texte... à moins que cela ne soit encore un oubli (regrettable) de sa part…

441. Une fois la question du domaine d'application de l'enregistrement audiovisuel des interrogatoires du suspect résolue, se pose avec acuité le problème de la sanction du défaut d'enregistrement.

<u>*2.2.2. La sanction du défaut d'enregistrement des interrogatoires du suspect*</u>

442. La question de la sanction de la violation de cette obligation procédurale s'est d'abord, en toute logique, posée pour le cas de mineurs et ce, dès la loi du 15 juin 2000. En effet, le législateur, une fois de plus, a oublié d'assortir cette nouvelle obligation procédurale d'une sanction en cas de violation, c'est donc la circulaire du 9 mai 2001[644] qui est venue apporter certaines précisions. Elle précise dès lors que le magistrat en charge du dossier devra être informé de tout incident relatif à l'enregistrement, incident qui devra être, en outre, mentionné dans le dossier et notamment si cet incident constitue un obstacle à la réalisation de l'enregistrement. De plus, il est admis que, sous réserve d'une interprétation des tribunaux, seule une cause insurmontable pourra justifier le défaut d'enregistrement d'un interrogatoire. Mais qu'est ce qu'une cause insurmontable ? C'est encore ici à la jurisprudence d'en dégager le contenu… Quant à la nullité, la circulaire de 2001 prévoyait que l'article 171 du Code de procédure pénale trouverait à s'appliquer, article duquel la jurisprudence de la chambre criminelle a pu dégager, au cours de ses décisions, la notion de nullité substantielle, avec présomption de grief. Le grief étant présumé dès lors que le défaut d'enregistrement a porté atteinte aux intérêts de l'individu, la nullité de la

---

[644] Circulaire relative à l'enregistrement audiovisuel des interrogatoires des mineurs en garde à vue, 9 mai 2001, n°01-5 E6.

procédure sera encourue. Cette position adoptée par la jurisprudence est très protectrice de l'individu, et va dans le sens d'un renforcement certain des droits du gardé à vue. L'arrêt rendu par la chambre criminelle de la Cour de cassation le 3 avril 2007[645] en est un bon exemple. En l'espèce, un mineur placé en garde à vue est interrogé, sans que cet interrogatoire fasse l'objet d'un enregistrement audiovisuel en raison d'un « problème informatique », tel que le mentionnent les OPJ dans le procès-verbal. La chambre spéciale des mineurs donne droit à la requête du gardé à vue en annulant l'interrogatoire pour défaut d'enregistrement non justifié par une cause insurmontable. La chambre criminelle va alors s'aligner sur cette position en estimant que « l'impossibilité avancée par les fonctionnaires de police, de réaliser l'enregistrement audiovisuel de ce mineur en raison d'un problème informatique, ne suffit pas, en l'absence de toute autre précision, à caractériser la cause insurmontable qui justifierait l'omission de procéder à un tel enregistrement. » La Cour rajoute en outre que cette omission porte nécessairement atteinte aux intérêts de la personne concernée, aboutissant ainsi à une nullité partielle de la procédure. Cette position, fort protectrice du mineur gardé à vue, a été réitérée le 12 juin 2007[646].

443. Mécontent de cette jurisprudence fort protectrice des droits du mineur, le législateur, par la loi du 5 mars 2007, est venu modifier l'article 4 VI de l'ordonnance du 2 février 1945 en prévoyant de nouvelles prescriptions légales quant au défaut d'enregistrement de l'interrogatoire. Il est désormais prévu que « lorsque l'enregistrement ne peut être effectué en raison d'une impossibilité technique, il en est fait mention dans le procès verbal d'interrogatoire qui précise la nature de cette impossibilité. Le procureur de la République ou le juge d'instruction en est immédiatement avisé. » Deux conditions sont donc désormais nécessaires afin que le défaut d'enregistrement soit reconnu et donc insusceptible de nullité : la mention dans le procès verbal et l'information immédiate du magistrat. Dès lors, la sanction du défaut d'enregistrement semble strictement encadrée par le législateur, laissant peu de place au pouvoir d'appréciation souveraine des juges. La Cour de cassation l'a d'ailleurs bien compris et a appliqué clairement ces nouvelles dispositions dans un arrêt du 26 mars 2008[647] : la Haute juridiction ne fait désormais plus référence à la notion de « circonstances insurmontables » mais se contente de vérifier que les deux exigences posées par le texte ont été respectées. A défaut, sera prononcée d'office l'annulation de l'interrogatoire. Le régime de la nullité semble ici évoluer : il n'est plus fait référence à une présomption d'atteinte, élément essentiel de la nullité substantielle. Désormais, il semble évident que l'irrespect de la double formalité prévue par le législateur fait basculer le défaut d'enregistrement des interrogatoires du

---

645 Crim. 3 avr. 2007, bull n°104 ; D. 2007, 2141, note. J. Pradel ; AJ penal 2007, 287, obs. G. Royer, JCP 2007, II, 10131, note. J.Y. Maréchal, Dr. penal 2007, comm. N°109, obs. A. Maron.

646 Crim. 12 juin 2007, Bull n°155 ; D. 2007, act. 1960 ; AJ penal 2007, p. 388, obs. S. Lavric.

647 Crim. 26 mars 2008, Bull n°77, D. 2008, Act jur. 1416, obs. M. Léna ; AJ penal 2008, p. 286, obs. G. Royer,; RPDP 2008, p. 437, note A. Gouttenoire.

mineur dans la catégorie des nullités d'ordre public, pour lesquelles il n'est nul besoin de prouver un grief[648].

444. Cette modification s'est également appliquée pour les majeurs car l'article 64-1 alinéas 5 et 6 distinguent deux cas d'impossibilité, pour l'OPJ, de procéder à l'enregistrement audiovisuel. Le premier cas peut être qualifié d'« impossibilité matérielle »[649] et réside dans l'existence d'une pluralité de suspects, entendus simultanément, faisant obstacle à l'enregistrement audiovisuel de l'ensemble des interrogatoires. Dans le présent cas, il revient au Procureur, informé sans délai par l'OPJ, de désigner, au regard des nécessités de l'enquête, la ou les personnes dont les interrogatoires ne seront pas enregistrés. La Cour de cassation, dans une telle situation, adopte une position identique à celle adoptée pour les mineurs en 2008. Elle considère en effet, dans un arrêt du 22 juin 2010[650], que porte nécessairement atteinte aux intérêts de la personne qu'elle concerne, la violation des dispositions de l'article 64-1 alinéa 5 du Code de procédure pénale, consistant dans le fait que le procureur n'avait pas été informé de l'obstacle à l'enregistrement afin qu'il puisse désigner au regard des nécessités de l'enquête, par décision écrite versée au dossier, la ou les personnes dont les interrogatoires ne seraient pas enregistrés.

445. Le second cas, qualifié « d'impossibilité technique », consiste dans toutes causes, liées à la technique, empêchant l'OPJ de procéder à un enregistrement, c'est notamment le cas lorsqu'aucun appareil ne fonctionne pas ou n'est pas disponible. L'OPJ devra alors, afin de ne pas porter atteinte à la personne gardée à vue, en aviser immédiatement le procureur, qui pourra prendre toutes mesures matérielles pour permettre l'enregistrement momentanément impossible, et en faire mention dans le procès-verbal.

446. L'instauration de l'obligation d'enregistrement audiovisuel des interrogatoires du suspect constitue donc une réelle avancée pour les droits de l'individu placé en garde à vue, à tel point que l'on a même pu parler d'un réel « rééquilibrage des forces ». Les droits du suspect se trouvent d'autant plus renforcés depuis la décision du Conseil constitutionnel rendue sur QPC le 6 avril 2012 étendant l'enregistrement à toute la matière criminelle.

447. Le législateur a donc tout mis en œuvre afin de protéger le suspect gardé à vue, particulièrement vulnérable à ce stade de la procédure. Il a poursuivi cette protection en instaurant un statut différent pour la personne suspectée mais cette fois-ci au cours de l'information judiciaire.

§2. Le statut du suspect au cours de l'instruction

448. Lorsqu'au cours de l'instruction apparaissent des indices à l'encontre d'une ou plusieurs personnes laissant penser valablement que cette ou ces

[648] Sur ce point, voir C. Courtin, L'enregistrement audiovisuel des interrogatoires du suspect, AJ pénal 2010, p. 490.
[649] Tel que l'affirment S. Guinchard et J. Buisson, Procédure pénale, op. cit., p. 687.
[650] Crim. 22 juin 2010, Bull. n°112.

dernières ont pu participer à la commission d'une infraction, se pose légitimement la question de leur place à l'avenir dans la procédure et, corrélativement, de leurs droits et de leurs devoirs. La mise en cause d'une personne suppose en effet l'existence d'un encadrement juridique strict des droits de la personne impliquée ; cet encadrement s'est vu accentué ces vingt dernières années par l'octroi de différents statuts au mis en cause. Ce dernier se voit aujourd'hui protégé par le biais de deux statuts créés par le législateur puisqu'il peut être soit témoin assisté, soit mis en examen. Seul ce dernier statut, qui en constituait réellement un car il ne pouvait s'appliquer que lorsqu'existait des indices avérés de la participation à l'infraction de la personne suspectée, posa longtemps problème en ce qui concerne l'honneur de la personne concernée : en effet, pour l'opinion publique, la personne mise en examen, anciennement appelée « inculpé » jusqu'en 1993, était obligatoirement coupable, ce qui posa problème au regard de la présomption d'innocence. Le statut de témoin assisté, quant à lui, ne proposait qu'une protection minimale à la personne car sa mise en cause ne reposait que sur l'affirmation d'une partie, ministère public ou partie civile. Pour pallier à ces carences, le législateur français a adopté, par le biais de la loi du 15 juin 2000, une position claire sur ces deux statuts : il a clarifié les conditions de la mise en examen, tout en l'aménageant afin de garantir les droits de la personne concernée et il a, dans un même temps, créé un véritable statut de témoin assisté dans le but de protéger la personne simplement impliquée dans les faits.

449. La loi du 15 juin 2000 instaure une véritable structure juridique de la mise en cause de l'individu au cours de l'instruction. En effet, elle prévoit, en fonction du degré et de la consistance de l'implication, un statut de témoin assisté pour la personne simplement impliquée par une accusation (A), et un statut de mis en examen pour la personne à l'encontre de laquelle existent des indices sérieux, graves et/ou concordants, de participation à l'infraction(B). Une différenciation semble donc être opérée entre deux notions : l'implication et l'accusation.

A. Le suspect témoin assisté

450. Créé par la loi du 30 décembre 1987, le statut de témoin assisté a permis à des personnes nommément mises en cause par une plainte avec constitution de partie civile d'être entendues comme témoin avec l'assistance d'un avocat, d'où le nom choisi pour ce statut. En effet, jusqu'à cette date, à l'exception du mis en examen et de la partie civile, nul ne pouvait avoir accès au dossier d'instruction, à moins de demander sa propre incrimination. La création de la notion de témoin assisté constitua donc un réel progrès dans les droits de la défense : avant d'être entendu par un juge d'instruction, l'avocat du témoin assisté est en mesure de consulter le dossier pour envisager une défense. Modifié dans un premier temps par la loi du 24 août 1993 puis par la loi du 15 juin 2000, le statut de témoin assisté est aujourd'hui véritablement encadré. Toujours dans un souci de protection des droits et libertés fondamentaux, le législateur a ainsi, au fil des réformes, élargi le nombre des bénéficiaires de ce statut (a) tout en leur octroyant davantage de droits (b)

a. Les personnes concernées

451. L'article 113-1 du Code de procédure pénale dispose « Toute personne nommément visée par un réquisitoire introductif ou par un réquisitoire supplétif et qui n'est pas mise en examen ne peut être entendue que comme témoin assisté ». A ce premier principe, l'article 113-2 du même Code apporte quelques précisions « Toute personne nommément visée par une plainte ou mise en cause par la victime peut être entendue comme témoin assisté. Lorsqu'elle comparaît devant le juge d'instruction, elle est obligatoirement entendue en cette qualité si elle en fait la demande. Si la personne est nommément visée par une plainte avec constitution de partie civile, elle est avisée de ce droit lorsqu'elle comparaît devant le juge d'instruction. Toute personne mise en cause par un témoin ou contre laquelle il existe des indices rendant vraisemblable qu'elle ait pu participer, comme auteur ou complice, à la commission des infractions dont le juge d'instruction est saisi peut être entendue comme témoin assisté. »

452. De ces textes légaux se dégage l'idée selon laquelle deux catégories de personnes peuvent prétendre à l'octroi du statut de témoin assisté. D'une part, il y a les personnes qui *doivent* bénéficier de ce statut et, d'autre part, celles qui *peuvent* en bénéficier.

453. Le statut de témoin assisté est attribué de manière obligatoire, sur décision contrainte ou spontanée du juge d'instruction, aux personnes nommément visées par un réquisitoire introductif ou supplétif (depuis la loi du 9 mars 2004) du procureur. Il en va de même pour les personnes visées dans une plainte avec constitution de partie civile ou mises en cause par la victime et qui, après audition par le juge d'instruction, lui en font expressément la demande. Enfin, le statut de témoin assisté est obligatoirement conféré aux personnes dont les mises en examen ont été annulées par la Chambre de l'instruction pour manquement aux règles prévues par l'article 80-1 du Code de procédure pénale. Ce dernier cas met en exergue la volonté du législateur français de protéger expressément le suspect puisque le statut de témoin assisté lui est attribué *ipso facto* à compter de son interrogatoire de première comparution, dès lors que sa mise en examen a été annulée.

454. Mais si le bénéfice du statut de témoin assisté s'impose au juge dans certains cas, il est facultatif dans d'autres. En effet, selon les textes, *peuvent* bénéficier du statut de témoin assisté deux catégories de personnes : il s'agit d'une part des personnes nommément visées dans une plainte avec constitution de partie civile, mises en cause par une victime et auditionnées par le juge d'instruction mais qui ne font pas la demande expresse de bénéficier de ce statut ; dans ce cas précis, seul le juge d'instruction pourra décider de l'opportunité ou non de les placer sous la protection de ce statut. D'autre part, peuvent être admissibles à l'octroi du statut de témoin assisté, laissé à la libre discrétion du juge, les personnes mises en cause par un témoin ou contre lesquelles il existe des indices, ni graves, ni concordants, rendant vraisemblable qu'elles aient pu participer à la commission d'une infraction, objet de la saisine du juge d'instruction.

455. La première attribution facultative du statut de témoin assisté a posé quelques soucis en pratique. En effet, la question de savoir si la personne à laquelle il peut être conféré le statut de témoin assisté à sa demande pouvait être entendue par un officier de police judiciaire avant d'avoir reçu notification de son statut de témoin assisté est apparue très vite. Dans une première interprétation des articles 113-3 et 152 du Code de procédure pénale, il a été considéré qu'une personne ne pouvait être entendue par un officier de police judiciaire rogatoirement commis qu'après que le juge d'instruction compétent l'eut informée de son droit d'obtenir le statut de témoin assisté. Cependant, dans un arrêt du 23 mars 2004, la Chambre criminelle de la Cour de cassation a pu considérer que « toute personne nommément visée par une plainte et qui n'a pas acquis la qualité de témoin assisté peut être entendue par un officier de police judiciaire agissant sur commission rogatoire du juge d'instruction[651] ». La Cour de cassation a pu réaffirmer cet attendu de principe en 2008[652] et le compléter en posant une double condition :une telle personne peut être entendue par un officier de police judiciaire si elle a reçu au préalable une notification de son droit à être entendu comme témoin assisté et si, corrélativement, elle a consenti à l'audition envisagée.

456. Concernant l'attribution du statut de témoin assisté, elle peut revêtir deux formes, prévues par l'article 113-4 du Code de procédure pénale. Soit le juge d'instruction informe le suspect de cette attribution lors de la première audition, en constatant son identité, en lui donnant connaissance du réquisitoire, de la plainte ou de la dénonciation et en l'informant des droits qui lui sont conférés. Soit, il peut, par le biais d'une lettre recommandée, faire connaitre à la personne qu'elle sera entendue prochainement en qualité de témoin assisté. Cette lettre doit comporter les éléments évoqués lors de la première audition et précise à la personne concernée qu'il est nécessaire de faire connaitre l'identité de son avocat au greffier du juge d'instruction.

457. La seconde possibilité d'octroi facultatif du statut de témoin assisté, à savoir la simple mise en cause par un témoin, met en exergue un point d'interrogation quant à la corrélation entre le statut de témoin assisté et la notion de suspect. En effet, assimiler l'attribution du statut de témoin assisté à une personne simplement mise en cause par un témoin ou une victime au statut même de suspect, conduirait à envisager qu'une simple mise en cause rend automatiquement quelqu'un suspect. Dans cette hypothèse, le témoin assisté n'est donc pas réellement un suspect. Peut être le législateur devrait-il clarifier cette possibilité laissée au juge d'instruction…..

458. Qu'elle soit obligatoire ou facultative, l'attribution du statut de témoin assisté ouvre de nombreux droits à son bénéficiaire.

---

[651] Crim. 23 mars 2004, Bull. crim. n° 76.

[652] Crim. 6 aout 2008, n° 08-82.924, Bull. crim. n° 171 ; AJ pénal 2008. 471, L. Ascensi ; D. 2008. 2836, note C. Guéry.

b. Les droits du témoin assisté

459. A la différence de la personne mise en examen, le suspect, lorsqu'il est entendu en qualité de témoin assisté, n'est pas considéré comme une partie au procès pénal ; pour autant, il n'en est pas moins titulaire de droits. Ainsi, aux termes de l'article 113-3 du Code de procédure pénale, lors de sa première audition par le juge d'instruction, le témoin assisté se voit garantir des droits divers et variés. Il a, en premier lieu le droit d'être assisté par un avocat, qu'il a la possibilité de choisir ou qui, le cas échéant, sera désigné d'office. Ce dernier a ainsi accès au dossier d'instruction et peut, s'il l'estime opportun, transmettre une reproduction des copies des pièces et des actes du dossier à son client[653]. L'avocat a, de plus, le droit d'être convoqué avant chaque audition et d'avoir accès au dossier de la procédure dans les mêmes conditions que celles offertes à la personne mise en examen.

460. Le témoin assisté a, en outre, le droit de refuser d'être entendu par un officier de police judiciaire dans le cadre d'une commission rogatoire ; il ne peut être entendu par un OPJ que s'il en fait la demande, toujours en présence d'un avocat.

461. Le législateur a également offert la possibilité au témoin assisté de demander au juge d'instruction une confrontation avec la ou les personnes qui le mettent en cause. Le juge d'instruction peut refuser cette demande, par une ordonnance motivée qui reste susceptible d'appel

462. La loi du 9 mars 2004 a, par ailleurs, conféré au témoin assisté la possibilité de formuler une requête en annulation, selon les règles définies par les articles 173 et suivants du Code de procédure pénale. Dans le cadre de cette requête, la procédure appliquée est la même que pour une personne partie au procès pénal, ce qui se révèle critiquable car le témoin assisté, qui ne prête pas serment au titre de l'article 113-7 du Code de procédure pénale, n'est en aucun cas considéré comme partie à la procédure. Là encore, le législateur aurait peut-être du prévoir une requête en annulation spécifique pour la personne témoin assisté.

463. Enfin, l'article 113-6 du Code de procédure pénale octroie au témoin assisté, le droit de demander, à tout moment de la procédure par le biais d'une lettre recommandée[654] ou lors d'une audition, d'être mis en examen lui permettant ainsi d'acquérir immédiatement le statut de personne mise en examen : le témoin assisté bénéficie donc dans ce cas de l'ensemble des droits de la défense accordés au mis en examen. Cette mise en examen peut également intervenir sur décision

---

[653] L'article 114 al. 6 du CPP pose trois conditions à cet accès au dossier. La première réside dans le fait que le client de l'avocat doit au préalable attester par écrit avoir pris connaissance des dispositions relatives à l'interdiction de communiquer à des tiers la reproduction de ces copies et du fait qu'une telle diffusion est un délit puni de 3750 euros d'amende. L'avocat est en outre tenu de porter à la connaissance du juge d'instruction la liste des pièces ou actes qu'il souhaite soumettre à une reproduction. Enfin, le juge d'instruction (ou, le cas échéant, le président de la chambre de l'instruction), ne doit pas s'être opposé à cette transmission.

[654] Cette procédure est prévue par l'article 113-8 du CPP.

du juge d'instruction s'il s'avère que l'instruction révèle que les indices existant à l'encontre du témoin assisté sont graves et/ou concordants. La procédure initialement prévue par la loi du 15 juin 2000, jugée trop complexe et laissant une large marge d'appréciation aux juges d'instruction conduisant à de nombreuses mises en examen abusives et préjudiciables pour l'individu, a été réformée par la loi du 9 mars 2004.

464. A coté de ces différents droits, le témoin assisté, bien qu'il ne soit pas partie au procès, se voit accorder diverses garanties. Le législateur a ainsi prévu qu'il ne prête en aucun cas serment[655]. Cette garantie s'explique par le fait que le témoin assisté est une personne mise en cause qui bénéficie par là-même du droit de ne pas s'auto-incriminer. De plus, le témoin assisté, qui se situe entre le suspect et le mis en examen, voit sa liberté garantie : il ne peut être placé sous contrôle judiciaire, ni en détention provisoire[656].Il ne peut, de même, faire l'objet d'un renvoi devant une juridiction de jugement.

465. Le statut de témoin assisté est donc octroyé à la personne soupçonnée d'être simplement impliquée dans une affaire. Si, au cours de cette procédure, il s'avère que cette dernière a eu un rôle plus actif que l'on ne pensait ou si cet état est révélé dès le début de l'instruction, le suspect fera l'objet d'une procédure de mise en examen, beaucoup plus accusatoire.

B. Le suspect mis en examen

466. Aux termes de l'article 80-1 du Code de procédure pénale, le juge d'instruction peut décider de la mise en examen du suspect s'il estime qu'il existe des indices laissant présumer sa participation à la commission de l'infraction, comme auteur ou complice. La mise en examen, qui, par son essence même, laisse planer une idée de « présumé coupable », est qualifiée par la Cour européenne des droits de l'Homme de véritable « accusation »[657]. Autrefois dénommée « inculpation », la mise en examen a été considérablement modifiée ces dernières années[658], et notamment par la loi du 15 juin 2000 renforçant la

---

[655] Art. 113-7 du CPP.

[656] Art. 113-5 du CPP.

[657] CEDH, 20 oct. 1997, Serves c/France.

[658] Réformée par la loi du 4 janv. 1993 (modifiée en aout 1993), l'ancienne inculpation est devenue « mise en examen », ceci dans un but de protection de la personne, le mot « inculpé » étant, dans l'opinion publique, synonyme de coupable, portant ainsi atteinte à la présomption d'innocence car entrainant obligatoirement l'idée de responsabilité pénale. La loi de janvier 1993 prévoyait, pour remédier à ces critiques, une mise en examen en deux phases : la première étant l'instant où le juge d'instruction indiquait à la personne son statut et donc l'octroi corrélatif des droits de la défense ; la seconde phase était la notification des charges, et elle intervenait plus tard, soit après l'instruction. La loi d'août 1993 a supprimé cette distinction mais prévoyait que la mise en examen pouvait intervenir en présence de simples indices laissant supposer la participation de la personne à la commission de l'infraction, offrant par là-même un grand pouvoir d'appréciation au juge d'instruction quant à l'opportunité d'une telle mesure. Face encore à des mises en examen abusives, les parlementaires ont voulu, en 2000, mieux encadrer la mise en examen et principalement le pouvoir conféré au juge quant à la décision d'une telle mesure et ont donc proposé des conditions et modalités strictes.

présomption d'innocence. Cela a permis au législateur de renforcer les droits du suspect en précisant les contours des conditions et des modalités d'une telle procédure (a). En outre, afin de garantir les droits fondamentaux de l'individu et le principe de la présomption d'innocence, la liberté de la personne reste la règle fondamentale de cette procédure. Elle est cependant toute relative, car concurrencée par des mesures restrictives ou privatives de liberté dans certains cas (b).

a. Les conditions et les modalités de la mise en examen

467. Afin d'éviter trop d'abus de la part du juge d'instruction, le législateur a voulu d'une certaine manière encadrer la mise en examen, et plus précisément son temps : elle ne doit ainsi intervenir ni trop tôt, ni trop tard. Ni trop tôt, car cela aboutirait à un certain excès de pouvoir par le biais de mises en examen arbitraires parce qu'hâtives portant ainsi atteinte aux droits de l'individu. Ni trop tard, car la mise en examen qui n'a pas eu lieu alors qu'elle s'imposait entrainerait *ipso facto* une annulation pour tardiveté. Cette règle, quelque peu ambivalente, traduit bien l'idée selon laquelle le temps de la mise en examen doit être scrupuleusement soigné et compté, cette mesure constituant « *l'ultima ratio* ».[659]

468. Pour garantir l'effectivité de cette règle de temps, le législateur a strictement encadré les conditions de la mise en examen par le biais de l'article 80-1 du Code de procédure pénale. La mise en examen est alors possible si et seulement s'il existe, à l'encontre du suspect, des indices graves ou concordants rendant vraisemblable sa participation, comme auteur ou complice, à la commission de l'infraction dont le juge est saisi. Il faut préciser ici que cette disposition est très protectrice pour la personne suspectée car le législateur exige ici des « indices graves ou concordants » alors que de simples indices suffisaient auparavant. Le seuil de protection du mis en examen a donc été élevé, permettant ainsi une meilleure protection de la personne suspectée. De plus, le juge d'instruction ne peut mettre en examen l'individu qu'à l'issue d'un interrogatoire de première comparution. Ce recours doit être la seule issue, le juge d'instruction ne pouvant y recourir que lorsqu'il estime que le suspect ne peut être placé sous le statut de témoin assisté.

469. Toutes ces dispositions sont prévues à peine de nullité, les requêtes à ce sujet étant nombreuses en la matière. La loi offre ainsi à la personne suspectée la possibilité de déposer une requête en nullité pour toute mise en examen considérée comme hâtive ou injustifiée. Cette possibilité renforce une fois encore les droits de la personne mise en examen puisque dans un tel cas, elle reçoit immédiatement le statut de témoin assisté[660].La tardiveté de la mise en examen est, elle aussi, sanctionnée par la nullité. Le législateur a ensuite eu à définir les modalités de la mise en examen

---

[659] Selon l'expression de Messieurs Guinchard et Buisson, Procédure pénale, 7ème ed. Lexis Nexis, p. 1103.

[660] Art. 174-1 du CPP.

470. La procédure de mise en examen est une procédure contradictoire : le juge d'instruction ne peut procéder à une mise en examen qu'après avoir entendu les observations de la personne ou l'avoir mise en mesure de les faire, en étant assistée par son avocat. Avant l'entrée en vigueur de la loi du 15 juin 2000, quatre méthodes de mise en examen étaient possibles, à savoir l'interrogatoire de première comparution, le mandat, la lettre recommandée ou encore la notification administrative par un officier de police judiciaire. Ici encore, une distinction reste à établir quant à deux types de personnes pouvant faire l'objet d'une mise en examen : celles qui n'ont pas déjà été entendues comme témoin assisté, et celles qui l'ont été.

471. Concernant les personnes n'ayant pas été entendues comme témoin assisté, elles peuvent être convoquées par le juge d'instruction selon deux modes : soit par lettre recommandée, soit par notification par un officier de police judiciaire. Quelque soit le mode choisi, ce document devra nécessairement mentionner le fait que la personne est convoquée aux fins d'un interrogatoire de première comparution à des dates et heures fixes, dans un délai ne pouvant être inférieur à dix jours et supérieur à deux mois. Le contenu de cette convocation est précisé par l'article 80-2 du Code de procédure pénale[661]. Le déroulement de l'interrogatoire est strictement encadré par la loi. Le juge d'instruction doit d'abord procéder à la vérification de l'identité de la personne et au rappel des faits dont il est saisi. Vient ensuite l'interrogatoire de la personne, assistée par son avocat, qui aura le droit de lui poser des questions. Le juge d'instruction a encore ici l'obligation de notifier à la personne qu'elle a le droit de se taire, d'être interrogée et de faire des déclarations. A l'issue de cet interrogatoire, deux choix sont possibles pour le juge d'instruction. Il peut, d'une part, décider de ne pas mettre en examen la personne qui aura alors automatiquement le statut de témoin assisté. Il peut, d'autre part, décider de la mise en examen de la personne et doit dans ce cas l'informer de tous ses droits[662].

472. Pour les personnes qui ont déjà été entendues en qualité de témoin assisté, deux situations sont à distinguer :

- si la demande de mise en examen émane du témoin assisté lui-même, la demande peut être adressée à tout moment de la procédure, lors d'une audition ou par lettre recommandée. Dans ce cas, la mise en examen est simplifiée ; la personne acquiert immédiatement le statut de mis en examen et tous les droits y afférant ;

---

[661] Elle contient notamment la mention du libre choix de l'avocat ou, le cas échéant, d'un avocat commis d'office, la précision que le mise en examen ne pourra intervenir qu'après cette première audition et une information sur chacun des faits et sur leur qualification juridique précise pour lesquels la personne va être entendue.

[662] Il doit informer la personne des faits objet de l'instruction et de leur qualification juridique, s'ils diffèrent de ceux déjà énoncés, de ses droits de formuler des demandes d'actes ou des requêtes en nullité, du délai prévisible d'achèvement de l'information et de son droit de demander la clôture de la procédure, sous certaines conditions (à l'expiration d'un délai de un an en matière correctionnelle, dix huit mois en matière criminelle).

- si la demande de mise en examen est décidée par le juge suite à la découverte d'indices graves ou concordants, il devra alors en informer la personne soit lors d'un interrogatoire selon les règles de première comparution, soit par lettre recommandée.

473. En tout état de cause, quelque soit le statut de la personne faisant l'objet d'une mise en examen, l'interrogatoire de première comparution fait l'objet d'un enregistrement audiovisuel, lorsque l'infraction relève de la matière criminelle. Création de la loi du 5 mars 2007, cette disposition prévue par l'article 15 de cette loi, tend à renforcer les droits de la personne suspectée et donc ainsi les droits de la défense. Son défaut est également sanctionné par le législateur, dans les différents alinéas de l'article 116-1 du Code de procédure pénale, ainsi que par la chambre criminelle de la Cour de cassation[663], même lorsque les déclarations ont été faites spontanément par l'individu, en présence de son avocat. La Cour a ainsi pu estimer que « le défaut d'enregistrement audiovisuel, en matière criminelle, de la première comparution d'une personne mise en examen, porte nécessairement atteinte aux intérêts de la personne concernée, qu'elle ait fait de simples déclarations ou qu'elle ait acceptée d'être interrogée ». La protection de la personne mise en examen est donc fortement encadrée et en pleine expansion.

474. Une fois informée de sa mise en examen, la personne demeure, en principe libre. Toutefois, cette liberté peut-être, dans certains cas, entravée.

b. La liberté relative du mis en examen

475. Le principe qui prévaut dans la phase de mise en examen est le principe de la liberté de la personne. En effet, toujours présumée innocente, il serait fort préjudiciable pour cette dernière de voir prononcer à son encontre des mesures restrictives ou privatives de liberté. C'est pourquoi, le législateur a prévu à l'article 137 du Code de procédure pénale que « la personne mise en examen, présumée innocente, reste libre ».

476. Dans de nombreuses hypothèses cependant, cette liberté se trouve entravée afin de protéger des intérêts supérieurs. Il s'agit pour la plupart du temps d'assurer la présence de la personne ou de prévenir d'un éventuel danger encouru par le fait qu'elle reste en liberté. Le législateur a ainsi prévu des exceptions à l'article 137 alinéa 2 : si l'enquête l'exige, la personne mise en examen pourra faire l'objet d'un contrôle judiciaire (1) ou d'une détention provisoire (2). Il faut rajouter à ces deux limites au principe de la liberté une troisième restriction, celle de l'assignation à résidence avec surveillance électronique (3).

[663] Crim. 3 mars 2010, n°09-87.924, D. 2010 p. 1688 ; note L. Belfanti ; AJ pénal 2010, p. 294, obs. L. Ascensi.

1. La restriction mesurée de liberté de la personne : la mise sous contrôle judiciaire

477. Introduit par la loi du 17 juillet 1970 et réglementé par les articles 138 à 143 du Code de procédure pénale, le contrôle judiciaire consiste à astreindre le mis en examen au respect de certaines obligations (qui peuvent être de faire ou de ne pas faire), dans le but exclusif de surveiller son comportement. Le contrôle judiciaire, tout comme la détention provisoire, doit être une mesure exceptionnelle, la liberté du mis en examen restant le principe, c'est pour cela qu'il est prévu en raison des nécessités de l'instruction ou à titre de mesure de sureté. Son effet dissuasif est sans conteste : si la personne ne respecte pas ses obligations, elle peut-être placée en détention provisoire. Le contrôle judiciaire peut donc s'analyser en une sorte de restriction de liberté-avertissement, c'est une « dernière chance » pour le mis en examen avant la mesure ultime que constitue le placement en détention provisoire.

478. Mesure restrictive de liberté dans un domaine où la liberté est le principe, le contrôle judiciaire est donc soumis à deux ordres de conditions de fond. Il n'est, d'une part, possible qu'en matière criminelle et correctionnelle, à la condition que le mis en examen encoure une peine d'emprisonnement[664] et il doit, d'autre part, être justifié par les nécessités de l'information ou à titre de mesure de sureté. Cette dernière condition est appréciée strictement par les juges qui contrôlent le degré explicatif de l'ordonnance de placement sous contrôle judiciaire. Ainsi, la chambre criminelle a jugé que la chambre de l'instruction qui soumet un mis en examen à un contrôle judiciaire doit préciser les circonstances qui, à raison des nécessités de l'instruction ou à titre de mesure de sureté, le justifient[665]. C'est dire ici la volonté du législateur et du juge de protéger la liberté de la personne mise en examen et, en filigrane, l'ensemble de ses droits fondamentaux.

479. Depuis la loi du 15 juin 2000, le contrôle judiciaire peut être ordonné à tout moment de l'information par le juge d'instruction, le juge des libertés et de la détention mais également par le juge des enfants (cette mesure étant possible à l'encontre d'un mineur délinquant[666]) et par la chambre de l'instruction. La décision de placement est formalisée par une ordonnance, qui peut être rendue tout au long de l'instruction (ou par un arrêt si c'est la chambre de l'instruction qui en prend la décision). Cette ordonnance, susceptible d'appel par le mis en examen et le procureur de la République, ne connait pas de limitation de durée dans le temps au cours de l'instruction : elle n'est donc pas soumise à un régime de renouvellements successifs. Cela s'explique aisément par le fait que le contrôle judiciaire constitue une mesure exceptionnelle de restriction de liberté, et non de privation comme la détention provisoire.

480. L'article 138 du Code de procédure pénale offre au juge d'instruction le choix entre seize obligations auxquelles il peut soumettre le mis en examen,

---

[664] Art. 138 al. 1 du CPP.

[665] Crim. 8 août 1995 Bull n°264, D. 1996, somm. p. 261, J. Pradel ; Crim. 22 oct. 1997, Bull. n°346.

[666] Art. 10-2 de l'ordonnance du 2 févr. 1945.

personne physique. Ces obligations peuvent être classées en obligations de faire (comme par exemple l'obligation de se présenter à certaines autorités[667], de se soumettre à des mesures de traitement, de soins, de fournir un cautionnement dans un but de réparation du dommage causé à la victime), en obligations de ne pas faire (ne pas sortir du territoire, ne pas se rendre dans certains lieux[668], ne pas rencontrer certaines personnes, ne pas exercer une activité professionnelle[669]) ou encore en obligation dite mixte telle que quitter le domicile conjugal et ne plus y paraître pour la personne mise en examen pour violences au sein du domicile familial.

481. Une obligation prévue par le législateur mérite cependant une attention particulière : le cautionnement. Réglementé par les articles 142 à 142-3 du Code de procédure pénale, le cautionnement obéit à deux finalités précises :

- D'une part, il garantit la représentation du mis en examen à tous les actes de la procédure et pour l'exécution du jugement ainsi que, le cas échéant, dans l'exécution des autres obligations qui lui ont été imposées :
- D'autre part, il garantit à la fois le paiement de la réparation des dommages causés par l'infraction et des restitutions, ainsi que de la dette alimentaire au cas où la poursuite est fondée sur le défaut de paiement de celle-ci et le paiement des amendes qui pourraient être prononcées par la juridiction de jugement.

482. Cette obligation composant le contrôle judiciaire tend à protéger les deux parties, à la fois le mis en examen et la victime. Cette obligation démontre encore une fois la volonté du législateur de protéger encore et encore les parties au procès pénal. D'ailleurs, les juges veillent scrupuleusement à cette double protection puisqu'il a été admis à plusieurs reprises que la juridiction de jugement qui prononce un contrôle judiciaire doit tenir compte obligatoirement des deux parties et répartir la somme fixée par le cautionnement entre ces deux finalités, sous peine de méconnaissance de l'article 142 du Code.[670]

483. Concernant le contrôle judiciaire des personnes morales, il est prévu par l'article 706-45 du Code de procédure pénale. Compte tenu de la personnalité de

---

[667] Notamment devant les services de police et de gendarmerie mais aussi, depuis la loi du 15 juin 2000, devant « des associations habilitées », art. 138 al. 5 du CPP.

[668] A ce titre, la chambre criminelle a pu considérer que l'interdiction de se rendre dans un lieu de culte n'est pas incompatible avec l'art 9 de la Convention EDH, ni avec l'art. 2 du protocole additionnel n°4. Crim. 11 avr. 1991, Bull. n°176.

[669] A ce titre, la chambre criminelle a pu préciser que la juridiction d'instruction doit constater que l'infraction a été commise dans l'exercice ou à l'occasion de ces activités et qu'il existe un risque de commission d'une nouvelle infraction pour que cette interdiction soit justifiée, Crim. 5 mars 2003, Bull. n° 59, JCP 2003. IV. 1803. En outre, ces restrictions ne sont pas incompatibles avec celles de l'art. 11 de la Convention EDH, Crim. 25 juill. 1995, Bull. n° 259 ; RSC 1996, p. 137, obs. Dintilhac.

[670] Crim. 1 déc. 1981, bull. n°318 : Crim. 8 juill. 1992, bull. n°268 (pour des cautionnements se limitant à la seule garantie des frais de représentation en justice); Crim. 20 juin 1989, bull. n°266 (cautionnement se limitant à la seule garantie du paiement des frais et amendes) ; Crim. 9 juill. 2003, Bull. n°133 ; D. 2003, IR 2340 ; JCP. 2003, IV, 2662 ; AJ pénal 2003, p. 69 (le cautionnement est destiné à garantir, en premier lieu, la réparation des dommages causés).

la personne mise en examen, les obligations dont elle peut faire l'objet sont assez restreintes : il s'agit principalement de l'interdiction d'émettre des chèques, d'exercer certaines activités professionnelles[671], d'un dépôt de cautionnement, d'une constitution de suretés réelles ou personnelles. Le placement sous contrôle judiciaire d'une personne morale ne peut être prononcé que par le seul juge d'instruction ou par la Chambre de l'instruction ; le juge des libertés et de la détention ne pouvant être saisi.

484. Comme vu précédemment, le contrôle judiciaire n'a pas de durée fixe : il peut couvrir la totalité de l'instruction préparatoire, peut durer jusqu'à la clôture et même au-delà. En effet, la loi prévoit que, par ordonnance motivée, le contrôle judiciaire peut durer jusqu'à la comparution effective de l'individu devant la juridiction de jugement. Cependant, ce contrôle peut disparaître d'une manière anticipée le juge d'instruction pouvant décider, au cours de la mesure, d'une main levée. En tout état de cause, le non respect d'une obligation ou de plusieurs obligations par le mis en examen autorise la délivrance d'un mandat d'arrêt et conduit le juge d'instruction à saisir le juge des libertés et de la détention d'une demande de placement en détention provisoire, mesure beaucoup plus restrictive de liberté.

2. La restriction absolue de liberté de l'individu : le placement en détention provisoire

485. Parce qu'elle constitue une mesure grave et qu'elle met en jeu deux impératifs fondamentaux, la liberté d'une part et la sécurité de l'autre, la détention provisoire a fait l'objet de nombreuses propositions doctrinales et de diverses réformes légales. Le législateur a voulu faire de la détention provisoire une exception, c'est pourquoi l'article 137 du Code de procédure pénale dispose « la personne mise en examen, présumée innocente, reste libre », ce n'est qu'à « titre exceptionnel »qu'elle peut être placée en détention provisoire[672]. Ainsi, par le biais de réformes successives, le législateur a tenté d'instaurer des garde-fous afin d'éviter un nombre accru de détentions provisoires. La réforme la plus significative en la matière est sans conteste celle opérée par la loi du 5 mars 2007. En effet, le législateur français a, par là-même, posé des conditions strictes quant au placement en détention provisoire (2.1) tout en procédant à un renforcement certain des droits des personnes faisant l'objet d'une telle mesure (2.2).

2.1. Des conditions strictes de placement en détention provisoire

486. La politique législative en matière de détention provisoire est constante : il faut réduire le nombre de mesures prononcées, car trop attentatoires à la liberté de l'individu et à la présomption d'innocence. Dès lors, pour parvenir à cet

[671] A noter que ces deux interdictions ne peuvent être prescrites que si elles sont encourues à titre de peine par la personne morale poursuivie.
[672] Art. Inséré par la loi du 15 juin 2000.

objectif, le législateur a procédé au renforcement des conditions de fond dans lesquelles une telle mesure peut intervenir en clarifiant les critères de placement (2.1.1) et en en exigeant, sur la forme, une motivation accrue de la part de l'autorité judiciaire la prononçant (2.1.2).

2.1.1. Des critères de placement en détention clarifiés

487. L'article 144 ancien du Code de procédure pénale, tel qu'il résultait de la loi du 15 juin 2000, prévoyait que la détention provisoire pouvait être ordonnée ou prolongée si elle constituait l'unique moyen de parvenir à trois des finalités, assez générales et ne présentant pas réellement de lien entre elles, prévues par le texte.[673] Soucieux d'être plus clair et cohérent, le législateur de 2007 a scindé ces trois alinéas pour en former sept correspondant chacun à un motif particulier. Ainsi, le nouvel article 144 prévoit désormais que la détention provisoire doit être l'unique moyen de :

« 1°conserver les preuves ou les indices matériels qui sont nécessaires à la manifestation de la vérité ;

2° empêcher une pression sur les témoins ou les victimes ainsi que leur famille ;

3° empêcher une concertation frauduleuse entre la personne mise en examen et ses coauteurs ou complices ;

4° protéger la personne mise en examen ;

5° garantir le maintien de la personne mise en examen à la disposition de la justice ;

6° mettre fin à l'infraction ou prévenir son renouvellement ;

7° mettre fin au trouble exceptionnel et persistant à l'ordre public provoqué par la gravité de l'infraction, les circonstances de sa commission ou l'importance du préjudice qu'elle a causé.

Ce trouble ne peut résulter du seul retentissement médiatique de l'affaire. Toutefois, le présent alinéa n'est pas applicable en matière correctionnelle. »

488. La lecture combinée du présent article avec l'article 137 du même Code[674] laisse apparaître en filigrane l'exigence de la réunion de trois conditions pour qu'un placement en détention provisoire puisse être valablement ordonné.

489. La première condition est sans conteste une condition de subsidiarité. Ainsi, en s'inscrivant dans une politique législative consistant à réduire le nombre

---

673 Ainsi, au rang de ces trois finalités se trouvaient : 1. la conservation des preuves ou des indices matériels, l'empêchement de l'exercice d'une quelconque pression sur des témoins ou victimes, 2. la protection de la personne mise en examen, la garantie de son maintien à la disposition de la justice et l'arrêt de l'infraction, 3. La cessation d'un trouble exceptionnel et persistant à l'ordre public.

674 Art 137 du CPP dispose « Toute personne mise en examen, présumée innocente, demeure libre. Toutefois, en raison des nécessités de l'instruction ou à titre de mesure de sureté, elle peut être astreinte à une ou plusieurs obligations du contrôle judiciaire ou, si celles-ci se révèlent insuffisantes, être assignée à résidence avec surveillance électronique. A titre exceptionnel, si les obligations du contrôle judiciaire ou de l'assignation à résidence avec surveillance électronique ne permettent d'atteindre ces objectifs, elle peut être placée en détention provisoire. »

de détentions provisoires, considérées comme trop attentatoires aux libertés de l'individu, le législateur de 2007 a voulu faire de la détention provisoire *l'ultima ratio*, la voie de secours, à n'utiliser qu'en cas d'extrême nécessité. L'individu ne peut ainsi être placé en détention provisoire qu'à « titre exceptionnel », en cas d'échec de mesures alternatives que constituent le contrôle judiciaire et, depuis 2009, la surveillance électronique[675]. Cette condition de subsidiarité avait été renforcée par la loi du 30 décembre 1996 qui avait obligé le juge d'instruction à motiver le placement en détention provisoire par « le caractère insuffisant du contrôle judiciaire. » La condition de subsidiarité actuelle a été prévue par la loi du 24 novembre 2009[676]. Ces dispositions contraignent ainsi le juge des libertés et de la détention et les chambres de l'instruction à expliquer en quoi les mesures alternatives à la détention ont échoué et ne sont pas suffisantes. En cas de non respect de cette mention, la censure semble automatique. Ainsi, la chambre criminelle rappelle de façon constante que la détention provisoire ne peut être ordonnée ou prolongée que par une décision qui doit comporter l'énoncé des considérations de droit et de fait sur le caractère insuffisant des obligations du contrôle judiciaire [677] ou de l'assignation à résidence sous surveillance électronique[678].

490. La seconde condition pour qu'une détention provisoire puisse être valablement ordonnée est une condition relative à la peine encourue. La loi du 15 juin 2000 a augmenté le quantum des peines rendant possible la détention provisoire, toujours dans le souci de la limiter le plus possible. Ainsi, aux termes de l'article 143-1 du Code de procédure pénale, la détention provisoire n'est possible qu'à l'égard des personnes mises en examen encourant une peine criminelle ou une peine correctionnelle d'une durée égale ou supérieure à trois ans d'emprisonnement. Cette mesure peut toutefois être prononcée, sans condition de durée de peine, si elle vient sanctionner la violation volontaire d'une obligation du contrôle judiciaire. Cet encadrement de la détention provisoire vis-à-vis de la peine encourue démontre, une fois de plus, la volonté du législateur de faire de cette mesure un « unique moyen » et d'éviter que le juge y ait recours de manière systématique

491. La troisième et dernière condition est relative à la finalité même de la détention provisoire et ressort de la nouvelle rédaction de l'article 144, issue de la loi de 2007. Ces critères, assez détaillés et clairs, donnent une piste de réflexion aux juges quant au bien fondé de la décision de placement en détention provisoire. Le législateur de 2007 a repris, pour la plupart, les critères prévus initialement en les détaillant dans un souci de clarté et de cohérence. Il a toutefois modifié le dernier critère source de nombreuses interprétations abusives car trop vague. En effet, la protection de l'ordre public est une notion trop floue,

---

[675] Sur ce point cf. infra n° 510 et suiv.
[676] Loi n° 2009-1436 du 24 novembre 2009, JO n°0273 du 25 novembre 2009 p. 20192.
[677] Crim. 16 juill. 1997, Bull n°273 ; Crim. 19 août 1997, bull n° 284 ; Crim. 18 juin 2008, bull. N°157 ; Crim. 16 févr. 2010, Bull. N°28.
[678] Crim. 18 août 2010, pourvoi n° 10-83.819.

constituant ainsi la motivation la plus tentante pour un juge voulant ordonner une mesure de détention provisoire, souvent à l'origine de détentions provisoires abusives. C'est pourquoi, le législateur de 2007 a décidé de poser un cadre strict quant à l'emploi de cette finalité ; sa suppression en matière correctionnelle est consacrée et son maintien en matière criminelle est strictement encadré. Ainsi, en cas de crime, il est impossible de se fonder sur le trouble à l'ordre public sur les seuls éléments relatifs à la médiatisation de l'affaire. L'individu n'a pas à pâtir des retentissements médiatiques, il n'a pas à subir les effets d'une publicité qui se révèle souvent défavorable et dont il se serait bien passé. En outre, le caractère contingent, évolutif en fonction du temps et de l'espace, c'est-à-dire d'une société à une autre, a souvent été décrié. Un auteur a déclaré à propos de l'incertitude qui plane quant aux contours de cette notion *« l'ordre public varie avec la longueur des pieds des magistrats »*[679]. Le risque est donc celui d'un arbitraire des juges et d'une atteinte à l'exigence d'un procès équitable. Le législateur de 2007 a, encore une fois, agi « sagement » en restreignant seulement le recours à ce critère. Cette solution est légitime : il est difficile, voire impossible, de concevoir qu'en matière criminelle le trouble à l'ordre public soit un critère indifférent notamment en raison de la gravité de l'infraction, de l'atteinte à la sûreté de l'Etat et du retentissement évident de l'affaire.

492 Une fois la clarification des critères de placement en détention provisoire faite, dans un souci de légitimer le choix d'une telle mesure, le législateur de 2007 a contraint l'autorité judiciaire à motiver son choix.

2.1.2. Une motivation exigée du placement en détention

493. Lorsqu'il envisage le placement d'un individu en détention provisoire, le juge d'instruction saisit le juge des libertés et de la détention par une ordonnance tendant au placement en détention provisoire d'une personne mise en examen. Cette ordonnance est motivée conformément à l'article 144 du Code de procédure pénale. Le juge des libertés et de la détention a deux possibilités ; s'il n'envisage pas de placer le prévenu en détention provisoire, il statue par ordonnance motivée disant qu'il n'y a pas lieu de placer la personne en détention provisoire ou il peut ordonner une mesure de contrôle judiciaire dont il fixe les obligations dans une ordonnance motivée[680]. En revanche, si le juge des libertés et de la détention envisage une mise en détention provisoire, un débat contradictoire a lieu et ce n'est qu'à l'issue de ce débat qu'il décide le placement en détention provisoire. Le juge rend alors une ordonnance qui doit être motivée, cette motivation étant une évidente nécessité au vu des conséquences d'une telle décision sur le sort de l'individu mis en examen.

494. Jusqu'en 2007, lorsqu'il ordonnait ou prolongeait une détention provisoire ou lorsqu'il rejetait une demande de mise en liberté, le juge des libertés et de la détention devait seulement, selon l'article 137-3 du code de procédure

[679] P. Malaurie, note sous Cass. soc., 18 mars 1955, D. 1956, p. 517.
[680] Art. 145 al. 3 CPP.

pénale, rendre une ordonnance comportant « l'énoncé des considérations de droit et de fait sur le caractère insuffisant des obligations du contrôle judiciaire et le motif de la détention par référence aux seules dispositions des articles 143-1 et 144 ». Cependant, le juge des libertés et de la détention ne donnait pas, en pratique, la préférence au contrôle judiciaire, en estimant le plus souvent que les obligations de ce dernier étaient insuffisantes. Le problème est que cette qualification d'insuffisance n'était en aucun cas motivée, ni définie clairement : sur quoi, en effet, le juge s'appuie t-il pour juger le caractère insuffisant du contrôle judiciaire ? Aucune réponse ne pouvant être apportée à cette interrogation, il va de soit qu'il en résulte une certaine occultation des droits de l'Homme au profit de l'efficacité de la justice et de la protection de l'intérêt général ! Or, une décision personnelle du juge légitime t-elle une atteinte si importante aux intérêts de l'individu ?

495. Désormais, et depuis 2007, l'article 144 du Code de procédure pénale impose au juge de se fonder sur des éléments « précis et circonstanciés » de la procédure pour démontrer que la détention provisoire est le seul moyen pour parvenir à l'un des objectifs précités et que ceux-ci ne sauraient être atteints en cas de mesures alternatives.

496. La même exigence de motivation se retrouve lors d'une décision de prolongation de la détention provisoire. Ainsi, l'article 145-3 alinéa 1 du Code prévoit que lorsque la durée de la détention provisoire excède un an en matière criminelle ou huit mois en matière délictuelle, les décisions ordonnant sa prolongation ou rejetant les demandes de mise en liberté doivent aussi comporter les indications particulières qui justifient la poursuite de l'information et le délai prévisible d'achèvement de la procédure. Il est à noter que la chambre criminelle, autrefois réticente à une telle motivation[681], applique aujourd'hui strictement les dispositions législatives, s'alignant par là même dans la lignée de protection des droits de l'individu [682]. Cette position est également adoptée en matière correctionnelle[683].

497. Au regard de ces énonciations, il est indéniable de constater que la réforme de la détention provisoire, tant dans ses conditions de forme que de fond, était particulièrement nécessaire. Cette nécessité est évidente lorsque l'on se penche sur les conséquences d'une telle réforme en considération des nouvelles garanties octroyées à l'individu placé en détention provisoire.

2.2. L'octroi de garanties supplémentaires à l'individu placé en détention provisoire

498. Les garanties octroyées à l'individu placé en détention provisoire peuvent revêtir deux formes. Certaines sont attenantes à la personne-même détenue

---

[681] Not. Crim. 9 juin 1999, n° 99-82.001, Bull. n°132.

[682] Crim. 24 nov. 2010, n°10-86.347, Bull. n°187 ; A.-S. Chavent-Leclere, Le délai raisonnable au secours de la liberté du mineur, Procédures 2011, comm.. 109.

[683] Crim. 22 févr. 2011, n°10-88.186, Bull. n°32.

provisoirement, d'autres constituent des garanties purement formelles, répondant aux exigences du procès équitable.

499. Concernant, en premier lieu, les garanties tenant à l'individu, la chambre criminelle de la Cour de cassation a pu admettre que le juge était tenu de prendre en compte l'état de santé de la personne concernée par un placement en détention provisoire, ce dernier ne devant pas être incompatible avec une telle mesure[684]. De plus, l'article 11 de l'Ordonnance du 2 février 1945 est venu encadrer strictement la mise en détention provisoire des mineurs. Ainsi, ne peuvent être soumis à un placement en détention provisoire les mineurs de treize ans et les mineurs de seize ans en matière correctionnelle. Un tel placement reste cependant possible, en matière criminelle, pour les mineurs de treize à dix-huit-ans. Il faut noter que la même ordonnance impose la consultation d'un service de la protection judiciaire de la jeunesse lorsqu'une telle mesure est envisagée. En outre, pour les majeurs de dix-huit à vingt et un ans et si la peine encourue n'excède pas cinq ans d'emprisonnement, une enquête sociale doit être réalisée[685]. Enfin, le régime spécial auquel sont soumis les parlementaires contraint le juge à obtenir l'autorisation du bureau de l'Assemblée Nationale ou du Sénat lorsqu'un placement est envisagé[686]. On constate ici que, la détention provisoire étant une mesure attentatoire aux libertés, sa réalisation impose que soit prise en compte la qualité de la personne concernée. Cette personne dispose, en outre, de garanties procédurales certaines afin de garantir la pleine effectivité de l'exigence du procès équitable et du respect des droits fondamentaux.

500. S'agissant en second lieu des garanties purement procédurales liées au placement en détention provisoire, elles sont au nombre de trois. Sont ainsi prévues l'existence d'un débat contradictoire, la publicité de l'audience et les voies de recours offertes à la personne mise en examen. L'exigence d'un débat contradictoire est posée par l'article 145 alinéa 4 du Code de procédure pénale qui impose au juge des libertés et de la détention d'aviser le mis en examen qu'une décision de placement en détention provisoire ne peut intervenir qu'au terme d'un débat contradictoire et d'un délai pour préparer la défense. Il est prévu qu'au cours de ce débat prennent successivement la parole le ministère public, en premier, qui développe ses réquisitions antérieurement prises par écrit et motivées, l'intéressé, en second, lui-même ou par le biais d'un interprète, et enfin son avocat. En effet, la loi du 5 mars 2007, qui a profondément réformé les phases du placement en détention provisoire a érigé en principe la présence de l'avocat lors du débat contradictoire. Cet avocat peut être soit choisi par l'individu, soit commis d'office, étant précisé que si l'avocat choisi vient à être absent, il doit être immédiatement remplacé par un avocat commis d'office[687]. L'article 706-71 du Code de procédure pénale prévoit même que le débat contradictoire puisse être organisé au moyen de télécommunications lorsque les nécessités de l'instruction

---

[684] Crim. 2 sept. 2009, n° 09-84.172.
[685] Art 81-7 CPP.
[686] Art. 26 de la Constitution du 4 oct. 1958.
[687] Art. 145 al. 5 du CPP.

le justifient. La Cour de cassation a pu, à cet égard, considérer que l'utilisation de la visioconférence n'est pas subordonnée à la démonstration de circonstances imprévisibles et irrésistibles[688]. Cette présence effective et obligatoire de l'avocat ainsi que la contrainte d'un débat contradictoire tendent à renforcer les droits de l'individu, au moment où il est le plus vulnérable.

501. La seconde garantie formelle offerte au mis en examen est sans conteste la publicité de l'audience tendant, elle aussi, à assurer une meilleure protection à la personne. La loi du 5 mars 2007 est ainsi venue poser, comme principe, la publicité des audiences destinées au placement en détention provisoire et à sa prolongation éventuelle des personnes majeures[689]. Ainsi, l'audience doit se dérouler en principe en audience publique, sauf si, avant l'ouverture des débats, le ministère public, le mis en examen ou la partie civile, formulent une opposition à cette exigence. Cette opposition peut être fondée sur trois motifs : une entrave possible aux investigations rendues nécessaires par l'instruction, une atteinte à la présomption d'innocence, à la sérénité des débats ou à la dignité de la personne, ou alors lorsque l'enquête porte sur des faits relevant de la matière de la criminalité organisée. En présence d'une telle opposition, le juge des libertés et de la détention statue, après avoir recueilli les observations des parties, par une ordonnance rendue en audience de cabinet et insusceptible d'appel.

502. Enfin, le législateur a offert la possibilité à la personne mise en examen d'user de voies de recours afin de contester la décision de mise en détention provisoire[690]. Parmi ces moyens de contestation, on trouve traditionnellement l'appel et le référé. Mais le législateur de 2007 en a créé un nouveau. L'appel, prévu par l'article 186 du Code de procédure pénale, est possible pour le ministère public et le mis en examen et doit être formé dans les dix jours qui suivent la notification ou la signification de la décision. Cet appel n'étant pas suspensif, la détention provisoire doit être exécutée dans l'attente de la décision de la chambre de l'instruction. Le second moyen de contestation offert au mis en examen est le « référé-liberté ». Il est prévu à l'article 187-1 du Code de procédure pénale et a été introduit par la loi du 24 août 1993[691]; il s'agit d'une voie de recours dont dispose la personne mise en examen lors de son placement initial en détention provisoire. Cette demande, adressée au Président de la chambre de l'instruction[692], doit être formulée en même temps que l'appel de l'ordonnance de placement en détention provisoire. Le président statue dans les

688 Crim. 24 févr. 2010, n° 09-88.024.

689 Art. 145 al 6 du CPP.

690 Des voies de recours sont également prévues pour le parquet. Ainsi, l'art. 185 du CPP prévoit la possibilité pour le ministère public de former appel contre la décision, dans les cinq jours. De plus, le ministère public dispose d'un « référé détention », prévu par l'article 148-1-1, qui lui permet de réagir à une ordonnance de remise en liberté rendue par le juge des libertés et de la détention ou par le juge d'instruction, contrairement à ses réquisitions.

691 Loi n°93-1013 du 24 août 1993.

692 L'article 187-2 du C.P.P. prévoit que la personne qui forme un recours contre une ordonnance de placement en détention provisoire peut demander à ce qu'il soit directement examiné par la Chambre de l'instruction qui doit statuer, au plus tard, le cinquième jour ouvrable suivant la demande.

trois jours ouvrables suivant le dépôt de la requête, par une décision non motivée et insusceptible de recours. Il peut soit ordonner la remise en liberté et la chambre de l'instruction est alors dessaisie de l'appel, soit renvoyer l'examen de l'appel à la chambre de l'instruction.

503. S'il infirme l'ordonnance du juge des libertés et de la détention, le président de la chambre de l'instruction, ou le magistrat qui le remplace, peut ordonner le placement sous contrôle judiciaire de la personne mise en examen. En revanche, si la requête est rejetée, la personne placée en détention provisoire peut se désister de son appel et se réserver la possibilité de présenter ultérieurement une demande de mise en liberté lorsqu'elle le jugera favorable. En effet, la fin de la détention peut être demandée au cours de l'instruction par l'intéressé lui-même ou par le biais de son avocat, mais aussi par le ministère public[693]. Cette mainlevée à l'initiative de la personne mise en examen est demandée au juge d'instruction qui communique immédiatement le dossier ainsi que la demande de mise en liberté au Procureur de la République. Toutefois, si l'intéressé n'a pas été interrogé par le juge d'instruction depuis plus de quatre mois, il peut réclamer sa mise en liberté à la chambre de l'instruction. Dans les deux cas, la mise en liberté est subordonnée à l'engagement de l'intéressé de se présenter à tous les actes de procédure et à celui de tenir le juge informé de tous ses déplacements[694].

504. Le dernier moyen de contestation offert à la personne mise en examen a été prévu par la loi du 5 mars 2007 et consiste en une nouvelle voie de recours devant la chambre de l'instruction. Ainsi, aux termes de l'article 221-3 du Code de procédure pénale, la chambre de l'instruction peut examiner l'ensemble de la procédure de la détention provisoire. Cependant, trois conditions doivent être réunies pour que cet examen soit possible : un délai de trois mois depuis la décision de placement doit être écoulé, la détention provisoire doit être toujours en cours et l'avis de fin d'information prévu par l'article 175 ne devra pas avoir été délivré Une fois toutes les conditions requises remplies, le réexamen de la procédure, à intervalles réguliers, par la chambre de l'instruction est possible. Il appartient au président de la chambre de l'instruction de saisir cette juridiction et ce, d'office ou à la demande du ministère public ou de la personne mise en examen. Le président de la chambre exerce ici un rôle de filtre et rend sa décision dans les huit jours de la réception de la demande par une décision insusceptible de recours. La chambre de l'instruction statue après une audience en principe publique[695] et à laquelle sont convoqués les avocats de l'ensemble des témoins assistés et des parties. Aussi, la chambre de l'instruction ou son président peut ordonner la comparution des parties et des témoins assistés afin de mieux cerner leur personnalité. En outre, un mis en examen placé en détention provisoire peut demander à comparaître, cette comparution ne pouvant lui être refusée que par

---

[693] Cette mainlevée pourra également être décidée d'office par le juge d'instruction ou par le juge des libertés et de la détention sur réquisition du parquet (art. 147 al. 1er du C.P.P.).

[694] art. 147 al. 1er du C.P.P.

[695] Sous réserve de l'opposition des parties ou du ministère public dans les conditions prévues par l'art. 199 C.P.P.

une décision motivée. Si, toutefois, cette comparution lui est accordée, elle peut, pour des raisons pratiques, être réalisée par la voie d'une visioconférence[696].

505. Deux jours avant l'audience, les parties peuvent déposer des conclusions telles qu'une demande de mise en liberté, une demande d'actes, des demandes tendant à constater la prescription de l'action publique ou encore des requêtes en annulation. En effet, tous les moyens de la nullité de la procédure doivent être invoqués à ce stade, les parties n'étant plus autorisées à en faire état ultérieurement.

506. A la fin de ce débat contradictoire, la chambre de l'instruction dispose de larges pouvoirs : ordonner la mise en liberté du mis en examen, que celle-ci soit assortie ou non d'un contrôle judiciaire ; prononcer la nullité d'un acte ; évoquer le dossier et se substituer au juge d'instruction afin d'achever l'information ; renvoyer devant le juge d'instruction ; recourir à la co-saisine de plusieurs juges d'instruction ; ordonner le règlement total ou partiel de la procédure...Les dossiers étant souvent complexes et volumineux, un délai nécessaire doit être imparti à la chambre de l'instruction pour qu'elle puisse avoir le temps d'examiner de manière efficace l'ensemble de la procédure. A cette fin, le législateur a accordé à la juridiction un délai de trois mois suite à la saisine par le président pour rendre son arrêt, à défaut de quoi les personnes placées en détention provisoire sont remises en liberté.

507. Grâce à l'exercice de cette nouvelle voie de recours, la chambre de l'instruction peut exercer « *un contrôle réel et approfondi sur les placements en détention provisoire* »[697]. Le but est toujours celui d'un renforcement du contrôle sur les motivations du placement en détention provisoire ; en cela, l'ouverture d'une nouvelle voie de recours semble opportune. Cependant, il est possible de s'interroger quant à l'effectivité et l'efficacité de ce recours devant la chambre de l'instruction étant donné les difficultés rencontrées par cette juridiction pour appliquer les dispositions du Code de procédure pénale.

508. En effet, comme cela avait pu être avancé par le procureur général Viout, dans le rapport de travail chargé de tirer les enseignements de la très médiatique affaire d'Outreau, « *totalement submergées par les procédures, les chambres de l'instruction ne peuvent rendre leurs arrêts dans le bref laps de temps prévu par la loi [...] elles sont donc obligées de s'en tenir à une approche sommaire* »[698]. Quid ici alors de la protection de l'individu, et de ses droits, si chers au législateur de 2007 ? Le manque de temps dont dispose la chambre de l'instruction pour examiner l'entière procédure pourra peut-être conduire à des décisions hâtives, avalisant généralement les décisions de placement en détention provisoire... Ou, au contraire, les annulant et ainsi remettre en liberté des individus peut être dangereux...

---

[696] Art. 706-71 C.P.P.

[697] H. Matsopoulou, Les innovations de la conduite de l'information judiciaire : une urgence pour 2010 ! Dr. Pén. avril 2007 n°4 p. 7.

[698] J-O Viout, Rapport du groupe de travail chargé de tirer les enseignements d'Outreau, Doc.fr., fév. 2005.

509. La loi du 9 septembre 2002 avait prévu la possibilité pour le juge d'instruction de placer l'individu sous surveillance électronique dans le cadre du contrôle judiciaire. Cette faculté a été supprimée par la loi pénitentiaire du 24 novembre 2009 qui a institué l'assignation à résidence avec surveillance électronique.

3. Le contrôle de l'individu : l'assignation à résidence avec surveillance électronique

510. Créée par la loi du 24 novembre 2009, cette mesure consiste essentiellement à contraindre la personne concernée à demeurer à son domicile ou dans une résidence fixée, desquels elle ne peut s'absenter qu'aux conditions et pour les motifs que le juge a fixé, à des heures fixes le plus souvent. Cette mesure, conçue comme un moyen terme entre le contrôle judiciaire et la détention provisoire, tend à rendre la détention provisoire encore plus exceptionnelle. La personne peut être placée sous surveillance électronique fixe [699] ou sous surveillance électronique mobile [700] via le port d'un bracelet permettant sa localisation si la peine encourue est supérieure ou égale à sept ans d'emprisonnement et si la personne est mise en examen pour une infraction faisant encourir un suivi socio-judiciaire[701].

511. Une telle assignation peut être ordonnée, seulement avec l'accord de l'intéressé ou à sa demande, par le juge d'instruction ou par le juge des libertés et de la détention, à la double condition que la personne encoure une peine d'emprisonnement d'au moins deux ans ou une peine plus grave et que les obligations de contrôle judiciaire se révèlent insuffisantes. Il faut ici mettre en exergue la volonté manifeste de protection des droits de l'individu par le législateur : dans ce moyen de contrôle, restrictif, voire même quelque peu privatif de liberté, l'accord de l'individu est strictement nécessaire, rien ne se fait contre sa volonté. Ici encore, force est de constater que le législateur français recherche, même dans les modes de sanction, un certain équilibre et un respect des droits de la personne. Cette recherche se comprend aisément du fait du principe de la présomption d'innocence, existant toujours en phase de mise en examen. Le juge d'instruction prononce cette mesure après un débat contradictoire. Tout comme le contrôle judiciaire, le placement sous surveillance électronique peut faire l'objet d'une main-levée, d'un maintien ou d'une modification mais est limité dans le temps puisqu'il est prévu pour une durée maximale de six mois, renouvelable par tranche maximale de six mois (toujours après débat contradictoire, dans un strict respect des droits de la défense) et ne peut dépasser deux ans. Le non-respect de cette assignation peut conduire au prononcé d'un mandat d'arrêt et d'une détention provisoire.

---

[699] Art. 723-8 du CPP.

[700] Art 763-12 du CPP.

[701] Il s'agit principalement des infractions à caractère sexuel.

512. Une nuance est quand même à noter par rapport au contrôle judiciaire : l'assignation à résidence sous surveillance électronique a été assimilée, par le législateur lui-même, à une mesure de détention provisoire. Deux dispositions prévues pour la détention sont donc applicables à l'assignation : l'individu peut, d'une part, être indemnisé, en cas de non lieu, de relaxe ou d'acquittement[702] et d'autre part, se voir imputer intégralement la durée de l'assignation sur celle de la peine privative de liberté qui pourra être prononcée ultérieurement[703].

513. Il faut donc souligner que, bien que constituant un moyen terme entre le contrôle judiciaire et la détention provisoire, l'assignation à résidence sous surveillance électronique n'en demeure pas moins constituer une sanction, beaucoup plus contraignante et restrictive de liberté que le contrôle judiciaire. En outre, la mise en place de dispositions applicables initialement à la détention provisoire souligne la sévérité d'une telle mesure et son assimilation, beaucoup plus que le contrôle judiciaire, à une sorte de détention avant la « vraie » détention provisoire. L'efficacité de ce dispositif reste à ce jour à prouver car peu de recul existe aujourd'hui, il faudra donc attendre quelques années avant de pouvoir dresser un réel bilan pratique de cette mesure.

514. En tout état de cause, que ce soit par l'encadrement strict de la garde à vue et de la détention provisoire, que par l'octroi de différents statuts à la personne suspectée, il est indéniable que le législateur français, parce que le plus souvent impulsé par le droit européen, se place en faveur d'un renforcement des droits du suspect, même si cela ne s'avère pas encore totalement effectif. Malgré quelques réserves, les refontes quasi-complètes des mesures de garde à vue et de détention provisoire tendent à un rééquilibrage des forces. Ainsi, mieux encadrées de manière restrictive, ces mesures paraissent devenir une « roue de secours », une ultime décision, strictement nécessaire pour les besoins de l'enquête ou l'intérêt de la société Toutefois, cet octroi de droits supplémentaires à la personne suspectée se devait d'avoir un corollaire ; c'est pourquoi le législateur a du, simultanément, procéder à un renforcement des droits de la partie adverse, à savoir la victime.

SECTION 2. UN RENFORCEMENT DISCUTABLE DES DROITS DES VICTIMES

515. Grande absente pendant longtemps du procès pénal, la victime s'est vue, au cours des vingt dernières années, attribuer un rôle croissant au sein de la phase préparatoire du procès. En effet, la victime n'a été réellement prise en considération dans le procès pénal qu'à partir des années 1970. Depuis, ses droits n'ont cessé de s'accroitre aboutissant même à la création d'un juge lui étant consacré, par le Décret du 13 novembre 2007, le juge délégué aux victimes[704]. De

[702] Art. 142-10 du CPP.
[703] Art. 142-11 du CPP.
[704] Décret n° 2007-1605 du 13 nov. 2007 instituant le juge délégué aux victimes.

multiples droits sont ainsi désormais reconnus à la personne qualifiée de victime, parmi lesquels on retrouve le droit d'accéder à la justice, le droit à être informé, le droit à être assisté ou accompagné, le droit à un procès équitable, le droit à être protégé… Tous ces droits sont consacrés tantôt par des textes internationaux[705], tantôt par le Conseil de l'Europe[706] lui-même mais aussi par la Cour européenne des droits de l'Homme et de manière croissante par le législateur français. Ce dernier a même inséré dans l'article préliminaire du Code de procédure pénale une déclaration solennelle en affirmant que « l'autorité judiciaire veille à l'information et à la garantie des droits des victimes au cours de toute la procédure pénale ». Dès lors, une fois ce principe inscrit en ouverture du Code, il fallait obligatoirement trouver une place centrale et garantie à la victime au sein du procès pénal. Force est donc de constater que la victime occupe aujourd'hui une place majeure au cours de la phase préparatoire puisqu'elle est considérée comme un véritable acteur du procès doté de droits presque équivalents à ceux du suspect. Cette place majeure se retrouve à la fois dans la phase de déclenchement des poursuites, la victime pouvant se constituer partie civile (§1) mais aussi lors de la phase d'instruction durant laquelle la victime se retrouve titulaire de véritables droits et pouvoirs (§2).

§1. La victime, partie civile au procès pénal

516. La notion de partie civile est une innovation fondamentale du Code d'instruction criminelle de 1808 puisque c'est ce dernier qui a consacré cette possibilité pour la victime. L'action civile est le nom donné à la victime d'une infraction lorsqu'elle exerce les droits qui lui sont reconnus en cette qualité devant les juridictions répressives, droits qui consistent en une possible mise en mouvement de l'action publique et en une action civile en réparation.

517. Mais avant de pouvoir se constituer partie civile et donc être titulaire de droits, la victime doit pouvoir être clairement identifiée et définie, ce qui a fait l'objet d'une certaine évolution (A). Une fois identifiée, la victime peut engager conjointement les poursuites avec le ministère public, une véritable articulation des rôles entre ces deux acteurs étant dès lors perceptible(B).

A. Une qualification de victime élargie

518. Si, classiquement, la victime peut être entendue comme la personne souffrant directement et personnellement de l'infraction, du dommage, le législateur et la jurisprudence ont été contraints d'étendre la qualité de victime.

---

[705] Notamment par la Déclaration des principes fondamentaux de justice relatifs aux victimes de la criminalité et aux victimes d'abus de pouvoir, adoptée le 11 Décembre 1985 par les Nations Unies, par la Déclaration des Droits de l'Homme et du citoyen, en a résolution 217 A III du 10 Décembre 1948, par le Pacte International relatif aux droits civils et politiques du 16 Décembre 1966.

[706] Voir en ce sens la Convention Européenne relative au dédommagement des victimes d'infraction violente en date du 24 Novembre 1983 ainsi que la décision cadre sur le statut de la victime dans le cadre des procédures pénales du 15 Mars 2001.

Ainsi, le droit français a évolué de l'admission de la victime immédiate à celle de la victime par ricochet (a) pour ensuite reconnaitre la qualité de victime aux personnes morales (b).

a. De la victime immédiate à l'admission de la victime par ricochet

519. L'article 2 du Code de procédure pénale dispose que « l'action civile en réparation du dommage causé par un crime, un délit ou une contravention appartient à tous ceux qui ont personnellement souffert du dommage directement causé par l'infraction. » De ce texte semble découler un principe clair et arrêté : seule la victime ayant subi personnellement et directement le dommage peut exercer l'action civile. Ce texte définit donc clairement la qualité de victime : il s'agit de la victime immédiate de l'infraction. Il s'agit alors de définir qui est concrètement le demandeur à l'action et quelles sont les qualités qu'il doit présenter afin que son action soit recevable.

520. Tout comme en droit civil, le demandeur à l'action doit d'abord avoir la capacité à agir. Cette exigence de capacité est double puisque le législateur exige une capacité de jouissance d'une part et une capacité d'exercice d'autre part. La capacité de jouissance ne pose pas en soi de problème puisqu'il est admis que toute victime, qu'elle soit personne physique ou personne morale, est dotée d'une capacité de jouissance, c'est-à-dire de l'aptitude à être titulaire de droits et sujet d'obligations. La capacité d'exercice, qui peut se définir comme l'aptitude à mettre en œuvre soi-même ses droits et ses obligations, pose quant à elle divers problèmes pour les incapables et le débiteur en redressement ou liquidation judiciaire. Toujours selon les règles du Code civil[707], s'agissant des majeurs incapables, il faut distinguer entre le majeur placé sous curatelle ou sous sauvegarde de justice, qui conserve sa capacité d'exercice d'une action civile, et le majeur sous tutelle qui lui doit être représenté par son tuteur. L'action civile du mineur non émancipé sera quant à elle exercée par son représentant légal, à savoir ses père et mère, son tuteur ou administrateur légal, suivant les règles posées par le Code civil[708]. Quant au demandeur à l'action civile placé en liquidation judiciaire, sa situation a été réglée par le législateur par le biais de la loi du 25 janvier 1985 relative au redressement et à la liquidation judiciaire des entreprises en difficulté. Il est ainsi prévu que le débiteur mis en liquidation judiciaire ne peut se constituer partie civile dans le seul but de faire établir la culpabilité de l'auteur de l'infraction[709]. Si, à l'inverse, le demandeur est en redressement judiciaire, à défaut de disposition expresse de la loi, il reste maître de l'action civile, sans avoir besoin de représentation et d'assistance. Une fois ces premières conditions réunies, le demandeur à l'action civile doit remplir une seconde condition puisqu'il doit disposer d'un intérêt à agir. En effet, l'article 2 du Code de procédure pénale dispose « l'action civile en réparation du dommage causé par un

[707] Art. 495 et 499 du Code civil.
[708] Art. 389 et suiv.
[709] Art. 152 al 2 de la loi du 25 janvier 1985, codifié à l'art. L622-9 du Code du commerce.

crime, un délit ou une contravention appartient à tous ceux qui ont personnellement souffert du dommage directement causé par l'infraction ». L'intérêt à agir se conçoit donc de la justification d'un dommage personnel découlant directement d'une infraction. Tout comme précédemment, c'est encore ici les règles du droit civil qui trouvent à s'appliquer : le demandeur à l'action civile, la victime, doit avoir souffert personnellement du dommage. On retrouve ici l'exigence traditionnelle du préjudice personnel et la notion de victime directe. La jurisprudence admet ainsi qu'aura personnellement souffert de l'infraction de vol le propriétaire de la chose volée, de l'infraction de violence involontaire la personne blessée… La victime directe ne semble donc pas difficile à identifier.

521. Il en va différemment de la victime indirecte, constituée par une partie subissant un dommage mais de manière indirecte cette fois-ci. Dans cette optique, le conjoint, qui subit un préjudice par ricochet du fait du dommage causé à la victime directe, peut-il engager une action en justice ? Au regard du Code de procédure pénale, rien ne semble, a priori, l'en empêcher. En effet, l'article 1er alinéa 2 prévoit que l'action civile peut être mise en mouvement par « toute partie lésée » et non par la victime, il en va de même pour l'article 2 alinéa 1 qui dispose que l'action civile appartient à « tous ceux » qui ont personnellement souffert du dommage causé par l'infraction. Dès lors, le simple préjudice moral subit par le conjoint semblerait pouvoir être admissible à réparation et ouvrant le droit à une mise en mouvement de l'action civile. Si le législateur ne semble pas, par sa rédaction, avoir voulu interdire l'action civile des victimes par ricochet, il en va différemment de la jurisprudence, hostile à l'égard de ces dernières.

522. Ainsi, la Cour de cassation a longtemps mis un point d'honneur à établir une distinction parmi les victimes indirectes. Concernant tout d'abord les héritiers reprenant l'action civile de la personne décédée, victime immédiate du dommage, ils ont toujours eu la possibilité d'user de l'action civile devant les juridictions répressives lorsque le *de cujus* l'avait lui-même déjà mise en œuvre avant son décès. La chambre criminelle de la Cour de cassation a ainsi pu admettre la possibilité pour les héritiers, à la condition qu'ils reprennent l'instance en cours, d'obtenir une réparation du dommage, qu'il soit matériel[710] ou moral[711], dès lors qu'il avait été directement causé par l'infraction pénale au défunt qui avait exercé l'action civile avant son décès. La situation était toute autre lorsque le *de cujus* n'avait pas engagé l'action civile devant une juridiction répressive de son vivant ; les héritiers n'avaient donc là qu'une seule option, la voie civile. Cependant, s'écartant par là-même de la volonté de protection accrue de la victime, la Cour a du faire évoluer sa position et ce par le biais de deux arrêts d'Assemblée plénière du 9 mai 2008. La Cour a ainsi admis que l'héritier puisse avoir le droit d'exercer l'action civile découlant de la succession devant une juridiction répressive à la condition que l'action publique ait été exercée préalablement au motif que « toute personne victime d'un dommage qu'elle qu'en soit la nature, a droit d'en obtenir réparation de celui qui l'a causé par sa faute ; que le droit à réparation du

---

[710] Cas crim., 30 janv. 1964, Gaz. Pal. 1964, 2, 51.
[711] Cass crim, 30 oct. 1957, Bull. n° 681.

préjudice éprouvé par la victime avant son décès, étant dans son patrimoine, se transmet à ses héritiers, peu important que leur auteur n'ait pas introduit d'action à cette fin avant son décès, dès lors que le ministère public avait mis en mouvement l'action publique et que la victime n'avait pas renoncé à l'action civile ».[712] Cette solution semble aujourd'hui acquise et bien ancrée dans notre droit positif puisque réitérée dans un arrêt ultérieur [713], et se comprend parfaitement, le procureur ayant décidé de poursuivre. Il en va différemment lorsque ce n'est pas le cas puisqu'il est impossible pour les héritiers d'agir devant les juridictions pénales en cas d'inaction du ministère public.

523. La seconde hypothèse à envisager est la possibilité d'action civile reconnue à la victime par ricochet, généralement constituée par le conjoint, le concubin, les parents, descendants et collatéraux de la victime immédiate, alléguant d'un préjudice patrimonial ou moral subi directement du fait de la commission de l'infraction. Là encore, la position de la jurisprudence a évolué. La Cour de cassation a d'abord refusé de faire droit à la demande de ce type de victimes, considérant, à juste titre, que les demandeurs n'avaient pas eux-mêmes souffert de l'atteinte. Faisant là une application stricte et justifiée de la loi pénale, les juges refusèrent systématiquement de telles actions. Cependant, ici encore dans un souci d'harmoniser le droit et d'offrir davantage de garanties aux victimes, la Cour a opéré un revirement dès 1989 en reconnaissant, sur le fondement des articles 2 et 3 du Code de procédure pénale, la qualité de victime pénale à tous les proches de la victime immédiate, que celle-ci soit ou non décédée, en exigeant tout de même que le préjudice allégué, dont ils ont personnellement souffert, découle directement des faits objet de la poursuite[714]. Les juges vont même aller plus loin en offrant la qualité de victime pénale à la concubine du défunt, victime immédiate, lui offrant ainsi le droit d'exercer l'action civile, à la condition toutefois que ce concubinage soit stable[715].

524. Cette évolution dans l'admission de la qualité de victime pénale pour les victimes dites indirectes démontre indéniablement le libéralisme dont font preuve les juges, voulant toujours protéger efficacement les victimes et élargir ainsi leurs droits au sein de l'instance pénale. Cette volonté se traduit également par le biais de l'arrivée des actions des associations et groupements dans le procès pénal.

b. L'extension de la qualité de victime aux personnes morales

525. Face aux évolutions de la société et à la constante volonté de protéger plus largement les victimes, le législateur et la jurisprudence ont étendu progressivement la liste des demandeurs à l'action civile en admettant d'une part la recevabilité de l'action de parties civiles défendant un intérêt collectif, ce sont

---

[712] Cass ; Ass plen, 9 mai 2008, pourvoi n°05-87.379.

[713] Cass crim 1er Sept. 2010, Procédures 2010, n° 380, obs. A. Maron et M. Haas ; Dr. Pén. 2010, n° 130.

[714] Cass. Crim, 9 févr. 1989, Société Ford France et a ; D. 1989, 614, note C. Bruneau ; somm., 389, obs. J. Pradel.

[715] Chbre Mixte, 27 fevr. 1970, Arrêt Dangereux, D. 1970, 201.

les associations et groupements, et, d'autre part l'action de parties civiles n'ayant pas souffert personnellement du dommage, que l'on appelle les victimes par ricochet.

526. Concernant dans un premier temps la recevabilité de l'action devant les juridictions répressives de parties civiles défendant un intérêt collectif, deux points sont à distinguer. En effet, il est ici nécessaire d'établir une distinction entre l'action civile des groupements professionnels et celle des associations.

527. Les groupements professionnels ainsi que les syndicats et ordres professionnels tiennent de la loi, ratifiant une célèbre solution jurisprudentielle[716], le pouvoir d'exercer, devant toutes les juridictions, tous les droits réservés à la partie civile relativement aux faits portant, selon le Code du travail, un préjudice direct ou indirect à l'intérêt collectif de la profession qu'ils représentent. Cet intérêt est différent de l'intérêt général, représenté par le Ministère public, il se conçoit donc aisément que ce type de groupements puisse agir devant la juridiction répressive. Les syndicats et ordre professionnels sont donc habilités par le législateur, par le biais de ce principe de recevabilité, à déclencher l'action publique en se constituant partie civile. Les syndicats disposent, en outre, du droit général d'ester en justice, qui leur a été accordé par la loi du 21 mars 1884, ce qui ne fait qu'asseoir la recevabilité de leur action. L'action syndicale est ainsi recevable lorsque le rapport entre l'infraction et l'intérêt collectif est immédiat, c'est le cas notamment, comme a pu le reconnaitre la chambre criminelle, d'une violation des règles relatives au fonctionnement d'un comité d'entreprise[717], au repos hebdomadaire[718] ou encore l'exercice illégal de telle ou telle profession.

528. Les ordres professionnels, qui regroupent tous les membres d'une même profession, sont eux aussi habilités par le législateur à exercer l'action civile en défense de l'intérêt collectif de leur profession ; cette action est dite « action ordinale ». En principe, leur action n'est recevable qu'aux conditions posées par l'article 2 du Code de procédure pénale : une atteinte à l'intérêt collectif de leur profession est donc strictement nécessaire. Pourtant, toujours dans un souci d'accroissement de la protection et des droits des victimes, la jurisprudence consacre parfois des solutions extensives[719].

529. Plus délicate est la reconnaissance de l'action civile des associations ; leur situation étant plus problématique. En effet, l'intérêt collectif dont se prévalent les associations poursuivant des buts d'intérêt public, telles que la lutte contre la délinquance, la protection d'une catégorie de personnes, tend à se confondre avec l'intérêt général. L'intérêt collectif est, par définition, une somme d'intérêts particuliers, comme l'intérêt général. L'intérêt collectif défendu par les associations ne se distingue donc pas clairement de l'intérêt général qui possède

---

[716] Ch. Réunies, 5 avr. 1913, D. 1914, p. 65,. Concl. Sarrut.

[717] Crim. 7 oct 1959, D. 1960, p. 294, note Verdier.

[718] Crim. 10 janv. 1984, Bull n° 14.

[719] C'est notamment le cas pour la reconnaissance d'un préjudice moral causé à la profession, par la complicité d'abus de confiance imputée à un notaire dans l'exercice de sa profession, Crim 4 nov. 1991, bull n° 391.

déjà un défenseur en la personne du procureur. Il n'existe donc apparemment aucune raison de reconnaitre aux associations un quelconque droit d'agir car leur action ferait en quelque sorte « doublon » avec celle du Ministère public. De plus, il est admis de jurisprudence constante que l'exercice de l'action civile devant les juridictions répressives est un droit exceptionnel, réservé à ceux que la loi désigne, puisqu'il peut en résulter la mise en mouvement de l'action publique. Il était donc logique que le législateur et la jurisprudence posent comme principe l'irrecevabilité de l'action civile des associations devant les juridictions répressives. C'est ainsi que la Cour de cassation, en Chambre réunies, a pu admettre que « à la différence des syndicats professionnels, les associations ne représentent pas, de plein droit, la profession de ceux qui en font partie[720] ». En conséquence, la jurisprudence, et ce depuis un arrêt du 18 octobre 1913[721], écarte leur action ; ceci étant justifié dans le but d'éviter de voir les associations se substituer soit à la victime de l'infraction, soit, pire, au Ministère public. Cependant, diverses exceptions, « de plus en plus nombreuses et désordonnées »[722] ont été introduites par le législateur afin de reconnaitre un droit d'action aux associations. Ainsi, de nombreuses associations ont été investies par la loi d'une mission particulière leur permettant de poursuivre certaines infractions ayant un lien avec leur objet associatif ; c'est le cas notamment pour les ligues anti-alcooliques[723], l'union nationale et les unions départementales des associations familiales, les associations de consommateurs[724], associations pour la défense de l'environnement[725], de lutte contre le racisme... Les textes encadrant l'action civile de ces associations font l'objet de codifications disparates, dans différents Codes, et avec des conditions propres à chaque association, ce qui rajoute à la critique formulée par certains auteurs quant à cette reconnaissance. Comment légitimer et encadrer de manière cohérente cette forme d'action si le législateur, dans la rédaction de ses textes, n'est lui-même pas cohérent ? A ce titre, Mr Decocq a même pu écrire « La vérité est que le pullulement de ces actions trahit l'éclatement de la société et, au-delà, de la nation. L'avenir de l'action pénale est de n'être plus publique. Bientôt, l'action publique ne sera donc plus qu'un souvenir[726] ». Le fait que les groupements défendant des intérêts collectifs s'érigent en quasi-procureur, en se constituant partie civile, inquiète vivement la doctrine et ne cesse de faire couler beaucoup d'encre[727].

---

[720] Cass. Ch Réunies, 15 juin 1923, D. 1924, p. 153, concl. Mérillon.
[721] S. 1920, 1, p. 321, note Hugueney.
[722] Selon l'expression de Mme Ambroise-Castérot, La procédure pénale, abrégé illustré, gualino éditeur.
[723] CSP, art. L. 3355-1.
[724] Code de la consommation, art. L.421-1.
[725] Code rural, art. L. 252-1.
[726] A. Decocq,« L'avenir funèbre de l'action publique », Mélanges Terré, éd. dalloz, PUF et Jurisclasseur, 1999, p. 786.
[727] J. Larguier, L'action publique menacée, D. 1958, chron. p. 29 ; S. Guinchard, Les moralistes au prétoire, Mélanges J. Foyer, PUF, 1997, p. 477.

530. Le législateur, en élargissant l'acception classique de la personne victime, a contribué largement à faire évoluer la place de la victime au sein du procès pénal. Cet accroissement se poursuit une fois la victime identifiée puisque celle-ci est en quelque sorte mise sur un plan d'égalité avec le ministère public ; on constate ainsi une véritable articulation des rôles entre ces deux acteurs principaux du procès.

B. Une articulation des rôles avec le ministère public

531. Les différentes réformes successives se sont toutes accordées pour mettre en place un accompagnement certain de la victime, indépendamment de l'engagement du procès pénal. Ainsi, il résulte de cette idée d'accroissement des droits des victimes, deux statuts, deux possibilités offertes à la victime d'une infraction pénale selon la phase dans laquelle elle se trouve. En effet, en dehors de tout déclenchement des poursuites, hors du procès pénal, la victime se voit octroyer deux modes d'intervention, ce qui lui confère, dans une certaine mesure, un rôle actif (a). Cette place de témoin actif est renforcée lorsque, en quête d'un véritable rôle procédural, la victime souhaite investir le procès pénal et mettre en mouvement l'action publique (b).

a. Un rôle actif hors du procès pénal

532. En dehors de toute ouverture de poursuites décidée par le ministère public, qui aurait pu être préjudiciable d'une certaine manière à la victime car celle-ci voit dans cette phase sa place amoindrie, le législateur a voulu octroyer deux modes d'intervention à la partie lésée.

533. Celle-ci a, en premier lieu, une place de choix dans les mesures alternatives aux poursuites que constituent la médiation et la composition pénale. L'article 41-1-5 du Code de procédure pénale donne en effet la possibilité au procureur de « faire procéder à la demande ou avec l'accord de la victime à une mission de médiation entre l'auteur des faits et la victime. » Ce texte a été modifié en 2010 car il prévoyait initialement « l'accord des parties », ce qui démontre la volonté du législateur de prendre en compte une personne, la victime elle-même, et non plus les personnes dans leur ensemble, les parties. A la lecture de ce texte, il est indéniable de constater que le consentement de la victime est nécessaire pour la réalisation de la médiation ; sans ce dernier, rien ne peut se faire. Le texte poursuit en prévoyant que « si l'auteur des faits s'est engagé à verser des dommages et intérêts à la victime, celle-ci peut, au vu du procès-verbal de médiation, en demander le recouvrement suivant la procédure d'injonction de payer ».

534. Il ressort de ces énonciations que la médiation poursuit deux buts principaux : réparer le préjudice subi par la victime et contribuer au reclassement du délinquant, sans que celui-ci fasse l'objet de poursuites pénales[728]. Le but

---

[728] Sur ce point cf. supra n°96 et suiv.

premier poursuivant un objectif de rétribution consistant à donner pleinement satisfaction, à la fois financière (par l'octroi de dommages et intérêts) et morale (par l'idée d'une « mini-condamnation » quand même pour la victime) à la personne lésée par la commission de l'infraction. La participation de la victime, et son refus de la médiation, va même plus loin puisque le texte prévoit que la victime est présumée ne pas consentir à la médiation pénale lorsqu'elle a saisi préalablement le juge aux affaires familiales pour des violences commises dans un couple uni par un pacs. Dans cette éventualité, la victime n'a même pas besoin de refuser ouvertement et officiellement la médiation, ce refus étant déduit de la saisine du juge aux affaires familiales.

535. La médiation a donc pour principal mérite de prendre en compte correctement la victime. Il en va de même pour la composition pénale. Prévue par l'article 41-2 du Code de procédure pénale, la procédure de composition pénale, bien que n'exigeant aucun consentement de la victime, offre également à la partie lésée un certain rôle actif. En effet, une mesure qui peut être prise dans le cadre d'une composition pénale consiste en l'interdiction pour la personne coupable de rencontrer ou recevoir la victime de l'infraction, cette interdiction étant renforcée par la loi du 4 avril 2006[729] en cas de violences commises dans le cadre de la famille (que ce soit dans le cadre d'un mariage, d'un concubinage, d'un pacs et/ ou à l'égard des enfants). La victime, bien que passive ici, est protégée contre l'individu qu'elle a considéré comme dangereux pour elle. Sachant que, en cas de violation de cette interdiction par l'individu concerné, la victime en avise le procureur qui peut déclencher les poursuites ; la victime retrouve ici un certain rôle actif. En outre, le texte prévoit que, si la victime est identifiée, le Procureur doit proposer au délinquant la réparation du préjudice subi[730]. Cette réparation peut, « avec l'accord de la victime », consister en la remise en état d'un bien dégradé par la commission de l'infraction. La victime retrouve, par cette disposition, une place de choix dans la sanction de son agresseur : accepter ou non. Tout comme en matière de médiation pénale, la loi a offert à la victime la possibilité de demander le recouvrement des sommes, suivant l'injonction de payer, que l'auteur des faits s'est engagé à verser dans le cadre de dommages et intérêts.

536. La victime a donc une place importante en dehors de tout déclenchement des poursuites par le procureur de la République. Pourtant, ce rôle paraît amoindri lorsqu'on le compare à celui qui lui est octroyé en cas d'inertie du ministère public puisque, dans ce cas, la partie lésée peut contraindre l'autorité judiciaire à exercer l'action publique.

---

[729] Loi n°2006-399 du 4 avr. 2006, art 12.

[730] Obligation à la charge du ministère public prévue par la loi n°99-515 du 23 juin 1999 et insérée à l'art. 41-2.

b. Une possible mise en mouvement de l'action publique

537. Les précédents développements l'ont montré, la politique criminelle a largement intégré les droits des victimes. Mais la prérogative la plus importante qui lui a été octroyée est sans conteste la possibilité de déclencher le procès pénal, dans le silence ou même l'opposition du ministère public. Dès l'exposé de ce postulat, une critique apparaît : ce droit est contestable car il peut conduire, comme a pu l'exposer la doctrine, au dévoiement, voire même à la manipulation de l'action publique[731]. Cette critique est renforcée par le fait que ce pouvoir exorbitant octroyé à la victime est une spécificité de la procédure pénale française, très protectrice des droits des victimes. En outre, le procès pénal est, par sa nature même, le procès du délinquant, la victime n'a donc pas sa place en son sein, le procès pénal n'ayant pas à s'occuper des désirs de vengeance ou d'autres inspirations vindicatives. Pour autant, il est incontestable aujourd'hui que le procès pénal est détourné de sa vocation première, il doit concilier désormais l'intérêt général et l'intérêt particulier. A ce tire, le droit pour la victime de se constituer partie civile et donc de contraindre le ministère public à agir, est aujourd'hui conçu comme un contre-pouvoir essentiel au principe de l'opportunité des poursuites[732] : le procureur n'est plus le seul maître du déclenchement des poursuites, il doit faire avec la victime, véritable acteur du procès pénal.

538. Le législateur a prévu deux possibilités pour la victime désireuse de déclencher les poursuites devant le juge pénal. La première possibilité, la moins utilisée en pratique, est la voie de la citation directe. Par cet acte, la victime assigne directement l'auteur des faits devant la juridiction de jugement. Cette citation qui peut être décidée par le parquet ou par la victime, confère à cette dernière la qualité de partie au procès pénal directement devant la juridiction de jugement. Possible en matière contraventionnelle et délictuelle, la citation directe doit répondre à un formalisme accru car c'est un acte d'huissier. C'est pourquoi elle est peu utilisée en pratique par la victime, qui lui préfère la seconde procédure, à savoir la plainte avec constitution de partie civile.

539. La plainte avec constitution de partie civile permet à la victime d'agir par voie d'action. Ce mécanisme consiste pour la partie lésée à saisir le juge d'instruction de faits semblant constituer une infraction afin de demander des investigations complémentaires. Cela permet à la victime d'introduire son action civile devant le juge pénal avant même que le parquet ait mis en mouvement l'action publique ou lorsqu'il a décidé de ne pas déclencher de poursuites. Ce droit pour la victime a été introduit par la chambre criminelle de la Cour de cassation dans un arrêt Laurent- Atthalin du 8 décembre 1806[733] qui a permis

---

[731] C'est l'opinion not. de J. Granier, La partie civile au procès pénal, RSC 1958, p. 1 ; F. Casorla, La victime et le juge pénal, Droit pénal 2003, p. 639 ; C. Guéry, Le juge d'instruction et le voleur de pommes : pour une réforme de la constitution de partie civile, D. 2003, chron. P. 1575.

[732] Ph. Bonfils, La participation de la victime au procès pénal, une action innommée, Mélanges Pradel, Cujas, 2006, p. 179.

[733] Crim. 8 déc. 1906, D. 1907, 1, p. 207, note. F.T ; rapport Laurent-Atthalin, S. 1907, 1, p. 377, note. Demogue ; J. Brouchot, L'arrêt Laurent-Atthalin, sa génèse et sa conséquence, Mélanges Patin,

d'admettre que la constitution de partie civile devant le juge d'instruction entraîne l'ouverture d'une information judiciaire et met ainsi en mouvement l'action publique. Le postulat est ainsi posé : la victime peut contraindre le parquet à agir, dans son silence ou contre sa volonté.

540. La loi du 5 mars 2007 est venue encadrer cette possibilité offerte à la victime en en restreignant le champ d'application[734]. Si l'article 85 alinéa 1 du Code de procédure pénale dispose que « Toute personne qui se prétend lésée par un crime ou un délit peut en portant plainte se constituer devant le juge d'instruction compétent », les alinéas suivants posent deux conditions quant à la recevabilité de cette constitution de partie civile. La première condition exigée est la plainte de la victime : pour voir son action recevable, celle-ci doit obligatoirement avoir porté plainte au préalable. La seconde condition réside en la preuve de la décision, ou de l'absence de décision, du procureur. En effet, la victime qui entend se constituer partie civile doit démontrer que le parquet n'entend pas poursuivre ou qu'un délai de trois mois s'est écoulé depuis le dépôt de plainte resté sans réponse judiciaire. A défaut de respect de cette double condition, la chambre criminelle procède au refus de la recevabilité de la constitution de partie civile. En effet, la Cour a pu admettre que « fait une exacte application de l'article 85 alinéa 2 du Code de procédure pénale l'arrêt qui, pour confirmer une ordonnance d'un juge d'instruction ayant déclaré irrecevable une plainte avec constitution de partie civile, énonce que le plaignant ne justifie pas du dépôt préalable de sa plainte devant le procureur de la République ou un service de police judiciaire. »

541. Par l'adoption de cette double exigence, il est possible de penser que le législateur a voulu temporiser le pouvoir octroyé jusqu'alors à la partie lésée : celle-ci peut contraindre l'autorité judiciaire à poursuivre, mais sous certaines conditions. Faut-il voir ici un recul, par l'encadrement, de la constitution de partie civile au profit de la préservation de l'intérêt général du procès pénal ? Pour autant, cette exigence n'est pas absolue ; la condition de recevabilité n'est pas requise lorsqu'il s'agit d'un crime ou d'un délit de presse ou électoral. Il suffirait donc « à une partie de se prétendre victime d'un crime pour échapper aux conditions nouvelles de recevabilité[735] ». Nous n''adhérons pourtant pas à cette

---

Cujas, 1966, p. 411 ; J. Pradel et A. Varinard, Les grands arrêts de la procédure pénale ; X. Pin, Le centenaire de l'arrêt Laurent-Atth alin, D. 2007, p. 1025.

[734] La plainte avec constitution de partie civile peut être définie comme l'acte par lequel la victime d'une infraction pénale saisit une juridiction d'instruction et consiste dans une simple lettre qui, adressée au juge d'instruction, n'obeit à aucun formalisme légalement exigé, autre que la date et la signature du plaignant, à l'instar d'un réquisitoire introductif, pour vérifier l'absence de prescription et confirmer la volonté de se constituer partie civile. Aucune condition quant à l'ouverture de l'exercice d'un tel droit n'était donc requise sous l'empire des législations antérieures. Désirant limiter les constitutions de partie civile abusive, le législateur avait entrepris, par la loi du 23 juin 1999, d'encadrer une telle faculté en édictant notamment qu'en cas de dénonciation de faits nouveaux par une partie civile, l'extension de la saisine du juge d'instruction exige que soit pris un réquisitoire supplétif (Art. 80, al. 4 CPP). Cet encadrement a été complété par la loi du 5 mars 2007.

[735] C. Guéry, La loi du 5 mars 2007 et l'instruction préparatoire », AJ Pénal 2007, p. 105.

idée car il est difficile de penser que le parquet ne poursuive pas, ou reste muet, en présence d'une infraction relevant de la matière criminelle.

542. Si la victime satisfait à cette double condition, elle doit adresser au juge d'instruction une lettre qui doit comporter une manifestation formelle et non équivoque, de se constituer partie civile. Cet acte, dépourvu de formalisme particulier (la constitution de partie civile peut même se faire par télécopie, depuis la loi du 15 juin 2000), va conférer *ipso facto* la qualité de partie civile à la victime, et donc de véritable partie au procès pénal. Cela va avoir de nombreuses conséquences : la victime devra être, à partir de ce moment là, entendue obligatoirement en présence de son conseil, tous les actes de la procédure, dont elle pourra avoir l'initiative devront lui être notifiés. Mais le principal effet est celui de la mise en mouvement de l'action publique, rappelons le encore une fois, contre la volonté du parquet. Or, ce pouvoir peut faire naitre des risques d'actions exercées à titre abusif ou dilatoire. En effet, la plainte avec constitution de partie civile saisissant directement le juge d'instruction pour l'ouverture d'une information judiciaire peut tenter la victime qui se trouve lésée par l'absence de réponse du parquet et qui veut à tout prix que justice lui soit rendue. Pour éviter ce type de contentieux, la loi du 5 mars 2007 est venue prévoir que, dans l'hypothèse d'une plainte de la victime avec constitution de partie civile devant le juge d'instruction, le procureur de la République qui doit prendre des réquisitions, peut prendre des réquisitions de non lieu dans une hypothèse particulière. C'est le cas notamment lorsqu'il est établi, de façon manifeste ou aux vues des investigations réalisées, que les faits dénoncés par la victime n'ont pas été commis. De plus, à titre de mesure dissuasive, le juge peut demander le versement d'une consignation, destinée à assurer le paiement d'une éventuelle amende civile à laquelle le plaignant pourrait éventuellement être condamné, en cas de non-lieu ou de relaxe de la personne mise en cause par la victime.

543. En outre, le législateur a prévu qu'en cas de poursuites engagées sur la simple mauvaise foi ou l'intention de nuire, la responsabilité de la victime pourra être engagée pour deux infractions réprimées par le Code pénal : la dénonciation calomnieuse[736] ou la dénonciation mensongère[737]. De plus, le Code de procédure pénale condamne également celui qui agit de façon dilatoire ou abusive au paiement d'une amende civile[738]. Enfin, la loi du 5 mars 2007 est venue limiter le champ d'application du sursis à statuer aux seules actions civiles en réparation du dommage causé par l'infraction pénale désormais prévu par l'article 4 du Code de procédure pénale.

544. La constitution de partie civile a été renforcée récemment. En effet, jusqu'à présent, l'article 575 du Code de procédure pénale alinéa 1 prévoyait que « la partie civile ne peut se pourvoir en cassation contre les arrêts de la chambre de l'instruction que s'il y a pourvoi du ministère public ». Cet article était source de frustration pour les victimes dont le pourvoi en cassation était fonction de celui

[736] Art. 226-10 CP.
[737] Art. 434-26 CP.
[738] Art. 177-2 CPP.

du ministère public. La partie lésée n'était donc pas libre, sur ce point d'agir. La chambre criminelle appliquait strictement ce texte car elle n'admettait qu'une exception à ce principe et c'était le cas dans lequel la chambre de l'instruction avait omis de statuer sur l'un des chefs d'inculpation[739]. En outre, la Cour avait pu estimer que cette disposition n'était pas incompatible avec l'article 6 §1 (droit à un procès équitable) de la Convention européenne des droits de l'Homme car la victime dispose d'un recours devant les juridictions civiles pour faire valoir ses droits[740]. Saisi d'une QPC qui contestait cet article au regard du droit à un recours effectif et du principe d'égalité devant la justice, le Conseil constitutionnel a affirmé, dans une décision du 23 juillet 2010[741], que « la partie civile n'est pas dans une situation identique à celle de la personne mise en examen ou à celle du ministère public » mais que « toutefois, la disposition contestée a pour effet, en l'absence de pourvoi du ministère public, de priver la partie civile de la possibilité de faire censurer, par la Cour de cassation, la violation de la loi par les arrêts de la chambre de l'instruction statuant sur la constitution d'une infraction, la qualification des faits poursuivis et la régularité de la procédure » ; il estime qu'« en privant ainsi une partie de l'exercice effectif des droits qui lui sont garantis par le Code de procédure pénale devant la juridiction d'instruction, cette disposition apporte une restriction injustifiée aux droits de la défense ». L'article 575 est donc abrogé et la victime voit, une fois encore, ses droits et sa place renforcés au sein du système pénal français.

545. Malgré les limites nécessaires apportées par le législateur à l'exercice de la constitution de partie civile, il est indéniable que ce droit est très avantageux pour la victime en ce qu'il lui permet de déclencher les poursuites. Elle est alors l'égale du magistrat du parquet, ce qui conduit nécessairement à une refonte du procès pénal : d'un procès pénal bipartite (personne poursuivie contre ministère public) l'on arrive à un procès pénal tripartite, avec la victime. Ce phénomène ne peut qu'avoir des répercussions sur le fondement même du procès pénal, prenant désormais en compte l'intérêt public et les intérêts privés. Pour autant, force est de s'interroger : cette place de la victime est-elle correcte quant à l'appréhension de la justice pénale ? Le législateur ne devrait-il pas trouver un autre moyen pour faire entrer la victime dans le procès pénal sans lui conférer pour autant d'importance ? Les droits étrangers constituent peut être une piste à étudier. En effet, tous les pays ne connaissent pas la possibilité pour la victime d'être une partie à la procédure. Ainsi, en droit anglais, elle n'est que simple témoin et ne peut réclamer réparation que devant le juge civil[742]. Les Pays-Bas, quant à eux, permettent à la victime, après un classement du ministère public, de saisir la cour d'appel qui entendra les différentes parties et décidera de maintenir le classement ou ordonnera au parquet de poursuivre. Le droit italien a prévu la possibilité pour la victime de faire opposition à la requête de classement, ayant pour effet de

---

[739] Crim. 23 oct. 2007, Bull. n° 249 ; AJ pénal 2008 p. 38, obs. Girault.

[740] Crim. 23 nov. 1999, Bull. n°268.

[741] Cons. Const. 23 juill. 2010, n° 2010-15/23 QPC.

[742] Voir en ce sens J. Pradel, Droit pénal comparé, Dalloz, 3ème éd. 2008, p. 534.

provoquer une audience contradictoire sur les résultats de l'enquête. A son issue, la seule décision de la suite à donner à l'affaire est laissée au juge. Plus originale est la solution adoptée par le législateur japonais. En effet, celui-ci prévoit que ce sont les citoyens, par le biais des comités de surveillance des classements sans suite, qui peuvent inviter le procureur à poursuivre. Il faut en outre soulever que ni l'article 6 de la Convention européenne ni la Cour européenne ne reconnaissent un droit à la mise en œuvre de l'action publique à la victime[743]. Rien ne contraint donc le législateur à donner tant de place à la victime, la doctrine a même pu dire à cet égard qu'il « n'y a rien de naturel à ce que la victime puisse être partie au procès pénal »[744].

546. Ce phénomène se trouve d'autant plus renforcé que la place croissante de la victime lui a ouvert de nombreux droits à tous les stades de la procédure.

§2. La victime, titulaire de droits en pleine expansion

547. Une fois la victime admise dans le procès pénal, encore fallait-il lui donner suffisamment de droits pour qu'elle ne se contente pas d'une simple présence mais puisse réellement influer sur le cours de l'enquête et le déroulement du procès. C'est pourquoi le législateur, sous l'influence aussi des standards européens, a progressivement accru ses droits qui sont désormais presque équivalents à ceux du suspect. Dès lors, la victime possède désormais de larges droits de savoir et d'agir (A). En outre, pour garantir pleinement l'effectivité de ces droits et protéger au mieux la partie lésée, le législateur a, au fil du temps, amélioré le système d'indemnisation des victimes (B).

A. Des droits d'information et d'action renforcés

548. L'article préliminaire du Code de procédure pénale, tel qu'il résulte de la loi du 15 juin 2000, érige en principe l'information de la victime en imposant à l'autorité judiciaire d'informer et de garantir les droits des victimes tout au long de la procédure pénale. Dès lors, l'information de la victime est posée en principe absolu à l'ouverture du Code et se doit d'être valablement mis en œuvre et protégé ; cette déclaration est solennelle, la victime devient alors un véritable acteur du procès. En outre, la victime, une fois informée, se voit reconnaitre un droit qui semble être le corollaire du premier : le droit d'agir. La partie lésée, de par sa qualité de partie à la procédure, dispose d'un certain droit d'action, à l'encontre des autorités policière et judiciaire.

549. Ce postulat de droits accordés à la victime est le fruit d'une lente évolution sous l'égide des textes internationaux et européens. Ainsi, dès 1985, la déclaration des principes fondamentaux de justice relatifs aux victimes de la

---

[743] CEDH 29 oct. 1991, *Helmers c/ Suède*, série A, n° 212-A ; V. aussi sur ce point Procédures pénales d'Europe, sous la dir. de M. Delmas-Marty, PUF, 1995, p. 467.

[744] C. Guéry, Le juge d'instruction et le voleur de pommes : pour une réforme de la constitution de partie civile, D 2003, p. 1575.

criminalité et aux victimes d'abus de pouvoirs reconnaissait déjà, à travers les nombreux thèmes qu'elle abordait, de multiples droits à la victime[745]. Ce premier texte est à compléter avec la Déclaration des droits de l'Homme et du citoyen[746] qui prévoit un droit à un recours effectif en cas de violation de droits fondamentaux, ainsi que par le pacte international relatif aux droits civils et politiques, prévoyant également un recours en cas de violation de « droits et libertés »[747]. Le Conseil de l'Europe a également été une inspiration pour le législateur français, notamment par l'adoption de la Convention européenne relative au dédommagement des victimes d'infraction[748], la décision cadre de 2001 sur le statut des victimes dans le cadre des procédures pénales[749] et par les directives du 22 mai 2012 relative à l'information dans le cadre des procédures pénales[750] et du 25 octobre 2012[751].

550. Fort de ces inspirations, le législateur a d'abord prévu le droit pour la victime d'être assistée par un avocat[752] avant de renforcer ses droits par la loi du 15 juin 2000 et consacrés par le Code. Cependant, ces droits ne trouvent pas la même application selon que l'on se trouve en phase d'enquête ou en phase d'instruction.

551. Lors de la phase d'enquête, la victime, qui est ici qualifiée de victime *ès qualités*[753] c'est-à-dire victime du seul fait qu'elle a subi une infraction et indépendamment des suites de la procédure, dispose d'un large droit d'information. Ainsi, les articles 53-1 (relatif à l'enquête de flagrance) et 75 (relatif à l'enquête préliminaire), imposent aux officiers de police judiciaire d'informer « par tout moyen » la victime de son droit d'obtenir réparation du préjudice subi, de se constituer partie civile de manière initiale ou en se joignant au ministère public, d'être assistée, dans ce cas, d'un avocat, d'être aidée par une association d'aide aux victimes et de saisir la commission d'indemnisation des victimes d'infraction si l'infraction le permet. La loi du 9 juillet 2010 a rajouté un alinéa à ces articles en précisant que l'information de la victime doit également

---

[745] Déclaration des principes fondamentaux de justice relatifs aux victimes de la criminalité et aux victimes d'abus de pouvoir, adoptée le 11 déc. 1985 par les Nations Unies prévoyant notamment : le droit à l'accès aux instances judiciaires, l'assistance de la victime, le droit à l'information, le droit à une réparation complète, équitable et rapide du préjudice, le droit à etre indemnisé par l'intermédiaire de l'Etat, le droit à la protection, le droit à l'assistance judiciaire, matérielle, médicale et psychologique, le droit à être confronté à des services formés et instruits.

[746] DDHC de 1789 et not. la résolution 217 A III du 10 déc. 1948.

[747] Pacte international relatif aux droits civils et politiques, 16 déc. 1966.

[748] Convention relative au dédommagement des victimes d'infractions violentes, 24 nov. 1983.

[749] Décision cadre du 15 mars 2001 sur le statut des victimes dans le cadre des procédures pénales.

[750] Directive 2012/13/UE du 22 mai 2012 relative au droit à l'information dans le cadre des procédures pénales.

[751] Directive 2012/29/UE du 25 oct. 2012 établissant des normes minimales concernant les droits, le soutien et la protection des victimes de la criminalité, JOUE 14 nov. 2012. Ce texte définit les droits minimaux dont jouissent les victimes, quel que soit l'endroit dans lequel elles se trouvent dans l'UE.. Cf. not. C. Fleuriot, Protection des victimes au sein de l'Union européenne : publication d'une directive, D. act. 15 nov. 2012.

[752] Loi du 22 mars 1921.

[753] Selon l'expression de S. Guinchard et J. Buisson, Procédure pénale, Litec, 4ème éd. 2008.

porter sur une mesure de protection si elle est adéquate ainsi que sur le quantum des peines encourues et sur leurs conditions d'exécution.

552. Cette obligation d'information détaillée de la victime pèse également sur le ministère public, toujours au stade de l'enquête. En effet, l'article 40-2 du Code fait obligation au procureur d'aviser « les plaignants et les victimes » des poursuites ou des mesures alternatives aux poursuites qu'il entend décider à la suite de leur plainte ou de leur signalement. Cette obligation d'information de la victime s'impose également au juge d'instruction, qui doit, en cas d'ouverture d'une information, informer la victime sur son droit de se constituer partie civile et donc devenir une véritable partie au procès. Cette obligation est prévue par l'article 80-3. Enfin, la victime doit être informée de la date de l'audience au cours de laquelle sera rendu un jugement[754]. Il est à noter que ce droit d'information accru s'applique tant à l'égard des victimes mineures que majeures.

553. La phase d'enquête ouvre donc un droit d'information assez vaste à la victime concernant la procédure en cours. Cependant, en raison de sa qualité, elle ne dispose pas d'un droit d'action à proprement parler ; elle doit simplement se contenter d'être informée. Il en va différemment de la victime qui s'est constituée partie civile lors de la phase d'instruction.

554. Tout comme la victime *ès qualités*, la victime qui s'est constituée partie civile dispose de nombreux droits d'information. Cependant, comme une information judiciaire est ouverte et que la victime est désormais une véritable partie à la procédure, elle est dotée d'un droit supplémentaire : le droit d'action. Au titre du droit de savoir, l'article 114 alinéa 3 du Code de procédure pénale offre à la victime la possibilité d'obtenir la communication du dossier de la procédure mais avec une réserve : cette communication doit être faite par l'intermédiaire de l'avocat, seul habilité à avoir entre ses mains, « copie de tout ou partie des pièces et actes du dossier ». Cette exigence de transmission uniquement à l'avocat a été rappelée par la Cour de cassation[755] et n'est pas jugée contraire aux dispositions de l'article 6 §3 de la CESDH[756]. Il est de même admis, de jurisprudence constante, que la procédure mise à la disposition du conseil doit, à peine de nullité, être complète et porter sur toutes les pièces de la procédure en l'état où elle se trouve au moment où a lieu la communication.[757] La loi du 15 juin 2000, en son article 84, a modifié l'article 183 du Code, en prévoyant la seconde information à laquelle la partie lésée a droit. Ainsi, la victime a le droit d'être informée des ordonnances de renvoi et de mise en accusation éventuelles. Cette information est complétée par l'article 175 qui prévoit que la partie doit également être avisée de la clôture de l'information et qu'elle dispose de la faculté de formuler des demandes ou de présenter des requêtes. Enfin, l'article 90-1 du Code prévoit qu'en matière criminelle, le juge d'instruction est tenu d'aviser tous les six mois la partie civile de l'état d'avancement de l'information.

---

[754] Art 391 et 393-1 du CPP.
[755] Crim. 22 janv. 2002, n°00-82.215.
[756] Crim. 8 sept. 2009, n° 09-86.298.
[757] Crim. 3 aout 1935, droit pénal 1937, I, 94, note Lenoir ; Crim. 28 juill. 1958, Bull n°589.

555. On le constate donc, le droit d'information de la victime partie civile est plus élargi, plus précis et détaillé que celui de la simple victime. Toutefois, ce qui fait la différence entre ces deux types de victime est l'octroi à la victime partie civile d'un droit supplémentaire, et pas des moindres : le droit d'action.

556. La loi du 4 janvier 1993 et celle du 24 août 1993 ont accordé le droit, que la loi du 15 juin 2000 a encore accru, à la victime d'intervenir plus largement dans le déroulement de l'instruction et de solliciter l'exécution de certains actes qui lui apparaissent nécessaires tant pour la manifestation de la vérité que pour le contrôle de l'instruction.

557. Au titre des droits d'action quant à la manifestation de la vérité, le législateur a offert à la victime le droit de demander l'exécution de tout acte nécessaire. Une évolution a eu lieu sur ce point car jusqu'en 2000, les parties privées n'avaient qu'un droit restreint, accordé en 1993, de participation aux investigations judiciaires : elles pouvaient demander la réalisation de certains actes, mais jamais des actes coercitifs. La loi du 15 juin 2000 est venue étendre cette possibilité et désormais l'article 82-1 du Code prévoit que les parties peuvent demander à ce qu'il soit procédé à « tout acte nécessaire ». Cette demande doit être écrite et le juge d'instruction est en quelque sorte contraint d'y répondre car le texte prévoit qu'en cas de refus, il a l'obligation de rendre « une ordonnance motivée au plus tard dans le délai d'un mois à compter de la réception de la demande ». En outre, la victime peut demander, comme le prévoit l'article 81 alinéa 8 du Code, la réalisation d'un examen médical ou psychologique ou »toutes autres mesures utiles ». Cette dernière possibilité offre à la victime un large choix dans les demandes qu'elle juge utile. Elle peut également formuler une demande d'audition (la sienne ou celle d'un témoin par exemple), des demandes d'interrogatoire, de confrontation ou de transport sur les lieux[758]. Il faut noter que la loi de 2000 a assorti l'exécution de ces demandes à l'obligation de la présence de l'avocat de la victime. Enfin, la victime peut demander la réalisation d'une expertise et le législateur lui a offert la possibilité de préciser dans sa demande « les questions qu' (elle) voudrait voir poser à l'expert. » Le droit d'agir dans le but de la manifestation de la vérité octroyé à la victime lui laisse donc une place de choix dans la procédure, certaines demandes étant alignées sur celles dont dispose le ministère public.

558. Mais le droit fondamental, et peut être le plus important et critiquable, offert à la victime est sans conteste celui qu'elle possède pour contrôler l'instruction. En effet, l'article 175-1, issu de la loi du 4 janvier 1993, prévoit que « la partie civile peut demander au juge d'instruction de prononcer le renvoi ou la mise en accusation devant la juridiction de jugement ou de déclarer qu'il n'y a pas lieu à suivre. » Le texte prévoit en outre que cette demande peut également avoir lieu si « aucun acte d'instruction n'a été accompli pendant un délai de quatre mois. » La lecture de ce texte suscite immédiatement une réflexion : par la reconnaissance de ce droit, le législateur admet que la partie civile puisse

---

[758] Art. 82-2 du CPP.

contrôler la bonne marche de l'instruction et, corrélativement, donner des ordres et demander des comptes au juge d'instruction. Ceci permet donc à la partie lésée d'influer notablement sur le cours et la conduite de l'instruction et peut être d'éviter la prescription de l'infraction. Or, ce droit, très étendu, paraît critiquable : est-il normal que la victime ait un tel pouvoir ? La conduite du procès pénal doit rester entre les mains de personnes expertes ayant suivi une formation spécifique. Accorder un tel droit à la victime ne laisse t-il pas une place importante à la justice vindicative ? Certes, le procès pénal est doté d'une fonction cathartique, destinée à « purger » le mal consécutif à la commission de l'infraction, mais l'octroi d'un tel pouvoir, assez exorbitant il faut le reconnaitre, peut conduire réellement à un certain dévoiement du procès pénal. Cette idée est renforcée par le fait que le texte poursuit en précisant que le juge d'instruction est obligé de répondre, par l'affirmative ou la négative, ou, qu'à défaut, la partie bénéficie d'un droit de saisine directe de la chambre de l'instruction.

559. Après avoir contraint le ministère public à poursuivre en se constituant partie civile, la victime peut contraindre le juge d'instruction quant à la suite à donner à l'information ! Les rôles semblent donc inversés....Cette participation active de la victime a peut être été influencée, entre autre, par la vision qu'adopte le droit international sur la partie lésée. En effet, au niveau international, et notamment devant la Cour pénale internationale, une large participation est accordée à la victime, avec des pouvoirs dans les procédures et une possible mise en mouvement de la procédure pénale[759]. Ainsi, les victimes ont le droit de participer à presque tous les stades des procédures devant la Cour pénale internationale, que ce soit tant dans la phase policière, que dans la phase de réparation et encore durant le procès. Les victimes peuvent ainsi aisément présenter leurs vues et préoccupations, participer aux audiences et même présenter des éléments de preuves. Pourtant, ces droits sont accompagnés de devoirs qui viennent des textes constitutifs de la Cour internationale. Les pouvoirs de la victime sont donc très étendus mais fortement encadrés.

560. Pour autant, le législateur n'aurait-il pas mieux fait d'adopter une vision plus restrictive de la place de la victime dans le procès pénal, à l'instar des droits allemand et anglo-saxon ? En droit allemand[760], en effet, l'idée prédominante est que seule l'autorité judiciaire doit punir les délinquants, la victime est donc exclue, par principe, du procès pénal. Mais, pour contrecarrer cette interdiction, elle est dotée d'un rôle actif en marge du procès, à travers la médiation pénale. Le procès pénal allemand a décidé ainsi de ne pas se prononcer sur la question de la réparation matérielle en tant que peine. La victime dispose cependant d'un droit de gage : elle peut avoir tous les revenus tirés par l'auteur de l'infraction, du fait de la médiatisation de son crime ; le législateur a même prévu une disposition prévoyant que la victime est payée en priorité, avant l'Etat. Mais, mécontente de cette position, quelque peu en retrait, la victime, appuyée par la doctrine, a insisté et le législateur allemand a été contraint de prévoir quelques aménagements. Il a

[759] Cet accroissement de droits est justifié ici au regard de la nature des infractions commises
[760] Cf. not. M. Mérigeau, La victime et le système pénal allemand, RSC 1994, p. 53.

notamment créé une procédure de contrainte en vertu de laquelle la victime peut forcer le ministère public à agir, en l'absence de poursuites, ainsi qu'une plainte parallèle qui permet à la partie de poursuivre son intérêt de vengeance privée en poussant à la condamnation devant le juge pénal. Le droit anglo-saxon, quant à lui, considère la victime comme simple témoin, et ne lui accorde pas de prérogatives au sein du procès pénal.

561. Le législateur français, après avoir octroyé de nombreux droits, tant dans l'information que dans l'action, à la victime d'une infraction pénale est venu créer un système d'indemnisation destiné à améliorer le sort financier des victimes.

B. Une amélioration du système d'indemnisation et de protection des victimes

562. Au titre de la prise en compte croissante de la victime, qui est aujourd'hui au cœur du système pénal de notre pays, le législateur a voulu dès 1977, encadrer strictement le système d'indemnisation des victimes en créant notamment la Commission d'indemnisation des victimes d'infractions, plus communément appelée la CIVI. Pour compléter cette première institution, il en a été créé une seconde, en 2008, c'est le service d'aide au recouvrement des victimes d'infractions (SARVI). Enfin, pour asseoir le statut accordé à la victime, et sa place indiscutable dans le procès pénal, celle-ci s'est vue attribuer un juge spécial, rien que pour elle, en la personne du juge délégué aux victimes, dénommé JUDEVI.

563. La CIVI a été créée très tôt puisqu'elle doit sa création à la loi du 3 janvier 1977. Initialement limitées, ses compétences ont été accrues en majeure partie par la loi du 6 juillet 1990[761]. Le but de cette Commission est de permettre à la victime d'une infraction grave d'obtenir une indemnisation, en dépit de l'absence d'arrestation du coupable, de son défaut de jugement ou encore de son insolvabilité. La finalité de cette institution se comprend aisément au regard de son but : la victime, déjà en situation de faiblesse, l'est d'autant plus car l'auteur des faits n'a pu être condamné, ou ne peut procéder lui-même à son indemnisation ; il faut donc protéger cette victime doublement. Pour autant, n'importe quelle victime ne peut pas saisir la CIVI, cette saisine étant réglementée par le Code de procédure pénale. Peut ainsi saisir la CIVI, la victime d'une infraction contre les personnes, visée à l'article 706-3 du Code[762], ou la victime d'une infraction contre les biens, visée à l'article 706-14 du Code[763]. A la lecture combinée de ces deux textes légaux, une différence dans les conditions de saisine de la CIVI semble se dessiner. Si, pour une victime alléguant une infraction

[761] Voir en ce sens les écrits de A. d'Hauteville, L'esprit de la loi du 6 juillet 1990 relative aux victimes d'infractions, RSC 1991, p. 151 ; P. Mélin, La Commission d'indemnisation des victimes d'infraction et l'appel, JCP 1999, I p. 127.

[762] L'infraction doit avoir entrainé la mort, une incapacité permanente ou une incapacité totale de travail personnel égale ou supérieure à un mois.

[763] Vol, escroquerie, extorsion de fonds, destruction, dégradation ou détérioration d'un bien appartenant à la personne demanderesse.

contre les personnes, l'obtention de la réparation n'est pas soumise à une quelconque condition, il en va différemment pour celle alléguant une infraction à ses biens. Ainsi, pour obtenir réparation de la CIVI, celle-ci va devra prouver deux choses : le fait, d'une part, que l'absence ou l'insuffisance de réparation, la place dans une « situation matérielle ou psychologique grave » et le fait, d'autre part, qu'elle se trouve dans une situation difficile en fonction de ses faibles ressources. Ces conditions sont appréciées et contrôlées strictement par la Cour de cassation. En effet, celle-ci est venue préciser que les juges du fond doivent préciser en quoi les circonstances de l'espèce rendent grave la situation matérielle de la victime[764]. Concernant cette double condition exigée à l'égard des victimes d'infractions contre les biens, la doctrine a pu parler de traitement inégalitaire des victimes devant la CIVI[765]. Pourtant, cette exigence s'explique par la simple différence de gravité de l'infraction en question : une infraction contre les personnes est par définition toujours plus grave, car attentatoire à l'individu, qu'une infraction contre les biens. En somme, il est normal que la victime d'une infraction contre les personnes ne soit pas soumise à des formalités supplémentaires pour obtenir réparation. La procédure de saisine de la CIVI est prévue par les articles 706-5 à 706-6 du Code de procédure pénale.

564. Le second système d'indemnisation ouvert aux victimes d'infractions est le SARVI qui est issu de la loi du 1er juillet 2008[766]. Ce service, ouvert à une victime qui n'est pas éligible à la CIVI, permet à la personne qui le saisit et qui bénéficie d'un jugement en sa faveur d'obtenir l'indemnisation à laquelle elle a droit. Le SARVI est en quelque sorte là pour corriger la lenteur de la justice, en aidant la victime à obtenir un paiement plus rapide et plus facile de la somme à laquelle elle peut valablement prétendre. Une condition est cependant nécessaire quant à la saisine du SARVI : comme il intervient pour l'obtention du paiement du à la victime, sa saisine suppose au préalable qu'un jugement, ayant condamné l'auteur au paiement de dommages et intérêts, ait déjà eu lieu. Il faut également que l'auteur n'ait pas satisfait à son obligation dans un délai de deux mois à compter du rendu de la décision. Une fois ces conditions satisfaites, le SARVI se chargera de récupérer, pour la victime, les sommes dues par le délinquant.

565. Tout est ainsi mis en œuvre par le législateur afin d'indemniser au mieux les victimes d'infraction. Mais, afin de renforcer la place de la victime au sein de procès pénal, ainsi que sa protection, le législateur a créé un juge spécialisé.

566. Créé par le Décret du 13 novembre 2007[767], le juge délégué aux victimes, plus communément appelé JUDEVI, « est chargé de veiller, dans le respect de l'équilibre des droits des parties, à la prise en compte des droits reconnus par la

---

[764] Civ. 2ème, 9 déc. 1999.

[765] Not. B. penaud, L'inégalité des victimes devant la commission d'indemnisation des victimes d'infractions, droit pénal 1999, chron. 22.

[766] Loi n°2008-644 du 1er juill. 2008 créant de nouveaux droits pour les victimes et améliorant l'execution des peines, D. 2008, act. p. 1816, obs. S. Lavric ; procédures 2008, comm. 242, obs. Buisson.

[767] Decret n° 2007-1605 du 13 nov. 2007 instituant le juge délégué aux victimes.

loi aux victimes[768] ». Le garde des sceaux, à l'époque, s'était chargé de proclamer la finalité de ce JUDEVI « remédier à la dispersion des actions et des responsabilités en guidant la victime dans les méandres de l'institution judiciaire ». L'idée est donc claire : une fois positionnée dans le procès pénal, la victime, complètement novice, risque de se perdre dans le panel des actions proposées, il lui faut donc un guide en la personne du JUDEVI. Ce juge doit, en outre, permettre aux victimes de faire valoir pleinement leurs droits, veiller à la protection de ces dernières après la libération du condamné et vérifier la bonne exécution de l'indemnisation. Le JUDEVI est donc un support, une aide pour la victime, à différents stades de la procédure.

567. Pour arriver à ces buts, il dispose de trois missions différentes : des attributions juridictionnelles, des attributions d'administration judiciaire, en ce qu'il fait le messager des victimes auprès des magistrats et du parquet, et enfin des attributions administratives consistant notamment en la vérification de l'information correcte des parties sur les droits dont elles disposent à l'issue de l'audience. Ces missions ont suscité quelques réserves[769], émises avant la publication du Décret, notamment sur le double emploi du JUDEVI et de l'avocat : en effet, n'est-ce pas à ce dernier que revient la tâche de guider la victime ? De contrôler la notification de ses droits et la bonne exécution de l'indemnisation ?

568. Le pouvoir réglementaire a semble t-il pris en compte ces remarques car il n'a pas oublié de spécifier que le JUDEVI agit « en respect de l'équilibre des droits des parties » et que ses fonctions juridictionnelles sont exercées « sans préjudice du rôle de l'avocat ». Cependant, face à un recours exercé par les magistrats, le Conseil d'Etat a annulé les attributions d'administration judiciaire du JUDEVI[770]. Cette annulation met fin aux controverses liées à la fonction de pur messager du JUDEVI, qualifié en ce sens de « passeur, petit télégraphiste entre les victimes et les juges »[771].

569. Face à cette polémique, une réflexion s'impose : la création du JUDEVI était-elle justifiée ? N'est-elle pas une simple création dans le but de satisfaire la volonté croissante de la victime d'être reconnue en tant que tel dans le système pénal ? La compassion éprouvée face à une victime d'infractions justifie t-elle cela ? Nous ne le pensons pas, et la création du JUDEVI, en ce que ses compétences font, pour la plupart, double-emploi avec celles des autres acteurs de la procédure, paraît contestable et quelque peu inutile.

---

[768] Art. D. 47-6-1 CPP.
[769] Not. Ch. Jamin, D. 2007, p. 2228.
[770] CE 28 déc. 2009, n°312314.
[771] S. Guinchard et J. Buisson, Procédure pénale, op. cit. p. 314, n°313.

Conclusion

570. Les études menées tout au long de cette thèse ont permis de mettre en évidence les points positifs et les lacunes de la législation actuelle régissant la procédure pénale en général et la phase préparatoire du procès pénal en particulier. Au regard des critiques demeurant nombreuses sur celle-ci, il est indéniable qu'une réforme, complète et profonde, de la matière doit être menée, à terme par le législateur. Cette réforme ne doit cependant pas se cantonner à des points précis mais à la procédure dans son ensemble. En effet, si réformer complètement la procédure pénale semble aller à l'encontre de deux cent ans de traditions, les réformes ponctuelles et imprécises opérées jusqu'à ce jour ne font que fragiliser la justice pénale et complexifier les rapports entre ses différents acteurs institutionnels. En outre, elles fragilisent la confiance des citoyens en la justice et ce manque de confiance ne peut perdurer dans une société protectrice des droits de l'Homme.

571. Qu'elles que soient les variantes possibles, une réforme de la phase préparatoire du procès pénal devrait s'orienter dans quatre directions :

- La mise en place d'un contrôle effectif du juge et d'une collégialité de l'instruction ;
- La reconnaissance de nouvelles prérogatives à la défense ;
- Une réforme du secret de l'instruction ;
- Une réforme du statut du parquet.

572. Le premier sens dans lequel une réforme de la procédure pénale devrait s'orienter est une certaine reconstruction de la phase d'instruction. Il semble difficile, voire impossible, de supprimer purement et simplement le juge d'instruction ; d'une part parce qu'il fait figure de tradition dans notre système pénal, d'autre part parce qu'à ce jour, aucune autre institution n'est en mesure de donner entière satisfaction quant à son remplacement. Dès lors, la mise en place de la collégialité de l'instruction apparaît être une solution favorable à la bonne administration de la justice afin d'éviter les errements judiciaires[772]. Pour autant,

[772] Au regard de l'actualité récente, il semblerait que la collégialité devrait entrer en vigueur en septembre 2014. En effet, un projet de loi présenté en Conseil des ministres le 24 juill. 2013 remet en avant l'instauration de la collégialité de l'instruction en revenant sur son caractère systématique proposé par la loi du 5 mars 2007. Selon ce nouveau projet, « la collégialité interviendra, de plein droit, à la demande des parties ou des magistrats, et portera sur les seules phases de l'instruction justifiant qu'une décision soit prise par un collège de trois juges. »

la mise en place de la collégialité, sans cesse reportée, demandera du gouvernement un « effort » financier : il est nécessaire de donner les moyens aux juges d'accomplir correctement la tache qui leur est dévolue. Il serait donc de bon augure d'enfin allouer le budget que mérite la justice. En outre, afin de parfaire la phase d'instruction, il serait souhaitable d'offrir au juge des libertés et de la détention les moyens d'exercer un contrôle effectif, réel et notamment au stade de l'enquête. En effet, aujourd'hui, le juge des libertés et de la détention ne dispose que d'un contrôle sommaire, pour ne pas dire inexistant, sur les actes et les mesures pouvant être réalisés au cours de l'enquête. Or, compte tenu des controverses actuelles sur le statut du parquet, il serait judicieux d'offrir à ce magistrat un véritable pouvoir de contrôle et de cantonner ses attributions afin d'éviter qu'il ne soit submergé par les dossiers et, que par manque de temps, il ne puisse mener à bien les taches qui lui incombent. Peut-être faudrait-il également confier à ce JLD le contrôle entier de la garde à vue, dévolu actuellement au ministère public qui demeure, rappelons le, enquêteur et partie poursuivante…

573. La seconde piste de réforme à envisager est sans conteste celle de la reconnaissance de nouvelles prérogatives à la défense. Ce mouvement a été amorcé par la réforme de la garde à vue du 14 avril 2011 mais reste encore timide. En effet, l'accès au dossier à l'avocat n'est pas pleinement satisfaisant, le report éventuel de son intervention décidé par le procureur laisse place au doute…Le législateur aurait du poursuivre pleinement la tendance de renforcement de ces nouveaux droits. Les droits de la défense devraient ainsi être étendus à l'ensemble de la procédure, qu'il s'agisse de demander des actes d'investigation, de soulever des nullités devant le juge, de faire appel dans les mêmes conditions que le parquet, ou d'intervenir à la clôture de l'enquête, afin de garantir pleinement la présomption d'innocence et l'égalité des armes dans le processus pénal. Une telle lacune ne paraît pas conciliable avec les exigences européennes et il apparait nécessaire que le législateur fasse un pas dans ce sens afin d'éviter, d'une part une condamnation par la Cour de Strasbourg et, d'autre part, l'ouverture d'un nombre incalculable de QPC ! En outre, un renforcement des droits de la défense ne serait que bénéfique pour notre système pénal, trop souvent attaqué sur ce point. Au regard de l'actualité récente, il semblerait que ce point fasse l'objet d'une évolution prochaine, si le gouvernement prend en considération le rapport remis en février 2013 par le contrôleur des lieux de privation de liberté[773].

---

[773] Dans son rapport d'activité pour 2012, le Contrôleur général des lieux de privation de liberté fait un bilan du droit au recours des avocats des personnes gardées à vue depuis l'entrée en vigueur de la loi du 14 avril 2011. Le rapport constate que de nombreux procès-verbaux de fin de placement consultés durant les visites du contrôle « montrent que la demande d'assistance d'un avocat est inférieure à la moitié des procédures ». Les contrôleurs ont constaté que « souvent les gardés à vue ne comprennent pas que lorsqu'on leur propose l'assistance d'un « conseil », il s'agit d'un avocat et, quand ils le comprennent, ne savent pas forcément qu'ils n'auront pas à en supporter la charge financière, cette précision leur étant rarement indiquée ». De plus, les délais d'intervention des avocats seraient « très variables, selon leur disponibilité et l'éloignement du lieu de garde à vue (particulièrement vrai en Outre-mer), selon aussi l'organisation du barreau ».Selon les OPJ, certains gardés à vue se demandent à quoi sert l'intervention d'un avocat tandis que d'autres signalent les

574. Le secret de l'instruction mériterait, lui aussi, d'être réformé. Il est commun, depuis plusieurs années, de dire que le secret de l'instruction n'est plus ce qu'il était, qu'il n'est plus qu'un secret de Polichinelle dont tout le monde s'accommode, sans pour autant chercher à le faire évoluer. La question qui se pose dès lors est la suivante : le secret de l'instruction doit-il être gardé, maintenu ? Deux réponses peuvent être apportées ici : la première est positive : oui, le secret de l'instruction doit être maintenu car il en va de l'intérêt général. Tout ne peut être dévoilé, au regard notamment du respect de la présomption d'innocence, de la confidentialité de certaines affaires, et la justice ne doit pas être rendue publique avant même que le jugement ne soit définitif. Des affaires criminelles l'ont montré par le passé : une atteinte manifeste au secret de l'instruction, voire même sa violation, entachent profondément la procédure et l'issue éventuelle du procès. La justice pénale n'a pas à tomber de nouveau dans cet écueil. La seconde réponse qui peut être apportée à la question du maintien d'un tel secret est négative : il ne faudrait pas maintenir le secret de l'instruction car il limite considérablement l'exercice des droits de la défense et ce notamment lorsque deux procédures, civile et pénale, sont déclenchées simultanément. La règle est alors la suivante : le criminel tient le civil en l'état : dès lors, les juridictions civiles ne peuvent se prononcer tant que l'affaire au pénal n'est pas terminée. Si une instruction est en cours au pénal, le respect du secret de l'instruction oblige à ce que rien ne soit dévoilé au cours de l'audience civile. N'y a-t-il pas ici une atteinte certaine aux droits de la défense qui ne peuvent, dans ces conditions, être pleinement effectifs ? En effet, les parties ne pourront, au civil, utiliser des éléments soumis au secret de l'instruction en pénal, pourtant nécessaires à leur défense et au bon déroulement du procès. L'illustration de la recherche délicate d'un certain équilibre est ici parfaite. Dès lors, la réponse à la question du maintien du secret de l'instruction doit être nuancée : un tel secret doit être gardé mais cantonné, aménagé à l'intérêt général afin de préserver les droits de la défense et les intérêts particuliers. Un tel aménagement permettrait

---

difficultés pour joindre un avocat. De leur côté, si les avocats décrivent leurs relations comme « globalement bonnes » avec les fonctionnaires de police, les conditions générales dans lesquelles ils interviennent sont appréciées de manière inégale. Certains signalent des auditions simultanées obligeant à mobiliser plusieurs avocats, d'autres dénoncent des auditions ayant débuté avant l'écoulement d'un délai de 2 heures ou ayant été annulées sans que l'avocat en ait été avisé. Le rapport pointe également les conditions matérielles insatisfaisantes pour l'entretien entre l'avocat et son client : l'absence de local dédié empêche souvent la confidentialité. Enfin, il apparaît difficile pour les avocats d'assurer une continuité d'intervention en cas de renouvellement de la mesure de garde à vue : la permanence au-delà de 48 heures peut poser problème. Ils font part de la difficulté, en cas de prolongation de la garde à vue, d'assister à l'audition d'une personne avec laquelle ils ne se sont jamais entretenus. La situation est identique dans les palais de justice pour les personnes déférées. Le Contrôleur général recommande au législateur de procéder à une modification des articles consacrés aux droits du gardé à vue dans le Code de procédure pénale et l'ordonnance du 2 février 1945 relative à l'enfance délinquante. Il recommande en outre que les ministres de la Justice et de l'Intérieur édictent une nouvelle circulaire relative aux droits des gardés à vue faisant état des dernières jurisprudences depuis l'entrée en vigueur de la réforme.

ainsi de concilier les intérêts antagonistes que le procès pénal tend difficilement à protéger : l'intérêt général et l'intérêt individuel.

575. Concernant la dernière direction, à savoir la réforme du statut du parquet, elle semble, à ce jour, inévitable. En effet, la prise en compte croissante de la jurisprudence de la Cour européenne des droits de l'Homme va conduire, nécessairement, à une telle réforme. Notre procédure pénale ne peut plus continuer à faire office d'exception et risquer une condamnation européenne ; la Cour l'a affirmé clairement, le parquet n'est pas une autorité judiciaire, et l'exemple des pays étrangers le montre aussi : confier l'essentiel des pouvoirs de la phase préparatoire du procès au seul parquetier est critiquable et peut se révéler attentatoire aux droits et libertés de l'individu. Notre parquet cumule à l'heure actuelle une multitude de fonctions et reste sous la tutelle du pouvoir exécutif. Un mouvement de renforcement des garanties d'indépendance et d'impartialité offertes à ce magistrat (quasi-inexistantes à ce jour) semble donc une nécessité, d'autant plus que ses pouvoirs se sont étendus au fil des réformes. En effet, le rôle du parquet doit impliquer qu'aucune suspicion ne puisse peser sur son action. Pour éviter cet écueil, il serait peut être souhaitable de revoir les modalités de nomination des membres du parquet. Ils devraient être nommés après avis conforme du Conseil supérieur de la magistrature (CSM) afin d'éviter tout contentieux relatif à une certaine dépendance vis-à-vis de l'exécutif[774]. Pour cela, il faudrait néanmoins procéder à une révision de l'article 65 de la Constitution prévoyant actuellement les compétences du CSM [775]. Certes la loi constitutionnelle de 2008 prévoit que la formation du CSM, compétente pour le parquet, sera désormais consultée sur toutes les propositions de nomination, y compris celles des procureurs généraux, mais elle se contente de donner un simple avis. Or, dans la majorité des cas, l'avis négatif du CSM n'est pas respecté : ainsi en 2006, sur 10 avis défavorables, 9 n'ont pas été suivis (en 2007, sur 14 avis défavorables 9 n'ont pas été suivis). Le contraste de ce manque d'indépendance n'en est que plus frappant lorsque l'on étudie les régimes adoptés dans nos pays voisins qui ont évolué en sens inverse et, malgré la diversité des statuts du parquet d'un pays à l'autre, tend au renforcement des garanties d'indépendance du parquet. Le souci légitime de simplifier la procédure et d'accélérer le jugement ne doit pas se traduire par un déplacement des pouvoirs au détriment des juges dont l'indépendance est garantie par la Constitution, et au profit d'un parquet qui resterait placé sous les ordres du ministre de la justice. L'instauration d'un parquet européen permettra peut être de revoir plus vite le statut du parquet français. La réforme du statut du parquet semble donc être

[774] La Cour de cassation est d'ailleurs allée dans ce sens. Son procureur général, Jean-Louis Nadal, après avoir déclaré que *"le parquet français doit être revisité"*, a ajouté qu'il faudrait *"couper tout lien entre l'échelon politique et le parquet pour, en ce qui concerne les nominations, enlever le venin de la suspicion"*. (Déclaration faite en 2010, reprise dans un article du journal Le Monde, par Jean-Claude Bécane, ancien membre du Conseil supérieur de la magistrature, le 9 févr. 2011).

[775] Cette hypothèse de réforme constitutionnelle avait déjà été envisagée en 1999 par la Commission Truche mais n'a jamais abouti. Ce projet de loi constitutionnelle avait été soumis au Parlement mais ne l'a jamais été au Congrès.

l'enjeu considérable d'une réforme de la phase préparatoire du procès pénal et il semble que le législateur en ait pris conscience.

576. Ainsi, dans un projet de loi rendu public le 27 mars 2013[776], le ministère de la justice a affirmé sa volonté de réformer les attributions du garde des sceaux et des magistrats du ministère public en matière de politique pénale et d'action publique. Ce projet, qui sera probablement examiné au cours des prochains mois, a pour ambition de modifier les articles 30 et 35 du Code de procédure pénale relatifs à la pratique des instructions individuelles et au contrôle des actions des procureurs par le garde des sceaux et de créer un article 39-1[777]. Ce texte poursuit deux objectifs : mettre fin, d'une part, aux instructions individuelles que le ministre de la Justice peut adresser aux magistrats du parquet et redéfinir, d'autre part, les rapports entre la chancellerie et les parquets et entre les parquets généraux et les procureurs de la République. A ce jour, aux termes de l'article 30 du code de procédure pénale, dans sa rédaction issue de l'article 63 de la loi du 9 mars 2004 portant adaptation de la justice aux évolutions de la criminalité : « Le ministre de la Justice conduit la politique d'action publique déterminée par le gouvernement. Il veille à la cohérence de son application sur le territoire de la République. A cette fin, il adresse aux magistrats du ministère public des instructions générales d'action publique. Il peut dénoncer au procureur général des infractions à la loi pénale dont il a connaissance et lui enjoindre, par instructions écrites et versées au dossier de la procédure, d'engager ou de faire engager des poursuites ou de saisir la juridiction compétente de telles réquisitions écrites que le ministre juge opportunes ». L'alinéa 3 de l'article 30 du Code de procédure pénale accorde donc au ministre de la Justice la faculté de requérir un non-lieu, une relaxe ou un acquittement dans un dossier trop sensible à ses yeux, en transmettant des requêtes et des suggestions aux magistrats chargés de le suivre. Cette faculté est plus communément appelée « instructions individuelles » ou « affaires signalées » dans le jargon de la justice. La mesure emblématique du projet de loi vise à mettre fin à ces instructions individuelles envoyées par la chancellerie aux magistrats du parquet. C'est aussi par là même l'occasion d'ancrer un engagement pris par le gouvernement et matérialisé par une circulaire du 19 septembre 2012[778]. L'alinéa 3 de l'article 30 du Code de procédure pénale devrait ainsi être modifié et disposer désormais que le ministre de la justice « ne peut adresser aux magistrats du ministère public aucune instruction dans des affaires individuelles. » Le garde des sceaux conservera néanmoins la possibilité d'adresser des instructions aux magistrats à condition que celles-ci soient « impersonnelles » et qu'elles soient commandées par la bonne administration de

---

[776] Projet de loi relatif aux attributions du garde des sceaux et des magistrats du ministère public en matière de politique pénale et d 'action publique, consultable sur le site internet Légifrance.

[777] L'art. 3 du projet de loi viendrait ainsi insérer un nouvel art. 39-1 dans le CPP relatif à la mission des procureurs de la République. Il est prévu que ce nouvel article dispose que : « Le procureur de la République met en œuvre dans son ressort la politique pénale définie par les instructions générales du ministre de la justice et du procureur général, en tenant compte du contexte propre au ressort. »

[778] Circ. 19 sept. 2012, JO 18 oct. 2012, p. 16225.

la justice ou la cohérence de la politique pénale[779]. Il est en outre prévu que cette première prohibition s'accompagne d'une réforme du C.S.M et d'une modification du statut des magistrats du parquet destinée à assurer leur indépendance dans des conditions similaires à ce qui est prévu pour les magistrats du siège.

577. Face à ce nouveau projet[780], force est donc de s'interroger sur le bien-fondé de la prohibition des instructions individuelles. En effet, si ce texte constitue, selon le projet de loi, une rupture majeure avec la loi du 9 mars 2004 et permettrait, selon le gouvernement, de redonner aux parquets « le plein exercice de l'action publique », il n'en demeure pas moins qu'une telle décision peut susciter la critique. Ainsi, si une telle initiative est louable afin de renforcer la confiance, trop souvent malmenée, des citoyens en la justice pénale, il n'en demeure pas moins qu'elle semble insuffisante pour garantir l'indépendance dont le parquet a aujourd'hui besoin. Ce projet de réforme s'accompagne en outre d'une réforme du CSM ; or, cette réforme semble, elle aussi, insuffisante. En effet, seules deux mesures sont prévues par ces textes afin de garantir l'indépendance du ministère public : la nomination des magistrats du ministère public sur avis conforme du CSM, l'exécutif gardant *in fine* la main sur leur carrière, et l'interdiction pour le garde des Sceaux de donner des instructions individuelles. Or, ces deux mesures sont déjà en vigueur dans la pratique[781] et l'indépendance du parquet reste encore à prouver…Pourquoi donc réformer ce qui semble déjà être appliqué ? En outre, comme l'a souligné le Syndicat de la magistrature, la prohibition des instructions individuelles écrites ne sera pas l'assurance de voir cesser les « très nombreuses instructions téléphoniques[782] ». Un autre argument peut, de plus, être avancé ici. Comme le souligne un auteur, les instructions individuelles, telles qu'elles sont conçues dans notre droit positif, sont régies par des dispositions propres à prévenir l'arbitraire[783]. Si une suppression devait intervenir, l'Etat français serait « le seul plaideur qui n'aurait pas le droit de donner à son représentant, devant les juridictions judiciaires, les

---

779 A cet égard, il ne sera plus fait référence à la notion d'action publique, la nouvelle rédaction de l'article 30 du CPP faisant état de « politique pénale ».

780 Pour des commentaires, cf. not. P. Lyon-Caen, Vers un parquet indépendant ?, D. 2013, p. 1359 ; J. Pradel, Faut-il supprimer les instructions pénales individuelles du garde des Sceaux au parquet ? A propos du projet de loi adopté en première lecture par l'Assemblée nationale le 4 juin 2013, D. 2013, p. 1361.

781 Comme le précise l'étude d'impact annexée au projet de loi, sous le gouvernement Jospin à partir de 1997, les instructions individuelles avaient disparu. Elles étaient de nouveau pratiquées de 2002 à 2012, sous les présidences de Mr Chirac et Mr Sarkozy et ont de nouveau cessé depuis l'élection de Mr Hollande. Etude d'impact, p. 13.

782 Article publié par le Syndicat de la magistrature sur le site internet humanite.fr, « Indépendance, vous avez dit indépendance ? », 28 mars 2013.

783 L'art. 30 CPP avait d'ailleurs été validé par le Conseil constitutionnel dans sa décision n°2004-492 du 2 mars 2004 qui avait estimé que : « l'article 30 nouveau du Code de procédure pénale, qui définit et limite les conditions dans lesquelles s'exerce l'autorité du ministre de la justice, ne méconnaît pas la conception française de la séparation des pouvoirs ».

instructions qu'il juge à propos dans une affaire qui l'intéresse[784] ». En ce sens, la pratique des instructions individuelles serait donc utile quand le Gouvernement entend donner son avis sur le déroulement ou l'issue d'une procédure[785]. Cette idée se trouve renforcée par les chiffres avancés dans l'étude d'impact annexée au projet de loi ; il semblerait en effet que la pratique de ces instructions soit de l'ordre d'une dizaine chaque année[786]. De surcroît, une interrogation demeure : la fin de la pratique des instructions individuelles suffira t-elle à atteindre les buts escomptés, à savoir garantir l'indépendance totale des parquets et redonner confiance aux citoyens en l'institution judiciaire ? La réponse semble être négative...En effet, il serait utopique de penser que le simple fait de supprimer les instructions individuelles, qui concernent, pour la matière pénale, des statistiques minuscules, suffise à redonner confiance aux citoyens et à redorer le statut du ministère public. Si cette mesure constitue une avancée textuelle, elle sera pour autant insuffisante pour garantir aux parquetiers l'indépendance nécessaire au bon fonctionnement de la démocratie. Ce projet de loi procède ainsi d'une « interprétation approximative du principe d'indépendance de la justice[787] » et ne servira, une fois de plus, qu'à créer de nouveau la polémique autour du statut du parquet et de la phase préparatoire du procès pénal.

578. En tout état de cause, la naissance d'une « bonne » réforme de la phase préparatoire du procès pénal requiert une pause législative afin de pouvoir étudier en profondeur les questions à réformer et prendre le temps de construire une nouvelle procédure respectueuse des droits de l'Homme et tendant à créer un procès pénal « parfait ».

[784] J-H. Robert, L'Etat, privé du droit à l'avocat, JCP G, n° 18, 29 avr. 2013, p. 904.
[785] Et notamment dans le contentieux des procédures collectives devant le tribunal de commerce.
[786] L'étude d'impact montre que ces instructions ont touché divers pans du droit pénal et ont eu pour objet l'enquête et les poursuites, l'imputabilité ou la qualification des faits, l'exercice de voies de recours, le dessaisissement ou le regroupement, l'exécution des peines.
[787] Selon l'expression de Mr. J.-H. Robert, L'Etat privé du droit à l'avocat, art. préc.

Bibliographie

Ouvrages généraux, traités et manuels

- **Ambroise-Castérot C.**, *La procédure pénale*, collection Abrégé Illustré, éd. Gualino, 2007.
- **Ambroise-Castérot C., Bonfils P.**, *Procédure pénale*, PUF, collection « Thémis droit », 2011.
- **Ayea C., Kross J-C, Many D.**, *La garde à vue, mode d'emploi*, Lamy, collection Axe droit, 2011.
- **Borricand J., Simon A-M.**, *Droit pénal, procédure pénale*, 3 éd., Sirey 2002.
- **Bouloc B.**, *Procédure pénale*, précis Dalloz, 22 éd., 2010.
- **Carbasse J-M.**, *Histoire du parquet*, PUF, mai 2000.
- **Carbasse J-M.**, *Histoire du droit pénal et de la justice criminelle*, PUF, collection « Droit fondamental », 2006.
- **Charon J-M et Furet C.**, *Un secret si bien violé. La loi, le juge et le journaliste*, éd. Du Seuil, oct. 2000.
- **Courtin Ch. (sous la dir. scientifique de***)*, *La réforme de la garde à vue*, éd. L'Harmattan, coll. Droit privé et sciences criminelles, 2012.
- **Courtin Ch. (sous la dir. scientifique de**), *La QPC et la matière pénale*, ed. Bruylant, coll. Procédure(s), janv. 2013.
- **Dalle H., Danet J., Janas M., Molins F., Rinuy L., Saint-Pierre F., Schwendener M.**, *Le nouveau procès pénal après la loi Perben II*, Journée d'études Dalloz, Dossiers, Dalloz, 2004.
- **Danet J**., *Justice pénale, le tournant*, Gallimard, coll. Folio Actuel, 2006.
- **Danet J**., *La justice pénale, entre rituel et management*, PUR, 2010.
- **Delmas-Marty M**. (sous la dir de.), *Procédures pénales d'Europe*, PUF, coll Thémis droit privé.
- **Desportes, Lazerges-Cousquer**, *Traité de procédure pénale*, Economica, 2009.
- **Donnedieu de Vabres**, *Droit criminel*, 2ème edition, 1943.
- **Eliacheff C, Soulez-Larivière D**., *Le temps des victimes*, Albin Michel, 2007.
- **Esmein A**., *Histoire de la procédure criminelle en France et spécialement de la procédure inquisitoire, depuis le XIIIème siècle jusqu'à nos jours* (1882), rééd. 2010, coll. Les introuvables, Lextenso.

- **Farcy J.-C.**, *L'histoire de la justice française de la Révolution à nos jours,* PUF, coll. Droit et justice, 2001.
- **Fourment F**., *Procédure pénale*, ed. paradigme, publication universitaire, 4ème ed. 2002, 2003.
- **Garé T., Ginestet C.**, *Droit pénal, procédure pénale*, Dalloz, coll. HyperCours 6ème édition.
- **Garraud R.**, *Traité théorique et pratique d'instruction criminelle et de procédure pénale*, 3ème éd. Sirey, 1912, t. 3.
- **Giudicelli-Delage G, Lazerges C (sous la direction de)**, *La victime sur la scène pénale en Europe* ; ¨PUF, collection « Les voies du droit », 2008.
- **Guinchard S., Buisson J.**, *Procédure pénale*, manuel, Lexis Nexis, 7eme édition, 2011.
- **Grou-Radenez F**., *La médiation pénale, une source d'humanisation de la justice*, Buenos Books International, 2010.
- **Grunvald S. et Danet J.**, *La composition pénale, une première évaluation,* L'harmattan, 2004.
- **Hélie F**., *Traité de l'instruction criminelle*, 2ème éd. 1866, tome 1.
- **Herzog-Evans M.**, *Procédure pénale*, Vuibert, 2ème éd. 2009.
- **Laingui A. et Lebigne**, *Histoire du droit pénal, tome 2 : la procédure criminelle*, Cujas, 1978.
- **Larguier J., Conte P.**, *Procédure pénale,* Dalloz, collection « Mémentos », 22eme édition, 2010.
- **Leroy J.**, *Procédure pénale*, LGDJ, 2009.
- **Lopez G., Portelli S., Clément S.**, *Les droits des victimes, droits, auditions, expertise, clinique*, Dalloz, 2ème éd., 2007.
- **Mbanzoulou P**, *La médiation pénale*, L'Harmattan, coll. La justice au quotidien, 2004.
- **Merle R., Vitu A.**, *Traité de droit criminel, Tome II : procédure pénale*, Cujas, 5éme édition, 2001.
- **Muyart De Vouglans P-F,** *Institutes au droit criminel*, éd. Le Breton, imprimeur du Roi, 1757, p. 217.
- **Ost F**., *Dire le droit, faire la justice*, Bruylant, 2ème éd., Coll. Penser le droit, 2012.
- **Perrodet A.**, *Etude pour un ministère public européen*, LGDJ, 2011.
- **Pradel J.,** *Le juge d'instruction*, Dalloz, Coll. Connaissance du droit, 1996.
- **Pradel J. et Corstens G**., *Droit pénal européen*, Dalloz, 2ème éd. 2002.
- **Pradel J.**, *Procédure pénale*, Cujas, 15ème éd. 2010.
- **Pradel J**., *Droit pénal comparé*, Dalloz, 3ème éd. 2008.
- **Primot L.**, *Le concept d'inquisitoire en procédure pénale –Représentation, fondements et définition*, LGDJ, coll. Biblio. Sc. Crim., 2010.
- **Rassat M-L.**, *Procédure pénale*, Ellipses, collection « Université droit », 2010.
- **Renault-Brahinsky C.**, *Procédure pénale*, manuels, éd. Gualino, 2008.

- **Renucci J-F.**, *Traité de droit européen des droits de l'Homme*, LGDJ, 2012.
- **Renucci J-F.**, *Manuel de droit européen des droits de l'Homme*, LGDJ, 2013.
- **Saint-Pierre F.**, *Le guide de la défense pénale*, Dalloz, 6eme édition, 2011-2012.
- **Salas D.**, *Du procès pénal*, PUF, 2010.
- **Schwartz L.**, *Petit manuel de garde à vue et de mise en examen*, Arléa, 2002.
- **Soyer J-C**, *Droit pénal et procédure pénale*, L.G.D.J, 19 éd., 2006.
- **Sudre F.**, *La convention européenne des droits de l'Homme*, PUF, coll. Que sais-je ?, 8ème éd. 2010.

Chroniques, articles, observations et notes de jurisprudence

- **Ader B.**, *Le renforcement de la présomption d'innocence et l'aménagement du secret de l'instruction. L'extension des droits de la victime et la protection de la dignité. La relation justice – media*, RSC 2001, p. 71.
- **Alix J.**, *Les droits de la défense au cours de l'enquête de police après la réforme de la garde à vue : état des lieux et perspectives*, D. 2011 p. 1699.
- **Alliot-Marie M.**, *Pour une refondation de la procédure pénale*, AJ Pénal 2010, p. 158.
- **Alt-Maes F.**, *La contractualisation du droit pénal, mythe ou réalité*, RSC 2002, p. 501.
- **Ambroise-Castérot C.**, *Aveu*, Répertoire de Droit pénal, D. 2004.
- **Andriant Simbazovina J.**, *Bien lus, bien compris, mais est-ce bien raisonnable ? Toujours à propos du droit à un procès équitable et du « Ministère public. »*, D. 2004, n° 11, Chron., p. 886.
- **Ascensi L.**, *Le ministère public est-il une autorité judiciaire ?* AJ pénal 2011 p. 198.
- **Astaix A.**, *Le Sénat adopte la proposition de loi pour la simplification du droit*, D. 2009, p. 863.
- **Aubert B. et Saas C.**, *Les échos entre cours suprêmes*, AJ pénal juin 2011, p. 277.
- **Auvret P**. *Le journaliste, le juge et l'innocent*, RSC 1996, p. 625.
- **Bachelet O.**, *Garde à vue et champ temporel des droits de la défense : la palinodie de la chambre criminelle*, Gaz. Pal. 7 juin 2011, n°158, p. 7.
- **Bachelet O.**, *Constitutionnalité de l'extension du champ d'application du « plaider-coupable » ou l'inexorable montée en puissance du parquet* », Lettre Actualités Droits-Libertés du CREDOF, 21 déc. 2011.
- **Baldes O.**, *Inscription de l'inceste sur mineurs dans le Code pénal*, JCP G. 2010, n°7, p. 181.
- **Baillet F.**, *Le juge d'instruction en sursis ?*, Gaz. Pal., janv. 2006.
- **Beauvais P. et Massé M.**, *Questions prioritaires de constitutionnalité : nouvelles perspectives*, AJ pénal juin 2011, p. 274.

- **Besson A**. *Esquisse d'une rénovation de notre procédure pénale*, D. 1855, chron. p. 55.
- **Besson A.,** *L'origine, l'esprit et la portée du Code de procédure pénale,* RSC 1959, p. 271.
- **Blanc A.**, *L'audience pénale,* AJ pénal 2009, p. 396.
- **Bonfils Ph.,** *La participation de la victime au procès pénal, une action innommée*, mélanges Pradel, Cujas 2006, p. 179.
- **Bonfils Ph**., *Faut –il changer notre procédure pénale ?* D. 2010, p. 158.
- **Bonfils Ph.,** *Il faut sauver la jurisprudence Laurent-Atthalin*, Dalloz 2010, n°19, p. 1153.
- **Bonfils Ph**., *Loi n°2010-121 du 8 févr. 2010 tendant à inscrire l'inceste commis sur les mineurs dans le Code pénal et à améliorer la détection et la prise en charge des victimes d'actes incestueux*, RSC 2010, p. 462.
- **Bonfils Ph.**, *La loi LOPSSI 2 et le droit pénal des mineurs*, D. 2011, p. 1162.
- **Bonfils Ph**., *La réforme du droit pénal des mineurs par la loi du 10 août 2011*, D. 2011, p. 2286.
- **Bouloc B.**, *Que penser des propositions du « comité Léger « ?*, D. 2009 p. 2264.
- **Buisson J.**, *La garde à vue dans la loi du 15 juin 2000*, RSC 2001, p. 25.
- **Buisson J.,** *Présentation de la loi du 23 janvier 2006*, Procédures 2006, comm. n°143.
- **Buisson J**., *Equilibre de la procédure pénale*, Procédures 2007, Etudes n°4, p. 5.
- **Buisson J**., *Audition d'un témoin assisté, conditions*, RSC 2009, p. 896.
- **Buisson J.,** *Simplification de la procédure pénale ; une loi destinée à clarifier plus qu'à simplifier le droit ?,* procédures 2009, comm. 209.
- **Buisson J.,** *Protection du secret des sources des journalistes*, Procédures 2010, comm. n°45.
- **Bussy Fl.**, *Nul ne peut être juge et partie*, D. 2004, n°25, Chron., p. 1745.
- **Bussy Fl.,** *L'attraction exercée par les principes directeurs du procès civil sur la matière pénale,* RSC 2007, p. 39.
- **Bussy Fl**., *Justice et médias*, D. 2010, p. 2526.
- **Carcassonne G et Molfessis N**., *La Cour de cassation à l'assaut de la question prioritaire de constitutionnalité*, Le Monde, 23 avr. 2010.
- **Cario R**., *De la victime oubliée....à la victime sacralisée ?* AJ Pénal 2009, p. 491.
- **Casile-Genevieve G**., *Nouvelles orientations de la loi du 5 mars 2007 tendant à renforcer l'équilibre de la procédure pénale*, RPDP, Octobre 2007, n° 4, p. 803.
- **Casorla F**. *La victime et le juge pénal*, droit pénal 2003, p. 639.
- **Cassia P**., *Les gardes à vue « particulières » ne sont plus conformes à la Constitution*, D. 2010, p. 1949.

- **Cassia P et Saulnier-Cassia E.**, *Imbroglio autour de la QPC*, Dalloz 27 mai 2010, chronique 20.
- **Cere J-P.**, *De la composition pénale à la comparution sur reconnaissance préalable de culpabilité : le « plaider coupable » à la française*, AJ Pénal 2003, p. 45.
- **Chambon P.**, *Analyse et réflexions sur la loi n°85-576 du 9 juillet 1984*, JCP 1985, I, p. 3174.
- **Chambon P.**, *La loi n°89-461 du 6 Juillet 1989 modifiant le Code de procédure pénale et relative à la détention provisoire : analyse et réflexions*, JCP 1989, I, 3417.
- **Chambon P.**, *Analyse et commentaire de la loi du 10 juillet 1991 relative au secret des correspondances émises par la voie des télécommunications*, ALD 1991, p. 173.
- **Charbonneau C. et Pansier F.-J**, *Présentation de la loi du 18 mars 2003 pour la sécurité intérieure : de la LSQ à la LSI*, Gaz. Pal. 27 mars 2003, Doctrine, p. 2.
- **Charbonnier M-E.**, *Le Lièvre et la Tortue*, AJ pénal 2009, p. 95.
- **Chariot P et Borand C.**, *L'intervention du médecin en garde à vue : le chemin sinueux vers une harmonisation des pratiques*, AJ pénal 2008, p. 265.
- **Charvet D.**, *Réflexions autour du plaider-coupable*, D. 2004, n°34, Chron. p. 2517.
- **Chavagnon A.**, *La protection des sources des journalistes : la décevante loi n°2010-1 du 4 janvier 2010*, D. 2010, p. 275.
- **Chrestia Ph.**, *La loi du 23 janvier 2006 relative à la lutte contre le terrorisme : premières observations*, D. 2006, p. 1409.
- **Circulaire du SADJPV du 9 Octobre 2007** relative aux droits des victimes dans le procès pénal et à leur mise en œuvre.
- **Coche A.**, *Le comité de réflexion sur la justice pénale ou les droits perdus du justiciable ? (à propos de la phase préparatoire du procès pénal)*, D. 2009, p. 2765.
- **Colomb C.**, *Nullité de la détention provisoire*, AJ pénal 2005, p. 185.
- **Colson R.**, *La fabrique des procédures pénales, comparaison franco-anglaise des réformes de la justice répressive*, RSC 2010, p. 365.
- **Combles de Nayves P.**, *Garde à vue : précision d'importance !* AJ pénal 2011, p. 83.
- **Conseil national des barreaux**, *Réforme et suppression du juge d'instruction : appel à contribution auprès des barreaux*, communiqué du 9 févr. 2009, JCP éd. Générale n°8, actualité n° 98.
- **Conte P.**, *Un aspect de l'apparence vraisemblable au stade policier de la procédure pénale (aperçu sur la notion d'apparence en procédure pénale)*, RSC 1985, p. 471.
- **Conte P.**, *Pour en finir avec une présentation caricaturale de la présomption d'innocence*, Gaz. Pal. 2-3 juin 1995, p. 22.

- **Conte P**. *Les galeux de la République, à propos de l'affaire d'Outreau*, JCP G 2006, I p. 101.
- **Conte P.**, *Les propositions du pré-rapport du comité de réflexion sur la justice pénale,* droit pénal 2009, n°6, étude 11.
- **Conte P.**, *« L'action pénale » en lévitation*, Recueil Dalloz 2010, p. 774.
- **Courtin Ch.**, *L'enregistrement audiovisuel des interrogatoires du suspect*, AJ pénal 2010, p. 490.
- **Courtin Ch.,** *Inconstitutionnalité du défaut d'enregistrement des interrogatoires en matière de criminalité organisée*, D. 2012, p. 1376.
- **Danet J. et S. Grunvald**, *Brèves remarques d'une première évaluation de la composition pénale,* AJ pénal 2004, p. 196.
- **Danet J**., *La CRPC : du modèle législatif aux pratiques... et des pratiques vers quel(s) modèle(s) ?,* RSC 2005, p. 433.
- **Danet J.,** *La contribution à sa propre incrimination sans assistance d'un avocat ne peut avoir de force probante, pas même valeur de preuve « corroborante »,* note sous Crim., 11 mai 2011, n°10-84.251, RSC 2011, p. 414.
- **Danet J.,** *Le nouvel alinéa de l'article préliminaire du code de procédure pénale nous prémunit-il des erreurs judiciaires ?* AJ pénal 2011, p. 331.
- **Danet J**., Garde à vue, une non-conventionalité bien réelle, RSC 2011, p. 144.
- **Danet J**., *L'intérêt gestionnaire pour la visioconférence ne doit pas aveugler...*AJ pénal 2012, p. 197.
- **Danet J.**, *Constitutionnalité, non-conventionalité et application de la loi nouvelle sur la garde à vue*, RSC 2012, p. 185.
- **Decocq A.,** *L'avenir funèbre de l'action publique*, Mélanges Terré, éd. Dalloz, Puf et juris-classeur, 1999, p. 786.
- **De Montgolfier J –F**, *Le Conseil constitutionnel et la justice pénale des mineurs*, nouveaux cahiers du Conseil constitutionnel 2011, p. 195.
- **Defferrard F.,** *La dénaturation du « plaider coupable* », droit pénal, juill-aout 2009, Etudes n°13.
- **Delage P.J**, *De la bonne administration de la procédure de « plaider-coupable* », droit pénal oct. 2008, Etudes n°23.
- **Delage P.J**, *« Plaider coupable » : la clarification par l'entérinement des pratiques*, D. 2009, p. 1650.
- **Delage P-J.**, *Vers une harmonisation jurisprudentielle en matière de nullités de la garde à vue*, D. 2010, p. 245.
- **Delmas-Marty M.**, *Une nouvelle procédure pénale ?,* RSC 2001, p. 3.
- **Detraz S.**, *La prétendue présomption d'innocence*, droit pénal 2004, chron. n°13.
- **Detraz S.**, *Le nouveau dispositif de recevabilité de plainte avec constitution de partie civile*, JCP 30 janv. 2008, n°5, doctr. 111.
- **Detraz S.**, *Plus d'attention portée aux victimes*, JCP G 7 janv. 2013, p. 8.

- **Descot N.**, *La participation effective du majeur protégé au procès pénal après la loi du 5 mars 2007,* AJ pénal 2008, p. 21.
- **Dintilhac J-P**, *Roles et attributions du procureur de la République,* RSC 2002, p. 35.
- **Divier P.F.**, *L'instruction pénale française à l'épreuve du « procès équitable » européen*, D. 2004, p. 2948.
- **Donnedieu de Vabres H.**, *Réforme de l'instruction préparatoire*, RSC 1949, p. 499.
- **Donnedieu de Vabres H.**, *Le projet de réforme de l'instruction préparatoire*, D. 1950, chron. p 37.
- **Dossier « *Procès, exécution des peines* : *la nouvelle place de la victime* »**, AJ pénal 2008, p. 349.
- **Dossier spécial sur l'expertise**, AJ pénal 2011, p. 552.
- **Dreyer E.**, *La médiation pénale, objet juridique mal identifié*, JCP 2 avril 2008, n°14, I, 131.
- **Dreyer E.**, *Secret des sources des journalistes : à propos de la loi du 4 janvier 2010,* JCP 2010, n°3, p. 40.
- **Edmond-Mariette P et Lavielle B.**, *Des maux aux actes, Outreau et puis... rien* ? AJ pénal 2006, p. 159.
- **Escaich**, *Redonnez au juge d'instruction de véritables pouvoirs ; réformes nécessaires ; reformes possibles*, REV.APM, avr-juin 1985, p. 3.
- **Escaich**, *Réforme ou suppression du juge d'instruction*, Vie jud. 27 mai/2 juin 1985, p. 8.
- **Favoreu L.**, *Brèves observations sur la situation du parquet au regard de la Constitution*, RSC 1994, p. 675.
- **Fourgoux J.-Cl.**, *Un espace judiciaire contre la fraude communautaire : un Corpus juris entre rêve et réalité*, D. 1997, chron. p. 348.
- **Fricero N.**, *Sources journalistiques : un secret bien gardé !* Gaz. Pal. 21 janv. 2010, n°21, p. 15.
- **Gagnoud P et Robert L.**, *Réforme de la garde à vue : évolution ou révolution ?.*, Gaz. Pal. 24 mai 2011, n°144, P. 13.
- **Garde-Lebreton S.**, *L'enregistrement des interrogatoires : un rééquilibrage des forces pendant la garde à vue*, AJ pénal 2007, p. 462.
- **Garé T.**, *Les droits de la défense en procédure pénale*, dans R. Cabrillac, M-A Frison-Roche et T. Revet, Libertés et droits fondamentaux, 14 eme. Ed. Dalloz, 2008, n° 674.
- **Garrec M.**, *La juridiction d'instruction est-elle indispensable* ? JCP 1986, I, 3266.
- **Ghaleh-Marzban P.**, *Le parquet européen : l'utopie devient-t-elle enfin réalité ?,* AJ pénal 2010, p. 539.
- **Georget V.**, *Un an d'instruction préparatoire octobre 2010-octobre 2011*, Droit pénal, janvier 2012, p. 26.

- **Gindre E**., *Une révolution jurisprudentielle en trompe l'oeil : les décisions de non conventionalité des régimes de garde à vue au regard des droits de la défense*, RSC 2010, p. 879.
- **Girault C**., *Inconventionnalité de la garde à vue : forclusion de la requête en nullité,* AJ pénal 2012, p. 43.
- **Giudicelli A**., *Le témoin assisté et la personne mise en examen : vers un nouvel équilibre ?* RSC 2001, p. 43.
- **Giudicelli A.,** *La garde à vue dans la législation autrichienne*, RSC 2011, p. 59.
- **Giudicelli A.**, *Le Conseil constitutionnel et la garde à vue : « puisque ces mystères nous dépassent, feignons d'en être l'organisateur »* RSC 2011, p. 139.
- **Giudicelli A.,** *Le ministère public n'est pas une autorité judiciaire au sens de la Convention de sauvegarde des droits de l'homme : quelles conséquences sur le contrôle de la garde à vue ?*, RSC 2011 p. 142.
- **Granier J**., *La partie civile au procès pénal*, RSC 1958, p. 1.
- **Guérin C**. *Un nouveau principe : la cessation de la garde à vue en cas d'état de santé incompatible, JCP 2010*, n°4, p. 85.
- **Guéry Ch**, *Aux confins du droit et de la procédure pénale : la relative liberté de qualification du juge d'instruction*, D. 1996, p. 335.
- **Guéry Ch**, *Le juge d'instruction et le voleur de pommes : pour une réforme de la constitution de partie civile*, D. 2003, p. 1575.
- **Guéry Ch**. *Le juge des libertés et de la détention : un juge qui cherche à mériter son nom…*D. 2004, p. 583.
- **Guéry Ch**. *L'avenir du suspect*, AJ pénal 2005, p. 232.
- **Guéry Ch,** *De la nécessité accrue, pour le témoin assisté, de l'être bien…*, AJ pénal 2005 p. 111.
- **Guéry Ch**, *J'instruisais, tu instruisais…Nous instruisons*, AJ pénal 2006, p. 340.
- **Guéry Ch**., *La loi du 5 Mars 2007 et l'instruction préparatoire*, AJ Pénal 2007 p. 105.
- **Guéry Ch.**, *Les pouvoirs de la chambre de l'instruction et la liberté du magistrat instructeur*, D. 2007, p. 603.
- **Guéry Ch**, *Une instruction sans fin*, AJ pénal 2007, p. 271.
- **Guéry Ch.,** *La fin de l'instruction*, AJ pénal 2007, p. 319.
- **Guéry Ch.,** *La vie nouvelle (et difficile) de Jésus Padoté*, AJ pénal 2008, p. 226.
- **Guéry Ch**., *Le renvoi aux fins de CRPC*, AJ pén. 2013, p. 86.
- **Guinchard S**., *Les moralistes au prétoire*, Mélanges J. Foyer, PUF, 1997, p. 477.
- **Guinchard S**., *Les métamorphoses de la procédure à l'ombre du IIIe millénaire, in* Université Panthéon-Assas, Clés pour le siècle, Dalloz, coll « Mélanges » 2000.

- **Guinchard S.**, *Menaces sur la justice des droits de l'Homme et les droits fondamentaux de la procédure*, Mélange Normand, Litec 2003, p. 209.
- **Jamin C.**, *Avocats et juge délégué aux victimes : les méfaits de l'Etat paternel*, D. 2007, p. 2228.
- **Jean J-P**, *Le ministère public entre modèle jacobin et modèle européen*, RSC 2005, p. 670.
- **Jean J.-P**, *Politique criminelle et nouvelle économie du système pénal*, AJ pén. 2006 p. 473.
- **Jean J-P**, Le *ministère public français au regard des justices pénales d'Europe*, AJ Pénal 2011, p. 106.
- **Joseph-Ratineau Y.**, *Contractualisation de la procédure pénale et liberté procédurale du parquet*, D. 2008, p. 1035.
- **D'Hauteville A**. *L'esprit de la loi du 6 juillet 1990 relative aux victimes d'infractions*, RSC 1991, p. 149.
- **D'Hauteville A.**, *Les droits des victimes dans la loi du 15 juin 2000*, RSC 2001, p. 107.
- **Herzog-Evans M.,** *Garde à vue : l'interprétation exclusive des officiers de police judiciaire,* AJ pénal 2005, p. 409.
- **Joseph-Ratineau Y.**, *Contractualisation de la procédure pénale et liberté procédurale du parquet*, Recueil Dalloz 2008, p. 1035.
- **Joseph-Ratineau Y.**, *De quelques difficultés issues de la légalisation de la double convocation dans le cadre de la CRPC*, JCP 7 sept. 2009. 230.
- **Karsenty D**. *Réflexions sur la mise en œuvre des pôles de l'instruction au regard des droits fondamentaux*, JCP 2008, I, p. 121.
- **Kriegk J.-Fr,** *Quel ministère public européen ? Quel espace judiciaire européen ?*, LPA 25 avr. 2011, p. 4.
- ***La réforme de la garde à vue***, Actes du colloque, 17 juin 2011, Strasbourg, Gaz. pal., juill. 2011, n°187 et 188.
- **De Lamy B.,** *La loi n°2004-204 du 9 mars 2004 portant adaptation de la justice aux évolutions de la criminalité (crime organisé-efficacité et diversification de la réponse pénale)*, D. 2004, p. 1910 et p. 1982.
- **De Lamy B.,** *Le juge des libertés et de la détention : un trompe l'œil ?* Droit pénal 2007, Etudes n° 13.
- **De Lamy B**. *L'avancée des garanties en matière de garde à vue ou la consécration d'un basculement de la procédure pénale vers la phase policière ?*, RSC 2011, p. 165.
- **De Lamy A**. *La fin de la saga « garde à vue » ?*, RSC 2012, p. 217.
- **Larguier J.,** *L'action publique menacée* ; D. 1958, chron. p. 29.
- **Lasserre-Capdeville J.**, *Demande de report d'audience et droit à l'assistance d'un avocat*, AJ pénal 2011, p. 137.
- **Lasserre-Capdeville J.,** *La CRPC : présentation et interrogations juridiques*, Gaz. Pal. 31 déc 2011, n°365, p. 5.

- **Lavielle B**., *Polichinelle et son secret : pour en finir avec l'article 11 du Code de procédure pénale*, AJ pénal 2009, p. 153.
- **Lavric S**., *Juge délégué aux victimes : pour quoi faire* ?, AJ pénal 2007, act. p. 408.
- **Lavric S.,** *Simplification du droit en matière pénale*, D. 2009, act. p. 1338.
- **Lavric S**., *Réforme de la procédure pénale : remise du rapport Léger*, Recueil Dalloz 2009, p. 2029.
- **Lavric S**., *Instruction des affaires pénales : étude de législation comparée*, Dalloz actualité 17 mars 2009.
- **Lavric S.,** *Obligation d'enregistrement des gardes à vue : quelle étendue ?*, D. 2009, p. 620.
- **Lavric S.**, *Rapport d'étape sur la phase préparatoire du procès pénal*, Recueil Dalloz 2009, p. 718.
- **Lavric S.**, *Instruction des affaires pénales : étude de législation comparée*, Dalloz actualité, 17 mars 2009.
- **Lazerges C.**, *Le renforcement de la protection de la présomption d'innocence et des droits des victimes histoire d'une navette parlementaire,* RSC 2001, p. 7.
- **Lazerges C**., *La dérive de la procédure pénale*, RSC 2003, p. 644.
- **Lazerges C.**, *Le rapport Léger : analyse des propositions*, AJ pénal 2009, p. 385.
- **Lazerges C**., *La tentation du bilan 2002-2009 : une politique criminelle du risque au gré des vents*, RSC 2009, p. 689.
- **Lazerges C.,** *Les désordres de la garde à vue*, RSC 2010, p. 275.
- **Lazerges C**., *La question prioritaire de constitutionnalité devant le Conseil constitutionnel en droit pénal : entre audace et prudence*, RSC 2011, p. 193.
- **Lebois-Happe J**., *Continuité et discontinuité dans les nouvelles réformes de la procédure pénale*, JCP 2007, I, 180.
- **Leblois-Happe J.,** *Quelle collégialité pour l'instruction en 2010* ?, Recueil Dalloz 2008, p. 2101.
- **Le Borgne J-Y.**, *Le rapport Léger, le poids de l'habitude et la peur de la nouveauté*, AJ pénal 2009, p. 400.
- **Leclerc H.**, *« Le temps de la réflexion est indispensable »*, AJ pénal 2010, p. 167.
- **Le Gunehec F**., *Loi n°2004-204 du 9 mars 2004 portant adaptation de la justice aux évolutions de la criminalité*, JCP 2004, p. 177, 188 et 200.
- **Lelieur J.**, *L'accroissement du rôle du parquet dans la garde à vue*, AJ pénal 2010, p. 483.
- **Lemonde M.**, *Le juge des libertés et de la détention : une réelle avancée ?* RSC 2001, p. 51.
- **Lennon J-L.**, *Les aspects coercitifs et intrusifs de l'enquête préliminaire ou l'effritement de la distinction entre enquête de flagrance et enquête préliminaire*, Droit pénal 2007, Etudes n°21.

- **Lepage A.**, *Réflexions sur l'inscription de l'inceste dans le Code pénal par la loi du 8 février 2010*, JCP G. 2010, n°12, p. 609.
- **Leroy J.**, *La décision du conseil constitutionnel sur la nouvelle garde à vue : une décision dérangeante*, Revue de droit pénal, janvier 2012, p. 22.
- **Lesclous V.**, *Un an de droit de la garde à vue*, Dr. Pén. 2009, n°9, chron. 8.
- ***Les rencontres de Créteil, demain le ministère public, justice ou République ?***, Actes du colloque du 27 septembre 2007, Faculté de droit de Paris 12, RSC 2008, p. 232.
- **Leturmy L.**, *De l'enquête de police à la phase exécutoire du procès : quelques remarques générales sur l'expertise pénale*, AJ pénal 2006, p. 58.
- **Levade A.** *Renvoi préjudiciel versus QPC : la Cour de cassation cherche le conflit !*, D. 2010, note 1254.
- **Lienhard C.**, *La loi n°2003-239 du 18 mars 2003 pour la sécurité intérieure-Les nouvelles infractions-Les nouveaux rôles, moyens et outils des différents acteurs de la sécurité*, JCP 2003, p. 185 et 279.
- **Lienhard C.**, *La loi relative à la lutte contre le terrorisme et portant dispositions diverses relatives à la sécurité et au contrôle frontalier*, JCP 2006, act.- aperçu rapide, p. 113.
- **Lienhard C.**, *Le juge délégué aux victimes*, D. 2007, p. 3120.
- **Luc J.**, *De la présomption d'innocence à la présomption de charges ou l'étrange réforme de la procédure pénale de Maitre Vauzelle*, Gaz. Pal. 14-16 mars 1993.
- **Lucazeau G.**, *Le délai raisonnable est-il bien raisonnable ?* JCP 2009, I, 103.
- **Luciani-Mien D.**, *Indemnisation des détentions provisoires abusives,* AJ pénal 2011 p. 338.
- **Lyon-Caen P.**, *Vers un parquet indépendant ?.*, D. 2013, p. 1359.
- **Malabat V.**, *L'avant-projet du futur code de procédure pénale : refonte, simplification ou confusion des phases de la procédure pénale ?*, AJ pénal 2010, p. 162.
- **Malabat V.**, *La procédure pénale française est-elle soluble dans la Convention européenne des droits de l'Homme ? La garde à vue. Le point de vue du professeur.* Actes du colloque de la revue de droit d'Assas, 23 juin 2010, p. 65.
- **Malabat V.**, *Egalité des parties dans le procès pénal*, JCP G, 9 mai 2011, n°19, p. 957.
- **Marguénaud J.P**, *Tempête sur le parquet (commentaire de la décision de la CEDH 10 juill. 2008, Medvedyev C/ France)* RSC 2009, p. 176.
- **Marais D.**, *Point de vue d'un avocat sur la réforme de la garde à vue : « insatisfaisant »*, Gaz. Pal. 3 mai 2011, n°123, p. 12.
- **Marie C.**, *La montée en puissance de l'enquête*, AJ pénal 2004, p. 211.
- **Maron A., Haas M.**, *Est il prévisible que le juge d'instruction ait un coup d'avance sur le législateur ?* Droit pénal, janvier 2012, p. 46.

- **Mathieu B.**, *La Cour de cassation tente de faire invalider la question prioritaire de constitutionnalité par la Cour de Luxembourg*, JCP G 2010, p. 20.
- **Matsopoulou H.**, *Les innovations de la conduite de l'information judiciaire : une urgence pour 2010 !* Dr. pénal avril 2007, n° 4, p. 7.
- **Matsopoulou H.**, *Renforcement du caractère contradictoire, célérité de la procédure pénale et justice des mineurs*, Dr. pén. 2007, Etudes n°6, p. 5.
- **Matsopoulou H.**, *Le juge des libertés et de la détention, acteur de premier ou de second rôle en matière de détention provisoire ?* D. 2008, p. 1494.
- **Matsopoulou H.**, *Pôles de l'instruction et cosaisine : en attendant la collégialité…* JCP 2008, act. p. 106.
- **Matsopoulou H.**, *La commission Léger favorable à la suppression de la phase de l'instruction,* JCP, éd. Générale n° 12, actualité n°135.
- **Matsopoulou H.**, *A propos du rapport d'étape du comité de réflexion sur la justice pénale,* JCP, éd. générale 2009, 156.
- **Matsopoulou H.**, *Les principales propositions du comité de réflexion sur la justice pénale pouvant avoir une incidence sur le traitement procédural des infractions de droit pénal des affaires*, Lamy Droit pénal des affaires 2009, chronique.
- **Matsopoulou H.**, *La garde à vue, une réforme inachevée*, JCP G. 2011, n°632.
- **Maurel E.**, *Le recours à la médiation par le procureur de la République*, AJ Pénal 2011, p. 219.
- **Mauro C.**, *Procureur de la république et procureur européen, mêmes enjeux*, AJ pénal 2011, p. 119.
- **Medjaoui K.**, *L'injonction pénale et la médiation pénale, tableau comparatif*, RSC 1996, p. 823.
- **Meindi T.**, *Les implications constitutionnelles de la suppression du juge d'instruction*, RSC 2010, p. 395.
- **Molins F.**, *Plaidoyer pour le « plaider coupable » : des vertus d'une peine négociée*, AJ Pénal 2003, p. 61.
- **Molins F.**, *Contribution pour un premier bilan de la CRPC dans une grosse juridiction*, AJ pénal 2005, p. 442.
- **Murbach M.**, *Réforme de la garde à vue : mémento des conduites à tenir pour les enquêteurs*, AJ pénal 2011, p. 359.
- **Murbach M.**, *Théorie générale des pouvoirs d'investigation* : l'investigation proactive, AJ pénal 2011, p. 506.
- **Msinka Y.**, *Plaider coupable et rôle de l'avocat à Pontoise et ailleurs*, AJ pénal 2005, p. 445.
- **Nadal J-L.**, *Quel rôle pour le ministère public ?* Recueil Dalloz 2007, p. 2296.
- **Nord-Wagner M.**, *La détention provisoire : un équilibre renforcé ?* AJ pénal 2007, p. 113.

- **Oppetit B.,** *Philosophie du droit,* D. 1999, p. 117.
- **Pansier F.-J et Charbonneau C.**, *Présentation de la loi du 4 mars 2002 complétant la loi du 15 juin 2000 renforçant la présomption d'innocence*, LPA 25 mars 2022, n°60, p. 4.
- **Parizot R.** *Loi relative à la retenue pour vérification du droit au séjour versus avis de la CNCDH : quel bilan ?*, AJ pén. 2013, p. 8.
- **Pellé S.**, *La réforme de la garde à vue : problèmes de droit transitoire, AJ pénal 2011*, p. 235.
- **Penaud B.**, *L'inégalité des victimes devant la commission d'indemnisation des victimes d'infractions,* Droit pénal 1999, chron. 22.
- **Pereira B.**, *Justice négociée : efficacité répressive et droits de la défense ?* D. 2005, p. 2041.
- **Perrier J-B.,** *Loi organique du 10 décembre 2009 relative à l'application de l'article 61-1 de la Constitution*, RSC 2010, p. 454.
- **Perrier J-B.**, *Le droit pénal face à la question prioritaire de constitutionnalité, RPDP 2010*, p. 33.
- **Perrier J-B.**, *Détention provisoire et contrôle judiciaire : Procédure écrite et exigence du contradictoire pour l'examen des demandes de mise en liberté par le juge des libertés et de la détention*, AJ pénal 2011, p. 136.
- **Perrier J-B**, *La constitutionnalité de la légalisation de la pratique de la double convocation en matière de CRPC*, AJ Pénal 2011, p. 188.
- **Perrier J-B.**, *Garde à vue II : l'excès de pragmatisme du Conseil constitutionnel, garant de la non-méconnaissance des droits fondamentaux,* AJ pénal 2012, p. 102.
- **Pin X.**, *La privatisation du procès pénal*, R.S.C 2002, p. 245.
- **Pin X.**, *Le centenaire de l'arrêt Laurent-Atthalin*, D. 2007, p. 1025.
- **Poncela P.**, *Quand le procureur compose avec la peine*, RSC (3), juill.- sept. 2002, p. 638.
- **Poncela P.**, *Quand le procureur compose avec la peine (bis)*, RSC (1), janv.- mars 2003, p. 139.
- **Poncela P.** *La semi-liberté. Contours d'une sanction pénale multiforme et détour par le quartier de semi-liberté de Versailles*, RSC 2011, p. 153.
- **Pokova S.,** *La médiation pénale*, AJ Pénal 2003, p. 58.
- **Pradel J.,** *La loi du 9 juillet 1984 sur le recul de la détention provisoire : un pas en avant utile ?*, D. 1985, chron. p. 7.
- **Pradel J.**, *La réforme de l'instruction préparatoire*, D. 1989, chron. p. 1.
- **Pradel J.**, *La mise en état des affaires pénales. Propos sceptiques sur le rapport de la Commission Justice pénale et droits de l'Homme*, D. 1990, p. 301.
- **Pradel J.**, *Un exemple de restauration de la légalité criminelle : le régime des interceptions de correspondances émises par la voie des télécommunications (commentaire de la loi n°91-646 du 10 juillet 1991)* D. 1992, p. 49.

- **Pradel J.**, *Les droits de la personne suspecte ou poursuivie depuis la loi n° 93-1013 du 24 août 1993 modifiant celle du 4 janvier précédent. Un législateur se muant en Pénélope ou se faisant perfectionniste ?* D. 1993, p. 299.
- **Pradel J.**, *D'une loi avortée à un projet nouveau sur l'injonction pénale*, D. 1995, Chron., p. 171.
- **Pradel J.**, *Du ministère public en matière pénale. A l'heure d'une éventuelle autonomie ?* D. 1997, p. 141.
- **Pradel J.**, *Centenaire de la loi du 8 décembre 1897 sur la défense avant jugement pénal : essai d'un bilan*, D. 1997, p. 375.
- **Pradel J.**, *De l'enquête pénale proactive : suggestions pour un statut légal*, D. 1998, Chron. p. 57.
- **Pradel J.**, *La procédure pénale française à l'aube du troisième millénaire*, D. 2000, Chron. 1.
- **Pradel J.**, *Encore une tornade sur notre procédure pénale avec la loi du 15 juin 2000*, D. 2000, n°26, Point de vue, p. 5.
- **Pradel J.**, *Les personnes suspectes ou poursuivies après la loi du 15 juin 2000. Evolution ou révolution ?* D. 2001, p. 1039.
- **Pradel J.**, *La loi n°2002-307 du 4 mars 2002 : Un placebo pour guérir certains maux de la réforme du 15 juin 2000 sur la présomption d'innocence*, D. 2002, p. 1693.
- **Pradel J.**, *Vers un « aggiornamento » des réponses de la procédure pénale à la criminalité-Apports de la loi n°2004-204 du 9 mars 2004*, JCP 2004, I, 132.
- **Pradel J.**, *Haro sur le juge d'instruction* !, D. 2006, p. 244.
- **Pradel J.**, *Les suites législatives de l'affaire dite d'Outreau*, JCP G 2007, I, 138 p. 13.
- **Pradel J.**, *Le rapport Léger sur la justice pénale : la grande illusion ?* RPDP 2009, P. 531.
- **Pradel J.**, *Quel(s) magistrat(s) pour contrôler et prolonger la garde à vue ? Vers une convergence entre la Cour de Strasbourg et la chambre criminelle de la Cour de cassation*, D. 2011, p. 338.
- **Pradel J.**, *Un regard perplexe sur la nouvelle garde à vue,* JCP G 2011, n°665.
- **Pradel J.**, *Encore des aménagements à la procédure pénale applicable aux mineurs. A propos de la loi du 10 août 2011*, JCP G. 2011, p. 950.
- **Pradel J.**, *Faut-il supprimer les instructions pénales individuelles du garde des Sceaux au parquet ?, A propos du projet de loi adopté en première lecture par l'Assemblée nationale le 4 juin 2013*, D. 2013, p. 1361.
- **Primot L.**, *Le mythe de l'Habeas Corpus*, JCP, éd. Générale n° 21, 20 mai 2009.
- **Queloz N.**, *Les actions internationales contre la criminalité organisée : le cas de l'Europe*, RSC 1994, n°4, p. 765.

- **Rassat M-L.**, *Encore et toujours la Cour européenne des droits de l'homme*, JCP, éd. générale n°16-17, 15 Avril 2009.
- **Reinhard A.**, *L'affichage médiatique, nouvelles sources du droit pénal, instinct et institution,* RSC 2003, p. 543.
- **Renucci J-F.**, *L'expertise pénale et la Convention européenne des droits de l'Homme*, JCP G 2000, I, 227.
- **Renucci J-F**, *L'avocat et la garde à vue : exigences européennes et réalités nationales*, D. 2009, p. 2897.
- **Renucci J-F.**, *La Cour européenne persiste et signe : le procureur français n'est pas un magistrat au sens de l'article 5 de la Convention*, D. 2011, p. 277.
- **Robert J.-H.**, *L'Etat, privé du droit à l'avocat*, JCP G, n°18, 29 avr. 2013, p. 904.
- **Robert M.**, *Les propositions du rapport Léger : point de vue d'un parquetier*, AJ pénal 2009, p. 393.
- **Roets D.**, *Du droit à l'assistance d'un avocat dès le début de la garde à vue : bis repetita placent*, RSC 2010, p. 231.
- **Roets D.**, *Le manque d'indépendance du ministère public français à l'égard de l'exécutif et des parties : un obstacle à l'exercice de certaines fonctions*, RSC 2011, p. 208.
- **Rome F.**, *Rapport Léger, mais pas insignifiant*, D. 2009, p. 2025.
- **Rome F.**, *Justice sans contrôle ?* D. 2010, p. 193.
- **Roujou de Boubée G.**, *Réformer ?oui - Bouleverser ?non,* D. 2006, p. 740.
- **Roujou de Boubée G.**, *Garde à vue et exigences européennes*, D. 2010, p. 72.
- **Roujou de Boubée G.**, *La réforme attendue de la garde à vue*, D. 2011, p. 1128.
- **Roujou de Boubée G.**, *La réforme de la garde à vue (commentaire de la loi n°2011-392 du 14 avril 2011)*, D. 2011, p. 1570.
- **Roumier W**. *Première évaluation du juge délégué aux victimes*, Droit pénal n°12, déc. 2008, alerte 60.
- **Rousseau D. et Lévy D.**, *La Cour de cassation et la QPC : pourquoi tant de méfiance ?,* Gaz. Pal, 25-27 avr. 2010.
- **Roussel G.**, *Tableau synthétique du déroulement de la procédure de CRPC*, AJ pénal 2005, p. 442.
- **Roussel G.**, *La police judiciaire*, RPDP Juin 2011.
- **Roussel G.**, *Les garanties de la défense pénale dans les premières décisions rendues sur QPC,* AJ pénal juin 2011, p. 286.
- **Saas C.**, *De la composition pénale au plaider-coupable : le pouvoir de sanction du procureur*, RSC. 2004, p. 827.
- **Saas C.**, *Défendre en garde à vue : une révolution… de papier ?,* AJ Pénal 2010, p. 27.
- **Schneider**, *La faute de la victime devant la CIVI*, D. 2003, chron. 1185.
- **Schoettl J-E.**, *Les attributions du ministre de la Justice (décision n° 2004-492 DC du 2 mars 2004 du Conseil constitutionnel)*, D. 2004, p. 1387.

- **Sicurella R.**, *Le Corpus juris : proposition d'un modèle d'espace judiciaire européen,* D. 1998, chron. p. 223.
- **Sizaire V.**, *Quel modèle pour l'instruction ?* AJ pénal 2009, p. 388.
- **Sizaire V.**, *Risques et faux-semblants d'une réforme annoncée*, AJ pénal 2010, p. 480.
- **Soulez-Larivière D.**, *Le problème du ministère public français*, AJ pénal mars 2011, p. 112.
- **Straehli G.**, *Les impératifs d'un système d'instruction préparatoire en matière criminelle et pour les affaires complexes : les différentes réponses actuelles,* Droit pénal 2009, p. 9.
- **Straehli G**. *La loi sur la garde à vue au regard de la Convention européenne des droits de l'homme, telle qu'appliquée dans la jurisprudence récente de la Cour de cassation*, Gaz. Pal. 7 juill. 2011, n°188, p. 12.
- **Sudre F.**, *Incompatibilité de la garde à vue avec le droit de garder le silence et le droit à l'assistance d'un avocat*, JCP 2010, p. 2006.
- **Thomas D.**, *Le concept de procès pénal, in* Mélanges offerts à Pierre Couvrat, La sanction du droit, publication de la fac de droit de Poitiers, 2001, p. 401.
- **Turcey V.**, *La crise de l'instruction*, Gaz. Pal. 19-21 mars 1989, p. 20.
- **Turcey V.**, *La loi du 4 janvier 1993 portant réforme de la procédure pénale ou le pavé de l'ours*, Gaz. Pal., 28-30 mars 1993.
- **Valoteau A**. *Le jugement sur reconnaissance préalable de culpabilité : une autre procédure de jugement ou une autre manière de juger ?*, Droit pénal Mai 206, chron n°8.
- **Vergès E.,** *Provocation policière, loyauté de la preuve et étendue de la nullité procédurale,* AJ pénal 2006, p. 354.
- **Vlamynck H.,** *La procédure de comparution immédiate : vitesse ou précipitation ?*, AJ pénal 2010, p. 10.
- **Vlamycnk H.**, *Première approche policière et pratique du projet de Code de procédure pénale,* AJ Pénal 2010, p. 174.
- **Vlamynck H.**, *Le policier et le principe de l'inviolabilité du domicile*, AJ pénal juill-aout 2011, p. 352.
- **Volff J.**, *Un coup pour rien, L'injonction pénale et le Conseil constitutionnel*, D. 1995, Chron. p. 201.
- **Volff J.**, *L'ordonnance pénale en matière correctionnelle*, D. 2003, p. 2777.
- **Volff J.,** *Les évolutions de la procédure pénale en Europe après 1945*, droit pénal sept. 2007, n° 9, p. 32.
- **Vouland P.**, *Le renforcement de l'équilibre de la procédure pénale : en faveur des droits de la défense ?,* AJ pénal 2007, p. 117.
- **Vouin R.**, *Le projet de réforme du Code d'instruction criminelle*, Dalloz 1950, chron. P. 37.

Recueil de décisions

- **Pradel J., Varinard A.**, *Les grands arrêts de la procédure pénale*, Dalloz, 6éme édition, 2009.
- **Sudre F.**, *Les grands arrêts de la Cour européenne des droits de l'homme*, PUF, collection « Thémis, 3eme édition, 2005.

Thèses et mémoires

- **Ambroise-Castérot C.**, *De l'accusatoire et de l'inquisitoire dans l'instruction préparatoire*, Bordeaux, janv. 2000.
- **Arnal M.**, *Le rapport Donnedieu de Vabres. Les réformes qu'il introduit, les critiques qu'il soulève.* Paris, 1952.
- **Astaing A.**, *Droits et garanties de l'accusé dans le procès criminel d'Ancien Régime (XVIème-XVIIIème siècles), Audace et pusillanimité de la doctrine française*, Montpellier 1996.
- **Kant M.**, *La phase préparatoire du procès pénal et la Convention européenne de sauvegarde des droits de l'Homme*, mémoire DEA, Paris 2, 1988.

Colloques et rapports

- Rapport Donnedieu de Vabres, La réforme de l'instruction préparatoire, RSC 1949, p. 499.
- Rapport de la Commission de réflexion sur la justice, La Doc. Fr. 1997.
- Rapport du Comité de réflexion sur la justice pénale, La Doc. Fr. 2009.
- **Fauchon P.**, Rapport n°336 de la Commission des Lois Constitutionnelles, de la Législation, du Suffrage Universel, du Règlement et de l'Administration Générale relatif au projet de loi renforçant l'efficacité de la procédure pénale, annexé au procès verbal de la séance du Sénat du 5 mai 1999.
- **RozierJ.**, Rapport d'information fait au nom de la délégation du Sénat aux droits des femmes et à l'égalité des chances entre les hommes et les femmes sur le projet de loi n°30 (2002-2003) pour la sécurité intérieure, annexé au procès-verbal de la séance du 29 oct. 2002.
- Service des études juridiques du Sénat, Note de synthèse, *Le plaider coupable*, Doc. Sénat, juin 2003.
- **WARSMANN J.L.**, Rapport n° 856, Assemblée nat. fait au nom de la commission des lois, sur le projet de loi (n°784) portant adaptation de la justice aux évolutions de la criminalité, T.1.
- **ZOCCHETTO R.**, Rapport n°148 du 14 janv. 2004 fait au nom de la commission des lois, Doc. Sénat, 2002-2003, n°441.

Vocabulaire juridique

- **Ambroise-Castérot C., Fricero N., Henry L-C., Jacq P.**, *Glossaire des procédures*, Gualino, collection « Glossaire », 2007.
- **Cornu G.**, *Vocabulaire juridique*, Association Henri Capitant, PUF, Quadrige, 2011.
- **Guinchard S. et Montagnier G.**, *Lexique des termes juridiques*, éd. Dalloz 2009, 17ème éd.

Lois

- Loi n°57-1426 du 31 déc. 1957 portant institution d'un Code de procédure pénale, JO 8 janv. 1958 p. 258.
- Loi n° 70-643 du 17 juillet 1970, JO 19 juill. 1970 p. 6751.
- Loi n°72-1226 du 29 déc. 1972 simplifiant et complétant certaines dispositions relatives à la procédure pénale, aux peines et à leur exécution, JO 30 déc. 1972.
- Loi n° 83-466 du 10 juin 1983 portant abrogation ou révision de certaines dispositions de la loi n° 81-82 du 2 février 1981 et complétant certaines dispositions du code pénal et du code de procédure pénale.
- Loi n° 84-576 du 9 juill. 1984, JO 10 juill. 1984 p. 2177.
- Loi n°85-1303 du 10 déc. 1985 portant réforme de la procédure d'instruction en matière pénale, JO du 11 déc. 1985 p. 14391.
- Loi n° 87-1062 du 30 déc. 1987, JO 31 déc. 1987 p. 15547.
- Loi n°89-461 du 6 juill. 1989, JO 8 juill. 1989, p. 8538.
- Loi n° 91-646 du 10 juill. 1991, JO 13 juill. 1991 p. 9167.
- Loi n°93-2 du 4 janv. 1993 portant réforme de la procédure pénale, JO du 4 janv. 1993, p. 215.
- Loi n°93-1013 du 24 août 1993 modifiant la loi du 4 janv. 1993, JO du 25 août 1993, p. 11991.
- Loi n°94-89 du 1 févr. 1994 instituant une peine incompressible et relative au nouveau Code pénal et à certaines dispositions de procédure pénale.
- Loi n° 95-73 du 21 janv. 1995 d'orientation et de programmation relative à la sécurité dite loi LOPS.
- Loi n°95-125 du 8 févr. 1995 relative à l'organisation des juridictions et à la procédure civile, pénale et administrative.
- Loi n°96-647 du 22 juill. 1996 tendant à renforcer la répression du terrorisme.
- Loi n°98-468 du 17 juin 1998 relative à la prévention et à la répression des infractions sexuelles ainsi qu'à la protection des mineurs, JO 18 juin 1998, p. 9255.
- Loi n°99-515 du 23 juin 1999 renforçant l'efficacité de la procédure pénale, JO du 24 juin 1999, p. 9247.
- Loi n°200-516 du 15 juin 2000, JO du 16 juin 2000, p. 9038.

- Loi n°2001-1062 du 15 nov. 2001 relative à la sécurité quotidienne, JO 16 nov. 2001, p. 18215.
- Loi n°2002-307 du 4 mars 2002 complétant la loi du 15 juin 2000, JO 5 mars 2002, p. 4169.
- Loi n°2002-1138 du 9 sept. 2002 d'orientation et de programmation de la justice, dite « Loi Perben », JO 10 sept. 2002, p. 14934.
- Loi n°2003-239 du 18 mars 2003 pour la sécurité intérieure, JO 19 mars 2003, p. 4761.
- Loi n°2004-204 du 9 mars 2004 portant adaptation de la justice aux évolutions de la criminalité, dite « Loi Perben II », JO 10 mars 2004, p. 4567.
- Loi n°2005-1549 du 12 déc. 2005 relative au traitement de la récidive des infractions pénales, JO 13 déc. 2005.
- Loi n°2006-64 du 23 janv. 2006 relative à la lutte contre le terrorisme, JO 24 janv. 2006.
- Loi du 5 mars 2007, relative à la prévention de la délinquance, JO du 7 mars 2007.
- Loi du 5 mars 2007 relative au recrutement, à la formation et à la responsabilité des magistrats, JO du 6 mars 2007.
- Loi du 10 août 2007 relative à la lutte contre la récidive, JO du 11 août 2007.
- Loi n°2007-291 du 5 mars 2007 tendant à renforcer l'équilibre de la procédure pénale, JO 6 mars 2007.
- Loi n°2008-174 du 15 fév. 2008 relative à la rétention de sureté et à la déclaration d'irresponsabilité pénale pour cause de trouble mental, JO 26 fév. 2008 p. 3266.
- Loi n° 2008-644 du 1er juill. 2008, JO 2 juill. 2008 p. 10610.
- Loi n°200-526 du 12 mai 2009 de simplification et de clarification du droit et d'allégement des procédures, JO 13 mai 2009 p. 7920.
- Loi n° 2009-1436 du 24 nov. 2009, JO 25 nov. 2009 p. 20192.
- Loi n° 2010-1 du 4 janv. 2010 sur la protection du secret des sources des journalistes, JO 5 janv. 2010 p. 272.
- Loi n°2010-121 du 8 févr. 2010 tendant à inscrire l'inceste commis sur les mineurs dans le Code pénal, JO 9 févr. 2010 p. 2265.
- Loi n°2010-769 du 9 juill. 2010, J0 10 juill. 2010 p. 12762.
- Loi n°2010-242 du 10 mars 2010 tendant à amoindrir le risque de récidive et portant diverses réformes de procédure pénale, JO 11 mars 2010, p. 4808.
- la loi n° 2011-267 du 14 mars 2011 d'orientation et de programmation pour la performance de la sécurité intérieure dite LOPPSI II, JO 15 mars 2011 p. 4582.
- Loi n° 2011-392 du 14 avril 2011, JO 15 avr. 2011, p. 6610.
- Loi n° 2011-939 du 10 août 2011, JO 11 aout 2011 p. 13744.
- Loi n°2011-1862 du 13 déc. 2011 relative à la répartition des contentieux et l'allégement de certaines procédures juridictionnelles, JO 14 déc. 2011 p. 21105.

- Loi n°2012-1560 du 31 déc. 2012, JO 1er janv. 2013.
- Loi n°2013-711 du 5 aout 2013 portant diverses dispositions d'adaptation dans le domaine de la justice en application du droit de l'Union européenne et des engagements internationaux de la France, JO 6 aout 2013.

Jurisprudence

- Crim., 13 sept. 1827, Bull. crim., p. 237.
- CE 5 mai 1944, Dame Veuve Trompier-Gravier, Rec. Lebon, p. 133.
- Crim., 24 mars 1949, Bull. crim., n°114.
- Crim. 12 juin 1952, Bull. Crim. n° 153.
- Cass. Soc. 18 mars 1955, D. 1956, p. 517.
- Crim. 23 janv. 1957, Bull. crim. n° 75.
- Crim. 30 oct. 1957, Bull. crim. n°681.
- CEDH 30 juin 1959, *Szwabowicz contre Autriche*, req. n° 434/58.
- Crim. 7 oct. 1959, D. 1960, p. 294, note. Verdier.
- Crim. 27 déc. 1960, Bull. crim. n°662.
- Crim. 30 janv. 1964, Gaz. Pal. 1964, 2, p. 51.
- CEDH, 27 juin 1968, *Wemhoff contre Allemagne*.
- CEDH, 17 janv. 1970, *Delcourt contre Belgique*, série A n°11, p. 17.
- Chbre mixte, 27 févr. 1970, Arrêt Dangereux, D. 1970, p. 201.
- Crim. 22 oct. 1970, D. 1971, p. 221, rapp. J. Mazard et note J. Rideau.
- CE 27 déc. 1973, Déc. n° 71-51, RJC, Liec, I, 28 ; JCP 1974, II, 17691, note N. Quoc Vinh ; D. 1974, chron. p. 83, L. Hamon.
- Conseil constit. n°75-54, 23 juill. 1975, JO 24 juill. 1975, p. 7533.
- CEDH, 9 oct. 1979, Airey.
- CEDH, 4 déc. 1979, *Schiesser contre Suisse*, CDE 1980, p. 467, obs. G. Cohen-Jonathan ; AFDI 1980, p. 325, obs. Pelloux ; JDI 1982, p. 195, obs. P. Rolland.
- Crim. 9 oct. 1980, Bull. crim. n° 255, D. 1981, p. 332, note J. Pradel ; JCP 1981, II, p. 19578, note G. Di Marino.
- Crim. 21 oct. 1980, D. 1981, p. 104, note Mayer.
- Crim. 1er déc. 1981, Bull. crim. n°318.
- CEDH, 1er oct. 1982, *Piersack contre Belgique*, juris de la CEDH, n°62, obs. Berger.
- Crim. 26 juill. 1983, Bull. crim. n° 228.
- Crim 10 janv. 1984, Bull. crim. n°14.
- CEDH 22 mai 1984, *Duinhof et Duijf contre Pays-Bas*, CDE 1986, p. 206, obs. G. Cohen-Jonathan ; AFDI 1985, p. 414, obs. V. Coussirat-Coustère ; RSC 1985, p. 141, obs. L-E Pettiti.
- CEDH, 26 oct. 1984, *De Cubber contre Belgique*.
- Crim., 7 janv. 1986, D. 1987, Jur., p. 237, note J. Pradel.

- Cons. Const., déc. n°86-213 DC du 3 sept. 1986.
- Crim. 10 déc. 1986, Bull. crim. n°370 ; D. 1987, somm. p. 85, obs. J. Pradel.
- CEDH, 7 oct. 1988, *Salabiaku contre France*, RSC. 1989, p. 167, obs. L-E. Pettiti.
- CEDH, 29 nov. 1988, *Brogan contre Royaume-Uni*, n°145-B.
- Crim. 9 fév. 1989, Société France Ford et a ; D. 1989, p. 614, note C. Bruneau ; somm. p. 389, obs. J. Pradel.
- Crim. 24 avr. 1989, arrêt Baribeau, D. 1990, p. 34 ; JCP 1990, II, p. 21418, cocl. Robert.
- Crim. 21 sept. 1989, Bull. crim. n° 325, RSC 1990, p. 593, obs. Braunschweig.
- CEDH, 20 nov. 1989, *Kostovski contre Pays-Bas*, série A, n°166, RSC 1990, p. 388, obs. L-E. Pettiti.
- Crim. 27 mars 1990, Bull. crim. n°134, D. 1990, somm. 376, obs. J. Pradel ; RSC 1991, p. 118, obs. Braunschweig.
- CEDH, 24 avr. 1990, *Huvig contre France*, série A176-B, D. 1990, p. 353 note J. Pradel, RSC 1990, p. 615, obs. Pettiti.
- Crim. 26 avr. 1990, Bull. crim. n°162 ; D. 1990, Somm. P. 379, obs. J. Pradel.
- Crim. 15 mai 1990, arrêt Bacha, JCP 1999, II, 21541, note Jeandidier.
- CEDH 30 août 1990, *Fox, Campbell et Hartley contre Royaume-Uni.*
- CEDH 26 juin 1991, *Letellier contre France*, RSC 2001, p. 805, obs. L-E. Pettiti ; D. 1992, somm. 382, obs. J-F. Renucci.
- CEDH 23 oct. 1990, *Huber contre Suisse*, AFDI 1991, p. 587, obs. V. Coussirat-Coustère.
- Crim. 26 fév. 1991, Bull. crim. n°97.
- Crim. 11 avr. 1991, Bull. crim. n°176.
- CEDH 29 oct. 1991, *Helmers contre Suède*, série A, req. n°212-A.
- Crim. 4 nov. 1991, Bull. crim. n°391.
- CEDH, 27 nov. 1991, *Kemmache contre France*, RSC 1991 p. 636.
- Crim. 28 janv. 1992, Bull. crim. n° 31.
- Crim. 8 juill. 1992, Bull. crim. n°268.
- CEDH, 25 sept. 1992, *Pham Hoang contre France*, série A n°243, JCP 1993, I, 3654, obs. F. Sudre.
- CEDH, 25 fév. 1993, *Funke contre France*, série A, n°256-A, p. 22.
- Crim. 7 avr. 1993, Bull. crim. n°152 ; D. 1993, p. 153, note J. Pradel ; RSC 1994, p. 67, obs. Huyette et p. 75, obs. C. Lazerges ; D. 1994, p. 37, note Becquerelle.
- Cons. const. n°95-360, 2 fév. 1995, JO 7 fév. 1995, p. 2009, RFO constit. 1995, p. 405, obs. T.S Renoux.
- Cons. Const. 5 août 1993, n° 93323, JO 7 aout, Rec. Cons. Const. 1993, p. 213.
- Cons. Const. 11 août 1993, n° 93326, JO 15 août, Rec. Cons. Const. 1993, p. 217 ; D. 1993, p. 299, note J. Pradel ; JCP 1993, n° 3720, note F. Le Gunehec ;

LPA 5 janv. 1994, chron. B. Mathieur et M. Verpeaux ; RFDC 1993, p. 848, note T. Renoux.
- CEDH 20 sept. 1993, *Saidi contre France*, JCP 1994, II, 22215, note Chambon.
- CEDH 27 oct. 1993, *Dombo Beheer BV contre Pays-Bas*, req. n° 14448/88.
- CEDH 24 nov. 1993, *Imbrioscia contre Suisse*, JCP 1994, I, 3742, chron. F. Sudre.
- CEDH 22 sept. 1994, *Hentrich contre France*.
- CE, n°356641, 24 nov. 1994, Petites affiches, n°3, 1995, p. 21.
- Cons. Const, Déc. n° 95-360, 2 fév. 1995, JO du 7 fév. 1995, p. 2097 ; D. 1995, p. 171, note J. Pradel.
- Crim. 3 avr. 1995, Bull. crim. n°140, Droit pénal 2001, chron. n°23, obs. M-L. Rassat.
- Crim. 19 avr. 1995, Bull. crim. n° 157.
- Cass. Ass. Plén, 30 juin 1995, Bull. Crim. N°4 ; JCP 1995, II, 22478, concl. Jeol et note Perdriau ; D. 1995, p. 513, concl. Jeol et note Drago.
- Crim. 25 juill. 1995, Bull. crim. n°259, RSC 1996, p. 137, obs. J-P. Dintilhac.
- Crim. 8 aout 1995, Bull. crim. n°264, D. 1996, somm. P. 261, note. J. Pradel.
- Crim. 20 sept. 1995, Bull. Crim. n°276, RSC 1996, p. 141, obs. J-P. Dintilhac ; D. 1996, p. 292, note Penneau.
- CJCE 14 déc. 1995, C-387/95, Rec. I-4663 ; RSC 1997, p. 182, obs. L. Idot.
- CEDH, 8 fév. 1996, *Murray contre Royaume-Uni*, Recueil 1996-I.
- CEDH, 26 mars 1996, *Doorson contre Pays-Bas*, Recueil 1996, II ; D. 1997, somm. p. 207, obs. J-F. Renucci ; RSC 1997, p. 484, obs. R. Koering-Joulin.
- Crim. 10 avr. 1996, Gaz. Pal. 1996, 2, p. 136.
- CEDH, 23 avr. 1996, *Remli contre France*, req n°16839/90.
- Crim. 30 avr. 1996, Bull. crim. n°182, RSC 1996, p. 879, obs. J-P. Dintilhac.
- Crim. 6 mai 1996, Bull. crim. n°187 ; LPA 1997, 102, p. 8, note Josserand.
- Crim. 26 sept. 1996, Bull. crim. n°333.
- Cass. Ass. Plén. 30 juin 1996, JCP 1996, II, p. 22479, note. Chambon ; D. 1996, p. 417, note. J. Pradel ; RSC 1996, p. 833, obs. J-P. Dintilhac.
- Conseil constit. n°96-377, 16 juill. 1996, JO 23 juill. 1996, p. 11108.
- CJCE 16 déc. 1996, Europe, fév. 1997, n°30, obs. A. Rigaud et D. Simon.
- CEDH, 17 déc. 1996, *Saunders contre Royaume-Uni*, Recueil 1996-VI.
- CEDH, 20 fév. 1996, *Vermeulen contre Belgique*, Rec. 1996, p. 208, obs. N. Fricero.
- Crim. 30 avr. 1996, Bull. crim. n°182, RSC 1996, p. 879, obs. J-P. Dintilhac.
- Crim. 3 déc. 1996, Bull. crim. n° 443, Procédures 1997, comm. p. 68, obs. Buisson.
- CEDH, 23 avr. 1997, *Van Mecheulen contre Pays-Bas*, D. 1998, somm. p. 174, obs. J. Pradel et 1997, somm. p. 359, obs. J-F. Renucci ; RSC 1998, p. 396, obs. R. Koering-Joulin ; JCP 1998, I, 107, obs. F. Sudre.
- Crim. 6 mai 1997, Bull. Crim. N°170.

- Crim. 16 juill. 1997, Bull. crim. N°273.
- Crim. 19 août 1997, Bull. crim. n°284.
- Paris, 7 oct. 1997, Droit pénal 1998, comm. n°138, note A. Maron.
- CEDH 20 oct. 1997, *Serves contre France.*
- Crim. 22 oct. 1997, Bull. crim. n°346.
- Crim., 4 nov. 1997, Bull. crim., n°366, p. 1229.
- Crim. 6 janv. 1998, Procédures 1998, comm. n°96, obs. Buisson.
- Crim. 19 fév. 1998, Bull. crim. n°74.
- CEDH 22 mai 1998, *Vasilescu contre Roumanie*, Rec. CEDH 1998-II.
- CJCE 16 juin 1998, C-226/97, Rec. I-3711, note J. Lemmens.
- CEDH 28 oct. 1998, *Ait-Mouhab contre France*, D. 1999, somm. p. 268, obs. J6F. Renucci.
- Crim. 18 nov. 1998, Bull. crim. n°306, Procédures, mars 1999, n° 72, obs. Buisson ; D. 1999, p. 97, note J. Pradel.
- Crim. 24 nov. 1998, Bull. crim. n°314, Procédures 1999, comm. p. 138, obs. Buisson.
- Conseil const., n°98-408, 22 janv. 1999, JO 24 janv. 1999, p. 1317.
- Crim. 9 juin 1999, Bull. crim. 132.
- Conseil const. n°99-411, 16 juin 1999, JO 19 juin 1999, p. 9018.
- CEDH, 28 juill. 1999, Selmouni contre France, JCP 1999, II, 10193, note F. Sudre ; RTD Civ. 1999, p. 911, obs. J-M. Marguénaud ; RSC 1999, p. 891, obs. F. Massias ; D. 2000, Somm. P. 31, obs. Y. Mayaud et p. 179, obs. J-F. Renucci ; RTDH 2000, p. 123, obs. P. Lambert.
- CEDH, 9 nov. 1999, *Debboud contre France*, D. 2000, somm. p. 180, obs. J-F. Renucci ; RSC 2000, p. 239, obs. F. Massias.
- Crim. 23 nov. 1999, Bull. crim. n°268.
- Civ. 2ème, 9 déc. 1999.
- Crim. 29 fév. 2000, Bull. crim. n°92.
- Crim. 10 mai 2000, Bull. crim. n°182.
- Crim. 22 juin 2000, Procédures déc. 2000, obs. Buisson.
- CEDH 4 juill. 2000, *Niedbala contre Pologne*, JCP 2001, I, 191, n° 13, obs. F. Sudre.
- Crim. 11 oct. 2000, Bull. crim. n°296, Droit penal 2001, comm. p. 13, obs. A. Maron.
- Crim. 24 oct. 2000, Bull. crim n°306.
- Crim. 8 nov. 2000, Bull. n°335.
- Crim. 19 déc. 2000, Bull. crim. n°383.
- CEDH, 30 janv. 2001, *Vaudelle contre France*, D. 2001, p. 676 ; Procédures avril 2001, n° 85, obs. N. Fricero ; Droit de la famille, juin 2001, n°66, obs. T. Fossier ; RTDCiv. 2001, p. 330, obs. J. Hauser et p. 439n obs. J-P. Marguénaud ; JCP 2001, I, 342, obs. F. Sudre.
- CEDH, 13 févr. 2001, *Krombach contre France.*

- Crim. 14 févr. 2001, Procédures n°2001, comm. p. 160, obs. Buisson.
- CEDH, 26 avr. 2001, *Meftah contre France*, D. 2002, Somm. p. 687, obs. N Fricero ; JCP 2001, I, 291, n°22, obs. F. Sudre.
- Crim. 10 mai 2001, Bull. crim. n°119, Procédures 2001, comm. p. 184, obs. Buisson.
- CEDH, 7 juin 2001, *Kress contre France*, D. 2001, Jur. p. 2619, note R. Drago ; p. 2611, chron. J. Andriant-simbazovina.
- CEDH 16 oct. 2001, Brennan contre Royaume-Uni, req. n°39846/98.
- Crim. 31 oct. 2001, Bull. crim. n°227.
- Crim., 5 déc. 2001, Bull. Crim. n°253, p. 838.
- Crim. 22 janv. 2002, pourvoi n°00-82.215.
- Crim. 3 avr. 2002, D. 2002, IR p. 1809 ; JCP 2002, IV, 1898 ; RSC 2002, p. 843, obs. Commaret.
- Crim. 2 mai 2002, pourvoi n° 01-88.453.
- Crim. 22 mai 2002, RSC 2002, p. 906, obs. Buisson.
- CEDH, 26 juill. 2002, *Meftah e. a. contre France*, D. 2002, Somm. p. 592, obs. N. Fricero ; JCP 2003, I, 109, n°9, obs. F. Sudre.
- CEDH, 14 nov. 2002, *Mouisel contre France*, D. 2003, Jur. p. 203, note H. Moutouh, D. 2003, Somm. p. 524, obs. J.F. Renucci ; RSC 2003, p. 144, pbs. Massias.
- Paris, Ch. D'instr. 20 déc. 2002, D. 2003, chron. P. 2511, note Morvan.
- Crim. 5 mars 2003, Bull. crim. n°59, JCP 2003, IV, 1803.
- CEDH, 3 juin 2003, *Pantea contre Roumanie,* D. 2003, p. 2268, obs. J-F. Renucci ; RSC 2004, p. 441, obs. F. Massias.
- Crim. 9 juill. 2003, Bull. crim. n°133, D. 2003, IR ; 2340 ; JCP 2003, IV, 2662, AJ penal 2003, p. 69.
- Crim. 14 oct. 2003, Bull. Crim. N0187, RSC 2004, p. 43, obs. Buisson ; D. 2004, p. 1265, note Hennion-Jacquet.
- CEDH, 13 nov. 2003, *Rachdad contre France*, AJ Pénale 2004, p. 76 ; D. 2004, n°14, Juris., p. 988, obs. J.F. RENUCCI.
- CEDH, 27 nov. 2003, *Slimane Kaïd contre France n°3*, D. 2004, IR p. 32.
- CEDH, 6 janv. 2004, *Rouille contre France*, D. 2004, n°14, Juris., p. 989, obs. H. MEDHI.
- CEDH, 3 fév. 2004, *Menher contre France*, n° 60546/00.
- Conseil const. n°2004-492 du 2 mars 2004, JO 10 mars 2004, p. 4637.
- Crim. 23 mars 2004, Bull. crim. n°76.
- Crim. 5 oct. 2004, D. 2004, n°43, IR, p. 3116.
- Crim. 1er déc. 2004, Bull. crim. n°302, D. 2005, p. 1336, note. Lennon.
- Crim. 15 déc. 2004, Bull. crim. n°324, D. 2005, panorama 684, obs. J. Pradel ; JCP 2005, IV, 1298.
- Crim. 4 janv. 2005, Bull. crim. n°3, D. 2005, p. 761, note Lennon ; Droit pénal 2005, comm. n°49, obs. A. Maron ; AJ pénal 2005, p. 160, obs. Leblois-Happe ; JCP 2005, IV, 1380.

- Crim. 12 avr. 2005, JCP 2005, IV, 2280.
- CE 11 mai 2005, D. 2005, IR 1379, obs. A. Astaix ; RSC 2005, p. 592, note. A. Giudicelli.
- CEDH Vetter C/ France, 31 mai 2005, RPDP 2006, p. 137, obs. C. Ambroise-Castérot ; D. 2006, p. 764, note D. Roets ; Cf. P. Hennion-Jacquet, L'encadrement relatif de la liberté de la preuve par la CEDH, D. 2005, p. 2575 ; H. Alcaraz, Sonorisation et écoutes téléphoniques : la France se fait « tirer l'oreille »… : à propos des arrêts Vetter et Matheron de la Cour européenne des droits de l'Homme, RTDH 2006, p. 219.
- CEDH 2 août 2005, *Kolu contre Turquie*, req. N° 35811/97.
- Crim. 23 août 2005, Bull. Crim. n°209, D. 2006, panorama 621, obs. J. Pradel.
- Crim. 1er sept. 2005, pourvoi n°05-84.061.
- CEDH 20 déc. 2005, *Wisse contre France.*
- Crim. 17 janv. 2006, AJ pénal 2006, p. 175, obs. C. Girault.
- Crim. 18 janv. 2006, Bull. n°22.
- Crim. 1er mars 2006, Bull. Crim. n° 59, D. 2006, p. 1504, note J. Pradel ; RSC 2007, p. 611, obs. Buisson ; AJ penal 2006, p. 222, obs. Céré.
- Crim. 23 mai 2006, Bull. n°139, AJ pén. 2006, p. 367, obs. Girault ; D. 2006, p. 2836, note J. Pradel ; RSC 2006, p. 853, obs. Finielz.
- CEDH 25 sept. 2006, *Bernard contre France*, Annonces de la Seine, 28 déc. 2006, p. 8, note R. Auteville.
- CEDH, 3 oct. 2006, *Ben Naceur contre France*, D. 2007, p. 979, obs J. Pradel ; JCP 2006, I, 106, n° 5, obs. F. Sudre ; RSC 2008, p. 153, obs. D. Roets.
- Crim. 4 oct. 2006, Bull. Crim. n°244 ; Droit penal fev. 2007, p. 26, n°27 ; D. 2007, p. 58, note J.P Delage.
- Crim. 3 avril 2007, Bull. crim. n°104, D. 2007. 2141, note J. Pradel, AJ pénal 2007 p. 287, obs. Royer, JCP 2007-II-10131, note J.Y Maréchal ;Droit pénal 2007, comm. n°109, obs. A. Maron.
- Crim. 12 juin 2007, Bull. crim. n°155, D. 2007, actualité jur. 1960 ; AJ pénal 2007, p. 388, obs. S. Lavric.
- Crim. 11 juill. 2007, n°07-83.056, Dr. pénal oct. 2007, chron. A. Maron, p. 43.
- Crim. 25 sept. 2007, AJ pénal fev. 2008, p. 83 ; RSC janv-mars 2008, p. 108, Droit pénal Nov. 2007, n°145.
- Crim 2 oct. 2007, AJ pénal janv. 2008 p. 37 : RSC janv.-mars 2008, p. 109.
- Crim. 23 oct. 2007, Bull. crim. n°249 ; AJ pénal 2008, p. 38, obs. C. Girault.
- Crim. 20 nov. 2007, D. 2008, p. 118, obs. S. Ménotti et p. 1035, note. Y. Joseph-Ratineau.
- Crim. 15 janv. 2008, Bull. crim. n°7, D. 2008, actualité p. 418, note. S. Lavric ; AJ pénal 2008, p. 145, note S. Lavric ; Droit pénal 2009, chron p. 1, obs. C. Guérin.
- Crim. 16 janv. 2008, RSC 2008, p. 366, obs. R. Finietz.

- Crim. 12 fév. 2008, JCP 2008, IV, 1580 ; D. 2008, act. p. 924 ; RPDP 2008, p. 381, obs. C. Ambroise-Castérot ; AJ pénal 2008, p. 244, obs. G. Roussel ; Procédures 2008, comm. p. 218, obs. Buisson ; D. 208, pan. p. 2761, obs. J. Pradel.
- Crim. 27 févr. 2008, Bull. n°53, D. 2008, p. 991 ; AJ pénal 2008. 284, obs. J. Leblois-Happe ; RSC 2008. 659, obs. J. Buisson ; Dr. pénal 2008, comm. 76, obs. Maron et Haas ; Dr. pénal 2009. Chron. 1, obs. Guérin ; Procédures 2008. Comm. 156, obs. J. Buisson.
- CEDH 28 fév. 2008, *Demeboukov contre Bulgarie*, req. n°68020/01.
- Crim. 26 mars 2008, Bull. crim. n°77, D. 2008, actualité jur. 1416, obs. M. Léna ; AJ pénal 2008, p. 286, obs. G. Royer ; RPDP 2008, p. 437, note A. Gouttenoire.
- Crim. 1er avr. 2008, pourvoi n°07-84.542.
- Ass. Plen., 9 mai 2008, JCP 25 juin 2008-II-10124, note J.Y. Maréchal ; AJ pénal sept. 2008, p. 366, note. C Saas.
- Crim. 14 mai 2008, Bull. crim. n°115 ; RSC 2008, p. 631, obs. A. Giudicelli ; AJ pénal 2008, p. 328, obs. G. Roussel.
- CEDH, 22 mai 2008, *Gacon contre France*.
- Crim. 18 juin 2008, Bull. crim. n°157.
- Crim. 20 juin 2008, D. 2008, p. 1902, obs. Léna ; Droit pénal 2008, comm. p. 120, obs. A. Maron et C. Haas.
- Crim. 24 juin 2008, pourvoi n°07-87.511, AJ pénal 2008 p. 422, obs. Saas ; D. 2009, chron. p. 44 obs. Chaumont et Degorce.
- CEDH, 10 juill. 2008, *Medevdyev contre France*, D. 2008, p. 3055, note. P. Hennion-Jacquet ; D. 2009, p. 600, note J-F. Renucci ; AJ pénal 2008, p. 460, obs. C. Saas ; RSC 2009, p. 176, obs. J-P. Marguénaud ; Droit penal 2009, chron. P. 4, obs. E. Dreyer et p. 8, obs. V. Lesclous.
- Crim. 6 août 2008, Bull. crim. n°171 ; AJ pénal 2008, p. 471, note. L. Ascensi ; D. 2008, p. 2836, note C. Guéry.
- Crim. 17 sept 2008, pourvoi n°08-80.858, D. 2008, p. 2904, note J. Lasserre Capdeville.
- Crim. 14 oct. 2008, pourvoi n°08-82.195.
- Crim. 29 oct. 2008, pourvoi n°08-84.857, D. 2009, p. 553, note P.J Delage.
- Cedh 27 nov. 2008, *Salduz contre Turquie*, req. n° 36391/02.
- Crim. 25 nov. 2008, pourvoi n° 07-88.006.
- Crim. 13 janv. 2009, D. 2009 p. 709 et p. 291.
- Crim. 3 mars 2009, pourvoi n°08-84.521.
- Crim. 1er avr. 2009, AJ pénal 2009, p. 271, obs. C. Duparc ; D. 2009, panorama p. 2338, n° 3, obs. J. Pradel ; Droit pénal juill. 2009, comm. n°101, obs. A. Maron et M. Haas ; Procédures juin 2009, comm. n°207, J. Buisson.
- Crim. 2 sept. 2009, pourvoi n° 09-84.172.
- Crim. 8 sept. 2009, pourvoi n°09-86.298.
- CEDH 24 sept. 2009, *Pishchalnikovc contre Russie*, req. n° 7025/04.

- CEDH 13 oct. 2009, Dayanan contre Turquie, n°7377/03, JCP 2009. Somm. 382.
- Crim. 3 nov 2009, Droit pénal janv. 2010, Comm. 2, Véron.
- Crim. 10 nov. 2009, AJ pénal 2010 p. 140.
- Crim. 24 nov 2009, D. 2010 p. 875 note Y. Joseph-Ratineau.
- Crim. 2 déc. 2009, D. 2010, p. 211, obs. C. Girault, AJ pénal 2010, p. 200, note C. Duparc.
- Crim. 8 déc. 2009, Bull. crim. n°208 ; D. 2010, panorama 2261, note J. Pradel ; AJ penal 2010, p. 86.
- CE 28 déc. 2009, n°312314.
- CEDH, 6 janv. 2010, *Fernandez-Huidobro contre Espagne*, JCP 2010, n° 5, p. 234, obs. F. Sudre.
- Crim. 16 févr. 2010, Bull. crim n°29, AJ pénal 2010, p. 290, note L. Ascensi.
- Crim. 24 fév. 2010, pourvoi n° 09-88.024.
- Crim. 3 mars 2010, D. 2010 p. 1688 note L. Belfanti, AJ pénal 2010, p. 294, comm. L Ascensi.
- Crim. 11 mai 2010, pourvoi n°10-80.953.
- Crim. 22 juin 2010, pourvoi n°10-81.275.
- Cons. Const. 23 juill. 2010, n°2010-15/23 QPC.
- Cons. Const. 30 juil. 2010, déc. n° 2010-14/22 QPC D. 2010, p. 1928, entretien C. Charrière-Bournazel, p. 1949 point de vue, P. Cassia ; p. 2254, obs. J. Pradel, p. 2696 ; entretien Y. Mayaud, p. 2783, chron. J. Pradel.
- Crim. 18 août 2010, pourvoi n°10-83.819.
- Crim 1er sept 2010, pourvoi n° 09-87.624, Procédures 2010, n°380, obs. A. Maron et M. Haas ; Droit pénal 2010, n°130.
- Cons. Const. 22 sept. 2010, déc. n°2010-31 QPC.
- Crim. 23 sept. 2010, Bull. crim. n°140, D. 2010, n°124, obs. C. Lazerges-Cousquer.
- CEDH 14 oct. 2010, *Brusco contre France*, req. n°1466/07.
- Crim. 19 oct. 2010, 2 arrêts, pourvois n° 10-82.902, Bull. crim. n°164 et n°10-85.051, Bull. crim. n°165 AJ pén. 2010, p. 479, note E. Allain ; Cahiers cons. const. 2011, p. 242 comm. Y. Mayaud ; D. 2010 p. 2425, obs. F. Rome, p. 2696, obs. Y. Mayaud, p. 2783, obs. J. Pradel, p. 2809, chron. L. Lazerges-Cousquer ; D. 2011, p. 1713, obs. V. Bernaud et L. Gay ; RSC 2010, p. 879, obs. E. Gindre.
- CEDH, *Katritsch c/ France* 4 nov. 2010, n°22575/08.
- CEDH, 4 nov. 2010, *Daraj c/ France*, n°34588/07.
- CEDH *Moulin c/ France* 23 nov. 2010, n° 37104/06, D. 2010, p. 2276, obs. S. Lavric, p. 2761, édito F. Rome, p. 277, note J-F. Renucci ; p. 26 point de vue F. Fourment ; D. 2011 p. 338, obs. S. Lavric, note J. Pradel.
- Crim. 24 nov. 2010, Bull. crim. n°187 ; A.-S. Chavent-Leclere, Le délai raisonnable au secours de la liberté du mineur, Procédures 2011, comm. 109.

- Crim. 30 nov. 2010, n°10-80.460, Dalloz act. 24 janv. 2011, obs. Léna, et Cass., avis, 18 janv. 2010, n° 09-00.005, Bull. avis n°1, D. 2010, act. 327, obs. Léna ; AJ pénal 2010, p. 187, obs. J. Danet.
- Crim. 10 déc. 2010, D. 2010, act. 18, obs. C. Girault ; n°128, obs. Leprieur ; Dalloz act. 16 déc. 2010, obs. C. Girault.
- Crim., 15 déc. 2010, pourvoi n° 10-83.674.
- Cons. cont. 10 déc. 2010, n°2010-88-QPC, JO 11 déc. p. 2711 ; J.-B. Perrier, La constitutionnalité de la légalisation de la pratique de la double convocation en matière de CRPC, AJ pénal 2011, p. 188.
- Cons. Const 17 déc. 2010, n°2010-62-QPC.
- Cons. Const 17 déc. 2010, n°2010-81-QPC, D. 2010, chron. p. 17 ; D. 2011, point de vue p. 1091, obs. Lhuillier et Plouvier ; Dalloz actualité, 12 janv. 2011, obs. Blombed ; AJ pénal 2011, p. 140, obs. L. Ascendi ; Procédures 2011, n° 38 et n°74, obs. J. Buisson.
- Crim. 4 janv. 2011, pourvoi n°10-85.520.
- Crim. 18 janvier 2011, pourvoi n10-83.750.
- Crim., 18 janvier 2011, pourvoi n° 10-84.980, AJ pénal 2011, p. 198, note L. Ascendi.
- Crim. 18 janvier 2011, pourvoi n°10-87.525.
- Crim. 22 fév. 2011, Bull. crim. n°32.
- Crim. 29 mars 2011, D. 2011, Act. 1420.
- Crim. 30 mars 2011, pourvoi n° 10-86.140.
- Cass. Ass. Plén. 15 avr. 2011, 4 arrêts, pourvois n°10-17.049, n°10-30.242, n°10-30.313, n°10-30.316.
- CJUE 28 avr. 2011, n° C-61/11, El Dridi ; AJ pén. 2011 p. 362, note S. Slama et M-L. Basilien-Gainche ; AJDA 2011, p. 878 et p. 1614 chron. M. Aubert, E. Broussy et F. Donnat ; D. 2011, p. 1880, note G. Poissonnier ; p. 1400 entretien S. Slama ; D. 2012 p. 390, obss. O. Boskovic, S. Corneloup, F. Jault-Seseke, N. Joubert et K. Parrot.
- Cons. Const. 6 mai 2011, n°2011-125 QPC, JO 7 mai 2011, p. 7850 Gaz. Pal. 24 mai 2011, S. Detraz ; D. act, 18 mai 2011, obs. C. Girault.
- Crim. 11 mai 2011, pourvoi n° 10-84.251.
- Cons. Const. 13 juill. 2011, n°2011-153-QPC.
- Crim. 20 juill. 2011, pourvoi n° 11-83.194.
- Crim. 31 août 2001, pourvoi n° 11-90.065.
- Crim. 6 sept. 2011, 4 arrêts, pourvois n°11-90.68, n°11-90.071, n° 11-90.072, n°11-90.073.
- Crim. 27 sept. 2011, D. 2012, p. 263 et p. 2118 ; AJ pén. 2012, p. 43.
- Cons. Const. 30 sept. 2011, D. 2011, p. 2340 ; Procédures 2011, n°II, p. 24, note J. Buisson.
- Crim., 11 octobre 2011, pourvoi n° 11-85.602, D. 2011. 2732, obs. M. Léna.
- Cons. Const. 21 oct. 2011, n° 2011-190 QPC ; D. 2011, p. 2544 ; Procédures 2012, n°1, p. 27.

- CEDH 27 oct. 2011, *Stojkovic contre France*, req. n°25303/08, AJ penal 2012, p. 93.
- Crim. 3 nov. 2011, pourvoi n°10-87.802, AJ pénal 2012, p. 99, note. J. Lasserre- Capdeville.
- Cons. Const. 18 nov. 2011, n°2011-191/194/195/196/197-QPC ; Dalloz actualité 24 nov. 2011, obs. Girault ; D. 2011, p. 2793 et p. 3094, note H. Matsopoulou ; JCP 2011, p. 2564, note J. Pradel ; Gaz. Pal 2011, n°324-326, p. 18, note Bachelet ; ibid. 2012, n°13-14, p. 46, note F. Fourment ; Droit penal 2012, n°1, p. 22, note Leroy ; AJ pénal 2012, p. 102 note J-B. Perrier.
- Crim. 6 déc. 2011, Bull. n° 245, Dalloz actualité 3 janv. 2012, obs. Léna ; D. 2012, pan. 2118, obs. J. Pradel ; RSC 2012, chron. p. 188, obs. J. Danet.
- CJUE 6 déc. 2011, n° C-329/11, Achughbadian ; D. 2012, p. 333, note G. Poissonnier ; D. 2012, p. 390, obs. O. Boskovic, S. Corneloup, F. Jault-Seseke, N. Joubert et K. parrot ; AJDA 2011, p. 2384 ; AJDA 2012, p. 306, chron. M. Aubert, E. Broussy et F. Donnat.
- Crim. 14 déc. 2011, pourvoi n°11-85.753, AJ pénal 2012, p. 171, note J-R. Demarchi.
- Cons. Const. 17 fév. 2012, n°2012-223 QPC, D. 2012, p. 504 ; JCP 2012, n°9, p. 418 ; D. act. 21 févr 2012, obs. S. Lavric ; Procédures avr. 2012, n°126, note J. Buisson et A.-S. Chavent-Leclère ; Dr. pénal 2012, comm. n°62, note A. Maron et M. Haas.
- Cons. const. 6 avr. 2012, n°2012-228/229 QPC, D. 2012, p. 1376, note Ch. Courtin.
- 1ere civ. 5 juill. 2012, n°11-19.250, D. 2012, p. 2001, note S. Slama ; RSC 2012, p. 621, obs. J. Danet.
- Crim. 19 sept. 2012, n°11-88.111 D. 2012, p. 2246 obs. C. Girault et p. 2640, obs. F. Desprez ; RSC 2013, p. 887, note X. Salvat.
- Civ. 1ère. 10 oct. 2012, n°10-30.131, AJ penal 2013, p. 107, obs. C. Renaud-Duparc ; D. 2012, p. 2453, obs. M. Léna.
- Crim. 18 déc. 2012, n°12-85.735, D. 2013, p. 90 et p. 136, obs. T. Wickers.
- Crim. 23 janv. 2013, n°12-85.059, D. act. 11 fév. 2013.

Sites Internet

- www.assemblee-nationale.fr
- www.conseil-constitutionnel.fr
- www.courdecassation.fr
- www.legifrance.gouv.fr
- www.senat.fr

Index alphabétique

(Les numéros indiqués sont les numéros de paragraphe)

A

C

D

E

F

G

H

I

J

L

M

N

P

Q

R

S

T

V

TABLE DES MATIÈRES

Questions juridiques aux éditions L'Harmattan

Dernières parutions

DROIT (LE) DE L'EXÉCUTION DES PEINES
Espoirs ou désillusions ?
Sous la direction de Fabienne Ghelfi
Les contributions proposent une analyse du droit actuel de l'exécution des peines et apportent une réflexion pertinente sur la mise en œuvre de ce droit. La promotion des aménagements de peine, comme le bracelet électronique ou la libération conditionnelle, est-elle une solution appropriée ? Est-il opportun de faire sortir les condamnés avant l'heure, sachant qu'ils ne sont pas suffisamment suivis ? Le juge d'application des peines et le ministère public sont-ils en mesure de prendre les «bonnes décisions» ?
(Coll. Droit privé et sciences criminelles, 17.50 euros, 160 p.)
ISBN : 978-2-343-03378-5, ISBN EBOOK : 978-2-336-35313-5

MÉDECINE (LA) À L'ÉPREUVE DU RISQUE PÉNAL
Sous la direction de Lina Williatte-Pellitteri
L'exercice médical offre un fort potentiel de contentieux pénal. Ce potentiel, les professionnels du droit comme les professionnels de la santé en ont conscience. Les premiers dénoncent l'absence de procédure pénale propre au monde de la santé, les seconds dénoncent une justice qu'ils ne comprennent pas. Le contexte rendant difficile une discussion efficace et constructive, ces réflexions s'efforcent de renouer le dialogue et de construire une communication intelligible pour tous.
(Coll. Droit, Société et Risque, 13.50 euros, 126 p.)
ISBN : 978-2-343-00774-8, ISBN EBOOK : 978-2-336-35266-4

PAIEMENT (LE)
Responsables scientifiques : Marc Mignot et Jérôme Lasserre Capdeville
En droit, la notion de paiement est un thème récurrent, que ce soit en droit civil, en droit des affaires, en droit bancaire ou encore en droit des procédures collectives. Comme le paiement est un acte économique avant d'être un acte juridique, plusieurs contributions sont consacrées à ce qu'un juriste peut considérer comme sa dimension matérielle. Le présent ouvrage contribue à dévoiler quelques-uns des secrets de l'acte de paiement. Il étudie les délais de paiement, les usages des instruments de paiement et les moyens de paiement.
(Coll. Droit privé et sciences criminelles, 31.00 euros, 300 p.)
ISBN : 978-2-343-03983-1, ISBN EBOOK : 978-2-336-35322-7

CONCILIATION ET MÉDIATION PRUD'HOMALES
Collectif GEMME-France
À l'initiative du Groupement européen des magistrats pour la médiation, conseillers prud'hommes, juges départiteurs, magistrats des cours d'appel et de la Cour de cassation ainsi que syndicalistes dressent ici un état des lieux et lancent des pistes de réflexion pour améliorer la qualité et l'efficacité de l'institution prud'homale. La question de la médiation prud'homale y est abordée avec les débats qu'elle suscite.
(12.00 euros, 108 p.)
ISBN : 978-2-343-00955-1, ISBN EBOOK : 978-2-296-53756-9

INTELLIGENCE (L') TERRITORIALE, UNE NÉCESSITÉ
Fath Bernard
Préface de Gérard Marcou
L'enjeu majeur pour les années à venir serait pour les collectivités territoriales de se doter des moyens propres à imaginer leur futur. Cependant l'État retire son ingénierie des territoires et s'ouvre sur les privatisations concurrentielles... Des solutions s'imposent, l'intelligence territoriale apparaît comme une hypothèse nécessaire pour impulser un futur mis en prospective. Le monde local foisonne d'initiatives propres à donner corps à l'intelligence territoriale.
(Coll. Grale, 27.00 euros, 274 p.)
ISBN : 978-2-343-00778-6, ISBN EBOOK : 978-2-296-53772-9

MARCHÉS (LES) PUBLICS À PROCÉDURE ADAPTÉE
Entre liberté et contrainte pour les collectivités territoriales
Ravignot Béatrice
Cette étude met en évidence les limites de la liberté octroyée aux pouvoirs adjudicateurs par le Code des marchés publics, dans le cadre de la conclusion de marchés à procédure adaptée. Du lancement de la procédure jusqu'au choix de l'attributaire et ses conséquences, les collectivités territoriales restent en effet soumises à des contraintes formelles ou procédurales, qui sont souvent identiques ou proches de celles existant dans le cadre des procédures formalisées.
(Coll. Master Collectivités territoriales et politiques publiques, 16.50 euros, 162 p.)
ISBN : 978-2-343-00223-1, ISBN EBOOK : 978-2-296-53768-2

FRANCE INTERCOMMUNALE (LA)
Regards sur la loi de réforme des collectivités territoriales du 16 décembre 2010
Sous la direction de Pierre-Yves Monjal et Vincent Aubelle
Les communautés de communes, d'agglomération et urbaines et autres métropoles, ne vont-elles pas porter un coup définitif à l'organisation décentralisée de la République ? La France n'est-elle pas sur le point de changer de mode de gouvernance locale en recourant à des procédés politiques et juridiques fondés sur les notions de mutualisation, de territoire pertinent, de développement, de communautarisation ?
(Coll. Grale, 39.00 euros, 406 p.)
ISBN : 978-2-336-29370-7, ISBN EBOOK : 978-2-296-53725-5

TRAITEMENT DES RESPONSABILITÉS CIVILE ET PÉNALE
Approche comparée en droit français et iranien
Nory Yoshanloey Jafar
La distinction contemporaine n'a pu empêcher le rapprochement pratique des responsabilités civile et pénale tant en droit français qu'iranien. Il apparaît qu'à la fonction réparatrice de la responsabilité civile peut s'additionner une fonction punitive qui s'incarnerait dans «la peine privée», et à la fonction répressive de la responsabilité pénale une fonction réparatrice appelée «restitution pénale». Ces deux modes de responsabilité doivent se rejoindre dans une cohérence juridique afin que la justice soit rendue avec une dimension sociale.
(Coll. Sciences criminelles, 35.00 euros, 348 p.)
ISBN : 978-2-336-29122-2, ISBN EBOOK : 978-2-296-53750-7

JACQUES VERGÈS
Un aristocrate de refus
Charvin Robert
Préface de Hervé de Charette
J. Vergès, avocat des causes difficiles, ne laisse personne indifférent. Il est l'ennemi de certains ayant fait son procès dans quelques mauvais livres mais l'ami des simples gens, l'encourageant à combattre encore et toujours les puissants. Sa vie est un roman, mais il n'est pas question de faire un roman de sa vie : il conserve son mystère comme tout homme dans sa complexité. Un avocat qui possède en lui des éléments de dignité, qui a dévoré sa vie avec sincérité.
(13.50 euros, 120 p.)
ISBN : 978-2-343-00533-1, ISBN EBOOK : 978-2-296-53645-6

SANG (LE) ET L'ENCRE
Et si Christian Ranucci était innocent ?
Le Meur Yann
Christian Ranucci, 22 ans, est guillotiné le 28 juillet 1976 à Marseille pour l'enlèvement et le meurtre d'une fillette de 8 ans. De la fin de l'instruction au pied de l'échafaud, où il demande à ses avocats de le réhabiliter, il a toujours clamé son innocence. S'appuyant sur des contre-enquêtes relatives à l'affaire, le dossier pénal et de longues investigations documentaires et de terrain, ce livre aboutit à des conclusions, toutes dans le sens de l'innocence de Ranucci.
(29.50 euros, 302 p.)
ISBN : 978-2-343-00604-8, ISBN EBOOK : 978-2-296-53558-9

IMMIGRÉ (L') ET LA GESTION DU PATRIMOINE
Loubassou Nganga Maixent
Cet ouvrage met à la disposition des personnes qui viennent d'arriver en France et qui ne connaissent pas l'environnement fiscal, juridique, bancaire et financier français, des outils indispensables pour une gestion optimale de leur patrimoine : choisir le meilleur régime matrimonial, organiser ou réorganiser de façon optimale leurs placements, trouver des produits de défiscalisation adaptés, choisir le meilleur placement immobilier.
(Coll. Pour Comprendre, 12.00 euros, 106 p.)
ISBN : 978-2-336-30090-0, ISBN EBOOK : 978-2-296-53639-5

ADMINISTRATION PÉNITENTIAIRE ET JUSTICE
Un siècle de rattachement
Sous la direction de Paul Mbanzoulou et François Dieu
Depuis le décret du 13 mars 1911, l'administration pénitentiaire est rattachée au ministère de la Justice. Au-delà de l'éclairage historique, qui occupe une place notable dans cet ouvrage, les contributions réunies ici examinent le positionnement actuel de l'administration pénitentiaire, ainsi que ses perspectives d'évolution à la lumière de quelques expériences étrangères.
(Coll. Criminologie, 26.00 euros, 256 p.)
ISBN : 978-2-343-00412-9, ISBN EBOOK : 978-2-296-53667-8

DÉMOCRATIE (LA) LOCALE À LA RECHERCHE D'UN NOUVEAU SOUFFLE
Marceau Anne – Préface de Gérard Marcou
Comment peuvent se concilier démocratie représentative et démocratie participative ? La multiplication des procédures de consultation ne nuit-elle pas à leur efficacité ? Quels seront les acteurs de la démocratie locale demain : les élus, les citoyens, les habitants, les usagers ? Les outils de démocratie locale mis en place ces dernières années constituent-ils un véritable renouveau ou apparaissent-ils comme le simple rhabillage de formules anciennes ?
(Coll. Grale, 32.00 euros, 308 p.)
ISBN : 978-2-343-00118-0, ISBN EBOOK : 978-2-296-53527-5

CONSEIL (LE) DES DROITS DE L'HOMME ET SES PRINCIPAUX MÉCANISMES
Bilan et perspectives d'actions pour le Burkina Faso à l'entame de son second mandat de membre
Merindol Ouoba Clarisse
Le Conseil des droits de l'homme a remplacé la Commission des Nations unies aux droits de l'homme. Cet ouvrage contribue à la dynamique de promotion et de protection de ces droits, notamment à travers les actions entreprises par cet important organe du système des Nations unies, dont le Burkina Faso est membre depuis 2008. L'auteur apporte un regard personnel sur les quatre années de présence de ce pays en son sein.
(14.50 euros, 142 p.) *ISBN : 978-2-336-29180-2, ISBN EBOOK : 978-2-296-53513-8*

NOUVEAU (LE) DROIT DU PROCÈS ADMINISTRATIF
Les évolutions choisies, les évolutions subies
Sous la direction de Jacques Fialaire et Jerry Kimboo
Plus de 10 ans après l'entrée en vigueur du Code de justice administrative, l'office du juge s'est profondément transformé. Parmi les évolutions subies par le juge administratif figure l'institution

du «rapporteur public», mettant en harmonie le contentieux administratif avec le principe d'égalité des armes entre les parties, développé dans la jurisprudence de la Cour EDH. Certaines innovations procédurales destinées à accélérer l'instruction des affaires semblent, quant à elles, davantage choisies.

(Coll. Logiques Juridiques, 22.00 euros, 224 p.)

ISBN : 978-2-343-00571-3, ISBN EBOOK : 978-2-296-53519-0

GOUVERNER, ADMINISTRER RÉVOLUTIONNAIREMENT : LE COMITÉ DE SALUT PUBLIC

(6 avril 1793 - 4 brumaire an IV)

Matta-Duvignau Raphaël - Préface de Vida Azimi

Le comité de salut public se présente comme la commission de la Convention nationale ayant pris en charge, du 6 avril 1793 au 4 brumaire an IV, la surveillance, le contrôle et la direction des fonctions gouvernementales et administratives tout en ayant exercé une dictature soutenue par la Terreur. Cette étude explique comment le Comité, initialement conçu comme simple instrument de la Convention, est devenu le principal sujet actif du Gouvernement révolutionnaire.

(Coll. Logiques Juridiques, 59.00 euros, 732 p.)

ISBN : 978-2-336-29065-2, ISBN EBOOK : 978-2-296-53498-8

CONCLUSION (LA) DES CONTRATS ÉLECTRONIQUES

Étude de droits africains et européens

Kabre Windpagnangde Dominique

Les contrats électroniques se distinguent des contrats formés entre parties présentes ou conclus par les moyens traditionnels de communication à distance. Ces caractéristiques donnent lieu à un mode technique particulier de conclusion des contrats, régi par des règles juridiques qui constituent ce qu'on appelle le «droit spécial des contrats électroniques». L'ouvrage montre que ce droit spécial engendre un processus de formation du contrat différent de celui du droit commun des contrats, tant en droit burkinabé et de la CEDEAO qu'en droit européen, belge et français.

(Coll. Etudes africaines, 52.00 euros, 584 p.)

ISBN : 978-2-336-29211-3, ISBN EBOOK : 978-2-296-53666-1

AGRICULTURE (L') ET LES EXIGENCES DU DÉVELOPPEMENT DURABLE

Agriculture and the requirements of a sustainable development

Die Landwirtschaft und die Anforderungen an deren nachhaltige Entwicklung

Sous la direction de Prof. Dr. Paul Richli

Délégué général au nom du Comité européen de Droit Rural

L'agriculture et les exigences du développement durable, l'affectation et la protection du territoire rural et enfin le développement du droit rural dans l'UE, dans les États et les régions et dans l'OMC : ces trois thèmes autour de l'agriculture et les exigences du développement durable gagnent en importance, obligeant les politiques publiques à intervenir au moyen d'une série d'instruments juridiques. (Ouvrage en trois langues).

(Coll. Droit et Espace Rural, 51.00 euros, 568 p.)

ISBN : 978-2-343-00584-3, ISBN EBOOK : 978-2-296-53656-2

SÉCURITÉ : VRAIES QUESTIONS ET FAUX DÉBATS

Sous la direction de Roger Vicot

Les questions de sécurité génèrent beaucoup de passions et commentaires. Le bon sens populaire donne libre cours à ses *a priori*, préjugés, solutions toutes prêtes, clichés et autres caricatures. L'objectif de ce livre est de dépassionner le débat et d'analyser sereinement chacune des affirmations. Chercheurs, universitaires, spécialistes, élus : une vingtaine d'entre eux ont accepté de remettre les choses en perspective mais aussi de faire émerger la réalité.

(33.00 euros, 330 p.)

ISBN : 978-2-343-00363-4, ISBN EBOOK : 978-2-296-53314-1

L'HARMATTAN ITALIA
Via Degli Artisti 15; 10124 Torino

L'HARMATTAN HONGRIE
Könyvesbolt ; Kossuth L. u. 14-16
1053 Budapest

L'HARMATTAN KINSHASA
185, avenue Nyangwe
Commune de Lingwala
Kinshasa, R.D. Congo
(00243) 998697603 ou (00243) 999229662

L'HARMATTAN CONGO
67, av. E. P. Lumumba
Bât. – Congo Pharmacie (Bib. Nat.)
BP2874 Brazzaville
harmattan.congo@yahoo.fr

L'HARMATTAN GUINÉE
Almamya Rue KA 028, en face du restaurant Le Cèdre
OKB agency BP 3470 Conakry
(00224) 60 20 85 08
harmattanguinee@yahoo.fr

L'HARMATTAN CAMEROUN
BP 11486
Face à la SNI, immeuble Don Bosco
Yaoundé
(00237) 99 76 61 66
harmattancam@yahoo.fr

L'HARMATTAN CÔTE D'IVOIRE
Résidence Karl / cité des arts
Abidjan-Cocody 03 BP 1588 Abidjan 03
(00225) 05 77 87 31
etien_nda@yahoo.fr

L'HARMATTAN MAURITANIE
Espace El Kettab du livre francophone
N° 472 avenue du Palais des Congrès
BP 316 Nouakchott
(00222) 63 25 980

L'HARMATTAN SÉNÉGAL
10 VDN en face Mermoz, après le pont de Fann
BP 45034 Dakar Fann
33 825 98 58 / 33 860 9858
senharmattan@gmail.com / senlibraire@gmail.com
www.harmattansenegal.com

L'HARMATTAN BÉNIN
ISOR-BENIN
01 BP 359 COTONOU-RP
Quartier Gbèdjromèdé,
Rue Agbélenco, Lot 1247 I
Tél : 00 229 21 32 53 79
christian_dablaka123@yahoo.fr

656504 - Mai 2016
Achevé d'imprimer par

1livre.com
du rêve à la réalité !

www.ingramcontent.com/pod-product-compliance
Lightning Source LLC
LaVergne TN
LVHW011438061026
849535LV00004BA/862
* 9 7 8 2 3 4 3 0 4 3 2 8 9 *